Franz Herre

Maria Theresia

Die große Habsburgerin

WILHELM HEYNE VERLAG
MÜNCHEN

HEYNE SACHBUCH
19/435

Ungekürzte Taschenbuchausgabe
Wilhelm Heyne Verlag GmbH & Co. KG, München
Copyright © 1994 by Verlag Kiepenheuer & Witsch, Köln
Printed in Germany 1995
Umschlagillustration: Archiv für Kunst und Geschichte/
Erich Lessing, Berlin
Umschlaggestaltung: Atelier Ingrid Schütz, München
Druck und Verarbeitung: Ebner Ulm

ISBN 3-453-09719-X

Inhalt

DIE ERBTOCHTER 9
Reich und Barock 11
Eine junge Erzherzogin 21
Ungesicherte Hinterlassenschaft 32

DIE STANDHAFTE 43
Der schwere Anfang 45
Eine Welt von Feinden 60
Österreich bleibt Großmacht 81

DIE REFORMERIN 95
Stände und Mißstände 97
Eine neue Hausordnung 108
Alter Glauben und neues Wissen 138

DIE ROKOKOFÜRSTIN 159
Das theresianische Versailles 161
Am Hof der Majestät 181
Im Haus der Mutter 196

DIE KÄMPFERIN 209
Bündnis mit Frankreich 211
Sieben Jahre Krieg 228
Weiterführung der Reformen 250

DIE WITWE 271
Wende des Lebens 273
Mutter und Sohn 288
Zwischen Moral und Macht 321

Zeittafel 355

Auswahlbibliographie 357

Personenregister 362

Maria Theresia, um 1727. Ölgemälde von Andreas Möller

Die Erbtochter

Reich und Barock

AM MORGEN des 13. Mai 1717 verkündete die große Glocke der Wiener Stephanskirche eine Geburt im Kaiserhaus. Am Abend wurde die im Leopoldinischen Trakt der Hofburg zur Welt gekommene Erzherzogin auf den Namen Maria Theresia Walburga Amalia Christine getauft.
Auf dem Altar in der Ritterstube der kaiserlichen Burg, neben dem goldenen Taufbecken, standen Reliquien: ein Dorn der Leidenskrone, ein Nagel vom Kreuz und ein Glasgefäß mit Blut des Heilandes. Im Hause Habsburg wurde das Nebeneinander von Thron und Altar, das Miteinander von Reich und Kirche demonstriert. Auch der jüngste Sproß der Dynastie wurde, wie seinerzeit Jesus Christus, mit Jordanwasser getauft. Selbst gottesfürchtige Habsburger waren nicht davor gefeit, das Gottesgnadentum als Gottähnlichkeit zu deuten.
Das Monarchenkind benahm sich wie so manches andere Erdenkind. Auf das heilige wie auf gewöhnliches Wasser reagierend, erhob es ein gottserbärmliches Geschrei, das Höflinge als Anzeichen von Selbstbehauptungswillen und Widerstandsfähigkeit zu interpretieren geneigt waren.
Das Beispiel der Namenspatronin wurde beschworen, der Wunsch ausgesprochen, die Neugeborene möge der heiligen Theresa von Avila nacheifern. Die Spanierin hatte sich Gott hingegeben, ohne sich als Mensch aufzugeben, aus ihrem Glauben die Kraft für ihr Lebenswerk, eine Ordensreform, geschöpft.
Der Gottesmutter Maria, Schutzpatronin des Erzhauses und der Erzherzogin, wurde gebührender Dank abgestattet, eine Kinderstatue aus reinem Gold der Magna Mater Austriae in der Wallfahrtskirche Maria Zell in der Steiermark dargebracht.
Für das Reich und die Welt prägte man eine Medaille. Sie zeigte die in einem Füllhorn steckende Neugeborene im Arm einer die Hoff-

nung versinnbildlichenden weiblichen Gestalt und die Inschrift: »Renascens spes orbis – Die wieder blühende Hoffung der Welt«.
Die Erwartung der Eltern war nicht allzu hoch gesteckt. Kaiser Karl VI. und Kaiserin Elisabeth Christine, eine geborene Prinzessin von Braunschweig-Wolfenbüttel, hatten sich einen Stammhalter gewünscht. Nach acht Ehejahren war ihnen 1716 der Thronfolger Leopold Johann geschenkt worden, der nach sieben Monaten starb. Die im Jahr darauf geborene Maria Theresia wurde zwar dankbar angenommen, aber die Hoffnung nicht aufgegeben, daß dem einunddreißigjährigen Gatten und der fünfundzwanzigjährigen Gattin doch noch ein Sohn beschieden sein könnte.
So wurde um die Geburt des Mädchens nicht allzuviel Aufhebens gemacht. Die Ankunft des Thronfolgers Leopold Johann war im Garten der Favorita, der kaiserlichen Sommerresidenz, mit der Wasseroper »Angelica, Vincitrice di Alcina« und in ganz Wien mit Festbeleuchtung gefeiert worden. Die Freudenkundgebungen für Maria Theresia hielten sich in Grenzen.
Jedermann wartete weiterhin auf einen Erbprinzen. Niemand konnte wissen, daß diese Hoffnung vergebens war. Und keiner konnte ahnen oder mochte es sich vorstellen, daß Haus, Stadt und Land eine Erbprinzessin bekommen hatten, die als Herrscherin die meisten Habsburger überragen würde.

DIE HOFBURG, in der Maria Theresia geboren wurde und regieren sollte, war ein Abbild des Reiches, in dem sie aufwuchs und in das sie hineinwuchs, um es eines Tages zu übernehmen und zu repräsentieren.
Wie die Schloßanlage eine Zusammenfügung von Bauelementen verschiedener Epochen und Stile, so war das Reichsgebäude eine Zusammenfassung unterschiedlicher Bestandteile, Länder und Völker, die im Verlauf der Geschichte dem Erzhaus zugefallen waren.
Was im 13. Jahrhundert unter Rudolf von Habsburg mit einem Bollwerk in Wien und der Herrschaft in den österreichischen Kernlanden begonnen hatte, stand im 18. Jahrhundert mächtig und prächtig da. Die Hofburg war durch Hofbibliothek, Spanische Reitschule und Reichskanzleitrakt erweitert, das Reich war nach allen Himmelsrichtungen vergrößert worden.

Der Vater Maria Theresias hatte sich nach dem Aussterben der spanischen Habsburger im Konflikt um die Erbfolge als König von Spanien nicht behauptet. So konnte er, nachdem er 1711 die Nachfolge seines Bruders Joseph I. im römisch-deutschen Reich und in den österreichischen Erblanden angetreten hatte, das Reich Karls V., in dem »die Sonne nicht untergegangen war«, nicht erneuern. Doch Karl VI. gebot über eine Hausmacht, die eine kontinentale Großmacht geworden war.

Anno 1685, zwei Jahre nach der Befreiung Wiens und des Abendlandes von der Türkengefahr, war er als zweiter Sohn Kaiser Leopolds I. geboren worden. Als Erzherzog hatte er miterlebt, wie die Osmanen auf dem Balkan zurückgedrängt wurden, Österreich sich nach Südosten ausdehnte und Ungarn, dessen Königstitel die Habsburger seit 1526 trugen, nun auch von ihnen in Besitz genommen wurde.

Drei Monate nach der Geburt Maria Theresias, am 18. August 1717, eroberte Prinz Eugen von Savoyen die türkische Donaufestung Belgrad. An der Wiege der Neugeborenen wurde das Lob des »Edlen Ritters« gesungen, der für den Kaiser wiederum gesiegt hatte und für Österreich weiter Land gewann: 1718 durch den Frieden von Passarowitz das Temeschwarer Banat, das nördliche Serbien und die kleine Walachei, das heutige West-Rumänien.

Auch im Spanischen Erbfolgekrieg war der Habsburger nicht leer ausgegangen. Er behielt zwar nicht die spanische Königskrone, aber Gebiete aus spanischem Besitz. 1714, im Frieden von Rastatt, wurden Österreich die Niederlande (das heutige Belgien und Luxemburg), Mailand, Neapel und Sardinien zugesprochen.

Österreich erreichte seine größte Ausdehnung, stand auf dem Gipfel seiner Macht. Aber nicht alle Zugewinne – in Italien wie auf dem Balkan – waren zu behaupten. Doch es blieb genug übrig, um mit Neuerwerbungen den Altbesitz beträchtlich zu vergrößern und hinreichend abzurunden.

Zu diesem zählten nicht nur Nieder- und Oberösterreich, Steiermark, Kärnten und Krain, Tirol und Vorarlberg, Triest und Görz sowie die vorderösterreichischen Besitzungen in Schwaben und im Breisgau. Zum Hause Österreich wie zum Heiligen Römischen Reich Deutscher Nation, dessen Krone die Habsburger seit der Mitte des 15. Jahrhunderts ständig trugen, gehörten auch Böhmen,

Mähren und Schlesien. Außerhalb des römisch-deutschen Reichsverbandes, jedoch innerhalb des Habsburgischen Hausgebietes lagen Ungarn, die Slowakei, Kroatien, Slawonien und Siebenbürgen. Karl VI. gebot über einen Gebäudekomplex, der aus zahlreichen und verschiedenartigen Teilen bestand, die nicht unter einem einheitlichen Dach, einer einzigen Krone zusammengefaßt waren. Der Vater Maria Theresias verfügte über mehrere Herzogshüte, die Königskronen von Böhmen und Ungarn sowie die Kaiserkrone des Heiligen Römischen Reiches Deutscher Nation, die ihm wenig Macht, mehr Bürde, aber doch viel Würde eintrug.

Im Reich wie in halb Europa war das Ansehen des Kaisers durch die Abwehr zweier Gefahren gestiegen: der türkischen und der französischen. Der Sultan hatte nach dem Abendland, der König von Frankreich nach der Vorherrschaft in Europa gegriffen. Die Osmanen waren zum Rückzug und die Franzosen zum Zurückstecken gezwungen worden. Als 1715 Ludwig XIV., der Sonnenkönig, verschied, schien der Stern eines Sonnenkaisers, Karls VI., aufzugehen. Als Sonnengott, Apollo im Sonnenwagen, verherrlichte ihn das Deckenfresko Paul Trogers in der Kaiserstiege des Stiftes Göttweig. Eine gewaltige Kaiserkrone wurde auf eine Kuppel von Klosterneuburg, den österreichischen Escorial, gesetzt. In Wien, seiner Haupt- und Residenzstadt, wurde die Karlskirche als Reichskirche errichtet. Der Philosoph Gottfried Wilhelm Leibniz entwarf ein universales Programm, der Baumeister Johann Bernhard Fischer von Erlach versammelte Stilelemente der antiken Welt zum barocken Preis des Sacrum imperium: einen griechischen Tempelgiebel, korinthische Kapitelle, Säulen à la Trajan, Triumphzeichen des Imperators, auf dem die Kaiseradler nisten.

Gewidmet war die Reichskirche dem kaiserlichen Bauherrn Karl VI., geweiht wurde sie dem heiligen Karl Borromäus, einem Vorkämpfer der Gegenreformation. Die Ecclesia triumphans und das Imperium triumphans verbanden sich im Reichsstil des Barock zu einer Apotheose der vereinigten weltlichen und geistlichen Macht. Die Devise Friedrichs III., des 1452 in Rom gekrönten ersten habsburgischen Kaisers, schien eine gängige Münze mit bleibendem Wert zu werden: A.E.I.O.U., »Austria Est Imperare Orbi Universo – Österreichs Sendung ist es, dem Erdkreis zu gebieten«, deuteten sie die Machtbewußten, und die Hoffnungsstarken erklärten: »Austria Erit in Orbe Ultima – Österreich wird bestehen bis ans Ende der Welt«.

Zweifler bemerkten, daß die römische, von den Karolingern, Ottonen, Staufern und schließlich von den Habsburgern übernommene Reichsidee schon längst nicht mehr der Reichsrealität entsprach. Zeitgenossen verwiesen darauf, daß nach der Spaltung der abendländischen Christenheit in Konfessionen und der fortschreitenden Auflösung Europas in Nationen eine Zusammenfassung des sich modernisierenden Europa in mittelalterlichem Geiste und in imperialen Formen unmöglich geworden war. Österreicher fragten sich, ob das Habsburgerreich nicht im Begriffe sei, unter dem römischen Mantel zu einem Staatskörper heranzuwachsen, der eines nicht zu fernen Tages stark genug wäre, die Vormacht Europas zu werden, auf jeden Fall die Vorherrschaft in Mitteleuropa zu behaupten.

Schon war eine moderne Reichshauptstadt im Entstehen. Wien strebte aus dem Mittelalter heraus und in die Neuzeit hinein. Zwar blieb die Innenstadt in den Befestigungsring eingezwängt, aber der Barock begann auch hier die Gotik zurückzudrängen. Vor den Stadtmauern hatte der neue Reichsstil freie Bahn. Vorstädte waren eingerissen worden, um den türkischen Belagerern keine Deckung und den österreichischen Belagerten ein Schußfeld zu bieten. Glorreich war der Feind zurückgeschlagen worden, prachtvoll entstand eine in Parkanlagen gebettete Palaststadt.

Die Kuppel der Karlskirche ging über ihr wie eine Sonne auf, die einen neuen Tag mit Glanz und Ruhm erfüllte. Der großartigste Palast war das Obere Belvedere, von Johann Lukas von Hildebrandt für den als Herkules und Atlas der Monarchie gefeierten Prinzen Eugen erbaut. Vor dem Belvedere brauchte sich das Palais Schwarzenberg nicht zu verstecken, und auch die anderen Gartenschlösser konnten sich sehen und rühmen lassen. »Alles geht hin und verweset, allein das vornehme Gebäude nicht«, erklärte Fürst Liechtenstein, der mit anderen Aristokraten darin wetteiferte, sich architektonisch zu verewigen.

»Ich freue mich, endlich ein Land kennenzulernen, in dem die Untertanen weit prächtiger wohnen als ihr Herr«, notierte Montesquieu. Der Aufklärer dachte dabei nicht an die Bürger, die – auch was die Behausungen betraf – mit den Adeligen einigermaßen Tritt zu fassen suchten. Der Franzose hatte die Palais der Hocharistokratie, vor allem das Schloß des von ihm geschätzten Savoyers vor Augen. Der »heimliche Kaiser« wohnte unbestritten besser als der wirkliche Kaiser.

Die Hofburg war zwar altehrwürdig und geschichtsbefrachtet, aber auch altmodisch und unkomfortabel. Nach dem Befund eines Reisenden war sie »von schlechtem Ansehen, besonders der innere Hof mit den Zimmern des Kaisers; die Mauern sind dick und plump, wie die einer Stadtmauer, die Treppen finster und ohne alle Verzierung, die Zimmer niedrig und eng, die Dielen von gemeinen Tannenbrettern, wie sie nicht geringer bei dem schlechtesten Bürger anzutreffen sein möchten. Alles ist so einfach, als wenn es für Mönche erbaut wäre.« Allenfalls mit »schönen Kasernen« ließe sich – meinte ein anderer Reisender – die kaiserliche Winterresidenz vergleichen.

Die Sommerresidenz Favorita, vor der Stadtmauer auf der Wieden gelegen, war kein Prunkstück der neuen Palaststadt. Am Ende des 17. Jahrhunderts von einem zweitklassigen Architekten wiederaufgebaut, fand sie Johann Basilius Küchelbecker, der die Wohnsitze des Prinzen Eugen nicht genug zu rühmen wußte, »von keiner sonderlichen Magnifizenz, sondern nur mittelmäßig gebaut«. Die kaiserlichen Zimmer seien zwar »ziemlich fein aufgeputzt, jedoch ohne alle Pracht und Kostbarkeit«.

Grandios war jedoch der more geometrico gestaltete Barockgarten, in dem die Natur der Kultur zu dienen hatte, die in höfische Ordnung gebrachten, von gestutzten Bäumen und Büschen gesäumten Wege, die Würdenträger zu gemessenen Schritten anhielten. Die ganze Parkanlage war als Repräsentationsraum für Hoffeste und als Freilichtbühne für das Hoftheater geschaffen.

Dafür scheute Karl VI., der sich mit eher bescheidenen Wohnräumen begnügte, weder Mühen noch Kosten. Der Herr Wiens, der überall von Musik erklingenden Stadt, war selber ein Musikus. Von Johann Joseph Fux war er in der Komposition ausgebildet worden. Klavier spielte er, wie sein Hofpoet Apostolo Zeno zu rühmen wußte, »wie ein Professor mit Meisterschaft«. Der Kaiser, dessen Monarchenauftritt und Herrschaftsgebaren opernhafte Züge trugen, dirigierte höchstselbst Aufführungen von Opern, die von seinen Hofkünstlern geschaffen worden waren.

Die Libretti schrieb meist Pietro Metastasio, der zweiundfünfzig Jahre lang den Vater Karl VI. wie die Tochter Maria Theresia für seine zu barocken Helden stilisierten antiken Heroen einzunehmen verstand. Als Komponisten waren vornehmlich Fux, der »österreichische Bach«, und der den neapolitanischen wie venezianischen Stil pflegende Antonio Caldara gefragt.

Während der Regierungszeit Karls VI. wurden jedes Jahr im Durchschnitt zehn große Opern und Oratorien produziert und zelebriert. Eine Inszenierung kostete im Mittelwert 60.000 Gulden. Die Hofkapelle verschlang jährlich 200.000 Gulden.

Vom barocken Glanz einer Opernaufführung im Gartentheater der Favorita war im Jahre 1716 Mary Wortley-Montagu wie geblendet. »Nichts von dieser Art kann jemals prächtiger gewesen sein«, notierte die englische Lady-Schriftstellerin. »Die Bühne, die über einem breiten Kanal erbaut war, wurde beim Anfang des zweiten Aktes in zwei Teile geteilt, so daß man das Wasser erblickte, auf welchem an verschiedenen Seiten zwei Flotten von vergoldeten kleinen Schiffen erschienen, die ein Seetreffen vorstellten. Es ist nicht leicht, sich in Gedanken einen Begriff von der Schönheit dieses Auftrittes zu machen.«

Aber schon im barocken Österreich hatte, wie später im biedermeierlichen Österreich Johann Nestroy feststellte, »alles einen Haken« – im Reichsgebäude, im Erzhaus und auch bei der großen Oper im Garten der Favorita. Die Aufführung fand im Freien statt, die Zuschauer saßen unter dem Zelt des Himmels, und als dieser, wie um einen Beitrag zur Wasseroper zu leisten, seine Schleusen öffnete, zerfloß die Perückenpracht, mußte die Vorstellung abgebrochen werden, und im Gedränge der Schutzsuchenden wäre die Lady beinahe erdrückt worden.

Doch die Sonne erwärmte bald wieder jene, die im Strahlenkreis des Sonnenkaisers standen. »Der Wiener Hof ist in der Tat etwas Großes und Vorzügliches, welches der Majestät eines Römischen Kaisers würdig ist und solche deutlich ins Auge setzt«, bemerkte 1717 ein Fremder, Johann Michael von Loen, der in den Sonnenzirkel Eingang fand. Der Preuße fügte hinzu: »Der Hof selbst gleichet einem Paradiesvogel, der seinen Glanz in seinen Federn zeigt.« Ein prunkender Pfau konvenierte ihm und seinem König jedenfalls mehr als ein Adler, der die Krallen zeigte.

IM PRUNKSAAL der Hofbibliothek, die er errichten ließ, steht Karl VI. in Denkmalspose. Über den Habsburger mit der Allongeperücke des Barockkaisers und dem Lorbeerkranz des Imperators ist das seine Herrschaft glorifizierende Deckengemälde wie ein Traghimmel gespannt.

In der Fronleichnamsprozession, bei der mit barockem Gepränge die Pietas Austriaca demonstriert wurde, schritt die weltliche hinter der unter dem Baldachin vorangetragenen göttlichen Majestät. Karl VI. stolzierte in spanischer Hoftracht, an diesem Festtag nicht im gewöhnlichen Schwarz, sondern in Rot und Gold und einem mit wallenden Federn geschmückten Hut, im Staatsgewand des Kaisers, das die Stattlichkeit des Mannes hervorhob.

So erblickte ihn die sechsjährige Maria Theresia, die von einem Balkon im Hause zur »Weißen Traube« am Graben in Wien sich die Fronleichnamsprozession ansehen durfte. »Papi, Papi, wie schön du bist!« soll sie ausgerufen haben. Jedenfalls behielt sie so ihren Vater vor Augen: als Verkörperung herrscherlicher Würde, als Inbegriff habsburgischer Größe.

Kaiser Karl VI., der im Spanischen Erbfolgekrieg als König von Spanien begonnen hatte, behielt mit der spanischen Hofetikette das ihr gemäße Zeremoniöse bei. Er richtete sich weniger nach Karl V., der sie mit einem Gran burgundischer Nonchalance zelebriert hatte, als nach Philipp II., der es sich schuldig zu sein glaubte, die Majestät in Unnahbarkeit und Unerbittlichkeit demonstrieren zu müssen.

Auch Karl VI. neigte zu extensiver Auslegung der Hofetikette. Als ihn bei einer Wildschweinjagd zwei Junker protokollwidrig mit gezückten Hirschfängern vor einem rasenden Eber schützten, wurden sie mit vierzehn Tagen Arrest bestraft. Nicht allein im Leben, selbst beim Sterben bestand er auf der ihm gebührenden Reverenz. Bei der Letzten Ölung monierte er, daß nur zwei und nicht die ihm zustehenden vier Kerzen brannten.

Im spanischen Hofmantel steckte ein Mensch, der so beschaffen war, daß ihm das Gewand nicht nur stand, sondern auch seiner

Natur in mancher Beziehung entsprach. Karl war schwarzgallig, neigte zu Schwermut und Niedergeschlagenheit. Zu seinem ernsten, mitunter verdüsterten Gemüt paßte Schwarz, die vorherrschende Farbe der spanischen Hoftracht, wie angegossen. Deren Steifheit, die zu gemessenem Auftreten zwang, kam seinem bedächtigen, ja schwerfälligen Wesen zupaß. Eine Etikette, in der so vieles festgelegt und geregelt war, ersparte ihm Entscheidungen, die er scheute.

»Karl VI. war von mittlerer Größe, brauner Gesichtsfarbe, durchdringendem Blick, vorragender Unterlippe«, beschrieb ihn der Engländer William Coxe. »Obwohl er sehr hochfahrend war, zeigte er doch viel Herablassung und Leutseligkeit; obgleich dem Hofzwang ergeben und öffentlich sehr ernst, war er doch auf seinem Zimmer sehr heiter und äußerst mild gegen alle...«

So hatte ihn Maria Theresia erlebt – als kaiserliche Majestät bei offiziellen Anlässen, zu dem die Erzherzogin aufblickte, und als Vater im Kreise der Familie, der sich zu seinem Theresl herabneigte. Zur Mutter fühlte sie sich weniger hingezogen. Dabei schien sie ihr mehr als dem Vater nachgeschlagen zu sein. Ihr lebhaftes Temperament wie ihren praktischen Hausverstand konnte sie kaum von ihrem phlegmatischen und verschrobenen Vater geerbt haben. Die Habsburger Melancholie wie die Habsburger Unterlippe blieben ihr erspart. Die weiblichen Reize, die an der Tochter bewundert wurden, waren schon bei der Mutter gewürdigt worden.

Kaiserin Elisabeth Christine, bemerkte Johann Michael von Loen, »hat alle Vorzüge ihres Geschlechts. Sie ist die schönste von ihren Hofdamen.« Lady Wortley-Montagu fühlte sich an die Venus der Medici erinnert. Wegen ihres goldenen Haares nannte sie ihr Gemahl seinen Engel, und wegen ihres hellen Teints seine »weiße Liesl«.

»Königin so schön, gar content«, notierte Kaiser Karl VI. – damals noch König Karl III. von Spanien – in sein Tagebuch, als er am 28. Juli 1708 seine siebzehnjährige Braut in Mataro in Empfang nahm. Der zweiundzwanzigjährige Bräutigam war um so freudiger überrascht, als er sich seine Frau nicht nach seinem persönlichen Geschmack hatte aussuchen dürfen, sie ihm – wie in dynastischen Kreisen üblich – aus fürstlicher Räson zugeführt worden war. Ihr Großvater, Herzog Anton Ulrich von Braunschweig-Wolfenbüttel, war ein kleiner Potentat mit großem Ehrgeiz. Um seine Enkelin als spanische Königin zu sehen – an ihr Avancement zur römischen Kaiserin konnte damals noch niemand denken –, griff er zu feinen und weniger feinen Mitteln. Um einen Habsburger heiraten zu können, mußte die protestantische Welfin katholisch werden. Das Mädchen zeigte Charakter, sträubte sich gegen eine Konversion, ergab sich schließlich »mit viel Weinen und Seufzen« der Hausräson, welcher der evangelische Abt von Königslutter eine höhere Weihe zu geben verstand: Gott habe sie zur Königin von Spanien bestimmt, das nun einmal, nach seinem unerforschlichen Ratschluß, katholisch sei.

Die Hauspolitik bestimmte auch bei den Habsburgern die Ehestiftung. Bei einem Zweitgeborenen wurden die Maßstäbe nicht so streng wie bei einem Thronfolger in den habsburgischen Erblanden und im römisch-deutschen Reich angelegt. Für den König von Spanien war eigentlich – was angesichts der iberischen Nachbarschaft sinnvoll erschien – eine portugiesische Königstochter ausersehen. Als sie starb, wurde ein anderer, naheliegenderer Zweck verfolgt. Von der Verbindung eines Habsburgers mit einer Welfin, die als eine Versöhnung zwischen Katholiken und Protestanten gedeutet werden könnte, erhoffte man sich in Wien eine positive Rückwirkung auf die Position des Kaisers im Reich.

Als dann das spanische Königspaar – nach dem Tode Josephs I. im Jahre 1711 – zum römisch-deutschen Kaiserpaar geworden war, neigte man erst recht dazu, einen Wahlspruch der Habsburger für bestätigt zu halten: »Bella gerant alii, tu felix Austria nube – Andere mögen Kriege führen, du, glückliches Österreich, heirate!« Doch diese Vermählung trug keinen Gebietsgewinn, eher einen Prestigeverlust ein. Die erzwungene Konversion der Prinzessin von Braunschweig-Wolfenbüttel brachte das protestantische Deutschland gegen das katholische Kaiserhaus auf. Und die Verbindung zwischen Habsburg und einer welfischen Nebenlinie fiel politisch nicht ins Gewicht.

Aber die Ehe zwischen Karl und Elisabeth wurde glücklich. Selbst das größte Unglück, das ein Monarchenpaar treffen konnte, keinen männlichen Erben zu bekommen, vermochte die Eintracht nicht nachhaltig zu trüben. Der Gatte unternahm einiges, um die Nach-

folge zu sichern. So ließ er das Schlafzimmer mit erotischen Bildern versehen, von denen man annahm, sie würden zur Zeugung von Knaben stimulieren. Doch nach dem 1716 geborenen und gestorbenen Leopold Johann kamen nur noch Mädchen: 1717 Maria Theresia, 1718 Maria Anna und 1724 Maria Amalia, die bereits 1730 verschied. Karl suchte es zu vermeiden, seiner Frau vorzuwerfen, daß sie ihm keinen Stammhalter schenkte, und seine Töchter spüren zu lassen, daß sie eigentlich Söhne hätten werden sollen. Er war ein besserer Ehemann und Familienvater, als es in diesen Kreisen zu jenen Zeiten üblich war. Harmonie suchte er in seinem Heim. »Nachmittag bei Weib, Kind herzig, lustig«, notierte er am 28. Februar 1724. Bei den Seinen brauchte er kein Amtsgesicht aufzusetzen, konnte wienerisch reden, sich gehenlassen.
In dieser Familie, die nach außen das österreichische Erzhaus zu repräsentieren hatte, in deren vier Wänden es jedoch beinahe wie in einem Wiener Bürgerhaus leger und mitunter laut zuging, wuchs Maria Theresia heran. Die Eindrücke, die sie in diesem Heim gewann, prägten die spätere »allgemeine und erste Mutter« ihrer Länder und Völker nachhaltiger als der dürftige Unterricht, den man einem Habsburgerkind im allgemeinen und einer Habsburgertochter im besonderen zuteil werden ließ.

Eine junge Erzherzogin

IM ERZHAUS sah man keine Veranlassung, Maria Theresia wie eine Erbprinzessin zu erziehen, da immer noch ein Erbprinz erwartet wurde. Wie am Wiener Hofe der Brauch, wurde die Leitung des Unterrichts den Jesuiten anvertraut, die das Hauptgewicht auf die Unterweisung in Religion legten und den Hauptzweck der Heranbildung darin sahen, daß der Zögling zeitlebens mit der Societas Jesu auch der römischen Kirche ergeben bliebe.
Der Erfolg rechtfertigte die Mittel der Jesuiten. Sie habe von deren Seite »immer nur Erbauliches« erfahren, gestand die sechsundfünfzigjährige Maria Theresia. Bis zum Tode erwies sie sich als treue Tochter ihrer Kirche, von deren geistlicher Autorität sie sich eine

Stärkung ihrer weltlichen Herrschaft erwartete und durch deren Sakramente sie sich das ewige Heil erhoffte.
Indessen entwickelte sie eine Religiosität, die mit der jesuitischen immer weniger übereinstimmte. Darin ging sie mit ihrer Zeit. Je weiter sich die Katholiken von der Gegenreformation entfernten, desto weniger hielten sie von der Formelhaftigkeit, um so mehr wandten sie sich dem Wesentlichen zu, suchten hinter den eher überredenden als überzeugenden Barockfassaden das Allerheiligste. Der namentlich in Frankreich gepflegte Jansenismus, der eine verinnerlichte Frömmigkeit erstrebte, fand auch in Österreich Anhänger, wo die triumphierende Kirche der Gegenreformation und die triumphierende Macht der Habsburger untrennbar verbunden zu sein schienen. Die sich so oft in Äußerlichkeiten erschöpfende Pietas Austriaca der Barockzeit wurde vom italienischen Theologen Lodovico Antonio Muratori kritisiert; seine Forderung nach Umkehr zur »wahren Andacht des Christen« beeindruckte auch Österreicher.
Maria Theresia blieb von diesen Strömungen nicht unbeeinflußt. Im Alter hörte sie auf ihren Beichtvater Ignaz Müller und auf geistliche Berater wie Franz Stephan Rautenstrauch, den Abt von Braunau in Böhmen, und Weihbischof Simon Ambros Stock, die zum Kreise der Reformkatholiken gehörten. Bereits in ihrer Jugend hatte sie im Hofbibliothekar Gottfried Philipp Spannagel einen Lehrer bekommen, der als Gläubiger ein Anhänger Muratoris und als Historiker eher ein Gefolgsmann der Romgegner war. Spannagel suchte Maria Theresia beizubringen, daß dem Papst nicht zustehe, was dem Kaiser gebühre, und der Staat mit den Machtansprüchen die Finanzforderungen der Kirche in den von ihm zu setzenden Schranken zu halten habe.
Der Geschichtsunterricht, den Spannagel erteilte, war nicht allein darauf angelegt, aus der Vergangenheit Lehren für aktuelle Staatsaufgaben zu ziehen. Er versuchte auch historischen Sinn im Sprößling einer Monarchie zu wecken, die mit der Tradition stand und fiel. Die Historie des Erzhauses wurde verklärt, und auch das klassische Altertum illuminiert, weil es für das Atrium der Basilika des Heiligen Römischen Reiches angesehen wurde.
Latein nahm man aus diesem Grunde wichtig, und auch deshalb, weil es die Amtssprache im Königreich Ungarn war. Spanisch ent-

sprach dem Hofzeremoniell und Italienisch der Hofkultur. Die Lingua franca des 18. Jahrhunderts war das Französische, das Maria Theresia fließend zu sprechen und fast fehlerfrei zu schreiben lernte. Ihr Deutsch hingegen blieb als Schriftsprache barock verschnörkelt und in der Umgangssprache wienerisch gefärbt.

Nicht nur Erbauungsbücher bekam sie zu lesen. Die fortgeschrittene Schülerin wurde auch mit gehobener Literatur bekannt gemacht, in erster Linie italienischen und französischen Autoren. Metastasios Massenproduktion an Gedichten und Libretti konnte sie nicht entgehen.

In einem Land wie Österreich, in dem die Kunst mehr als die Literatur gepflegt, in einem Haus, dessen Herr – Karl VI. – als »Hercules Musarum« gerühmt wurde, legte man auf die musische Erziehung besonderen Wert.

Der Bühnenbildner und Kostümentwerfer Antonio Daniele Bertoli unterrichtete Maria Theresia im Zeichnen, Rosalba Carriera in der Pastellmalerei und der Komponist Georg Christoph Wagenseil in Musik. Ihre gute Stimme ließ sich trefflich schulen. Sie sang italienische Arien, begleitete sich dabei auf dem Klavier. Sie trat als Tänzerin, Sängerin und Schauspielerin in Opern, Kantaten und Komödien bei Hofe auf.

Mit sieben debütierte sie. Am 17. Mai 1724 berichtete das »Wienerische Diarium« über eine Aufführung der vom Hofdichter Zeno verfaßten und vom Hofvizekapellmeister Caldara komponierten Opera »Euristeo«, in der »auch die Durchl. Carolinischen Erzherzoginen und Infantinen, als Maria Theresia und Maria Anna die Tänze aufgeführet und die Actores, Tänzer und Tänzerinen und der völlige Chorus musicus aus lauter Adelichsten Personen bestanden.«

Mit dreizehn – anläßlich des Namenstages ihres Vaters am 4. November 1730 – trat Maria Theresia zum erstenmal als Sängerin vor das Hofpublikum, mit einer Kantate »Germania il di che spende Sagro all' Augusto nome«. Als Schauspielerin gefiel sie mit fünfzehn im Fasching 1732 in der italienischen Komödie »Il cicisbeo consolato«.

Drei Jahre später lobte der im Hofkalender als »Theatralstaat-Poet« aufgeführte Metastasio die Actricen Maria Theresia und Maria Anna, mit denen er sein Stück »Le grazie vendicate« probte: »Es gewährt wahrhafte Freude, die Geschicklichkeit, Gelehrigkeit und das anbetungswürdige Benehmen dieser hohen Prinzessinen aus der Nähe zu beachten.« Obwohl die Proben zweimal am Tage stattfänden und zwischen zwei und drei Stunden dauerten, zeigten sich die Erzherzoginnen »achtsamer, dankbarer und, ohne sich auch nur das Geringste zu vergeben, unendlich höflicher als alle, die ich bisher gesehen habe.«

Wenn sie an etwas Gefallen gefunden hatte, war Maria Theresia mit Leib und Seele bei der Sache, stürzte sie sich kopfüber in die Angelegenheit, ohne die Contenance zu verlieren. Dabei legte sie eine Ausdauer an den Tag, die man bei einer Prinzessin, der man Launenhaftigkeit nicht nur zugetraut, sondern auch zugestanden hätte, wenig gewohnt war.

Wen sie einmal ins Herz geschlossen hatte, den hielt sie darin für immer fest. Dies durfte die Gräfin Charlotte Fuchs erfahren, die 1728 die Erzieherin der Erzherzogin geworden war und bis zu ihrem Tod im Jahre 1754 ihre Vertraute blieb. Ein zeitgenössischer Beobachter bescheinigte ihr, daß sie »die außergewöhnlichen Anlagen der Prinzessin, wie es gerade notwendig war, erkannte und förderte«, und ein anderer, daß sie »alle ermüdenden Einfälle ihrer jungen Herrschaften mitgemacht, anbei ihren angenehmen und munteren Geist bis an ihr Ende erhalten« habe.

Maria Theresia nannte sie burschikos »Fuchsin« und liebevoll »Mami«. Sie ließ ihr ein Schlößchen in Rodaun errichten und sie – als einziges Nichtfamilienmitglied – in der Kapuzinergruft beisetzen.

Der Sarg der Gräfin Fuchs steht in der Nähe des Sarkophags der Kaiserin Maria Theresia und des Kaisers Franz I., ihres Gatten. In Lebensgröße lagert die Habsburgerin wie auf einem Ehebett neben dem Mann, der ihre erste und einzige Liebe war und den zu bekommen ihr »Mami« geholfen hatte.

FRANZ STEPHAN von Lothringen kam 1723 mit fünfzehn aus Nancy nach Wien. Seine Familie war mit den Habsburgern verwandt. Sein Großvater Karl, ein Schwager Kaiser Leopolds I., hatte sich um das Reich verdient gemacht; als kaiserlicher Heerführer befreite er 1683 die Haupt- und Residenzstadt von den Türken. Sein Sohn Leopold, der spätere Herzog von Lothringen, war in Wien mit seinen Vettern, den nachmaligen Kaisern Joseph I. und Karl VI., aufgewachsen. Durch eine glückliche Heirat, die Vermählung eines seiner Söhne mit Maria Theresia, hoffte er das Unglück zu mindern, daß sein Herzogtum unter französischer Kuratel stand.

Als Ehekandidaten bot er – es konnte nicht früh genug geschehen – seinen Sohn Clemens an, der jedoch mit sechzehn im Jahre 1723 starb, als die ausersehene Braut gerade sechs war. Für ihn mußte der zweite Sohn, der 1708 geborene Franz Stephan, in die Bresche springen.

Vom präsumtiven Schwiegervater wurde er wohlwollend aufgenommen. Der Prinz war von einnehmendem Äußeren, und er blieb bemüht, sich in Wien so zu benehmen, wie es ihm in Nancy eingeschärft worden war: Er müsse sich der spanischen Hofetikette unterwerfen und sein lothringisches Temperament unterdrücken, immer daran denken und nie davon reden, daß von ihm die Erfüllung der Pflicht erwartet wurde, mit dem Ansehen seiner Person das Prestige seines Hauses zu heben.

Über den Umgang mit der Auserkorenen war ihm nichts eingeschärft worden. Sie war ja noch ein Kind, und eine Prinzessin war ohnehin die letzte, deren Meinung bei der Anknüpfung einer dynastischen Verbindung gefragt war. Der Prinz habe sich in erster Linie an den Vater zu halten, den er freilich nur ansprechen dürfe, wenn er von ihm angeredet worden war. In zweiter Linie sollte er der Mutter gefallen, bei der er »seiner Lebhaftigkeit ein wenig Spielraum geben« könne.

Franz Stephan wurde unter dem Dach der Hofburg und im Schoße der Familie aufgenommen. Karl VI. stieß sich nicht an der mangelhaften Bildung des Lothringers. Der Vater hatte ihm zwar einen Sack voll Bücher mitgegeben, aber er kam, abgelenkt durch das ihn faszinierende Wiener Leben, kaum dazu, sie zu lesen. Es wurde behauptet, er habe in französischer wie in deutscher Sprache so geschrieben, daß man meinte, er hätte sich in der jeweils anderen Sprache besser ausdrücken können.

Über solchen Quisquilien hielt sich der Kaiser nicht auf. Er schätzte des Prinzen Passion für die Jagd und seine Begabung zur Repräsentation, die für einen Barockfürsten das Wichtigste zu sein schien. Karl VI. begann in Franz Stephan den Sohn zu sehen, der ihm leiblich versagt geblieben war und den er schwiegerlich bekommen könnte.

Hinderlich war zunächst der Altersunterschied von neun Jahren zwischen seiner ersten Tochter und dem Schwiegersohn in petto. Als Spielkameraden waren sie zu weit auseinander, und bei höfischen Anlässen blieben sie durch das Protokoll getrennt. So blieb nichts anderes übrig, als abzuwarten und weiterzusehen.

Vor allem die große Politik, die bei fürstlichen Eheschließungen die Hauptrolle spielte, war imstande, den vom Vater Franz Stephans aktiv verfolgten und vom Vater Maria Theresias passiv aufgenommenen Heiratsplan zu vereiteln. Es konnte eine Konstellation eintreten, die es unter Beachtung der Devise »Tu felix Austria nube« ratsam erscheinen lassen würde, eine andere Liaison zu suchen.

Eine Verbindung mit Lothringen galt nicht als gute Partie. Das Herzogtum war durch eine Vermählung nicht zu bekommen. Frankreich, das es bereits halb in Händen hatte, wäre es nur durch einen siegreichen Krieg zu entreißen gewesen, was jedoch weder dem Zweck der Wiener Heiratspolitik noch den Möglichkeiten Österreichs entsprochen hätte. Die Erbfeindschaft zwischen Bourbon und Habsburg wäre durch eine Eheverbindung zwischen Habsburg und Lothringen in einem Moment erneut entfacht worden, da sie nach dem Aufflammen im Spanischen Erbfolgekrieg und der Verfeuerung österreichischer Militärpotentials auf kleiner Flamme gehalten werden sollte.

Wenn Maria Theresia eine gewöhnliche Erzherzogin gewesen wäre, die so oder so unter die Haube hätte gebracht werden können, wäre die Sache einfacher gewesen. Je mehr sich jedoch herausstellte, daß dem Erzhaus ein männlicher Thronfolger versagt bliebe und auf die älteste Tochter als Thronfolgerin gesetzt werden müßte, um so mehr komplizierte sich die Suche nach einem Ehemann, der ein österreichischer Prinzgemahl sein würde und ein römisch-deutscher Kaiser werden sollte.

In das A und O der Politik Karls VI., eine internationale Anerkennung der Unteilbarkeit der habsburgischen Länder und der weiblichen Erbfolge, seiner Pragmatischen Sanktion von 1713 zu erreichen, war auch die Heiratspolitik einzubeziehen. Frankreich durfte durch eine habsburgisch-lothringische Alliance nicht vor den Kopf gestoßen werden. Spanien sollte durch eine ins Auge gefaßte Liaison zwischen Maria Theresia und Don Carlos, dem Sohn des spanischen Bourbonen Philipp V. und seiner zweiten Gemahlin Elisabeth Farnese, gewonnen werden.

Prinz Eugen, dessen politischer Weitblick seinem bewährten Feldherrnblick nicht nachstand, riet zu einer Ehe zwischen der habsburgischen Erbtochter und einem wittelsbachischen Kurprinzen. Die Aussicht war bestechend. Der Bayer hätte Karl VI. als Kaiser nachfolgen, Bayern mit Österreich verbinden, das römisch-deutsche Reich stärken und Frankreich, das der Savoyer weiterhin als Erbfeind ansah, die Stirn bieten können. Vom Belvedere aus schien Prinz Eugen sogar das Wunschbild einer Vermählung der österreichischen Erbtochter Maria Theresia mit dem preußischen Kronprinzen Friedrich, dem späteren Friedrich II., erblickt zu haben.

Doch die Ehepartnerwahl war nicht nur eine Frage österreichischer Hauspolitik und römisch-deutscher Reichspolitik, sondern auch ein Problem der europäischen Gleichgewichtspolitik. Heiratete Maria Theresia einen Spanier, stiege die Erinnerung an das Reich Karls V. auf, dessen Erneuerung eben im Spanischen Erbfolgekrieg verhindert worden war. Nähme sie einen Bayern oder gar den Preußen, würde die römisch-deutsche Kaisermacht in einer Weise gestärkt werden, die nicht nur im Ausland, sondern im Reiche selbst auf Widerstand stoßen müßte.

England, das sich zum Garanten der Balance of power bestellt hatte, bedingte sich für die Anerkennung der Pragmatischen Sanktion das Versprechen Karls VI. aus, die Hand seiner Erbtochter nur einem Prinzen von minderer Macht zu geben. Auf Franz Stephan traf dies zu. Als er jedoch 1729, nach dem Tode seines Vaters, regierender Herzog von Lothringen geworden war, befürchtete Frankreich durch seine Verheiratung mit Maria Theresia eine Vereinigung seines Landes mit Österreich. Um ein Eindringen des Erbfeindes in den Vorhof des Königreiches abzuwenden, verbündete sich Paris mit Madrid, das sich in Italien, in dem sich Habsburg breitgemacht hatte, eine Dependance verschaffen wollte.

Eine Entscheidung in der mit Machtproblemen verknüpften Heiratsfrage wurde durch eine Auseinandersetzung erleichtert: den 1733 begonnenen und 1735 beendeten Polnischen Thronfolgekrieg.

Nachdem Kurfürst Friedrich August I., der Starke, von Sachsen, der als August II. die polnische Krone trug, gestorben war, wurde um seine Nachfolge als König von Polen gestritten. Österreich und Rußland traten für August III. von Sachsen ein, Frankreich, und mit ihm Spanien, stellten sich hinter den von der Mehrheit des polnischen Adels gewählten Stanislaus Leszczynski, den Schwiegervater Ludwigs XV. Wie so oft in dynastischen Zeiten wurde ein Thronfolgekonflikt als Machterweiterungskrieg geführt. Frankreich dachte primär an eine Abrundung seiner Ostgrenze und Spanien an ein Wiederfußfassen in Italien. Österreich wollte im angrenzenden Polen Einfluß behalten, dem Herzog Franz Stephan und damit auch sich Lothringen erhalten.

Den österreichischen Waffen war kein Sieg beschieden. Die Franzosen besetzten Lothringen, die Spanier eroberten Unteritalien. Für den Friedensschluß hatten Karl VI. und Franz Stephan zu bezahlen. Der Verlust von Neapel und Sizilien war für den Habsburger nicht durch den Gewinn von Parma und Piacenza aufzuwiegen. Der Lothringer mußte auf sein ererbtes Stammland verzichten, wurde mit dem Großherzogtum Toskana abgefunden, in dem noch der letzte Medici regierte. Stanislaus Leszczynski, der auf den polnischen Thron verzichtete, erhielt Lothringen, das nach seinem Tode an Frankreich fallen sollte.

Karl VI., dem es als ehemaligem König Karl III. von Spanien nicht leichtfiel, auf ein weiteres Stück des spanischen Erbes zu verzichten, tröstete sich damit, daß nun auch Frankreich die Pragmatische Sanktion anerkannte. Franz Stephan sträubte sich zunächst dagegen, aus dem Lande seiner Väter nach Italien abgeschoben zu werden. Seine Mutter beschwor ihn, nicht auf Lothringen zu verzichten, in dem er Souverän war, die Gefahr zu meiden, »ein simpler Untertan des Kaisers« zu werden.

Der Sohn, der auf die Dreißig zuging, fühlte sich alt genug, seine eigene Entscheidung zu treffen. Sie wurde ihm dadurch erleichtert, daß der Kaiser, der mit dem auf der Abtretung Lothringens basierenden Friedenswerk die Anerkennung seiner Pragmatischen Sanktion gefährdet sah, nun Franz Stephan als Schwiegersohn akzeptierte.

»Keine Abtretung, keine Erzherzogin«, wurde dem Lothringer in

Wien bedeutet. Es hätte dieses Druckmittels kaum bedurft, um ihn die Hand Maria Theresias wählen zu lassen. Franz Stephan war Realist genug, um zu wissen, daß er gegen die Großmächte, die, ohne den kleinen Herzog zu fragen, über dessen Stammland verfügt hatten, nicht aufkommen konnte. Der Verlust wurde durch den Gewinn mehr als aufgewogen: Als Gemahl der Österreicherin konnte er Mitregent in den habsburgischen Ländern werden, winkte ihm die Kaiserkrone des Heiligen Römischen Reiches, die nur ein Mann tragen durfte und die ein Angehöriger des Erzhauses tragen sollte. Überdies bekam er eine liebenswerte Frau. »Sie ermangelt nicht der Schönheit, besitzt aber mehr Anmut«, wußte der venezianische Gesandte Foscarini zu rühmen. »Sie verfügt über ein gemessenes Verhalten und über einen Blick für das Ernste, der aber nicht des Liebreizes entbehrt.«

Maria Theresia hatte bereits ihre Wahl getroffen. Das Mädchen war bis über beide Ohren in Franz Stephan verliebt. »Trotz ihrer starken Seele«, wußte 1735 der englische Gesandte Robinson zu berichten, »hegt sie eine zärtliche Liebe zu dem Herzog von Lothringen. Des Nachts sieht sie ihn im Traum, und am Tage unterhält sie ihre Hofdamen nur von ihm, so daß es nicht wahrscheinlich ist, daß sie den Mann jemals vergessen wird, den sie für sich geboren glaubt.«

Sie war nun achtzehn, wußte genau, was sie wollte, und hoffte, daß es »Mami« Fuchs, die als Postillon d'amour fungierte, und der Herr Papa, der ihr ungern etwas abschlug und auch dem ihm ans Herz gewachsenen Auserwählten kaum weh tun konnte, es schon richten würden, daß sie ihn und keinen anderen bekäme – und zwar bald. Außerdem ließ sie keinen Zweifel daran, daß sie niemals jenen vergeben würde, die sie in Gefahr brächten, ihren Franz Stephan zu verlieren. Aber wer wollte und konnte sich ihr noch entgegenstellen? Nun hatte sie auch die große Politik auf ihrer Seite, und ihrem großen Glück stand nichts mehr im Wege.

DIE WERBUNG Franz Stephans hatte nach der Hofetikette zu erfolgen. »Nachdem also der Tag des hohen Begehrens der durchlauchtigsten Erzherzogin von dem gütigsten Kaiser auf den 31. Januar 1736 anberaumet«, hieß es in einem Hofbericht, »verfügte sich Ihre Hoheit, der Herzog von Lothringen und Bar zu den kaiserlichen

Herrschaften. Er hatte ein Kleid angetan mit etlichen fünfzig Knöpfen von lauter Brillanten besetzt, das 300 000 Gulden gekostet hatte.«

Sein Miniaturporträt, das der Werber der Umworbenen überreichte, war »statt des sonst immer darübergelegten gewöhnlichen Kristallglases von einem großen Brillanten überdeckt.« Dem kaiserlichen Vater hatte er eine weit wertvollere Gabe darzubringen: Franz Stephan mußte für immer auf das Herzogtum Lothringen verzichten und sich verpflichten, für seine Person in den österreichischen Erblanden keine Erbansprüche zu stellen. Maria Theresia wurde die Erklärung abverlangt, auf die Erbfolge zu verzichten, falls doch noch Karl VI. ein Erbprinz geboren werden sollte.

Das Verlöbnis konnte verkündet werden. Die Verlobten wurden, wie es die Hofetikette vorschrieb, nach dem Handkuß des Bräutigams getrennt. Maria Theresia blieb in Wien, Franz Stephan wurde nach Preßburg geschickt. Briefe durften sie sich schreiben.

Sie möge überzeugt sein, daß er sich lieber persönlich als schriftlich zu ihren Füßen legen würde und daß kein Bräutigam in der Welt mehr Ergebenheit und Respekt haben könne als »Ew. Lbd. meiner Englischen Braut getreu erster Diener Frantz«, schrieb er ihr am 8. Februar 1736. Sie antwortete postwendend: »Ich bin Ihnen unendlich für Ihre Aufmerksamkeit verbunden, mir Nachricht von Ihnen zu geben, denn ich war bekümmert wie eine arme Hündin. Haben Sie mich ein wenig lieb und verzeihen Sie mir, wenn meine Antwort nur kurz ist. Aber es ist 10 Uhr und Herbeville wartet auf meinen Brief. Adieu Mäusl, ich umarme Sie von ganzem Herzen, schonen Sie sich recht. Adieu, caro viso...«

Der Briefwechsel, in dem sie sich – Franz Stephan ziemlich förmlich, Maria Theresia offenherzig – ihrer Achtung und Liebe versicherten, beschränkte sich auf wenige Tage. Die Sehnsucht der Braut, ihn »zärtlich küssen« zu können, und die Erwartung des Bräutigams, sie »in Vollkommenheit meines Vergnügens zu sehen«, wurden schnell erfüllt. Denn die Hochzeit war bereits auf den 12. Februar 1736 festgesetzt.

Die Augustinerkirche in Wien war dem Anlaß entsprechend ausstaffiert. Über dem Altar stand ein Sinnbild: Aus den Himmelswolken wurde der Ehering herabgereicht, und Gottvater erteilte seinen

Segen »zu erwünschender männlicher Erbfolge«, wie es in der Beschreibung »der höchst-beglückten Vermählung der Durchl. Ertz-Hertzogin zu Oesterreich Maria Theresia, Infantin von Hispanien, zu Hungarn und Böheim auch beeder Sicilien Königl. Printzessin mit Ihro Königl. Hoheit Francisco III.« hieß.

Die Braut, die als Tochter des zeitweiligen Königs von Spanien immer noch als Infantin bezeichnet wurde, erschien in Silber und Brillanten, und der Bräutigam, der noch nicht auf den ererbten Herzogstitel offiziell verzichtet hatte und sich schon Hoffnungen auf die Würde eines römischen Kaisers machte, war ganz in Weiß. Die Trauung nahm der päpstliche Nuntius Domenico Passionei vor. Er wollte dabei sitzen bleiben, aber Karl VI. bestand darauf, daß er vor der Thronerbin zu stehen habe. Deren Bräutigam fragte er zuerst, ob er die durchlauchtigste Braut ehelichen wolle. »Volo«, antwortete Franz Stephan, und auch Maria Theresia gab ihr Jawort auf lateinisch. Sie steckten sich die Trauringe an, wurden mit Weihwasser besprengt und vernahmen das mit Pauken und Trompeten intonierte Te Deum sowie die Salutschüsse von der Bastei.

Beim Hochzeitsmahl saßen sie Seite an Seite, doch nicht auf dem Ehrenplatz, der gebührte dem Kaiser, der unter einem goldenen Baldachin thronte, als einziger mit dem Hut auf dem Kopf. Die Hochzeitsoper »Achille in Sciro«, verfaßt von Pietro Metastasio und komponiert von Antonio Caldara, wurde auf dem »Grossen Theatro in der kaiserlichen Burg« aufgeführt und am darauffolgenden Tage wiederholt. Am 14. Februar 1736, am letzten Faschingstag, wurde das Hochzeitsfest mit »Verkleidung, kostbarer Tafel und einem herrlichen Ball« im Spanischen Saal der Hofburg abgeschlossen.

Im Honigmond wallfahrte das Paar nach Maria Zell, brachte der Muttergottes zwei goldene, von Lorbeer umschlungene Herzen dar und erflehte den Segen für eine kinderreiche Ehe.

Am 5. Februar 1737 wurde die Erzherzogin Maria Elisabeth, am 6. Oktober 1738 die Erzherzogin Maria Anna geboren. Bis 1756 folgten weitere vierzehn Kinder. »Man kann nicht genug davon haben, in diesem Punkt bin ich unersättlich«, erklärte die Mutter. Der Vater erwartete vornehmlich männlichen Nachwuchs, konnte schließlich vier Stammhalter des Hauses Habsburg-Lothringen zählen.

Ungesicherte Hinterlassenschaft

PRINZ EUGEN hatte im Polnischen Thronfolgekrieg keine gute Feldherrnfigur mehr gemacht. Der Hochzeitsfeier Maria Theresias und Franz Stephans war der fast Dreiundsiebzigjährige wegen Krankheit ferngeblieben. Zwei Monate später, am 21. April 1736, starb der »heimliche Kaiser«.

Schwere Kanonen, deren Salut dem wirklichen Kaiser vorbehalten blieb, donnerten nicht bei seinem Leichenbegängnis in Wien. Aber auch die Trauerglocken dröhnten laut genug, um der Stadt und dem Reich zu verkünden, daß ein glorreiches Kapitel der österreichischen Geschichte beendet war und ein neues aufgeschlagen wurde, über dessen Anfang und erst recht über dessen Ende man sich noch nicht im klaren war.

Der Herr im Belvedere hätte es lieber gesehen, wenn die Kaisertochter einen Gemahl bekommen hätte, von dem eine ansehnliche Macht in das Haus Habsburg eingebracht worden wäre. Es hätte einer solchen Stärkung bedurft. Denn es war nicht sicher, ob es, allein auf sich gestellt, den aufziehenden Stürmen gewachsen sein würde, und nicht gewiß, ob die Erbtochter es als Hausherrin übernehmen könnte.

Drei Tage nach der Vermählung der Habsburgerin mit dem Lothringer hatte Prinz Eugen ausgesprochen, was ihn bedrückte: »Gott gebe, daß diesem erhabenen Ehepaare die Annehmlichkeit ihres gegenwärtigen Zustandes nicht durch frühzeitige Trübsal gestört werde. Die Pragmatische Sanktion erhält nur dann ihre Wirkung, wenn der Staat sowohl die politische als militärische Kraft hat, sie zu handhaben.«

Diese Stärke vermißte Prinz Eugen in den Ländern Kaiser Karls VI., dessen ganzes Sinnen und Trachten darauf gerichtet zu sein schien, seine Pragmatische Sanktion garantiert zu sehen. Nach und nach erhielt er deren Anerkennung durch alle ins Gewicht fallenden Mächte. Doch die Mühen, die er darauf verwendete, und die Zugeständnisse, die er dabei machte, ließen ihm wenig Zeit und Kraft, den Rat des Savoyers in die Tat umzusetzen, »die militärische Macht des Hauses auf einen festeren Fuß zu stellen und sich zu

überzeugen, daß der Grund des Finanzsystems nur in der Vorsichtigkeit, Ordnung und Sparsamkeit bestehen könne.«
Der Kaiser des Heiligen Römischen Reiches schien noch an die Heiligkeit der Verträge zu glauben und auf den Grundsatz «Pacta sunt servanda – Verträge müssen erfüllt werden« zu bauen. Das war eine zwar ehrenhafte, aber nicht mehr zeitgemäße Haltung in einer Epoche, in der Machiavelli ein bevorzugter Ratgeber der Souveräne war und im Zweifelsfall die Staatsräson und nicht die Vertragstreue den Ausschlag gab.
Karl VI. schien den ersten Zweck der Pragmatischen Sanktion aus dem Auge verloren zu haben. Im Jahre 1713 erlassen, als noch Hoffnung auf einen Erbprinzen bestand, hatte er ihn nicht in der Bestimmung gesehen, daß in Ermangelung männlicher Nachkommen in erster Linie seine eigenen Töchter und in zweiter Linie die Töchter seines Bruders Joseph I. und ihre jeweilige Nachkommenschaft erbberechtigt sein sollten. Vor allem war es dem Habsburger darum gegangen, seine Länder, die es zu vererben galt, als Ganzes – »indivisibiliter ac inseparabiliter« – zu erhalten. Dies hätte vorausgesetzt, daß die vielen und verschiedenen Teile erst zu einem »Totum« zusammengefügt worden wären, um sie für immer »unteilbar und untrennbar« zu bewahren.
Die Vereinheitlichung lag im Zuge der Entwicklung vom mittelalterlichen Staatswesen zum modernen Staat. In Habsburgs Herrschaftsbereich standen ihr größere Schwierigkeiten als in Frankreich und Spanien oder Preußen und Bayern entgegen. Es galt nicht nur feudalistischen Wildwuchs zu beschneiden, sondern auch zahlreiche Völker, Länder und Herrschaften zu einheitlicher Staatlichkeit zu bündeln.
Unter der Regierung Karls VI. wurde die Notwendigkeit einer staatlichen Konzentration durchaus erkannt, so vom Hofkriegsratspräsidenten Prinz Eugen oder vom Hofkammerpräsidenten Graf Gundacker Thomas Starhemberg. Es wurde auch einiges angefangen, doch nicht tatkräftig und zielstrebig genug weitergeführt.
Karl VI. konnte als Mensch nicht über seinen Schatten springen, und als Monarch, dem in einem absolutistischen Regime das erste und letzte Wort zustand, besaß er »wenig Entschlußkraft«, so daß er – wie sein zweiter lothringischer Schwiegersohn Karl, der Gemahl

Maria Annas, konstatierte – »alle Geschäfte verdorben, da er alle Mittel zu spät eingesetzt« habe. Dazu kam, daß der Urheber der Pragmatischen Sanktion die Bemühung um deren internationale Anerkennung zur Hauptstaatsaktion erklärt hatte und sich weniger darum kümmerte, was erhalten werden sollte, sondern wie es erhalten werden könnte.

Überdies waren über seinem Reich dunkle Wolken aufgezogen, die sein trübsinniges Gemüt noch mehr verdüsterten und ihn resignativer stimmten, als er es ohnehin schon war. Im Jahre 1711 hatte er das im Sonnenglanz liegende Haus Österreich übernommen. Zwei Jahrzehnte später lagen Schatten über ihm.

Durch die Niederlage im Polnischen Thronfolgekrieg büßte Karl VI. einen erheblichen Teil des Gewinnes aus dem Spanischen Erbfolgekrieg ein. Im 1736 begonnenen und sich bis 1739 hinziehenden Türkenkrieg, der ohne den Prinzen Eugen geführt werden mußte, gingen Eroberungen des »Edlen Ritters« verloren: die österreichische Walachei und die Provinz Serbien samt der »Stadt und Festung Belgerad«.

Die Mahnung des Savoyers, das Heer wieder auf Kriegsstand zu bringen und die Kriegskasse erneut zu füllen, war in den Wind geschlagen worden. Es hatte sich kein Feldherr gefunden, der in seine Fußstapfen hätte treten können. Schon gar nicht vermochte dies Franz Stephan. Der Kaiser hatte gehofft, daß der Enkel Karls von Lothringen etwas von der militärischen Begabung des Türkenbezwingers mitbekommen hätte, und sich gewünscht, daß der Schwiegersohn, dem das Odium eines Mitgiftjägers anhaftete, mit dem Odeur eines Siegers aus dem Felde heimgekommen wäre.

Doch der 1738 zum Reichsfeldmarschall ernannte und mit dem Oberbefehl des kaiserlichen Heeres betraute Franz Stephan bestätigte seinen Ruf, daß er eher ein Salonheld als ein Kriegsheld sei. Noch im selben Jahr brach er die militärische Karriere erfolglos ab, kehrte sang- und klanglos nach Wien zurück. Maria Theresia, die ihn bedrückt hatte ziehen lassen, schloß ihn erleichtert in die Arme. Einen Lorbeerkranz vermißte sie nicht. Am Manne ihres Herzens und Vater ihrer Kinder schätzte sie andere Qualitäten.

Die nächste Reise trat er nicht allein, sondern mit seiner Frau an, ohne befürchten zu müssen, den Reisezweck zu verfehlen: die

Inbesitznahme der ihm durch den Frieden von Wien zugesprochenen Toskana. Gian Gastone, der letzte Medici, dessen Erbe er antreten sollte, hatte endlich die Augen geschlossen, so daß Großherzog Franz Stephan – und die Großherzogin Maria Theresia – die Entschädigung für das verlorene Herzogtum Lothringen in Augenschein nehmen konnten.

Der den neuen Herrschern gewidmete Triumphbogen vor der Porta San Gallo in Florenz war noch nicht vollendet, als das Großherzogspaar am 19. Januar 1739 in seiner Hauptstadt einzog. Was man schon sehen konnte, war beeindruckend genug. Maria Theresia vergaß es ihr Leben lang nicht, wollte nach ihrem Tod die Erinnerung daran wachgehalten wissen. Am Doppelsarkophag in der Kapuzinergruft ist die Einzugsszene auf einem Flachrelief verewigt.

Dem neuen Großherzog wurde Respekt, der neuen Großherzogin Zuneigung entgegengebracht. »Sie braucht sich nur zu zeigen, und man liebt sie«, diese Feststellung des Herzogs Karl von Lothringen wurde auch in der Toskana bestätigt. Die Bellezza der Zweiundzwanzigjährigen wie ihr Belcanto, den sie in einem Duett mit dem berühmten Francesco Bernardi offenbarte, riß das adelige und artige Publikum zu Ovationen hin.

Sie wäre »mit Freuden« Großherzogin von Toskana geblieben, wenn es Gott so gewollt und er sie nicht »zur großen Last der Regierung« in den habsburgischen Ländern auserwählt hätte, bemerkte sie in ihrem »Politischen Testament«. Mit der italienischen Kultur, der sie in Wien begegnet war, hätte sie gerne an Ort und Stelle nähere Bekanntschaft geschlossen, im Herzen der Apenninenhalbinsel, wo man das reinste Italienisch hörte, das Andante einer klassischen Landschaft genoß und auf das Vivace barocker Feste nicht zu verzichten brauchte.

Florenz wußte alte Municeer-Pracht mit neuem lothringisch-habsburgischem Prunk zu verbinden. In den Boboligärten wurde ein Feuerwerk abgebrannt, in dem Franz Stephan als der von seinen Taten ausruhende Herkules vorgeführt wurde. Auf dem Platz vor Santa Croce wurde zu Ehren des Großherzogspaares das gioco del calcio, ein festliches Ball-Spiel, veranstaltet und die von den Siegern gewonnene Fahne Maria Theresia übergeben.

In Livorno war als Schaugerüst eine mit Wildbret und Geflügel,

Schinken und Würsten behangene Schlaraffenpyramide errichtet worden, auf deren Spitze die Fama ausposaunte, was erst Wunsch und noch nicht Wirklichkeit war: ein Großherzogtum, dem ein aufgeklärter Herrscher allgemeine Wohlfahrt bringen würde.

Franz Stephan hatte diese Aufgabe noch vor sich. Er gedachte sie nicht persönlich anzupacken, obwohl er – wie sich bald herausstellte – für Verwaltungsdinge und Wirtschaftsfragen eine geschickte und glückliche Hand besaß. Der Großherzog setzte einen Regentschaftsrat ein und begab sich mit Maria Theresia Ende April 1739 auf die Rückreise nach Wien, wo der Gatte der Thronerbin seine eigentliche Wirkungsstätte sah. Er kam mit der Erwartung heim, daß die Gattin, die wieder guter Hoffnung war, diesmal einen Sohn zur Welt und ins Haus bringen würde. Dies hätte sein Ansehen, das als Feldherr ohne Fortune wie als Erzeuger zweier Töchter ramponiert war, auf ein Niveau gehoben, das ihm als Sprungbrett für die Erlangung der Würde eines römischen Kaisers hätte dienen können. Aber am 12. Januar 1740 gebar Maria Theresia das dritte Mädchen, Maria Karoline. Fünf Monate später, am 7. Juni 1740, starb die erste Tochter. Maria Elisabeth war nicht einmal dreieinhalb Jahre alt geworden. Die Mutter war in Tränen aufgelöst, der Vater niedergeschmettert und der Großvater zu Tode betrübt.

»DU, GLÜCKLICHES ÖSTERREICH, HEIRATE« – die bewährte Devise schien nicht mehr zu gelten. Die Ehe der Erbtochter hatte keine zusätzliche Macht als Morgengabe und bis dato keinen Erbprinzen gebracht. Die Kriege, die man nicht andere führen ließ, sondern selber geführt hatte, waren unglücklich ausgegangen.

Er sehe niemals Söhne, klagte Karl VI. Der Schwiegersohn war verstimmt, weil er sich übersehen sah. Die Tochter war verzweifelt, weil sie nicht nur das schwere Schicksal, mit keinem Sohn aufwarten zu können, auf sich zu nehmen, sondern auch bittere Bemerkungen ihres Vaters einzustecken hatte.

»Gott geb die Kraft, es zu ertragen«, seufzte Karl VI. Er hatte es auch zu verkraften, daß er auf die Garantien für seine Pragmatische Sanktion, die er sich viel zuviel hatte kosten lassen, nicht bauen konnte. Er mußte damit fertig werden, daß er es darüber versäumt hatte, das Haus Österreich instand zu setzen, die Erbfolgeordnung, wenn auf dem Rechtswege nicht möglich, mit Waffengewalt durchzusetzen.

Reformen in Richtung eines modernen Staates, den es »unteilbar und untrennbar« zu vererben galt, waren nicht zuletzt wegen der Rücksichtnahmen auf die Landtage der habsburgischen Territorien im Sande verlaufen. Deren ständische Einzelinteressen standen einer staatlichen Vereinheitlichung im Wege. Da die Landtage jedoch die Pragmatische Sanktion gebilligt hatten, wollte man sie nicht durch ein Anlegen zentralistischer Zügel widerspenstig machen – selbst auf die Gefahr hin, daß sie zwar eine weibliche Herrscherin auf dem Bock dulden, aber, in verschiedene Richtungen strebend, die Kutsche nicht voranbringen würden.

Da wesentliche Teile des Hauses Österreich sich unter dem Dach des römisch-deutschen Reiches befanden, mußte der Reichstag in Regensburg der Pragmatischen Sanktion zustimmen. Dazu ließ sich die Vertretung der Reichsstände erst nach fast zwanzigjährigen Verhandlungen herbei.

Bayern war dazu immer noch nicht bereit. Kurfürst Karl Albrecht, Nachkomme einer Tochter Kaiser Ferdinands I., beanspruchte österreichische Länder unter Hinweis auf einen 1546 zwischen Habsburg und Wittelsbach geschlossenen Erbvertrag, der – freilich undeutlich und interpretationsfähig – die wechselseitige Nachfolge für den Fall des Aussterbens einer der beiden Dynastien im Mannesstamm vorsah.

Der Kurfürst von Sachsen, König August III. von Polen, der wie der Kurfürst von Bayern mit einer Tochter Kaiser Josephs I., des Bruders Karls VI., vermählt war, leitete aus dieser Verbindung ebenfalls Erbansprüche ab. In Preußen kam im Jahre 1740 mit Friedrich II. ein Hohenzoller auf den Thron, der zwar einen »Antimachiavel« geschrieben hatte, aber dies für Stilübungen eines Kronprinzen zu halten geneigt war, der noch nicht wie ein König als Machiavellist handeln konnte, wenn es galt, Ruhm für seine Person und Größe für sein Land zu erringen.

Auch den europäischen Mächten, die wie die deutsche Macht Preußen die Pragmatische Sanktion anerkannt hatten, war – wenn das Machtinteresse mit der Vertragsverpflichtung in Widerspruch geriete – ein Wortbruch zuzutrauen.

Die spanischen Bourbonen, die als italienische Dependance bereits Neapel bekommen hatten, gedachten sich auch noch Mailand zu nehmen. Der französische Bourbone, König Ludwig XV., der im Hause Habsburg immer noch den Erbfeind sitzen sah, dachte an eine Neuauflage der französisch-bayerischen Allianz im Spanischen Erbfolgekrieg. England hatte für seine Garantie der Pragmatischen Sanktion einen Preis verlangt und bekommen: den Verzicht Karls VI. auf die in der Hafenstadt Ostende, in den österreichischen Niederlanden, gegründete Ostindische Handelskompanie, in der London eine Konkurrenz für seinen Kommerz erblickte. Wegen dessen Rivalität zu Frankreich und Spanien glaubte man sich in Wien noch am ehesten auf England verlassen zu können, ohne zu bedenken, daß »Right or wrong, my country« eine englische Devise war.

Das Problem einer Übernahme der habsburgischen Länder durch die Erbtochter war schon schwierig genug. Noch komplizierter wurde es durch die Erwartung, daß die seit dreihundert Jahren von Habsburgern getragene römisch-deutsche Krone, die nicht erblich war und von den Kurfürsten nur einem Manne übertragen werden konnte, nach dem Tode Karls VI. auf den Gemahl Maria Theresias übergehen würde.

Indessen meldete Karl Albrecht, der Kurfürst von Bayern, seine Kandidatur für das Wahlkaisertum an. Der Wittelsbacher verwies auf die Vergangenheit, auf Kaiser Ludwig den Bayer, und auf die Zukunft, die ihm österreichische Länder einbringen, seine Hausmacht, deren ein römisch-deutscher Kaiser auch zur Wahrnehmung von Reichsinteressen bedurfte, stärken sollte. Der König in Preußen, der Kurfürst von Brandenburg war, gedachte sich seine Stimme durch die Abtretung des zu Böhmen gehörenden Schlesien bezahlen zu lassen.

Frankreich konnte nicht mehr, wie 1519, seinen König zur Kaiserwahl stellen. Aber es war willens und in der Lage, einen anderen zu unterstützen, hinter dem nicht die Macht Habsburgs stand und der mit der Kaiserkrone nicht dessen Erbfeindschaft gegen die Bourbonen übernahm. So wurde der Bayer, der nie so stark werden würde wie der Österreicher und außerdem ein erprobter Verbündeter war, der Wunschkandidat Frankreichs.

Ähnlich dachten die auf die deutsche Libertät pochenden Reichsstände, die keinen starken Kaiser über sich, und die an der Balance of power interessierten europäischen Mächte, die ein schwaches Reich neben sich haben wollten.

Der Gedanke tauchte auf, ob es nicht opportun wäre, wenn Wien auf die Kaiserkrone für den Lothringer verzichtete, um die weibliche Erbfolge im eigenen Bereich zu erleichtern, die Großmacht Österreich zu erhalten, die weit schwerer wiege als die mehr ideelles als reales Gewicht besitzende Kaiserwürde.

Eine solche Überlegung hielt man am Wiener Hof für widersinnig. Eben weil die Kaiserkrone vornehmlich ein ideelles Gut war, wollte man sie nicht realpolitischen Erwägungen aussetzen. Karl VI. hegte die Überzeugung, daß sie seiner Dynastie von Gott verliehen worden sei. Dessen Willen hätten die Kurfürsten drei Jahrhunderte lang vollzogen, indem sie Habsburger zu deutschen Königen und deutschen Kaisern gewählt hatten. Daraus zog er den Schluß, daß das Wahlkaisertum durch Gottes Gnade zu einem Erbkaisertum geworden sei, das nun dem lothringischen Gemahl der habsburgischen Erbtochter zufiele und deren Nachkommen, den Habsburg-Lothringern, zukäme.

Franz Stephan, der Erbkandidat, schätzte die Situation nüchterner ein. Als Großherzog von Toskana war er kein Reichsfürst. Der Reichsidee stand er distanzierter gegenüber, und die Reichswirklichkeit sah er realistischer als die Familie, in die er eingeheiratet hatte.

Wenn auch mancher Reichsstand, aus dem ein Staat geworden war, die für ihn verbindlich gebliebenen Reste der Kaiserherrschaft gerne abgeschüttelt hätte, so waren doch andere verblieben, die – zumal geistliche Fürstentümer und Reichsstädte – schon aus Selbsterhaltungstrieb dem Kaiser Loyalität entgegenbrachten und ihm damit eine nicht zu verachtende Macht eintrugen. Einer solchen meinte Franz Stephan zu bedürfen, dem sein Großherzogtum Toskana nicht genügte und der als Prinzgemahl wenn auch der erste, so doch ein Untertan der Herrscherin der habsburgischen Länder sein würde.

Maria Theresia wollte als Frau dem geliebten Mann eine eigene Krone und damit eine gewisse Hausmacht zukommen lassen. Als

Habsburgerin konnte sie sich eine Trennung Österreichs vom Reich nicht vorstellen. Blöcke ihrer Hausmacht – wie die österreichischen Herzogtümer und das Königreich Böhmen – waren mit diesem seit Jahrhunderten verbunden, der Streubesitz am Oberrhein und in Schwaben mit ihm verwachsen. Eine Übertragung der Kaiserwürde des Römischen Heiligen Reiches Deutscher Nation auf den Gemahl gleichzeitig mit der Übernahme der habsburgischen Länder durch die Gemahlin mochte ihr wie eine zweite, die politische Hochzeit erscheinen.

Doch ein Damoklesschwert hing über dieser Vorstellung, und Karl VI. sah es bereits herabsausen und mit dem Zusammenhang seiner Herrschaftsgebiete die Verbindung mit dem Reich zerschneiden.

War Gott nicht mehr mit ihm und den Seinen? Würde der Allmächtige es zulassen, daß nach seinem Tod die Monarchie zerteilt und ein nicht seinem Haus angehörender Kaiser gewählt würde? Der Monarch von Gottes Gnaden, der ein gottesfürchtiger Mensch geblieben war, ergab sich wie Hiob in den Willen des Höchsten, bat um Kraft, die Heimsuchungen zu erdulden, die ihm geschickt worden seien, damit er seine »grosse sünden abbüß«.

»Für mich ist alles zu Ende«, stöhnte der Habsburger. »Seit Anfang des Jahres 1740 konnte man wahrnehmen, daß sich die Gemütsart Seiner Majestät, Kaiser Karls, vollständig änderte«, berichtete der Schwiegersohn. »Am 1. Oktober, seinem Geburtstag, gratulierte ihm der Nuntius wie üblich und wünschte ihm noch viele Jahre. Er antwortete ihm: Dieser Glückwunsch wird der letzte sein, den Ihr mir überbringen werdet, und wir werden uns an einem solchen Tag nicht wiedersehen.«

Zwanzig Tage nach seinem fünfundfünfzigsten Geburtstag, am 20. Oktober 1740, starb Kaiser Karl VI., an einer Pilzvergiftung, wie die einen, an gebrochenem Herzen, wie die anderen meinten. Der letzte Habsburger hinterließ seiner Tochter ein Haus, das mit Hypotheken belastet war und auf das Verwandte und Nachbarn Ansprüche erhoben.

Ein machtstrotzendes und glanzvolles Reich hatte er im Jahre 1711 übernommen, ihm mit seiner Karlskirche in Wien eine barocke Krone aufgesetzt. Drei Jahrzehnte später war es in einem Zustand, dessen befürchtete Folgen auf seinem Sarkophag in der Kapuzinergruft angedeutet wurden: Er ruht zwar auf Löwen und Adlern, ist überreich mit Fahnen drapiert, aber die Kronen des römisch-deutschen Reiches und der habsburgischen Länder werden von Totenköpfen getragen.

Die Standhafte

Maria Theresia im ungarischen Krönungsornat.
Statue von Franz Xaver Messerschmidt

Der schwere Anfang

AN DAS STERBELAGER Karls VI. wurde Maria Theresia nicht gelassen. Der Tochter, die wieder schwanger war, sollte die Erschütterung erspart bleiben, den Todeskampf ihres Vaters mitansehen und die letzten Klagen des Kaisers über seine ungesicherte Hinterlassenschaft mitanhören zu müssen.

Wenige Stunden nach seinem Ableben empfing die Nachfolgerin, ganz in Schwarz, im Thronsaal den Ministerrat. Ihre ersten Anordnungen galten den Trauerfeierlichkeiten. Karl VI. wurde zuerst in der Favorita, wo er gestorben war, dann in der Hofburg aufgebahrt und am 24. Oktober 1740 in der Kapuzinergruft beigesetzt, freilich nicht das Totum seiner sterblichen Überreste: Herz und Zunge kamen in die Augustinerkirche, Hirn, Augen und Eingeweide in den Stephansdom.

Maria Theresia verließ wenige Tage nach dem Tode ihres Vaters das Lustschloß auf der Wieden, das Sterbehaus des Vaters, um nie mehr dorthin zurückzukehren. Die Favorita, die Bühne barocker Haupt- und Staatsaktionen gewesen war, wurde ein Depot für Theaterrequisiten, für die man vorerst keine Verwendung hatte. Der Vorhang war gefallen, und es war ungewiß, ob und wann er sich wieder heben würde.

Die Titel einer Herrscherin über die habsburgischen Länder waren Maria Theresia, der Erzherzogin von Österreich durch Geburt und Herzogin von Lothringen und Großherzogin von Toskana durch Heirat, zwar überschrieben, aber noch nicht bestätigt worden: Königin zu Ungarn, Böhmen, Dalmatien, Kroatien, Slawonien; Erzherzogin zu Österreich; Herzogin zu Steyer (Steiermark), Kärnten und Krain, Schlesien, Brabant, Limburg, Luxemburg, Mailand, Mantua, Parma, Piacenza; Markgräfin zu Mähren; Fürstin zu Siebenbürgen; gefürstete Gräfin zu Tirol und Flandern; Markgräfin des Heiligen Römischen Reiches zu Burgau...

Kaiserin des Heiligen Römischen Reiches Deutscher Nation war sie in der Nachfolge Karls VI. nicht geworden und konnte es, als Frau, auch nicht werden. Ihr Gemahl Franz Stephan mußte erst zum deutschen König und römischen Kaiser gewählt werden, damit sie sich als seine Gemahlin Kaiserin nennen konnte.

Doch das stand noch in den Sternen, und die Sterndeutung verhieß wenig Gutes. Mit der Bekanntmachung ihres Regierungsantritts im Inland wie im Ausland hatte Maria Theresia bei den Kurfürsten die Kandidatur Franz Stephans für die Kaiserkrone angemeldet. Die Chancen des Lothringers, gewählt zu werden, waren gering. Es war sogar ungewiß, ob die Habsburgerin alle ihre Kronen und Krönchen behalten würde.

Nicht allein deutsche Staaten und europäische Mächte schickten sich an, ihr das väterliche Erbe streitig zu machen. Selbst in ihren eigenen Ländern erhob sich Widerspruch gegen ein »Weiberregiment«, fand die bayerische Propaganda Gehör, die den Wittelsbacher, der habsburgisches Blut in den Adern habe, als Herrn in dem im Mannesstamm ausgestorbenen Erzhaus empfahl.

Der venezianische Gesandte in Wien, Alessandro Zeno, verwies am 20. Oktober 1740, dem Tag des Regierungsantritts Maria Theresias, auf Stimmen, die meinten, »daß es mit der Würde des Staates nicht vereinbar sei, von einer Frau regiert zu werden«. Einen Monat später, am 19. November 1740, vermeldete Zeno einen Stimmungsumschwung: »Aus den Provinzen kommen täglich Berichte von der geleisteten Huldigung, alles vollzieht sich in bewunderungswürdiger und gleichsam unerwarteter Harmonie. Es ist gelungen, in den Völkern die Überzeugung wachzurufen, es sei ihr Interesse, die Einheit der Monarchie zu erhalten und sie nicht zu spalten.«

Auch die Wiener, die sich gegen eine weibliche Herrschaft aufmüpfig gezeigt hatten, waren zu dieser Überzeugung gelangt und auf Wiedergutmachung an ihrer jungen Herrin bedacht, die schließlich eine Wienerin war. Am 22. November 1740 säumten sie ihren Weg, den sie zum Hochamt in der Stephanskirche und zurück in die Hofburg zur Erbhuldigung der niederösterreichischen Stände nahm. Im fünften Monat schwanger, wurde Maria Theresia in einer Sänfte getragen, welcher der leere Hofwagen folgte. Das Mitgefühl, das der werdenden Mutter entgegenschlug, verschmolz mit dem

Mitleid, das einer Herrscherin entgegengebracht wurde, die sich des schweren Erbes, das sie übernommen hatte, weder erfreuen konnte noch sicher sein durfte.

Beim Huldigungsakt in der Ritterstube der Hofburg benahmen sich die Vertreter der Stände – der Geistlichkeit, des Adels wie der Städte und Märkte – als vollendete Kavaliere. Bei der anschließenden Hoftafel warteten die Inhaber der Ehrenämter der Souveränin und ihrem Gemahl ehrerbietig auf. Von den Ratgebern, die ihr der Vater hinterlassen hatte, fühlte sie sich weniger gut bedient.

Hofkanzler war der neunundsechzigjährige Graf Philipp Ludwig Sinzendorf. Er »versucht stets den Lauf der Geschäfte nicht zu verkürzen, sondern zu verlängern, um sie so durcheinanderzubringen, daß man auf ihn angewiesen ist und er sie schließlich so drehen und wenden kann wie er will«, behauptete Karl von Lothringen, nicht ohne einzuräumen, daß Sinzendorf »einer der besten Kenner der auswärtigen Politik« sei. Für einen »großen Minister« hielt ihn Maria Theresia, »allein dieser hatte mein Vertrauen nicht«. Dieses besaß der von ihr geschätzte Graf Gundacker Thomas Starhemberg, »obwohlen er nicht so große politische Einsicht als ersterer hatte«. Der Hofkammerpräsident, der 77 Lebensjahre und 37 Amtsjahre auf dem Buckel hatte, war nicht mehr auf der Höhe. »Er stottert herum, da er nicht mehr fähig ist, irgend etwas zu tun«, bemerkte Karl von Lothringen. »Er hat die Finanzen in eine Unordnung gebracht, daß sich niemand mehr auskennt.«

Immerhin war er noch weitsichtig genug, um die Herrscherin von den Vorzügen eines Mannes zu überzeugen, gegen den sie, wie sie schnell erkannte, unbegründet voreingenommen gewesen war: Staatssekretär Johann Christoph von Bartenstein. Bald bescheinigte sie dem Sohn eines evangelischen Straßburger Professors, der katholisch geworden, in kaiserlichen Dienst getreten und zum eigentlichen Leiter der österreichischen Außenpolitik aufgestiegen war, »daß er ein großer Staatsmann« gewesen sei, »daß ihme allein schuldig die Erhaltung dieser Monarchie. Ohne seiner wäre Alles zu Grund gegangen.« Zu dieser Eloge mag die Eröffnung beigetragen haben, daß es Bartenstein gewesen war, der ihre Verheiratung mit dem Spanier Don Carlos hintertrieben und den Weg zur Vermählung mit Franz Stephan geebnet hatte.

Des Lothringers Meriten lagen nicht so sehr auf dem Gebiete der politischen Beratung. »Die Arbeit liebt er nicht sehr. Er ist sehr entschlußlos, noch mehr in kleineren Dingen als in den wesentlichen«, urteilte Karl von Lothringen über seinen Bruder, den die Gemahlin zum Mitregenten in ihren Erblanden bestellt hatte. Wenn er sich auch nicht gerne strapazierte, und schon gar nicht für Dinge, die ihm nicht persönlich etwas eintrugen, so war er doch insofern hilfreich, als er der Regentin Ratgeber verschaffte, die sich lieber ins Zeug legten als er selber.

Eine besonders glückliche Hand hatte er mit der Empfehlung des Grafen Emanuel de Silva-Tarouca. Der Portugiese, ein Vertrauter des Prinzen Eugen, war von Karl VI. im Niederländischen Rat, der Wiener Behörde für die Angelegenheiten der österreichischen Niederlande, verwendet worden, deren Präsident er 1740 wurde. Maria Theresia akzeptierte ihn als politischen Mentor, der sie all das lehren sollte, was ihr unter der Regierung des Vaters beizubringen versäumt worden war.

Karl VI. hatte zwar Gott und die Welt bemüht, um das Reich seiner Tochter hinterlassen zu können, aber er hatte es unterlassen, sie in die Geschäfte einzuführen, deren Kenntnis zum Regieren erforderlich war. Hatte er die Hoffnung auf einen Sohn bis zuletzt nicht aufgegeben? Traute er es dem Schwiegersohn zu, daß er das Heft in die Hand zu nehmen vermöchte? Oder wollte er, wie so mancher Habsburger vor und nach ihm, sich nicht von einem Thronfolger und erst recht nicht von einer Thronfolgerin in die Karten schauen lassen? Jedenfalls konstatierte Maria Theresia in ihrem barock verschnörkelten, grammatikalisch verkrümmten Deutsch: Sie habe »in dem 22. Jahr meines Alters ohne mindester oder doch mit sehr geringen Kantnus meiner Länder, meiner Armee, ja sogar meines Ministerii« die Regierung übernehmen müssen, weil es »meinem Herrn Vattern niemals gefällig ware, mich zur Erledigung weder der auswärtigen noch inneren Geschäfte beizuziehen noch zu informieren«.

Unvorbereitet und unerfahren habe sie einen Besitz übernehmen müssen, der ziemlich heruntergewirtschaftet war. »Niemand glaube werde widersprechen, daß nicht leichtlich ein Beispiel in denen Geschichten zu finden, daß ein gekröntes Haupt in schwerer- und mißlicheren Umständen seine Regierung als ich angetreten habe.«

Maria Theresia verwies darauf, daß im Polnischen Thronfolgekrieg Neapel und Sizilien und im letzten Türkenkrieg die Walachei, Serbien und die beiden Grenzfestungen Orsowa und Belgrad verlorengegangen waren: »Die ihren Feinden so förchterlich ehedessen geweste kaiserliche Truppen, die für die erste in Europa gehalten wurden, verloren bei Freund- und Feinden den größten Teil ihres Ansehens.« Und kein Prinz Eugen war mehr da, um die nach allen Seiten hin offenen Grenzen zu schützen.

Nicht nur mit äußeren Feinden, auch mit inneren Gegnern sah sie sich konfrontiert: der Pest, die in Ungarn, im Banat, in Slawonien und Siebenbürgen umging, und der Unbotmäßigkeit, die in vielen ihrer Länder das Haupt zu erheben suchte. Selbst in Wien stand es nicht zum besten. »Nicht mehr als etliche tausend Gulden waren allhier in denen Cassen, der in- und ausländische Credit fast völlig zu Boden, wenige Einigkeit unter denen Stellen sowohl als Ministern.« Mit einem Wort: Alles habe auf »baldigen Zerfall und Zerrüttung« hingedeutet.

Ganz so schlimm war es freilich nicht. Das Haus Habsburg stand, allen Widrigkeiten zum Trotz, immer noch stolz und stattlich da. Sturmschäden waren repariert, mit der Innenrenovierung begonnen worden, als im Jahrzehnt darauf die beiden als »Politisches Testament« bezeichneten Denkschriften Maria Theresias entstanden. Wenn sie rückschauend schwarz in schwarz malte, so nicht nur, weil sie sich nur allzugut an den Schock erinnerte, den sie bei ihrer Regierungsübernahme erlitten hatte, sondern auch weil auf dem dunklen Hintergrund ihre Leistung, die Überwindung des persönlichen wie politischen Tiefs, in um so hellerem Licht erschien.

Sie konnte stolz darauf sein, wie sie mit den Schwierigkeiten fertig geworden war, und durfte bei deren Beschreibung etwas übertreiben. Mit Fug und Recht strich sie ihren Hauptanteil bei der Abwehr der Gefahren heraus, die mit der jungen Herrscherin den habsburgischen Herrschaftsbereich bedrohten: »Ich allein, ohne eitlen Ruhm zu melden, war etwa diejenige (so jedoch keineswegs meiner Tugend, sondern lediglich der Gnad Gottes zuschreibe), die unter allen diesen Drangsalen den meisten Mut annoch beibehielte.«

Maria Theresia vertraute auf Gott, »dessen Allmacht ohne mein Zutun noch Verlangen mich zu diesem Stande auserwählet«, war sich jedoch bewußt, daß sie sich dieser Auserwählung würdig zu erweisen habe: »durch meine Aufführung, Principia und Intentiones diesem mir aufgetragenen Beruf nach Erfordernüs vorzustehen und solcher Gestalten seine allerhöchste Protektion vor mich und, die er mir untergeben, beizuziehen und zu erhalten.«

Einer doppelten Verantwortung glaubte sie gerecht werden zu müssen: Gegenüber dem Allmächtigen, dem sie Rechenschaft schuldete, wie sie mit dem ihr gegebenen Pfunde wucherte, und gegenüber ihren Völkern und Ländern, denen die ihr anvertrauten Talente zugute kommen sollten.

So lieb sie auch ihre Familie und Kinder habe, »dergestalten daß keinen Fleiß, Kummer, Sorgen noch Arbeit vor selbe spare, so hätte jedoch derer Länder allgemeines Beste denen allezeit vorgezogen, wann in meinem Gewissen überzeuget gewesen wäre«, daß »dererselben Wohlstand dieses erheischete, indeme sothaner Länder allgemeine und erste Mutter bin«.

Zuerst Gott, dann ihr Reich, danach ihre Familie und zuletzt sie selbst – in dieser Reihenfolge ihrer Wertordnung suchte sie ihre Lebensaufgabe zu erfüllen. Die Regentin nahm sich vor, »mittelst einer aufrechten Meinung und inständigen Gebet zu Gott mich dahin zu befleißen, von allen Nebenabsichten, oder Hochmut oder Ambitionen oder anderen Affecten... mich gänzlich zu entfernen, folglich die mir obliegende Regierungsgeschäfte ruhig und standhaft zu unternehmen«.

Diese Vorsätze allein hätten kaum genügt, wenn nicht die Befähigung, sie zu erfüllen, vorhanden gewesen wäre. Rasch stellte sich heraus, daß das glückliche Österreich ein Naturtalent als Herrscherin bekommen hatte.

Sie spreche »in der Öffentlichkeit wie ein ausgebildeter Redner«, besitze »ein großes Urteilsvermögen«, sei »voller Lebhaftigkeit, beschäftigt sich und arbeitet den ganzen Tag, vom besten Willen der Welt beseelt – eine vollendete Fürstin«, lobte sogar ihr Schwager Karl von Lothringen, der lieber negative als positive Urteile abgab. Bereits bei ihrem Regierungsantritt hatte der venezianische Gesandte Marco Foscarini die Regentenbegabung Maria Theresias gerühmt: »Sie ist in der Tat nach allgemeinem Urteil so, daß man niemand anderen als sie zur Bewahrung des Erbes des Hauses

Habsburg auswählen würde, wenn man die Möglichkeit hätte, frei die Erbin in der ganzen Welt zu suchen.«

»Männlichkeit der Seele«, meinte der Venezianer der Habsburgerin bescheinigen zu müssen. Er konnte nicht begreifen, daß es die Fraulichkeit war, die ihr Klugheit, Tapferkeit und Standhaftigkeit verlieh, und die Mütterlichkeit die Bereitschaft weckte, ihre Länder wie eine Löwin ihre Jungen zu verteidigen.

Dazu wurde sie sogleich genötigt. Denn Friedrich II. von Preußen, der fünf Monate vor ihr zur Herrschaft gelangt war, räumte Maria Theresia keine Schonfrist ein. Noch nicht einmal hundert Tage nach ihrer Thronbesteigung ging der Hohenzoller daran, eine besonders schöne Perle aus ihrer Krone zu brechen.

ÖSTERREICH war bereits eine Großmacht, Preußen wollte erst eine werden. Maria Theresia fühlte sich verpflichtet, die ererbten habsburgischen Länder zusammenzuhalten. Friedrich II. nahm sich vor, die Territorien, in denen die Hohenzollern geboten, zu einem Staat zusammenzufügen und diesen durch Neuerwerbungen zu vergrößern.

Die »Monarchie des Hauses Österreich« war – abgesehen von den abgelegenen Niederlanden, den näher gelegenen norditalienischen Gebieten und dem Streubesitz am Oberrhein und in Schwaben – ein kompaktes Gebilde, das von der Oder zur Adria und von den Alpen zu den Karpaten einen Großteil Mitteleuropas einnahm. Die Landesteile der Hohenzollernmonarchie lagen von Ostpreußen und Pommern über die Mark Brandenburg bis zu den niederrheinischen Territorien über ganz Norddeutschland verstreut. Der preußische Staat mußte über vier Stromsysteme – Weichsel, Oder, Elbe und Rhein – hinweg geschaffen und zusammengehalten werden.

Dazu war in erster Linie ein schlagkräftiges Heer vonnöten; denn die Hohenzollern erwarteten Landgewinn und Machtzuwachs weniger, wie die Habsburger, durch Heiraten als durch Kriege. Der Einsatz militärischer Mittel war seit dem späten Mittelalter, als der erste hohenzollersche Kurfürst von Brandenburg den aufsässigen Adel niederwarf, die Ultima ratio der Dynastie. So sollte es bis Wilhelm I. bleiben, der – weil sein Ministerpräsident Bismarck den territorialen Leib immer noch als zu schmal für die gebotene

Rüstung ansah – Schleswig-Holstein, Hannover, Hessen-Kassel, Nassau und Frankfurt am Main eroberte, Österreich aus Deutschland hinausdrängte und sich in diesem breit machte.

Der Aufstieg Preußens von einem deutschen Territorialstaat zu einer europäischen Großmacht hatte im 17. Jahrhundert unter dem Großen Kurfürsten Friedrich Wilhelm begonnen. Das römisch-deutsche Reich, dessen Krone der Habsburger trug, war durch den Dreißigjährigen Krieg geschwächt worden. Dies war eine Grundbedingung für das Emporkommen Brandenburg-Preußens, das Stufe um Stufe zu Lasten des Reiches und auf Kosten des Kaisers und dessen österreichischer Hausmacht erfolgte.

Eine Auseinandersetzung zwischen Hohenzollern und Habsburg, dem nach Vergrößerung strebenden Preußen und dem auf Erhalten bedachten Österreich war unvermeidlich. Wenn Berlin andere Reichsstände dominieren oder annektieren wollte, hatte es mit dem Widerspruch des Kaisers zu rechnen. Wenn es gar nach österreichischen Gebieten griff, mußte es auf den erbitterten Widerstand Wiens stoßen.

Leichteres Spiel könnten die Hohenzollern haben, wenn die Habsburger ausstürben, ein anderer Kaiser, vielleicht sogar ein Brandenburger, gewählt, der österreichische Hausbesitz aufgeteilt würde. In diesem Falle – so der Große Kurfürst – müßte sich seine Dynastie Schlesien ausbedingen. Doch im Jahre 1670, in dem diese Überlegung angestellt wurde, war an ein Aussterben der Habsburger noch nicht zu denken. Vorerst mußte das Kurfürstentum im Innern instand gesetzt werden, den Aufgaben der Zukunft gewachsen zu sein. Nach außen galt es zunächst, ein Einvernehmen mit dem Kaiser zu suchen, um im Rahmen des Möglichen territorialen Gewinn zu verbuchen.

Der Große Kurfürst hatte es noch mehr mit den Bourbonen als mit den Habsburgern gehalten. Sein Nachfolger, Kurfürst Friedrich III., erwarb sich deren Zustimmung zu seiner 1701 erfolgten Krönung als Friedrich I., König in Preußen, durch Wohlverhalten gegenüber dem Reich und Österreich. Der ihm folgende Friedrich Wilhelm I. blieb bei dieser Politik, nicht allein deshalb, weil er gottesfürchtig und vasallentreu den römisch-deutschen Kaiser respektierte, sondern nicht zuletzt in der Erwartung, daß dieser seinen

Anspruch auf Jülich und Berg unterstützen würde. Als er dies nicht tun wollte beziehungsweise es wegen des Einspruches der westeuropäischen Mächte nicht tun konnte, erkaltete das Verhältnis zwischen Berlin und Wien.

Als absoluter Herrscher, der »die Souveraineté wie einen rocher de bronce« festigte, und als Soldatenkönig, der ein stehendes Heer von 83 000 Mann bei einer Bevölkerung von 2,5 Millionen Einwohnern aufstellte, schuf Friedrich Wilhelm I. Voraussetzungen für eine territoriale Erweiterung und machtpolitische Vergrößerung Preußens. Den Kronprinzen, den späteren König Friedrich II., forderte er auf, »die Armee wohll zu conserviren und sie mehr und mehr zu verstercken und sie formidabeler zu machen«, damit er in der Lage sei, »was eure vorfahren angefangen zu sutteniren und eure Pretensionen und lender darbeyschaffen die unßerm hauße von Gott und rechtswehgen zugehöhren«.

Der Sohn räsonierte zunächst gegen den Vater, ergab sich aber bald der Staatsräson, wobei er es sich als aufgeklärter Geist ersparte, diese religiös zu verbrämen. Der Kronprinz hatte geschrieben: »Neue Eroberungen eines Fürsten fügen zum Wohlstand und zur Wohlfahrt der Provinzen, welche er schon früher besaß, nichts hinzu. Seine Völker ziehen daraus keinen Nutzen, und wenn er wähnt, für seine Person dadurch glücklicher zu werden, so täuscht er sich sehr.« Diese Meinung, die er als Philosoph Frédéric geäußert hatte, wurde von ihm als König Friedrich II. nicht bestätigt. Der Staatsmann erklärte: Der Stier müsse Furchen ziehen, die Nachtigall singen, der Delphin schwimmen – und er müsse Krieg führen, um sein Königreich zu mehren, »corriger la figure de la Prusse«, damit es in Grandeur und er in Gloire dastehe.

Friedrich hatte Fortune. Kaum auf dem Thron, trat die Situation ein, die der Große Kurfürst herbeigewünscht hatte und die nun seinem Urenkel zupaß kam und zustatten kommen sollte. Am 20. Oktober 1740 waren die Habsburger im Mannesstamm ausgestorben, nur eine Habsburgerin übriggeblieben. Mit ihr gedachte der Verächter des weiblichen Geschlechts im allgemeinen und einer weiblichen Herrscherin im besonderen kurzen Prozeß zu machen, suchte sich das zu nehmen, was bereits der Urgroßvater haben wollte.

»Schlesien ist aus der ganzen kaiserlichen Erbschaft dasjenige Stück, auf welches wir das beste Anrecht haben und das dem Hause Brandenburg am besten paßt«, erklärte Friedrich II. am 6. November 1740. »Es ist billig, seine Rechte zu wahren und die Gelegenheit des Todes des Kaisers zu ergreifen, um sich in den Besitz des Landes zu setzen.«

Die Rechtstitel waren keineswegs eindeutig, auch wenn sich die preußischen Kronjuristen alle Mühe gaben, mit alten Urkunden angebliche Ansprüche auf Jägerndorf, Liegnitz, Brieg und Wohlau zu begründen. Friedrich II. wollte nicht nur einen Teil, sondern das ganze Schlesien haben, ein großes und reiches Land, das dem noch schmalbrüstigen und armseligen Preußen gut anstehen würde. Mit einem Schlag könnte es sein Staatsgebiet beträchtlich vergrößern, seine Einwohnerzahl gewaltig vermehren, fruchtbares Ackerland und ein blühendes Gewerbe bekommen und Steuereinnahmen erhalten, die 25 Prozent des gesamten direkten Steueraufkommens der österreichischen Erblande ausmachten.

Die Gelegenheit, sich das alles zu holen, war günstig. Nach dem Tode Karls VI. schien sich keine der europäischen Mächte um die von ihnen garantierte Pragmatische Sanktion zu scheren, der Erbin die Hinterlassenschaft zu gönnen. Warum sollte einzig und allein Preußen zu seiner Unterschrift stehen? »Außerdem war ich im Besitz schlagfertiger Truppen, eines gutgefüllten Staatsschatzes und von lebhaftem Temperament; das waren die Gründe, die mich zum Kriege mit Therese von Österreich, Königin von Böhmen und Ungarn, bewogen«, gestand Friedrich II. in seinen »Denkwürdigkeiten« ein. »Der Ehrgeiz, mein Vorteil, der Wunsch, mir einen Namen zu machen, gaben den Ausschlag, und der Krieg ward beschlossen.«

Der vom Antimachiavellisten zum Machiavellisten gewordene Achtundzwanzigjährige hatte bereits gelernt, daß es für einen Angreifer tunlich wäre, die Schuld für den Angriff dem Angegriffenen zuzuschieben. Zudem wollte er es nicht ausschließen, daß er das von ihm Gewünschte auch ohne Krieg bekommen könnte, unter Anwendung diplomatischer Mittel, die sich zwischen Versprechungen und Drohungen bewegten.

Am 15. November 1740 machte er Maria Theresia ein Angebot: Preußen würde ihren Besitz im Reich gewährleisten, sich für die

Wahl ihres Gemahls zum Kaiser einsetzen und ihr zwei Millionen Gulden bezahlen – falls sie auf seine Bedingung eingänge: »die vollständige und uneingeschränkte Abtretung von ganz Schlesien als Preis für meine Mühen und Gefahren, mit denen ich bei dieser Unternehmung im Dienst des Hauses Österreich zu rechnen habe«.
Dieses Angebot, das einem Ultimatum gleichkam, traf in Wien in einem Augenblick ein, in dem das Schwarz der Hoftrauer um Karl VI. auch über die Aussichten Maria Theresias, ihr Erbe unangefochten und ungeteilt zu übernehmen, verhängt zu sein schien. Noch war ihr nicht von allen ihren Ländern gehuldigt worden, und aus den europäischen Hauptstädten kamen Berichte, die an der Anerkennung der Pragmatischen Sanktion durch die Mächte zweifeln ließen.
In dieser Lage hätten Friedrichs II. »süße Worte und kräftigste Versprechungen« ihre Minister dazu verleitet, die Annahme seines Angebotes in Erwägung zu ziehen, erinnerte sich Maria Theresia. Sogar Franz Stephan, der ohnehin ein Faible für diesen Hohenzollern hatte, neigte zu der Auffassung, man könnte durch die Preisgabe Schlesiens den Beistand der Militärmacht Preußen zur Verteidigung Österreichs wie zur Erlangung der Kaiserkrone erkaufen, an der dem Lothringer besonders gelegen war.
In Wien mochte sich niemand vorstellen, daß sich der Preuße das, was er als Bündnispartner verlangte, als Kriegsgegner nehmen könnte. In ein »befreundetes, benachbartes Land mit Waffengewalt einzudringen«, meinte Franz Stephan, wäre »ein Vorgehen, das im Urteil der ganzen Welt als ein Widerspruch zum Völkerrecht und zu den Satzungen des Reiches stehend beurteilt werden müßte, und von dem ich glaube, daß es absolut unfaßbar wäre«.
Der Mitregent wie die Minister konnten und wollten nicht annehmen, »daß der König in Preußen feindlich agieren würde«. Dieses Vertrauen, bilanzierte Maria Theresia, »dann meine Unerfahrenheit und guter Glauben waren Ursach, daß die Defensionsveranstaltungen in Schlesien nicht minder die Nachruckung der nächstgelegenen Regimentern größtenteils negligieret, andurch aber dem König in Preußen freie Hand gelassen wurde«.
Diesem war nicht verborgen geblieben, daß Schlesien von österreichischen Truppen fast gänzlich entblößt war. Theoretisch be-

stand Habsburgs Heer aus 52 Infanterieregimentern und einer Reiterei von 18 Kürassier-, 14 Dragoner- und 8 Husarenregimentern. Praktisch waren nur 76 Prozent der Sollstärke, 108 000 Mann, vorhanden. Und diese standen zwischen den Niederlanden und Siebenbürgen; in Schlesien lagen nur wenige Bataillone.

Nach zwei verlorenen Kriegen war die Truppe entmutigt; Unfähigkeit im Offizierskorps wie in der Generalität waren offenkundig geworden. Der Hofkriegsratspräsident Graf Johann Harrach war achtzig. In seiner Behörde, die nicht nur für die Organisation, sondern auch für die Operationen des Heeres zuständig war, wurde mehr intrigiert als administriert und geplant. Überdies war die Kriegskasse leer.

In Wien hatte man die Heeresrüstung Friedrich Wilhelms I. als Soldatenspielerei abgetan. In dieser Einschätzung sah man sich dadurch bestätigt, daß der Soldatenkönig seine Heeresmacht immer nur auf dem Exerzierplatz, aber auf keinem einzigen Schlachtfeld demonstriert hatte. »Die Preußen schießen nicht so schnell«, hatte man sich angewöhnt zu sagen, und man fiel aus allen Wolken, als der neue Preußenkönig schnell und treffsicher schoß.

Friedrich II., der seit dem Regierungsantritt Maria Theresias den Finger am Abzug hatte, brachte nicht die Geduld auf, die Antwort auf sein Ultimatum vom 15. November abzuwarten. In Wien, wo ohnehin schnelle Entschlüsse nicht üblich waren, schien man diesmal noch länger als sonst zu brauchen. Nachdem er sich vier Wochen lang hatte hinhalten lassen, schuf er vollendete Tatsachen. Am 16. Dezember 1740 ließ er 32 000 Mann in Schlesien einmarschieren. Ohne auf nennenswerten Widerstand zu stoßen, besetzten sie in wenigen Wochen das ganze Land, das Friedrich II. nicht nur zu okkupieren, sondern zu annektieren gedachte.

Weder an die Regel, im Winter keine Feldzüge zu unternehmen, noch an Völkerrecht und Reichsrecht hielt sich der ungestüme Hohenzoller. Maria Theresia, die keinen »Antimachiavel« geschrieben hatte, aber sich als Antimachiavellistin erwies, war höchlichst entrüstet. Ihr Leben lang blieb für sie der von anderen als der große Friedrich gefeierte Preuße der böse Friedrich, der »Feind ohne Glauben und Rechtsbewußtsein«, das »böse Tier«, das »Ungeheuer«, dessen Vernichtung sie dem lieben Gott anempfahl.

Schlesien in Händen, erneuerte Friedrich II. sein Bündnisangebot, unter der Bedingung, daß ihm Maria Theresia das, was er sich eigenmächtig genommen hatte, in aller Form überlassen würde. Dies geschah nicht nur aus Zynismus, zu dem ein Mächtiger im allgemeinen und der Preußenkönig im besonderen neigte, sondern auch, um es nach Möglichkeit zu vermeiden, daß er Schlesien, das er im Handstreich genommen hatte, in einem Krieg behaupten müßte.

Seine Rechnung wäre aufgegangen, wenn Maria Theresia einigen ihrer Minister gefolgt wäre. Friedrichs Unterhändler Gustav Adolf von Gotter, der in Wien erschien, als sein König bereits in Glogau und kurz darauf in Breslau war, fand vor allem bei Hofkanzler Sinzendorf ein geneigtes Ohr. Staatssekretär Bartenstein zeigte Rückgrat: Breche man durch die Abtretung Schlesiens einen Stein aus der auf die Unteilbarkeit und Untrennbarkeit des habsburgischen Erbes gegründeten Pragmatischen Sanktion, stürze das ganze Gebäude zusammen; denn dann hätte man allen Garanten einen Vorwand geliefert, sich ihren Verpflichtungen zu entziehen.

Franz Stephan war nach wie vor von den Vorteilen – für das Land wie seine Person – eines Bündnisses mit Preußen überzeugt. Aber er gab widersprüchliche Äußerungen von sich, wollte sich nicht festlegen, um schließlich der obsiegenden Auffassung beitreten zu können.

Den Ausschlag gab die Entscheidung Maria Theresias, so daß der Mitregent der Regentin und der Gemahl der Gemahlin beizupflichten vermochte. Sie billigte die Argumentation Bartensteins, freilich weniger aus Pragmatik als aus Prinzip. Sie wollte den Rechtsbruch des Preußenkönigs, den Friedensbruch, den sie für ein Verbrechen hielt, unter keinen Umständen hinnehmen.

Wien und die Welt horchten auf. Die junge Frau, der man wenig zugetraut hatte, erwies sich als willensstarke, entscheidungsfreudige und grundsatzfeste Herrscherin, die mit dem Zepter das Heft in die Hand genommen hatte.

»Die Königin hat nicht die Absicht, ihre Regierung mit der Zerstückelung ihrer Staaten zu beginnen«, wurde am 5. Januar 1741 Friedrich II. Bescheid gesagt. »Sie glaubt sich nach Ehre und Gewissen verpflichtet, die Pragmatische Sanktion gegen jede direkte oder indirekte Verletzung aufrechtzuerhalten. Daraus folgt, daß sie weder einer Gesamt- noch einer Teilabtretung Schlesiens zustimmen kann.«

Die »ungerechte Gewalt« der Preußen müßten die Österreicher »mit gerechter Gegengewalt« beantworten, befand die Herrscherin und befahl den Gegenangriff gegen den Landräuber. Sie glich einem Feldherrn, der das Feldzeichen ergriff und seinen Truppen vorantrug. Doch als sie sich umsah, mußte sie wahrnehmen, daß ihr nur wenige, und das nur widerwillig, folgten.

Nicht einmal die Minister, ihr Stab, gingen geschlossen hinter ihr her. In Ressortstreitigkeiten verwickelt, traten sie auf der Stelle, beriefen sich auf die fehlenden Ressourcen und neigten dazu, mangels Potential zur Retraite blasen zu lassen. Auch auf die Regimentskommandeure, die Vertreter ihrer Länder, war kein Verlaß. Keiner wollte so recht avancieren, jeder erwartete vom andern, daß er vorangehe.

Sogar der böhmische Hofkanzler, Graf Philipp Joseph Kinsky, dessen Land von der Aggression unmittelbar betroffen war, wollte kein Geld zur Verstärkung der Truppen herausrücken. »Dessen Temperament, Vehemenz, Passiones«, mit denen er seinen zum Partikularismus tendierenden böhmischen Patriotismus verfocht, hätten »alles verdorben«, resümierte die Regentin, die sich im Stich gelassen sah. »Die Umstände wurden immer betrüblicher und niemand aus dem Ministerio ware bedacht, mich und den Staat auch wegen der Entzweiung derer Länder aus diesem entsetzlichen Ambarras zu ziehen.«

Mit Müh und Not konnten gegen die 32 000 in Schlesien eingedrungenen Preußen 16 000 Österreicher in Marsch gesetzt werden. Feldmarschall Graf Wilhelm Reinhard Neipperg hielt diese Zahl für ausreichend, um den zwar zahlenmäßig überlegenen, aber im Kampfe noch unerprobten preußischen Soldaten die Stirn zu bieten. Als Feldherr glaubte er mit seinen siebzig Jahren dem neunundzwanzigjährigen, unerfahrenen Oberbefehlshaber des Gegners haushoch überlegen zu sein.

Mit der ersten Annahme lag er ganz, mit der zweiten nicht gänzlich daneben. Am 10. April 1741 siegten die Preußen bei Mollwitz in der Nähe von Breslau. Die Schlacht, meinte Maria Theresia, wäre nicht so unglücklich verlaufen, »wann von Seiten meiner Armee die nötigen Vorsichtigkeiten nicht unterlassen worden wären, um nicht überfallen zu werden.«

Neipperg hatte versagt, aber Friedrich II. sich nicht bewährt. Der Draufgänger, dem es so pressiert hatte, in Schlesien einzufallen, hatte sich als Hasenfuß erwiesen, der nicht schnell genug vor der Attacke der österreichischen Kavallerie dem Schlachtfeld enteilen konnte. Sieger bei Mollwitz war die von seinem Vater Friedrich Wilhelm I. gedrillte, von Feldmarschall Graf Kurt Christoph Schwerin geführte preußische Infanterie.

An der Verliererin Maria Theresia ließ Friedrich II. die Wut über sein persönliches Versagen aus. Für den Dankgottesdienst, den der Freigeist in diesem Falle für nicht ganz unangebracht hielt, hatte er einen Bibeltext aus dem ersten Paulusbrief an Timotheus ausgesucht: »Ein Weib lerne in der Stille mit aller Untertänigkeit. Einem Weibe aber gestatte ich nicht, daß sie lehre, auch nicht, daß sie des Mannes Herr sei, sondern stille sei.«

Das Weib in Wien kuschte nicht, war jedoch niedergedrückt. Noch vor wenigen Wochen hatte sich Maria Theresia an einem freudigen Ereignis aufgerichtet, dem freudigsten, das eine gekrönte Mutter erleben konnte: der Geburt eines Thronfolgers am 13. März 1741.

Sie gab ihm den Namen Joseph. »Gott gebe Vermehrung«, bedeutet auf hebräisch der Name des Heiligen, den Kaiser Leopold I. als Patron der habsburgischen Länder erwählt hatte. Maria Theresia, die bereits drei Töchter geboren und zwei begraben hatte, zeigte sich Sankt Joseph verbunden, daß ihr Gebet um einen Stammhalter erhört worden war.

Sie konnte nicht ahnen, daß ihr Nachfolger Joseph II. der Mutter viel Kummer bereiten und dem Reich wenig Segen bringen sollte. Zu Beginn der vierziger Jahre des 18. Jahrhunderts, da es um Österreich nicht zum besten stand, war man für jedes Zeichen der Zuversicht dankbar. In jenen Tagen, in denen es im Haus Habsburg wenig zu feiern gab, wurde die Geburt des Kronprinzen als Freudenfest begangen.

Tausende und Abertausende von Lichtern machten in Wien die Nacht zum Tag. Auf einem Schaugerüst, das den Tempel der Tugend darstellte, stand Jason und schläferte den das Goldene Vlies bewachenden Drachen ein, der jedoch immer noch so munter war, daß aus seinem Rachen, »zu desto größerer Verherrlichung der allgemeinen Fröhlichkeit«, für das Volk Wein in Strömen floß. Als kleiner Herkules war der Neugeborene auf der 1741 geprägten Gedenkmedaille dargestellt – in jenem Jahr, in dem man eines großen Herkules bedurft hätte, der den preußischen Kerberos gebändigt und in den Hades zurückgeschickt, den österreichischen Augiasstall gereinigt und für Maria Theresia die goldenen Äpfel der Hesperiden – Sieg, Ruhm und Größe – gepflückt hätte.

»Ich hatte kein Königreich mehr, das mir nicht streitig gemacht worden wäre, und ein Jahr später wußte ich nicht einmal, wo ich niederkommen sollte, da ich in Wien nicht bleiben konnte«, erinnerte sich Maria Theresia.

Mehr Leiden als Freuden waren ihr bestimmt. Die Niederlage bei Mollwitz, welche die militärische Unterlegenheit der Österreicher offenkundig gemacht zu haben schien, war für Frankreich und Spanien, Bayern und Sachsen eine Ermunterung, in den von Preußen begonnenen Krieg einzutreten. Europäische Mächte und deutsche Staaten vergaßen ihre Differenzen, vereinigten sich mit dem gemeinsamen Ziel, der Habsburgerin einen Großteil ihres Erbes zu entreißen und die Großmacht Österreich zu einer Mittelmacht herabzusetzen.

Eine Welt von Feinden

»ES GIBT KEINE HABSBURGER MEHR«, konstatierte Kardinal Fleury, der leitende Minister Ludwigs XV. Die Habsburgerin, die noch da war, schien er zu übersehen. Ihren Gemahl behielt er im Auge; denn der Lothringer hatte wohl kaum die Hoffnung aufgegeben, sein angestammtes Herzogtum, auf das Frankreich seine Hand gelegt hatte, zurückzugewinnen.

Auf die Neunzig zugehend, war Fleury, der vor ein paar Jahren im Polnischen Thronfolgekrieg bekommen, was er gewollt hatte, nicht auf einen neuen Waffengang erpicht. Aber er gab der Kriegspartei nach, die auf die günstige Gelegenheit verwies, im Verein mit den

Monarchien, die Ansprüche auf die Hinterlassenschaft Karls VI. stellten, und an der Seite Preußens, das bereits erfolgreich in den Krieg gegen Österreich eingetreten war, die Bourbonenlilie endgültig über den Doppeladler triumphieren zu lassen.

Frankreich, Bayern und Spanien taten sich zusammen, Sachsen schloß sich an, und Preußen bildete die Avantgarde der großen Koalition, die auszog, das Erbe Maria Theresias zu zerteilen und sich Stücke anzueignen. Bayern dachte an Böhmen, Oberösterreich und Tirol, überdies an die Kaiserkrone, Sachsen an Mähren, Spanien an die Lombardei und Frankreich an die Niederlande. Der König von Preußen sollte Schlesien behalten und der »Großherzogin von Toskana« lediglich Ungarn und die restlichen österreichischen Länder verbleiben.

»Noch weiß ich nicht, ob mir eine Stadt übrigbleiben wird«, seufzte Maria Theresia. Hätte doch der Vater den Rat des Prinzen Eugen befolgt, ihr statt der Pragmatischen Sanktion, an die sich keiner mehr hielt, ein kriegstüchtiges Heer zu hinterlassen! Er hatte ihr nur einen Truppentorso vererbt, der schon einen Feind, den Preußen, nicht aufgehalten hatte und erst recht nicht der Welt von Feinden, der sie sich jetzt gegenübersah, standhalten konnte. Umgeben war sie von Ministern, die ihr keine rechte Stütze waren.

Als einziger Bündnispartner war ihr England verblieben, der ihr zwar notwendige und willkommene Hilfsgelder, aber auch den unerbetenen und unerquicklichen Rat zukommen ließ, sie solle sich mit Preußen arrangieren, um ihre knappen Kräfte gegen Frankreich und Spanien zu konzentrieren – gegen die beiden Mächte, die eher Hauptfeinde Englands als Österreichs waren.

Maria Theresia klammerte sich an das Kruzifix Kaiser Ferdinands II., von dem herab, in großer Bedrängnis angefleht, der Gekreuzigte dem Vorfahren – wie überliefert war – versprochen hatte: »Non te deseram!« Auch die Nachfahrin glaubte, sich auf den Erlöser verlassen zu dürfen, und konnte bald feststellen, daß er sie nicht verlassen hatte. All das zu Beginn ihrer Regierung über sie hereingebrochene große Unglück »habe der Allmächtige zugelassen, um jedermann besonders aber mir zu weisen, daß ihme allein meine Rettung zu danken habe.«

Das Kreuz Ferdinands II. nahm sie im Juni 1741 mit nach Preßburg, wo der ungarische Reichstag zusammengetreten war und das Miracle, das Wunder des Hauses Habsburg, seinen Anfang nahm.

Die Ungarn, auf die sie nach dem Herrgott baute, fühlten sich nicht als Untertanen, sondern als Partner der Habsburger, als Nation, die mit dem Hause Österreich, nicht mit dem Heiligen Römischen Reich Deutscher Nation, liiert war. Sie hatten sich damit abgefunden, daß die Stephanskrone, das sakrale Symbol der nationalen Souveränität, von einem Habsburger auf den anderen übertragen wurde. Doch jeder hatte seine Krönung zum König mit einer Anerkennung der Eigenständigkeit des Reiches der Stephanskrone und einer Bestätigung der Sonderrechte des politisch und gesellschaftlich dominierenden Adels zu entgelten.

Auch die Garantie der Pragmatischen Sanktion und damit der weiblichen Erbfolge im »unteilbaren und untrennbaren« habsburgischen Länderbund hatten sich die Ungarn entsprechend honorieren lassen. Da dieses Vertragswerk nun von anderen Unterzeichnern nicht mehr anerkannt wurde, warfen Ungarn, vor allem protestantische Adelige, die Frage auf, ob nicht auch sie ihre Unterschrift zurückziehen, die Gunst der Stunde nützen sollten, sich vom Erzhaus zu trennen.

Das Pro und Contra wurde erwogen. Für ein Verbleiben im habsburgischen Bund sprach die Besorgnis, Ungarn könnte allein auf sich gestellt den immer noch gefährlichen Türken nicht widerstehen. Dagegen wurde von freiheitsdurstigen Magyaren die vom Franzosen Montesquieu bestätigte Meinung vertreten: »Man sah das Haus Österreich ohne Unterlaß an der Unterdrückung des ungarischen Adels arbeiten.« Daraus wurde die Folgerung gezogen: Es sei höchste Zeit, das Joch abzuschütteln.

Einig waren sich alle darin, daß das Schicksal Habsburgs von Ungarn abhinge. Diese dem Nationalstolz der einen wie der anderen schmeichelnde Feststellung ermöglichte den Kompromiß: Beistand für die als König von Ungarn anerkannte Maria Theresia im Kampf um ihr Erbe – und als Gegenleistung verstärkte Garantien für die Selbständigkeit des Reiches der Stephanskrone.

Mochte man dieses Angebot als Ausdruck der Ergebenheit oder als Akt der Erpressung ansehen – Maria Theresia blieb in ihrer Bedrängnis keine andere Wahl, als es anzunehmen. Sie reiste nach

Preßburg, erschien in ungarischer Tracht, trat vor den Reichstag, garantierte die Privilegien der Nation, gewährleistete die Steuerfreiheit des adeligen Grundbesitzes, bestätigte den Palatin, den vom Reichstag aus seinen Reihen gewählten Vizekönig, und erneuerte die Zusage, die ihr Vater für die Anerkennung der Pragmatischen Sanktion gemacht hatte: Im Falle des Aussterbens der Nachkommen Karls VI., Josephs I. und Leopolds I. sollten die Ungarn einen König eigener Wahl bekommen.

Nachdem sie die Ungarn als nicht uneigennützige Patrioten, die sie primär waren, zufriedengestellt hatte, erwiesen diese sich als Kavaliere, als die sie vornehmlich gelten wollten. Die Magnaten hofierten die schöne Frau und schworen der armen Frau, »vitam et sanguinem pro rege nostro«, Leben und Blut ihrem weiblichen König zu weihen.

Von ihrem Mann, den sie mitgebracht hatte, nahmen sie kaum Notiz. Ein Prinzgemahl war nicht vorgesehen, ein Mitregent nicht erwünscht, ein Bewerber für die römisch-deutsche Kaiserkrone uninteressant. Zudem regte sich in manchem galanten Ungarn eine gewisse Eifersucht gegen Franz Stephan, der sich einer so reizvollen Gattin erfreuen durfte.

Nachdem sie die von ihr erwarteten Konzessionen gemacht hatte, konnte am 25. Juni 1741 zu der von ihr gewünschten Krönung zum König von Ungarn nach herkömmlichem Zeremoniell geschritten werden. Im Anschluß daran hatte sie sich zu ihren Verpflichtungen zu bekennen. Vor versammeltem Volk schwor sie, die Rechte und Freiheiten der Ungarn zu sichern. Auf den Krönungshügel geritten, der aus Erde aller Komitate aufgehäuft war, schwang sie das Königsschwert nach den vier Himmelsrichtungen – als Zeichen ihrer Bereitschaft, das Königreich gegen von allen Seiten kommende Feinde zu verteidigen.

Während der ganzen Zeremonien trug sie die Stephanskrone, die ihr der Primas im Martinsdom aufgesetzt hatte. Sie war für den Kopf eines Mannes und nicht den einer Frau angefertigt worden. Man hatte zwar für Vorrichtungen gesorgt, die ihr das Tragen ermöglichen und erleichtern sollten, aber die Krone wollte nicht recht sitzen, drückte immer schwerer. Beim Festmahl setzte sie das schwere Ding kurzerhand ab und stellte es vor ihren Teller auf den Tisch.

Die Last, die sie mit den Zugeständnissen an Ungarn auf sich genommen hatte, konnte sie nicht ablegen. Bereits Maria Theresia und noch mehr ihre Nachkommen litten darunter, daß Ungarn zunehmend ein Staat im Staate wurde, seine Ansprüche im Gesamtverband stellte, bald überzog und schließlich aus ihm herausstrebte. Zunächst überwogen Vorteile des dualistischen Systems. Die Ungarn, in ihrer Eigenständigkeit anerkannt und an ihrer Ehre gepackt, versagten ihrer in höchste Not geratenen Königin nicht ihren Beistand. Der Reichstag von 1741 beschloß in Artikel LXIII – weit hinter dem Artikel VIII, der die Steuerfreiheit des Adelsbesitzes garantierte – die Insurrektion, das allgemeine Aufgebot. Die von einer Übermacht von Feinden bedrohte Herrscherin war für diese militärische Hilfe von Herzen dankbar, doch Maria Theresia, die auch aus der Kriegführung die Moral nicht gänzlich ausgeschlossen sehen wollte, mußte bald erleben, wie zweischneidig dieses Schwert war.

Einerseits war es das erstemal, daß Ungarn Truppen aufbot, die zur Verteidigung der habsburgischen Gesamtmonarchie und nicht nur zu jener des Königreiches bestimmt waren. Auch wenn Maria Theresia nicht die gewünschten 100 000 Mann bekam, so standen im Herbst 1742 immerhin 30 000 Mann unter den Waffen.

Aus dem Südosten kamen Freikorps, die weniger der Schrecken der gegnerischen Truppen als der Bevölkerung von Feind und Freund wurden: die Panduren, welche die Kampfesweise, die sie sich an der Militärgrenze gegen die Türken angewöhnt hatten, auf zivilisiertere Gegenden übertrugen. Vor allem der Pandurenoberst Franz von der Trenck hinterließ eine Spur von Blut und Tränen im feindlichen Bayern wie in Oberösterreich und Böhmen.

»Die Freikorps übten vielfach Mordbrennerei aus bloßer Lust. Sie haben Unschuldige nach Belieben an die Stadttore oder an die nächsten Bäume gehangen, Kirchen beraubt und heilige Gefäße verunreinigt«, entsetzte sich ein Österreicher, »sie haben die Bauern mit abgeschnittenen Nasen und Ohren nach Hause geschickt, ehrbaren Frauen und Mädchen auf dem Rücken der gebundenen Hausväter Gewalt angetan und sie alsdann noch in die Flammen geschleudert, Säuglinge aufgespießt und den Hunden vorgeworfen.« Die Diskrepanz zwischen der Grausamkeit der Panduren und der

Ritterlichkeit der Magnaten blieb Maria Theresia nicht verborgen. Erstere empfand sie zunehmend als anstößig; Trencks Karriere endete im Staatsgefängnis auf dem Spielberg bei Brünn. Letztere durfte sie wiederum erfahren, als sie im September 1741, in höchster Bedrängnis, noch einmal vor den Reichstag trat.

Die Legende hat ihren Auftritt am 11. September verklärt. In schwarzem Kleid, den sechs Monate alten Thronfolger auf dem Arm, habe sie die Repräsentanten der ungarischen Adelsnation mit Tränen in den Augen angefleht: Von allen verlassen, bliebe ihr nur noch die Hoffnung auf die Treue und Tapferkeit ihrer Ungarn. Worauf die Kavaliere ihre Degen gezückt und geschworen hätten: »Moriamur pro rege nostro Maria Theresia – laßt uns sterben für unseren König Maria Theresia!«

Jedenfalls hatte sie es erreicht, daß sie Geld und Truppen erhielt und sogar ihr Gemahl als Mitregent anerkannt wurde. Und die Legende bewährte sich jetzt schon als Propagandainstrument und noch lange als Bindemittel zwischen Österreich und Ungarn.

Jenseits der Leitha, in der östlichen Reichshälfte, wurde Voltaire zitiert, der die Legende am rührseligsten auszudrücken verstand, und auf Montesquieu verwiesen, der die Selbstlosigkeit der Magyaren zu loben wußte: Als das Haus Habsburg wie ein Kartenhaus zusammenzubrechen drohte, sei ihm allein der ungarische Adel Halt und Stütze gewesen; nur in ihm »regte sich das Leben in Gestalt eines edlen Zornes, er vergaß alles, um zu kämpfen, und rechnete sich zu Ruhme an, seinen Unterdrückern zu verzeihen und für sie in den Tod zu gehen.«

Diesseits der Leitha, in der westlichen Reichshälfte, wurde das Verhalten der Ungarn im Jahre 1741 bis zum Ende der Doppelmonarchie im Jahre 1918 als leuchtendes Vorbild dafür hingestellt, daß ein Reichsvolk, auch wenn es sich von der Reichsführung nicht gut und gerecht behandelt fühlte, doch für das Reichsganze treu und tapfer einzustehen vermöchte. Dieses Beispiel zündete freilich immer weniger, doch zunächst – in dem bis 1748 andauernden Österreichischen Erbfolgekrieg – blieb es nicht ohne die erwünschte Wirkung. Maria Theresia hatte die Erfahrung gemacht, daß ihr Erscheinen als madonnengleiche Mutter, die ihr Kind nicht als triumphierende Himmelskönigin, sondern in Anspielung auf das Leid der Pietà in den Armen hielt, nicht ohne Eindruck blieb. Sie ließ sich mit ihrem Söhnchen auf dem Arm malen und schickte das Bild ihrem Heerführer Graf Ludwig Andreas Khevenhüller, und mit der Ikone einen Brief:

»Lieber und getreuer Khevenhüller! Hier hast du eine von der ganzen Welt verlassene Königin vor Augen mit ihrem männlichen Erben; was vermeinst du, will aus diesem Kinde werden? Sieh, deine gnädigste Frau erbietet sich dir als einem getreuen Minister; mit diesem auch ihre ganze Macht, Gewalt und alles, was Unser Reich vermag und enthält. Handle, o Held und getreuer Vasall, wie du es vor Gott und der Welt zu verantworten dich getrauest. Nimm die Gerechtigkeit als ein Schild; tue, was du recht zu sein glaubst; sei blind in der Verurteilung der Meineidigen; folge deinem in Gott ruhenden Lehrmeister in den unsterblichen Eugenischen Taten, und sei versichert, daß du und deine Familie zu jetzigen und zu ewigen Zeiten von Unserer Majestät und allen Nachkommen alle Gnaden, Gunst und Dank, von der Welt aber einen Ruhm erlangest. Solches schwören Wir dir bei Unserer Majestät.«

»Lebe und streite wohl«, schloß der Brief an Feldmarschall Khevenhüller, dem sie mehr vertraute als Feldzeugmeister Neipperg, der die Schlacht bei Mollwitz verloren hatte. Sie wußte weibliche Waffen mit staatsmännischem Geschick einzusetzen, sich als eine der Verzweiflung nahe Frau und Mutter hinzustellen und denjenigen, auf die sie angewiesen war, den Eindruck zu vermitteln, daß einzig und allein in deren Händen ihr Schicksal liege.

Sie waren bereit, sich dieses Vertrauen zu verdienen: die Magnaten in Ungarn wie die Militärs in Khevenhüllers Hauptquartier. Nachdem ihnen der Feldmarschall den Brief Maria Theresias vorgelesen hatte, sprangen sie auf, rissen die Säbel aus den Scheiden und leisteten den Schwur, den letzten Blutstropfen für ihre Herrin herzugeben.

Sie brauchte jeden Mann, der alles einsetzte, um sie aus der Bredouille herauszuhauen. Denn der Feind stand bereits in Linz und bedrohte Wien.

DER ÖSTERREICHISCHE ERBFOLGEKRIEG, den Preußen Ende 1740 begonnen hatte, war im Jahr darauf, nach dem militärischen Eingreifen Frankreichs, Bayerns, Sachsens und Spaniens, zum Existenzkampf geworden. »Eine üble Zeitung folgte nach der andern«, registrierte Maria Theresia, »auf der einen Seiten überschwemmeten die Franzosen, Bayern und Sachsen ganz Böheim und bemeisterten sich der Hauptstadt Prag selbsten zur Zeit, als Preußen ganz Schlesien fast innehatte, auf der anderen occupierten dieselben auch Oberösterreich und rucketen fast bis Wien.«

Am 15. August 1741 überschritten französische Regimenter den Rhein, die Grenze, welche bisher die Habsburger nicht nur für ihr Haus, sondern auch für das Reich gegen Übergriffe der Bourbonen verteidigt hatten. Sie kämen nicht als Feinde, sondern als Hilfstruppen des Kurfürsten Karl Albrecht von Bayern, um mit den Ansprüchen des Wittelsbachers die Rechte und Freiheiten der Reichsstände zu sichern, erklärten die Franzosen, denen jeder Vorwand recht war, um das Testament Richelieus zu erfüllen: das römisch-deutsche Imperium durch Spaltung für Frankreich ungefährlich zu machen.

Dieses Argument ließ Maria Theresia nicht gelten. Es mochte stichhaltig gewesen sein, als zur Zeit Karls V. Frankreich sich von drei Seiten – Spanien, Deutschland, den Niederlanden – umklammert gesehen hatte. Das war nun anders geworden. Auf den spanischen Thron war nicht der Habsburger Karl VI., sondern der Bourbone Philipp V. gekommen. Die österreichischen Niederlande waren gegen Frankreich nicht zu verteidigen. Im Elsaß und in Lothringen hatte es bereits Fuß gefaßt. Nun griff es – die günstige Gelegenheit der Schwächung Deutschlands durch den Erbfolgestreit nützend – über den Rhein hinüber, um – wie die Habsburgerin konstatierte – »die Grundlagen des deutschen Reiches zu untergraben und dasselbe in Flammen zu setzen«, ja selbst »im Herzen meiner Staaten Aufruhr zu erregen.«

Am 15. September 1741 waren die verbündeten Franzosen und Bayern bereits in Linz. Karl Albrecht ließ sich von den oberösterreichischen Ständen als Erzherzog von Österreich huldigen. Maria Theresia klangen die Ohren von den Vivatrufen, mit denen Adelige, denen sie vertraut hatte, den Usurpator feierten. Der Alpdruck, der Feind würde von Linz geradewegs auf Wien marschieren, wurde von ihr genommen. Karl Albrecht schwenkte nach Norden, in

Richtung Prag, um sich dort als König von Böhmen zu proklamieren und sich damit als römisch-deutscher Kaiser zu prädestinieren. Denn, so wurde gesagt, auf die Wenzelskrone gehöre die Krone Ottos des Großen.

Ein Arrangement mit Preußen, um wenigstens einen und nicht den ungefährlichsten Gegner aus der Phalanx zu brechen, wurde Maria Theresia von ihren Ministern wie von ihrem Gatten nahegelegt. »Placet, weil kein anders Mittel zu helfen, aber wohl mit mein größten Hertzensleid«, mit diesem Seufzer genehmigte sie den am 9. Oktober 1741 im Abkommen von Klein-Schnellendorf durch die Preisgabe Schlesiens bis zur Glatzer Neiße erkauften Waffenstillstand. Franz Stephan, der neue Hoffnung schöpfte – für die Erhaltung der übrigen Länder der Gemahlin wie auf die Gewinnung der Kaiserkrone für den Gemahl –, schrieb Friedrich II. einen Brief, in dem er den Aggressor, den er durch den hingeworfenen fetten Bissen befriedigt zu haben glaubte, als Nothelfer anrief.

Das Miracle des Hauses Habsburg-Lothringen ließ auf sich warten. In der Nacht des 26. November 1741 wurde Prag von Franzosen, Bayern und Sachsen erobert. In der Hauptstadt Böhmens ließ sich Karl Albrecht am 7. Dezember zum König ausrufen. Wie schon oberösterreichische, so huldigten ihm böhmische Adelige mit einer Bereitwilligkeit, die Maria Theresia nicht erwartet hatte.

»So ist denn Prag verloren«, hatte sie nach dessen Einnahme dem Grafen Philipp Joseph Kinsky, dem böhmischen Hofkanzler, geschrieben. »Ja, Kinsky, das ist der Augenblick, da es gilt Courage zu haben, das Vaterland zu retten und seine Königin, denn ohne dieses Land wäre ich nur eine arme Fürstin.«

Aber das Vaterland der Adeligen war deren Patrimonium, das Land, das sie von ihren Vätern ererbt hatten und das sie weiterhin besitzen wollten. Dabei war ihnen jeder Lehnsherr recht, der ihnen die Latifundien und die mit ihnen verbundenen Privilegien garantierte. Dies schien nun nicht mehr die besiegte Maria Theresia, nur noch der Sieger Karl Albrecht zu vermögen. De facto war er der Herr Böhmens geworden, und de jure waren seine Ansprüche auf Teile des Erbes Karls VI. nicht unbedingt zurückzuweisen. Eine erst viel später angestellte Überlegung lag noch jenseits ihres Horizontes: Eine Vereinigung von Böhmen und Teilen Österreichs mit Bayern hätte vielleicht dem römisch-deutschen Reich mehr nützen können als ihr Verbleib im habsburgischen Vielvölkerverband.

Vor der Wahl, daß Karl Albrecht ihre Güter einziehen würde, wenn sie ihm den Lehnseid verweigerten, oder daß sie Maria Theresia zur Rechenschaft ziehen könnte, wenn sie ihr die Gefolgschaft aufsagten, ergaben sich viele, nicht alle böhmischen Adeligen der Macht des Faktischen. In ihrer Ohnmacht mußte Maria Theresia die Felonie, den Verrat an der Lehnsherrin, hinnehmen, konnte nur den Treubruch beklagen und sich über die Unverfrorenheit einiger Böhmen in ihrer Umgebung empören, die »sich nicht gescheuet, die Erlaubnus von mir anzusuchen, dem Churfürsten nach seiner zu Prag vor sich gegangenen Krönung wegen ihrer in Böheim liegenden Güter schriftlich zu huldigen.«

Diese traurige Erfahrung vermochte sie nicht von ihrem Vorsatz abzubringen, sich Böhmen so schnell wie möglich zurückzuholen, um nicht ohne das reiche Land eine »arme Fürstin« zu bleiben. »Mein Entschluß ist gefaßt, es heißt alles aufs Spiel setzen, um mir Böhmen zu retten«, hatte sie Kinsky eröffnet. »Ich sage nicht, daß ich das Land zugrunde richten will, aber ich will Grund und Boden haben, und eher müßten alle meine Heere, alle Ungarn totgeschlagen sein, bevor ich irgend etwas abtrete.«

Auch die Monarchin fühlte und äußerte sich wie eine Feudalherrin, die nicht einen Fußbreit des angestammten Besitzes aufzugeben bereit war. Sie verfügte über andere Mittel als die böhmischen Adeligen, um das Ihre zu behaupten, aber auch sie, die keine Machiavellistin war, gedachte das Ausmaß ihrer Anwendung durch den Zweck des Einsatzes heiligen zu lassen. Wenn es unbedingt sein müßte, wollte die Moralistin auch vor diplomatischen Winkelzügen nicht zurückscheuen und selbst vor der Ultima ratio der Souveräne nicht zurückschrecken: ihre Soldaten zu opfern.

Der Militärstratege Khevenhüller dachte nicht, wie die gekrönte Feudalherrin, in erster Linie an die Zurückgewinnung Böhmens. Der Feldmarschall hielt es für dringlicher, auf dem Wege über ein befreites Oberösterreich den Krieg nach Bayern, in das Stammland des Usurpators, hineinzutragen. Er setzte sich durch und in Marsch, und Maria Theresia gewann die Überzeugung, daß »der starke Armb Gottes augenscheinlich für mich sich spüren zu lassen anfienge.«

In der ersten Nacht des Jahres 1742 überschritten die Truppen Khevenhüllers die Enns, vertrieben den Feind aus ihrem Erzherzogtum ob der Enns und fielen dann im Kurfürstentum Bayern ein. Maria Theresia befahl dem Feldmarschall, die Landbevölkerung aus religiös-sittlichen wie politisch-psychologischen Gründen zu schonen: Denn die freundliche Gesinnung, die der bayerische Landmann gegenüber den Österreichern hege, dürfe nicht durch Brandschatzung »oder andere allzu große Exzesse« gefährdet werden.

Selbst ihr Erzfeind Karl Albrecht sollte coram publico nicht als ein solcher behandelt werden. Als sie vernahm, daß Proklamationen des Wittelsbachers in zurückgewonnenem habsburgischem Gebiet durch den Henker öffentlich verbrannt werden sollten, verbat sie sich ein derartiges Autodafé: »Wegen des Henkers habe ein Bedenken. Die gekrönten Häupter sind sich immer Ehrfurcht schuldig. Man möge die Schriften verbrennen, aber nicht durch jene unwürdigen Hände.«

Die Monarchin wie die Feudalistin hielt auf Solidarität mit Ihresgleichen. Mochten oberösterreichische und böhmische Adelige ihr die Treue brechen oder Karl Albrecht nach ihren Ländern greifen – sie neigte dazu, jenen es nicht nachzutragen, daß sie sich eigennützig benommen hatten, und Verständnis für das Verhalten Karl Albrechts aufzubringen, daß er so gehandelt hatte, wie Dynasten nun einmal handeln zu müssen meinten.

Dem Wittelsbacher war ohnehin Nemesis auf den Fersen. Seine Landeshauptstadt München wurde am 12. Februar 1742 von österreichischen Truppen besetzt, am selben Tag, an dem freilich auch die Habsburg-Lothringer ein schwerer Schlag traf: In Frankfurt am Main wurde der von den Kurfürsten zum römisch-deutschen König und Kaiser gewählte Karl Albrecht als Karl VII. gekrönt.

Dem Lothringer Franz Stephan, dem die Kaiserwürde nicht, wie erwartet, als Gemahl der Habsburgerin in den Schoß gefallen war, gedachte im Felde mitzuhelfen, sie seinem Haus zurückzuholen. Dabei hatte der Soldat zunächst so wenig Fortune wie der Prätendent. Seine militärischen Fähigkeiten entsprachen nicht dem Vertrauen, das er selber wie seine Gemahlin in sie setzten. Ähnliches galt für seinen zum Heerführer bestellten Bruder Karl von Lothringen. Gegen dessen ätzende Kritik war keiner in Wien gefeit, aber er verschonte sich mit Selbstkritik. Die von ihm oft ungerecht Beurteilten erhielten nun Gelegenheit, sein offenkundiges Zaudern und Zagen zu tadeln.

Karl von Lothringen sah sich freilich einem Feind gegenüber, der nicht nur seinen »falschen Charakter«, dessen ihn Maria Theresia zieh, erneut bestätigte, sondern sich auch, was noch schmerzlicher war, als Feldherrngenie erwies: Friedrich II. von Preußen.

Der Hohenzoller scherte sich nicht um den Waffenstillstand von Klein-Schnellendorf, als er bemerkte, daß Khevenhüller, der das Kriegshandwerk verstand, in Oberösterreich und Bayern erfolgreich operierte, das Kriegsglück sich der Habsburgerin zuzuwenden schien. Unter dem Vorwand, als Reichsfürst, der für Karl VII. gestimmt habe, es nicht zulassen zu dürfen, daß diesem sein Stammland weggenommen würde, eröffnete er wieder die Feindseligkeiten gegen die »Königin von Ungarn«.

Friedrich plante den Alliierten in Böhmen Luft zu machen und durch Mähren und Böhmen nach Wien vorzustoßen. Maria Theresia war mit Gegenmaßnahmen ihrer Heerführer nicht einverstanden: »Anstatt mit der ganzen Macht auf einen deren rings herum sich befundenen Feinden zu fallen, teilte man sich: Der größere Haufen wendete sich gegen die Preußen und der kleinere bliebe gegen die Franzosen stehen; setzte also beider der augenscheinlichen Gefahr aus, über den Haufen geworfen zu werden, nachdeme beide um vieles schwächer als die gegen ihnen gestandene Feinde waren.«

Am 17. Mai 1742 – vier Tage nach dem fünfundzwanzigsten Geburtstag Maria Theresias – verlor Karl von Lothringen die Schlacht bei Czaslau und Chotusitz gegen Friedrich II., der zwar nicht die stärkeren Truppen hatte, aber der bessere Feldherr war.

Der Krieg war an einem kritischen Punkt angelangt. Die Österreicherin, die Schlesien nicht zurückerobern konnte, begann zu überlegen, ob sie sich nicht – bis auf weiteres – damit abfinden, ihre Kräfte auf die Zurückgewinnung Böhmens und darüber hinaus auf die Inbesitznahme ganz Bayerns konzentrieren sollte, mit dem sie im Westen zu gewinnen vermöchte, was für sie im Norden verloren zu sein schien. Friedrich II. fragte sich, ob es nicht angebracht wäre, den faktischen Besitz Schlesiens vertragsrechtlich zu sichern und damit aufzuhören, sich für die Interessen der Franzosen und Bayern zu schlagen.

England, auf dessen Hilfsgelder Maria Theresia angewiesen war, bestand auf einem Friedensschluß mit Preußen, damit Österreich sich mit freiem Rücken gegen Frankreich wenden könnte, in dem London, in gewissem Gegensatz zu Wien, den Hauptfeind erblickte. Die englische Diplomatie vermittelte den Breslauer Vorfrieden vom 11. Juni und den Berliner Frieden vom 28. Juli 1742, den der König von England garantierte.

Für seinen Austritt aus der antihabsburgischen Koalition erhielt Friedrich II. Nieder- und Oberschlesien sowie die Grafschaft Glatz, eine Ausfallstellung gegen Böhmen. Den böhmischen Kreis Königgrätz, den er obendrein forderte, wollte Maria Theresia, »selbst wenn die Hölle losgelassen werden sollte«, nicht hergeben. Herzog Karl von Lothringen erkannte die militärische Bedeutung von Königgrätz, dessen Ausbau als Festung er befürwortete, weil sie in einem künftigen preußisch-österreichischen Krieg wichtig werden könnte.

Niemand konnte ahnen, daß bei Königgrätz der letzte Akt des deutschen Dualismus beendet werden würde, dessen erster Akt bereits zu Gunsten Preußens ausgegangen war. Nach dem Ersten Schlesischen Krieg blieb für Österreich vom großen und reichen Schlesien nur noch Teschen, Troppau und Jägerndorf.

Sie werde keinen Schlesier mehr anschauen können, ohne zu weinen, seufzte Maria Theresia. Einen gewissen Trost fand sie darin, daß sie Sicherheiten für die katholische Kirche in Schlesien gefordert hatte, die von Friedrich II., der ohnehin alle seine Untertanen wenn schon nicht nach ihrer politischen, so doch nach ihrer konfessionellen Façon selig werden lassen wollte, gebilligt worden waren.

Die Reichtümer Schlesiens war sie losgeworden, aber auch die Hypothekenschuld, die auf ihm lastete: 1700 000 Taler an englische und holländische Gläubiger, die Preußen übernahm. Die größte Entlastung brachte ihr der Frieden von Berlin auf militärischem Gebiet. Die im Kriege gegen Preußen gebundenen Truppen wurden für die Rückeroberung ganz Böhmens und die Eroberung ganz Kurbayerns frei.

In Prag regierten französische Generäle wie Herren einer Besatzungsmacht und nicht wie Vertreter des neuen Landesherrn. Sie führten Steuern ein und hoben Rekruten aus, requirierten bei groß und klein, schikanierten alle. Böhmische Adelige, die dem Wittelsbacher gehuldigt hatten, begannen sich von ihm zu distanzieren, und ihre Standesgenossen, die der Habsburgerin treu geblieben waren, übten sich in Widerstand. Bauern, die Versprechungen der Invasoren geglaubt und sich eine Verbesserung ihrer Lage erhofft hatten, aber eine Verschlechterung erleben mußten, erhoben sich gegen das neue Regiment.

Weniger die psychologische als die militärische Kriegführung bereitete Schwierigkeiten. Maria Theresia meinte eingreifen, dem Oberbefehlshaber Franz Stephan Direktiven geben zu müssen. »Mon cher Alter, ich fürchte, dieser Brief wird Dir nicht sehr gefallen, aber Du wirst daraus ersehen, daß ich Dir mein Herz ausschütte und meine Ansichten darlege«, schrieb sie ihm am 24. August 1742. »Ihr werdet mit der Armee an die Grenze marschieren, gegen Cham und diese Orte, nicht im Lande bleiben, Euch mit Khevenhüller verbinden.« Sie sehe ihn nicht gerne weit von ihr, und sie wisse, »Eger ist unbequem, aber in so großen Dingen darf man sich nicht bei Kleinigkeiten aufhalten.«

Französische und bayerische Truppen, die über Eger nach dem von den Österreichern eingeschlossenen Prag vorstoßen sollten, wurden zurückgeworfen. Dem Gros der in der böhmischen Hauptstadt festsitzenden Armee des Marschalls Belle-Isle gelang es, sich den Österreichern zu entziehen und Böhmen zu verlassen. Der in Prag ausharrenden Garnison wurde ein ehrenhafter Abzug gewährt, nachdem ihr Kommandeur gedroht hatte, die Stadt anzuzünden und den Hradschin zu sprengen. Am 26. Dezember 1742 kapitulierte Prag und wurde wieder unter die Fittiche des Doppeladlers genommen.

Nach den Erfahrungen, die sie mit ihren Heerführern gemacht hatte, war Maria Theresia geneigt, an ein Wunder zu glauben. Einen Hinweis erblickte sie darin, daß im österreichischen Hauptquartier vor Prag ein wundersames Kreuz aufgefunden worden war. An jener Stelle ließ sie eine Kapelle errichten, als Dank für die »augenscheinliche Art«, mit der sie die Hand Gottes gerettet habe.

DIE WIEDERGEWINNUNG PRAGS wurde am 2. Januar 1743 in der Winterreitschule der Wiener Hofburg mit einem »Damenkaroussel« gefeiert. Dies war ein Ritterturnier à la Rokoko, bei dem die gepuderten Amazonen sich nicht in mittelalterlicher Weise aufs geharnischte Hauen und Stechen verlegten, sondern in chevaleresker Manier ihre Geschicklichkeit im Degenkreuzen, Pistolenschießen und Pfeilwerfen demonstrierten – so wie es der Verspieltheit der Zeit entsprach und einem Hofe anstand, in dem die Grande Dame den Ton angab.

Sechzehn Damen in je zwei Quadrillen auf prächtig aufgezäumten Pferden und in vergoldeten Muschelwagen wetteiferten miteinander. An der Spitze der ersten reitenden Quadrille erschien Maria Theresia, ganz in Purpurrot, im Damensitz, da sie schon wieder schwanger war. Sie gewann den Wettbewerb mit der Lanze. Höflinge sahen darin ein gutes Omen für den Ausgang des Erbfolgekrieges, der sich in der Tat zugunsten der Erzherzogin von Österreich und Königin von Ungarn zu wenden schien.

Ihrer Krönung zur Königin von Böhmen stand nichts mehr im Wege. Im Frühling 1743 begab sie sich mit Prinzgemahl, Kronprinz, Würdenträgern ihres Reiches und Gesandten europäischer Staaten auf die Reise nach Prag. Im Triumph zog sie durch das befreite Böhmen und – am 29. April – in dessen Hauptstadt ein. Die einen jubelten ihr zu, weil mit ihr nicht nur die rechtmäßige Herrin, sondern auch der ersehnte Frieden zurückkehrte. Die anderen, die sich dem französischen Aggressor und wittelsbachischen Usurpator ergeben hatten, jubilierten besonders laut, um das auf diesen ausgebrachte Vivat zu übertönen.

Im Hradschin nahm Maria Theresia am 11. Mai 1743 die Huldigung der böhmischen Stände entgegen, am Tag darauf empfing sie im Veitsdom die Wenzelskrone.

Diese sei schwerer als die Stephanskrone, »sehet einem Narrenhäubel gleich«, entschlüpfte es ihrem Wiener Mundwerk. Die Bürde, die sie mit ihr übernommen hatte, drückte sie schon jetzt. Ihr Gewissen war mit der Abtretung Schlesiens, einem Lehen der böhmischen Krone, belastet, was auch nicht durch den nach der Reue gefaßten Vorsatz erleichtert wurde, daß sie alles daran setzen wolle, es zurückzugewinnen. Ein Gewissenskonflikt machte ihr zu schaffen. »Justitia et Clementia« lautete ihr Wahlspruch; sie lag mit sich im Widerstreit, ob sie bei der Behandlung der böhmischen Rebellen der Gerechtigkeit oder der Milde den Vorrang geben sollte. Maria Theresia entschied sich für »die dem österreichischen Haus angeborene Milde und Gnad«. Ganz ohne Strafe ging es nicht ab. Prager Bürger wurden verhaftet, Adelige auf ihre Güter verbannt, sechs Todesurteile verhängt, aber nicht vollstreckt. Der Hauptangeklagte Karl David, der für den Wittelsbacher eine Truppe aus von adeliger Grundherrschaft befreiten Bauern aufzustellen versucht hatte, sollte nach Abhacken der Schwurhand geviertelt werden. In dem Moment, da er dem Henker seine Rechte hinhielt, erreichte ihn die Begnadigung; er starb sieben Jahre später als Festungshäftling im ungarischen Buda.

Die Königin wollte denen, die nicht zu ihr gehalten hatten, zwar verzeihen, konnte ihnen aber die Illoyalität nicht vergessen: »Es ist künftighin für solche Leute zu keinem Dienste und zu keiner Gnade einzuraten. Ein anderes ist es, sie aus Clemenz freizusprechen, und ein anderes, ihnen Gnaden auszuteilen, wo doch noch etwelche sich vorfinden, die durch ihre Treue solche verdienen.«

Doch schon bald standen Adelige, die Ungnade verdient hatten, wieder im Dienste der Königin. Auf Grundherren, die gesellschaftlichen, und Standesherren, die politischen Stützen ihrer Herrschaft, konnte sie nicht verzichten. Gnade vor Recht ergehen zu lassen, schien ihr in einem Augenblick angebracht zu sein, in dem der Krieg zu ihren Gunsten verlief.

Am Tage ihrer Krönung wurde im Veitsdom ein Tedeum zum Dank für den bei Simbach in Bayern errungenen Sieg gesungen. Wenige Tage später fiel Dingolfing, das die Franzosen gebrandschatzt und geräumt hatten, in österreichische Hände. Das Kurfürstentum Bayern – Oberbayern, Niederbayern, Oberpfalz –, aus dem sie verdrängt worden waren, wurde nun von den Truppen Maria Theresias wieder eingenommen und ausgebeutet.

Der Kurfürst, der Kaiser geworden war, hatte sein Land verloren, saß in Frankfurt im Exil und grämte sich über den Verlust seines Bayern und die Leiden seiner Bayern, die zuerst von den angeblich befreundeten Franzosen schikaniert und dann von den Panduren der Königin von Ungarn drangsaliert wurden.

Selbst am Main fühlte sich Karl VII. nicht mehr sicher. Am 27. Juni 1743 wurden seine französischen Verbündeten in der Schlacht bei Dettingen, in der Nähe von Aschaffenburg, von der von Georg II., König von England und Kurfürst von Hannover, befehligten »Pragmatischen Armee« geschlagen. England und das in seinem Fahrwasser segelnde Holland hatten vor allem deutsche Söldner zusammengetrommelt, um der Pragmatischen Sanktion Geltung zu verschaffen. Das eigentliche Motiv war die Absicht der Briten, eine neue Runde gegen die Franzosen im Kampf um das Gleichgewicht in Europa und die Vorherrschaft in der Welt zu gewinnen.

In London wurde dieser Sieg mit dem »Dettinger Tedeum« Georg Friedrich Händels gefeiert. Wien stimmte in den Lobgesang ein. Maria Theresia, die nun mit Truppen wie mit Geld unterstützt wurde, zog ihren Nutzen daraus, daß sie von England als eine Dame im machtpolitischen Schachspiel angesehen wurde. Die Franzosen zogen sich über den Rhein zurück, und die Österreicherin konnte sich auf die traditionelle Aufgabe der Habsburger, das Reich am Rhein zu schützen, besinnen und sogar daran denken, den Grenzstrom zu überschreiten, um Straßburg, die »wunderschöne Stadt«, das Elsaß und vor allem Lothringen, das Stammland ihres Gemahls Franz Stephan und ihres Schwagers Karl, zurückzuerobern.

In Italien mußte Maria Theresia für die Erhaltung des Beistandes Englands und für die Gewinnung der Unterstützung Sardinien-Piemonts bezahlen. Letztere war nur durch die Abtretung einiger österreichischer Landstriche am rechten Ufer des Tessin zu bekommen. Maria Theresia war »frappiert« und »bis auf die Tränen touchiert«, doch schließlich gab sie dem englischen Druck nach und tröstete sich damit, daß eine Behauptung Mailands gegen die mit den Franzosen verbündeten Spanier den Verlust einiger Federn wert wäre. Am 13. September 1743 konnte in Worms die Allianz zwischen England, Österreich und Sardinien-Piemont geschlossen werden.

Sie »soutenire Alles, was möglich ist und mir an die Hand gegeben werden kann«, erklärte die sich in Realpolitik übende Maria Theresia. Sie habe »herzhaft agieret, alles hazardieret«, und »operierte mit aufgemuntert und heiteren Gemüt«. Das Jahr 1743 ging nicht unerfreulich zu Ende, und das Jahr 1744 begann mit einem frohen Familienfest.

Am 7. Januar vermählten sich Maria Anna und Karl von Lothringen. Maria Theresias Schwester heiratete Franz Stephans Bruder, der ihr Doppelschwager wurde. Das habsburg-lothringische Ereignis wurde in Wien gebührend gefeiert. Ein Höhepunkt war am 8. Januar die Aufführung der von Metastasio verfaßten und von Hasse komponierten Oper »L'Ipermestra« im Großen Leopoldinischen Hoftheater. Maria Theresia gedachte höchstpersönlich mitzuwirken. Doch was einst der Prinzessin gestattet worden war, wollte man der Monarchin nicht mehr zugestehen: sich »en spectacle« zu begeben. Sie fügte sich den Gralshütern der höfischen Etikette, obgleich sie daran erinnert hatte, daß selbst Ludwig XIV., der Sonnenkönig, in Komödien als Tänzer aufgetreten war.

Als Wassergöttin kostümiert, erschien sie am 12. Januar auf dem Ball in der Winterreitschule, an dem 8000 Personen, alle in »Maschera Kleid«, teilnahmen. Sie tanzten vergnügt in das Jahr 1744 hinein, ohne zu ahnen, daß es für Österreich im allgemeinen und für die Habsburg-Lothringer im besonderen Unglück bringen würde.

Für die Familie endete es mit traurigen Ereignissen. Maria Anna, deren Gemahl zum Statthalter der österreichischen Niederlande bestimmt war, gebar am 3. Oktober ein totes Kind und starb am 16. Dezember 1744 in Brüssel. Dies sei der schwerste Schlag, »den der gütige Gott mir in diesem Augenblick versetzen konnte«, klagte Maria Theresia in einem Moment, da sie auch von Schlägen des Kriegsgottes Mars getroffen wurde.

Friedrich II. war »meineidigerweis«, wie Maria Theresia konstatierte, im Sommer 1744 in Böhmen eingefallen, zu einer Zeit, »als der größte Teil meiner Armee im Elsaß sich befande.« Der Preußenkönig hielt sich nicht an den 1742 abgeschlossenen Frieden von Berlin, nachdem er Anlaß zur Besorgnis bekommen zu haben meinte, daß sich der Erbfolgekrieg zugunsten der Königin von Ungarn und Böhmen entwickelte. Sachsen, das mehr von Preußen als von Österreich zu befürchten hatte, schloß sich letzterem an. Karl von Lothringen stand mit der österreichischen Armee vor den Toren seines Stammlandes, und es war kaum abwegig anzunehmen, daß er nach der Rückgewinnung Lothringens zur Rückeroberung Schlesiens schreiten würde.

»Schlesien und Lothringen«, erklärte Friedrich II., »sind zwei

Schwestern, deren ältere Preußen und die jüngere Frankreich geheiratet hat. Dieser Bund verpflichtet sie, derselben Politik zu folgen. Preußen darf nicht ruhig zusehen, wenn das Elsaß oder Lothringen Frankreich weggenommen würden.« Der König in Preußen schloß mit dem König von Frankreich eine neue Allianz und begann im August 1744 den Zweiten Schlesischen Krieg. Durch Sachsen stieß er nach Böhmen hinein; bereits am 19. September war er in Prag.

Maria Theresia bekam wiederum Gelegenheit, an das Eingreifen Gottes zugunsten des Erzhauses zu glauben. Denn der Preuße marschierte nicht weiter auf Wien, obgleich sich ihm keine nennenswerten österreichischen Verbände in den Weg hätten stellen können. Er wandte sich auch nicht nach Westböhmen und Oberösterreich, um die vom Rhein heranrückende Armee Karls von Lothringen abzufangen. Gott habe Friedrich II. verblendet, vermutete Maria Theresia, »daß keines von beeden er tate, ungeachtet zu beeden an genugsamer Zeit noch an Kräften es ihme nicht manglete.«

Auch den Franzosen schien der Allmächtige in den Arm gefallen zu sein. Jedenfalls hinderten sie die österreichische Rheinarmee nicht am Abmarsch in Richtung Böhmen, und sie folgten ihr nicht, um sie zwischen französisches und preußisches Feuer zu nehmen.

Die Preußen wurden aus Böhmen herausgedrängt, aber Franz Stephan erhoffte sich »von der göttlichen Vorsehung« noch mehr: Es gelte den preußischen König »auch aus Schlesien und noch darüber hinaus« zu vertreiben. »Es würde viel bedeuten, diesen Teufel mit einem Schlag hier völlig zu zermalmen und ihn in einen Zustand zu versetzen, daß man ihn niemals mehr fürchten müßte.«

Gott war dann doch mit den stärkeren Bataillonen, den preußischen, die in zwei Friedensjahren formiert worden waren. Maria Theresia war zu vertrauensselig, jedenfalls zu voreilig gewesen, als sie per Dekret als »rechtmäßige Erbfrau und Herzogin« Schlesien wieder in Beschlag genommen hatte. Noch war es nicht zurückerobert, und sollte auch nicht zurückgewonnen werden.

Am liebsten hätte sie sich an die Spitze ihrer Truppen gesetzt, um sich »diesem so meineidigen Feinde« entgegenzustellen, erklärte Maria Theresia, und sie hätte »gewiß niemand aufgehalten«, wenn sie »nicht alle Zeit gesegneten Leibes gewesen« wäre.

So mußte sie ihren Gatten ins Feld ziehen lassen, nachdem es ihr nicht gelungen war, ihn unter Einsatz aller weiblichen Waffen zurückzuhalten. »Ich nahm zu unseren gewöhnlichen Mitteln meine Zuflucht, den Liebkosungen und den Tränen; aber was vermögen sie über einen Gatten nach neunjähriger Ehe; auch ich erreichte nichts, obgleich er der beste Ehemann der Welt ist. Endlich griff ich zum Zorn, und er hat mir so gut gedient, daß er und ich krank wurden«, gestand die Gattin. »Ich fange an, nicht mehr dagegen zu kämpfen, ihn von einem Tag zum andern hinzuhalten und Zeit zu gewinnen, aber wenn er dennoch abreisen sollte, folge ich ihm oder schließe mich in ein Kloster ein.«

Sie tat weder das eine noch das andere, blieb in Wien, brachte am 31. Januar 1745 glücklich ihren zweiten Sohn Karl Joseph zur Welt und verfolgte aus sicherer Entfernung die unglücklichen Operationen ihres Heeres. Unter dem Kommando Karls von Lothringen verlor es zwei Schlachten gegen Friedrich II.: am 4. Juni 1745 bei Hohenfriedberg in Schlesien und am 30. September 1745 bei Soor im nordöstlichen Böhmen.

Nicht allein gegen die Preußen, auch gegen die Franzosen und Spanier war militärisch nichts auszurichten. Am 11. Mai 1745 verloren die alliierten Engländer und Österreicher die Schlacht bei Fontenoy in den österreichischen Niederlanden, die nicht mehr zu halten waren. Aus Italien kam eine Hiobsbotschaft nach der anderen: Parma und Mailand gingen verloren, und in den Albanerbergen scheiterte eine österreichische Offensive gegen Neapel. Darauf spielte später Giuseppe Verdi in »Macht des Schicksals« an. Von ihr sah sich Maria Theresia schon jetzt gebeugt: »Ich glaube, Italien ist verloren«, seufzte sie und litt darunter, daß Schlesien ihr vorenthalten blieb.

Trotzdem wollte sie den Kampf nicht aufgeben, die Hoffnung auf eine Behauptung ihrer gesamten Erbschaft nicht fahren lassen – einschließlich Schlesiens, dem nichts »Unglückseligeres geschehen könnte, als in preußische Hände zu verfallen«. Doch zur Bedrängnis durch den Erzfeind Preußen kam das Drängen des Hauptalliierten England, sie solle so schnell wie möglich einen Separatfrieden mit Friedrich II. um den Preis eines endgültigen Verzichts auf Schlesien abschließen. Das Ceterum censeo des britischen Empire war und blieb: Die Kräfte der Pragmatischen Armee dürften nicht verzettelt, müßten zur Zerstörung des französisch-spanischen Karthago zusammengehalten werden.

»Man will mich zwingen, mit dem König von Preußen Frieden zu schließen; ich aber widerstehe, so lange ich immer vermag«, erklärte Maria Theresia. Das vermochte sie nicht mehr lange. Die Engländer verstärkten ihren Druck, und die Sachsen gaben bereits nach. Sie waren am 15. Dezember 1745 bei Kesselsdorf von den Preußen geschlagen worden, die auf Dresden marschierten und damit drohten, nach Böhmen weiterzumarschieren. Der Österreicherin blieb nichts anderes mehr übrig, als in Unterhandlungen einzutreten. Nicht ohne zu klagen, daß sie »die Hände zu dem Dresdner Frieden reichen mußte«, genehmigte sie dessen am 25. Dezember 1745 vereinbarte Hauptbedingung: »Preußen bleibt in dem Besitz Schlesiens.«

Immer noch wollte sie Schlesien nicht für immer und ewig verloren geben: »Nichts als die Unterwürfigkeit in den göttlichen Willen machet mir auch diesen von Tag zu Tag mehrers empfindenden schweren Verlust einigermaßen noch erträglich, in der Hoffnung, daß wo nicht zu meinen doch zu meiner Nachfolger Zeiten der Allmächtige meines Hauses sich erbarmen und zu Ausbreitung seiner Glorie zur Wiedereroberung dessen demselben gnädiglich verhelfen wird, so wider alle Billigkeit von Preußen ihme entrissen worden.«

Das Zugeständnis, das Friedrich II. im Frieden von Dresden gemacht hatte, die Anerkennung Franz Stephans als römisch-deutscher Kaiser, vermochte Maria Theresia nicht über die Abtretung ihres Herzogtums hinwegzutrösten. »Ist denn die Kaiserkrone mit dem Verlust Schlesiens zu vergleichen?« bemerkte sie und ließ durchblicken, daß sie die vollständige Erhaltung ihrer Hausmacht der Erlangung der Kaiserwürde für ihren Gemahl vorgezogen hätte. Dennoch begrüßte sie es, daß die Krone Ottos des Großen, die von den Habsburgern so lange getragen worden war, auf die Habsburg-Lothringer überging. Sie gönnte sie ihrem Franz Stephan. Aber zur Kaiserin wollte sich die Königin von Ungarn und Böhmen nicht krönen lassen.

Österreich bleibt Großmacht

DER WEG NACH FRANKFURT, dem Wahl- und Krönungsort der deutschen Könige und Kaiser, war durch den plötzlichen Tod Karls VII. geöffnet worden. Der Wittelsbacher hatte es noch erleben dürfen, daß er mit französischer Hilfe sein München zurückbekam. Aber die Auseinandersetzung mit der Habsburgerin hatte die Kräfte Bayerns überfordert, das Land ruiniert und die Gesundheit seines Fürsten zerrüttet. Unter der für ihn viel zu schweren Bürde der Kaiserwürde brach der Endvierziger zusammen, starb am 20. Januar 1745.

»Das Unglück wird mich nicht verlassen, bis ich es verlasse«, hatte der Dreijahrekaiser geklagt. Maria Theresia hatte ihm nicht, wie das Fräulein Textor, die spätere Frau Rat Goethe in Frankfurt, in die Augen gesehen und darin eine erbarmenswerte Traurigkeit gelesen. Aber auch sie mochte dem gescheiterten Rivalen ein gewisses Mitgefühl nicht versagen; sie habe ihn nicht gehaßt, vielmehr »Anteil an dem unglücklichen Begeben und Tod des bayrischen Kaisers genommen«.

Das glaubte sie sich als Christin schuldig zu sein, und als Habsburgerin. Ihrem Hause war lange genug die Krone des Heiligen Römischen Reiches zugekommen, um in seinen Angehörigen die Überzeugung zu festigen, daß es eine Krone von Gottes Gnaden war, auch wenn sie nicht mehr vom Papst, dem Stellvertreter Christi, sondern – im Falle Karls VII. – von dessen Bruder Clemens August, dem geistlichen Kurfürsten von Köln, dem Gesalbten aufs Haupt gesetzt wurde.

Politik – und das hieß Machtstreben und Eigennutz – war in der Realität immer im Spiel gewesen, bei der Krönung Karls VII. mehr denn je. Die Idee des sakralen Kaisertums blieb für die Tochter Karls VI. sakrosankt – in einer Zeit, in der die Säkularisierung vorangeschritten war, und als Person, die ihre Königskronen, die ungarische wie die böhmische, für wichtiger nahm als die Kaiserkrone. Aber sie wußte, daß diese auch weiterhin eine gewisse, wenn auch ständig abnehmende Macht eintrug. Sie gedachte die Tradition ihrer Dynastie fortzusetzen, die mit dem römisch-deutschen Kaisertum untrennbar verbunden schien. Und sie wollte die Kaiserkrone auf dem Haupte ihres Gatten sehen.

So schrieb sie dem Erzbischof von Mainz, der Erzkanzler des Reiches war, das Direktorium bei der Kaiserwahl führte und als Kurfürst über eine gewichtige Stimme verfügte: »Nicht nur die zärtlichste Liebe«, die sie ihrem Gemahl zuwende, »sondern zugleich auch die Begirde des Vatterlands allgemeine Ruhe und Wohlstand noch kräfftiger, als bis anhero von mir geschehen, unterstützen zu können, erwecket bey mir das Verlangen, seine Hoheit und Liebden zur Kaiserlichen Würde erhoben zu sehen.«

Sie rechnete fest mit der Stimme des Mainzers für Franz Stephan, aber es waren auch die anderen Kurfürsten für ihn zu gewinnen. Den Wahlkampf eröffnete sie durch den Friedensschluß mit Bayern. Kurfürst Maximilian Joseph, der Sohn des verblichenen Karls VII., hegte nicht den Ehrgeiz des Vaters, König von Böhmen und römisch-deutscher Kaiser zu werden und darüber das eigene Land zugrunde zu richten. Der Wittelsbacher entsagte – gegen Rückgabe des von Österreich besetzten Territoriums – allen Ansprüchen auf das habsburgische Erbe und versprach nicht nur seine, sondern auch die Stimme seines Onkels, des Kurfürsten von Köln, dem Kandidaten Franz Stephan.

Ungern verzichtete Maria Theresia auf Bayern, das sie als Äquivalent für Schlesien betrachtet hatte. Im April 1745, als der Friede von Füssen geschlossen wurde, konnte sie sich aber noch der Hoffnung hingeben, daß der zweite Krieg mit Friedrich II. um Schlesien zu ihren Gunsten ausgehen würde. Erst im Juni wendete sich – durch den Sieg bei Hohenfriedberg – das Blatt für Preußen.

Die Österreicher meinten auch deshalb ins Hintertreffen geraten zu sein, weil sie Truppen aus Schlesien an Rhein und Main geworfen hatten, um die Franzosen aus der Gegend der Krönungsstadt Frankfurt zu vertreiben. Noch hatte Franz Stephan die Kaiserwürde nicht erlangt, da bekam Maria Theresia schon die Reichsbürde zu spüren: Die Verteidigung des römisch-deutschen Imperiums gegen den französischen Erbfeind kostete Kräfte, die ihr im Kampf gegen den preußischen Erzfeind Österreichs fehlten.

Nicht zum erstenmal suchte Frankreich die Kaiserwahl zu beeinflussen. Doch es fehlte ihm ein überzeugender Kandidat. Friedrich II.

von Preußen wollte nicht, weil ihm sein Staat galt und nicht das Reich, und August III. von Sachsen-Polen konnte nicht, weil er mit Maria Theresia verbündet war.

Gegen Franz Stephan sprach, daß er als Großherzog von Toskana kein Reichsfürst war, als Mitregent in den Ländern der österreichischen Monarchie kaum zählte und im Reich nicht im besten Ansehen stand. Doch Maria Theresia, deren Haus mit der böhmischen Königswürde über eine Kurstimme verfügte, konnte ihren Kandidaten durchsetzen.

Sieben der neun Kurfürsten – die geistlichen von Mainz, Trier und Köln wie die weltlichen von Böhmen, Sachsen, Bayern und Hannover – wählten am 13. September 1745 in Frankfurt am Main Franz Stephan zum römisch-deutschen Kaiser. Die Stimmen der Kurpfalz und Brandenburg-Preußens erhielt er nicht; erst im Friedensvertrag von Dresden bequemte sich Friedrich II. zur Anerkennung Franz' I. Die Frage stellte sich, ob die Gemahlin Franz Stephans zur Kaiserin gekrönt werden sollte. Der Kaiser hätte sich damit gerne für seine Ernennung zum Mitregenten in den habsburgischen Ländern revanchiert, doch Maria Theresia, die – zumindest im Staatsleben – Wert darauf zu legen schien, daß der Gatte von ihr und nicht die Gattin von ihm abhängig war, lehnte dankend ab. Hofkanzler Graf Ulfeld versuchte ihr einzureden, daß durch die Krönung zur Kaiserin das Haus Österreich eine beträchtliche Aufwertung erfahren würde. Einer solchen bedürfe es nicht, meinte Maria Theresia, es stehe aus eigener Kraft groß und mächtig genug da.

Ulfeld glaubte erraten zu haben, daß sie die Kaiserin-Krone geringer einschätzte »als die beiden männlichen Kronen, die sie trägt« – die ungarische Krone des heiligen Stephan und die böhmische Krone des heiligen Wenzel. Sie habe einmal gesagt, berichtete Ulfeld, »daß sie bei einer Krönung nicht mehr ihr Geschlecht ändern wolle«, und ihm eröffnet, daß diejenige in Frankfurt »nur eine Komödie wäre, die sie nicht mitmachen wolle«.

Maria Theresia dachte und handelte wie ein Mann, aber sie gebrauchte die Ausrede einer Frau: Im Zustand der Schwangerschaft, in dem sie sich wiederum befinde, könne sie sich nicht krönen lassen. Von einer Reise in die Krönungsstadt wollte sie indessen nicht Abstand nehmen. Die Wienerin, die Spektakel liebte, gedachte sich das Frankfurter nicht entgehen zu lassen und sich nicht das Vergnügen vorzuenthalten, ihren Gemahl als Hauptdarsteller zu sehen. Auf ihrer Fahrt durch das »Reich« – über Passau, Regensburg, Nürnberg und Würzburg nach Aschaffenburg, wo sie von Franz Stephan erwartet wurde – war sie die Hauptperson. Und während ihres dreiwöchigen Auftritts in Frankfurt waren viele Zuschauer geneigt, der Königin und nicht dem Kaiser die Hauptrolle zuzuerkennen.

In einer Zeit, die man die galante nannte, applaudierte man lieber einer schönen Frau. »Sie hat ein rundes, volles Gesicht und eine freie Stirn. Die gut gezeichneten Augenbrauen sind, wie auch die Haare, blond, ohne ins Rötliche zu schimmern. Die Augen sind groß, lebhaft und zugleich voll Sanftmut, wozu ihre Farbe, die von einem hellen Blau ist, beiträgt. Die Nase ist klein, weder gebogen noch aufgestülpt, der Mund ein wenig groß, aber ziemlich schön, die Zähne weiß, das Lächeln angenehm, Hals und Kehle gut geformt, Arme und Hände wundervoll.« Auch Graf Otto Christoph Podewils, der Gesandte Friedrichs II. in Wien, konnte sich nicht enthalten, seinem König, der auch als Frauenverächter eine Ausnahme von der Regel war, die Reize der Gegnerin zu schildern. »Ihr Gesichtsausdruck ist offen und heiter, ihre Anrede freundlich und anmutig. Man kann nicht leugnen, daß sie eine schöne Person ist.«

Früher sei sie noch schöner gewesen, fügte Podewils hinzu, »aber die zahlreichen Geburten, die sie durchgemacht hat, dazu ihre Körperfülle, haben sie schwerfällig werden lassen.« Was die Schönheit beeinträchtigte, kam der Majestät zugute. Die Würde, mit der sie auftrat, wurde durch die Natürlichkeit, mit der sie sich bewegte, wie die Ungezwungenheit, in der sie sich äußerte, attraktiv ausgeglichen. In Wien, wo noch das spanische Hofzeremoniell nachklang, mußte sie sich öfter steifleinen benehmen und ein Amtsgesicht aufsetzen. In Frankfurt, wo sie sich als »private Besucherin« unter »Verzicht auf Etikette« gab, ließ sie sich etwas gehen.

Dies ließ selbst das Zeremonialprotokoll durchblicken, das über die Krönung Franz' I. im Dom und den anschließenden Krönungszug am 4. Oktober 1745 berichtete: »Da also Seine Kaiserliche Majestät unter beständigem Freudengeschrei, wovon die Luft erdröhnte, bis nahe an den Römer gelangt waren, so gab Ihre Majestät die Kaiserin-

Königin am Fenster stehend mit Schwingung eines weißen Tuches Dero herzinnigstem Vergnügen über die höchst-beglücktvollzogene Krönung des allerdurchlauchtigsten Herrn Gemahls an den Tag und ruften bei entstandener kleiner Stille mit eigener Stimme ein zweimaliges fröhliches Vivat aus.«

Frankfurter, die sich mit dem aus einem Brunnen fließenden Wein in Feststimmung gebracht hatten, erzählten sich noch lange über Maria Theresia, die zwar im Dom auf der Empore wie am Römer an einem Fenster nur Zuschauerin gewesen, ihnen aber als eine Hauptakteurin vorgekommen war: »Als nun ihr Gemahl« – gab der Frankfurter Johann Wolfgang Goethe das Gehörte wieder – »in der seltsamen Verkleidung« – im altehrwürdigen und altmodischen Krönungsornat – »aus dem Dome zurückgekommen und sich ihr sozusagen als ein Gespenst Karls des Großen dargestellt, habe er wie zum Scherz beide Hände erhoben und ihr den Reichsapfel, den Szepter und die wundersamen Handschuh hingewiesen, worüber sie in ein unendliches Lachen ausgebrochen; welches dem ganzen zuschauenden Volke zur größten Freude und Erbauung gedient, indem es darin das gute und natürliche Ehgattenverhältnis des allerhöchsten Paares der Christenheit mit Augen zu sehen gewürdiget worden.«

Fortan wurde die Gemahlin des römisch-deutschen Kaisers als Kaiserin bezeichnet. »Kaiserin von Österreich« war sie nicht; diesen Titel führte erst ihr Enkel Franz. Aber aus ihrem habsburgischen Hausbesitz bezog sie die Macht, die auch dem Lothringer zustatten kam, dem ein großer Titel ohne entsprechende Mittel zuerkannt worden war. Vom Leuchten ihrer Kronen und der Brillanz ihrer Persönlichkeit strahlte so viel auf ihn über, daß er nicht als glanzloser Imperator dastand.

Wer sie im Reich »die Kaiserin« nannte, dachte weniger an die Gemahlin Franz' I. als an die Habsburgerin, die kraft eigener Majestät den höchsten Herrschaftstitel verdiente. Österreicher sahen in Maria Theresia die eigentliche Erbin des Kaisertums ihres Vaters Karls VI., auch wenn sie – nach antiquiertem Reichsgesetz – als Frau die Kaiserkrone nicht selber tragen durfte, sie ihrem Mann überlassen mußte.

Die mit dem Erzhaus verbundene Tradition des Heiligen Römischen Reiches Deutscher Nation wurde anläßlich der Rückkehr Maria Theresias und Franz' I. in die Reichshauptstadt Wien beschworen. Sie zogen durch Triumphbögen ein, die an den römischen Ursprung des Kaisertums erinnerten. Auf eine Linie wurden in einer Festdekoration die Gründungssage Roms, die Pragmatische Sanktion und die Errichtung des Hauses Habsburg-Lothringen gebracht: Sie zeigte die von Vergil überlieferte Geschichte des italischen Königs Latinus, der seine Erbtochter dem Aeneas zur Frau gab, eine Ehe stiftete, aus der die Römer entsprossen.

Maria Theresia betonte im Namen des Heiligen Römischen Reiches Deutscher Nation das erste Wort, hob das christliche Wesen des Sacrum Imperium hervor. Zu Fuß pilgerten Kaiserin und Kaiser zur Säule auf dem Graben, die zum Dank für die Errettung aus Pestnot und Türkengefahr errichtet worden war. Kaiser Leopold I., der damit ein Gelübde erfüllte, veranschaulichte die habsburgische Auffassung vom Gottesgnadentum: Der Monarch kniet demütig zu Füßen der heiligen Dreifaltigkeit, von der er Zepter und Schwert empfangen hat, um sie im Namen Gottes zur Bewahrung des Reiches Gottes auf Erden zu führen.

Anno 1745, als Franz Stephan zum Kaiser gekrönt worden war, bestand ein besonderer Anlaß, sich an diesen Herrschaftsauftrag zu erinnern. In einem Jahr, in dem ihr bereits um Schlesien verringertes Erbe immer noch nicht gesichert war, der Österreichische Erbfolgekrieg unvermindert weiterging, glaubte Maria Theresia allen Grund zu haben, den Allmächtigen zu bitten, ihr die Kronen zu erhalten, die er ihr verliehen hatte.

IHRE RETTUNG, bilanzierte Maria Theresia, sei »nicht dem Glück oder Kunst« ihrer Waffen, »sondern Gottes Milde und Beistand allein« zu verdanken gewesen.

Der Sonderfrieden mit Preußen hatte zwar Truppen für andere Fronten freigesetzt. Aber es waren zwei Hauptschauplätze – in Italien und in den Niederlanden – zu beschicken, mit Soldaten, die kampfmüde waren, mit Generälen, die kein Fortune gehabt hatten, und mit einer Kriegskasse, die mit eigenen Steuereinnahmen und englischen Hilfsgeldern nicht hinreichend aufzufüllen war.

Maria Theresia, der bewußt blieb, daß Gottes Beistand nicht ohne eigene Anstrengung zu gewinnen war, griff selber in die Speichen, um den Wagen voranzubringen. Sie visierte eine Staatsreform an, von der sie sich mehr Mittel zu besserem Einsatz versprach, und kümmerte sich zunächst um eine vollständigere Ausschöpfung und gezieltere Verwendung der Ressourcen, die ihre ausgepreßten Länder noch hergaben.

Sie bekam es mit Amtsträgern zu tun, die, wenn sie schon nicht in ihre eigenen Taschen wirtschafteten, so doch durch Schlendrian viel zuviel durch ihre Finger rinnen ließen. Maria Theresia, die sich unentwegt für die Monarchie einsetzte, erregte sich über die Laschheit und Unwirksamkeit ihrer Verwaltung, fuhr ab und zu dazwischen. Am 19. Februar 1745, zwanzig Tage nach der Geburt des Erzherzogs Karl Joseph, schrieb sie dem Hofkammerpräsidenten Graf Dietrichstein: Seitdem zwei ungarische Referenten angestellt seien, »arbeiten sie gar nichts mehr. Mein Kindbett ist aus, sie aber haben lange Vacanzen.«

Zwei Tage vor der Geburt der Erzherzogin Maria Amalia schrieb sie am 24. Februar 1746 dem Hofkammerpräsidenten: »Nachdem ich so nah meiner Entbindung, so habe ich ihm noch diese zwei Befehle geben wollen: erstlich wegen der Resolution im Kupferwesen die Sache nicht eher zu publicieren, bis ich nicht die Referate wieder zurückschicke, doch indessen die Bestellung des Personals vorzunehmen... Auch sind keine Obligationen mehr auszustellen, ohne daß es mir eher positiv vorgetragen wird, weshalb ich noch zu wissen verlange, wie viel deren schon ausgestellt draußen sind...«

Sie begnügte sich nicht mit der Rolle einer über dem Ganzen schwebenden Herrscherin; sie wollte alles regieren und vieles administrieren, selbst Einzelheiten regeln. Man habe ihr berichtet, die Wiener »Garnison hat schon wieder kein Holz oder so schlechtes, daß sie nicht bestehen kann«, schrieb sie am 14. Februar 1746 an den Hofkammerpräsidenten. »Ist es möglich, daß eine Sache, deren Besorgung ich so lang positiv befohlen und die unter meinen Augen geschieht, nicht befolgt wird? Ich verlange also zu wissen, wer daran Schuld trägt und daß allsogleich abgeholfen werde.«

Im Existenzkampf des Erbfolgekrieges galt ihre erste Sorge dem Militär; eine Reform des Heeres war die erste, die sie in Angriff nahm. Sie begann oben, am Kopf, wo laut Sprichwort der Fisch zu stinken beginnt und die Sache in Österreich besonders im argen lag. Der Hofkriegsrat wie das Generalkriegskommissariat, deren Namen schon auf die Kompliziertheit des Geschäftsganges hindeuteten, wurden zuerst reorganisiert.

Auch in Kriegsoperationen griff Maria Theresia ein. Im Sommer 1744 hatte sie den Feldmarschall Graf Traun angewiesen: Er habe nicht nur seinen Marsch zu beschleunigen, »sondern auch eine leichte Vorhut vorauszuschicken, sowohl wegen der Magazine als um dem Feinde zuvorzukommen und diesen Posten zu behaupten, damit nicht wir, sondern sie bemüßiget sind, nach unseren Ideen zu operieren.« Ende 1745, »nach dem unglücklichen Frieden mit Preußen«, erließ sie Befehle, verfügbar gewordene Regimenter nach Italien in Marsch zu setzen, um dort einen glücklichen Ausgang des Krieges zu ermöglichen.

Diese Erwartung wurde erfüllt, weil sie nicht nur genügend Truppen, sondern auch einen fähigen Oberbefehlshaber nach Italien dirigiert hatte. Joseph Wenzel Fürst von Liechtenstein war ein Mann, wie ihn Maria Theresia brauchte. Er schmiedete ihr eine schlagkräftigere Waffe, die neue österreichische Artillerie, und kam weitgehend selber für die Kosten auf. Zudem erwies sich der Reorganisator als Feldherr, der verloren geglaubte Gebiete in Italien zurückeroberte.

Am 16. Juni 1746 siegte Feldmarschall Liechtenstein über das französisch-spanische Heer bei Piacenza. Sie wolle hoffen, daß dieser Waffenerfolg »meinen Feinden den Gedanken, mich aus Italien ganz zu verjagen, austreiben wird«, bemerkte Maria Theresia, die mit Hilfe des verbündeten Sardinien-Piemont daranging, die Franzosen und Spanier aus dem südlichen Vorfeld ihrer Alpenzitadelle zu verdrängen. Mailand war wieder österreichisch, Genua wurde besetzt und an die Rückgewinnung des Karl VI. abgenommenen Neapel gedacht. Aber der englische Alliierte, der weniger an von der habsburgischen Hausräson eingegebene Wünsche als an die im Interesse seiner Weltmachtpolitik liegenden Auseinandersetzung mit Frankreich dachte, bestand auf einem Marsch in die Provence; die Österreicher kamen jedoch nur bis Antibes.

Noch operierten die Heere nach den Regeln der Kriegskunst des Ancien régime. Sie biwakierten in der schlechten und marschierten in der guten Jahreszeit, avancierten in der Schlacht in Reih und Glied, schossen auf Kommando und fielen in der Formation. Es galt Söldner zusammenzuhalten, voranzutreiben und ins Feuer zu schicken. Wie Bauern auf dem Schachbrett wurden sie hin- und hergeschoben, für die Könige aufs Spiel gesetzt.

Schon begann das Volk das Schachspiel der Monarchen zu stören. Österreicher und Sardinier wurden mit dem Volksaufstand in Genua nicht fertig, und die Engländer, die auf dem Festland Söldner für sich kämpfen ließen, sahen sich auf ihrer Insel mit einem Volkskrieg konfrontiert. Der Thronprätendent Charles Edward Stuart landete in Schottland, wo sich das Volk unter seiner Führung gegen König Georg II. von Großbritannien aus dem Haus Hannover stellte.

Dieser britische Thronfolgekrieg blieb nicht ohne Rückwirkung auf den Österreichischen Erbfolgekrieg. Der von Stuart herausgeforderte Hannoveraner warf Truppen vom Kontinent an die Heimatfront, wo er 1746 die Entscheidungsschlacht bei Culloden gewann. Im selben Jahr verlor die durch den Truppenabzug geschwächte »Pragmatische Armee« die Schlacht bei Raucourt unweit von Sedan. Karl von Lothringen, der die geschlagenen Alliierten führte, zeigte sich Moritz von Sachsen, dem Feldherrn Ludwigs XV. von Frankreich, ebensowenig gewachsen wie zuvor Friedrich II. von Preußen.

Nicht nur die Hoffnung auf eine Rückeroberung Lothringens entschwand; auch die österreichischen Niederlande fielen in die Hände der Franzosen, und schon griffen sie nach Holland, dem Verbündeten Englands und Österreichs. Die kontinentale Balance of power, auf die man in London so viel Wert legte, drohte sich zuungunsten seiner Verbündeten zu verschieben. Draußen in der Welt, in Nordamerika, Indien und auf den Meeren, wo England und Frankreich um die Vorherrschaft rangen, waren keiner Seite entscheidende Erfolge beschieden.

Georg II. war kriegsmüde und friedenswillig geworden. Maria Theresia hingegen zeigte sich entschlossen, so lange zu kämpfen, bis ihr Erbe voll und ganz gesichert wäre; sogar die Hoffnung auf die Rückgewinnung Schlesiens gedachte sie nicht aufzugeben.

Im sechsten Kriegsjahr blickte sie zuversichtlich auf Rußland, das wieder auf der Bühne der großen Politik erschien und sich als Partner Österreichs in Szene setzte.

Die Ostmacht, die damit beschäftigt gewesen war, sich im Innern dem Westen zu öffnen, begann wieder nach Westen vorzudringen. Im Polnischen Thronfolgekrieg hatte sie Einfluß in Polen gewonnen. Wenn sie ihn erweitern wollte, mußte sie auf Preußen und Österreich stoßen. Das Königreich Friedrichs II. galt in Sankt Petersburg zunächst als das größere Hindernis. Mit Karl VI. hatte Zarin Anna Iwanowna Krieg gegen die Türken geführt. Bis auf weiteres war Rußland daran interessiert, gemeinsam mit Österreich die Osmanen zurückzuwerfen und Differenzen über die Teilung der Beute auf später zu verschieben.

Zarin Elisabeth, die 1741 – ein Jahr nach Maria Theresia – den Thron bestieg, teilte deren persönliche Abneigung gegen den Frauenfeind Friedrich II. wie deren politische Absicht, den preußischen Aggressor in seine Schranken zu weisen. Am 2. Juni 1746 schlossen Österreich und Rußland eine Defensivallianz. Sie versprachen sich gegenseitige Truppenhilfe, falls eine der beiden Mächte von einer anderen Macht angegriffen werden sollte. Maria Theresia brachte – ungeachtet des Dresdener Friedensschlusses mit Preußen – ihren Anspruch auf Schlesien in den Vertrag ein: Wenn Friedrich II. einen Krieg gegen Österreich oder Rußland begänne, würden ihre Rechte »auf die abgetretenen Gebiete wieder bestehen und erneut in Kraft treten«.

Mit dieser Rückendeckung ging Maria Theresia in das siebte und achte Kriegsjahr, mit dem festen Willen, so lange zu kämpfen, bis sie ihre Kriegsziele erreicht hätte. Zum Aufgeben und Nachgeben mußte sie gezwungen werden: durch England, das im Weltkrieg mit Frankreich einen Waffenstillstand für angebracht hielt und deshalb auf eine Beendigung des Österreichischen Erbfolgekrieges drängte. Die Österreicher suchten Friedensverhandlungen hinzuhalten, und da ihnen das Hinausschieben von Hause aus lag und sie im Hinauszögern lange Erfahrung besaßen, gelang ihnen das eine ganze Weile. Die Unterhändler wußten eine Monarchin hinter sich, die mit der Unerbittlichkeit einer beleidigten Frau, der Unnachgiebigkeit einer Prinzipienpolitikerin, die sich im Recht glaubte, und mit der Dickköpfigkeit, die sie an den Tag legte, wenn etwas nicht nach ihrem Willen ging, sich gegen einen Friedensschluß sträubte, der ihrer Person und ihrem Reich nicht volle Rehabilitation versprach.

England, ihr Seniorpartner, brachte sie zur Räson. Es drohte mit einem Alleingang im Arrangement mit Frankreich und Spanien, sogar mit einer Annäherung an Preußen, um dieses gegen das mit Österreich verbündete Rußland abzusichern. Die Engländer griffen zur Peitsche und lockten mit Zuckerbrot: Selbst wenn sie Abstriche hinnehmen müßte, könnte sie sich doch rühmen, ihr Erbe im großen und ganzen bewahrt und sich als würdige Nachfolgerin der glorreichen Habsburger bewährt zu haben.

Als sich Maria Theresia weiterhin widerspenstig zeigte, stellten sie die Engländer vor vollendete Tatsachen. Im Aachener Vorfrieden vom 30. April 1748 einigten sich England und Holland mit Frankreich über die Grundzüge des Friedensschlusses. Die Abneigung gegen die Engländer, die sie schon nicht verhehlt hatte, als sie noch zu ihr standen, näherte sich dem Haß, als sie sich von ihnen im Stich gelassen sah. Die Hilfsgelder hatte sie genommen, aber eine Kontrolle, wie sie verwendet wurden, jahrelang verweigert. Sie hielt es schon für schlimm genug, daß die Engländer Protestanten waren, doch sie fand es noch weit schlimmer, daß sie sich ihrer Ansicht nach zunehmend als Ungläubige und Freigeister entpuppten.

So überraschte es sie nicht allzusehr, daß sie von ihnen verkauft und verraten wurde. Aber ihr blieb nichts anderes übrig, als zunächst dem Vorfrieden und dann dem Frieden von Aachen vom 18. Oktober 1748 zuzustimmen. Mit ihrer Entrüstung hielt sie nicht hinter dem Berg. Nachdem sie ja und amen hatte sagen müssen, weigerte sie sich, den englischen Gesandten zur Gratulation zu empfangen, wo doch – wie sie grollte – eine Kondolation angebracht wäre.

Dennoch konnte sie sich beglückwünschen, daß sie so glimpflich davongekommen war. Sie bekam die von Frankreich besetzten österreichischen Niederlande zurück. Sie behielt Mailand; Parma, Piacenza und Guastalla jedoch gingen an einen zweiten Nebenzweig der spanischen Bourbonen in Italien. Die in der Pragmatischen Sanktion festgelegte Erbfolgeordnung in den habsburgischen Ländern wurde von den acht Vertragspartnern – England, Holland, Österreich und Sardinien-Piemont auf der einen, Frankreich, Spanien, Modena und Genua auf der anderen Seite – erneut und endgültig gewährleistet.

Doch die Genugtuung darüber wurde in Wien dadurch gedämpft,

daß von dieser Garantie die von Karl VI. wie Maria Theresia bereits vertraglich zugestandenen Abtretungen ausgenommen blieben. Dazu zählte in erster Linie Schlesien, dessen Besitz dem am Aachener Frieden nicht beteiligten Preußen international bestätigt wurde.

»Sie wird den Verlust Schlesiens nicht vergessen können«, berichtete der preußische Gesandte Podewils seinem König. »Sie betrachtet im übrigen Eure Majestät als ein Hindernis für das Wachsen ihrer Macht.« Denn sie besitze »einen außergewöhnlichen Ehrgeiz und möchte das Haus Österreich noch glänzender wiederherstellen, als es unter ihren Ahnen gewesen ist«.

Mit dem alten Gegner Frankreich hatte Maria Theresia einen Frieden geschlossen, der ihr nicht weh tat. Nicht verschmerzen konnte sie den Frieden, den sie 1745 mit dem neuen Gegner Preußen schließen mußte und der 1748 von den europäischen Mächten – mit Ausnahme Rußlands – garantiert wurde.

Doch jeder Frieden nach acht Jahren Krieg war ein Gut, das eine Herrscherin, die sich als Mutter ihrer Länder und Völker gab, nicht nur hinzunehmen, sondern auch hochzuhalten hatte. Durch den Frieden von Dresden war von Böhmen die Kriegsnot genommen worden, und der Frieden von Aachen brachte Vorderösterreich, den Niederlanden und Oberitalien, die so lange unter Konflikten zwischen Bourbonen und Habsburgern gelitten hatten, endlich Ruhe. Nicht nur dort galt nun Maria Theresia als »Friedenskaiserin«, geriet sie in einen Ruf, der ihr gut anstand und den zu erhalten sich lohnte.

Aber sie lebte und herrschte in einer Zeit, in der sich die Mächte wie Wölfe gegenüberstanden, von denen jeder den anderen belauerte, um bei Anzeichen von Schwäche über ihn herzufallen. In ihren Augen war Friedrich II. ein solches »böses Tier«, das nur auf eine günstige Gelegenheit wartete, um einen weiteren Raubzug zu unternehmen. Indessen war auch Maria Theresia nicht gegen die Versuchung gefeit, sich bei vorteilhafter Konstellation das zurückzuholen, was er ihr genommen hatte: ihr Schlesien.

An einen Angriff auf Preußen konnte sie nur denken, wenn ihr Reich, das sie zwar im Erbfolgekrieg behauptet hatte, dessen innere Schwächen aber offenkundig geworden waren, gefestigt und gestärkt würde. Andererseits hatte sie einen Angriff auf sich so lange zu befürchten, als Österreich wie ein Koloß auf tönernen Füßen dastand, jedenfalls dafür gehalten wurde.

So erschien ihr eine Staatsreform als Fortsetzung des Existenzkampfes bei Waffenruhe. Als sie die Hand zum Frieden habe reichen müssen, erklärte Maria Theresia, habe sie »auf einmal meine Gedenkensart geändert und solche allein auf das Innerliche deren Länder gewendet, umb die erforderliche Maßregun zu ergreifen, wie die teutschen Erblande von denen so mächtigen beeden Feinden, Preußen und Türken, bei ermanglenden Festungen und baaren Geldes, auch geschwächten Armeen noch erhalten und zu beschützen wären.«

Sie erwähnte nur die Notwendigkeit einer Instandsetzung zur Defensive – gegen Preußen, das mit der Integrität ihrer Monarchie die internationale Rechtsordnung gefährde, wie gegen die Türken, die nach wie vor mit dem Bollwerk Österreich das christliche Abendland bedrohten. Mit Äußerungen über das Erfordernis eines Kräftesammelns zur Offensive hielt sie sich zurück. Offen sprach sie aus, daß die Stärkung der Militärmacht das A und O einer Staatsreform sein und bleiben müsse.

Maria Theresia, die ihr Österreich durch Militärmacht als Großmacht erhalten wollte, gedachte Friedrich II. nachzueifern, der durch Militärmacht sein Preußen zur Großmacht erhoben hatte. Auch sie begann sich nach der Maxime eines persischen Sassaniden zu richten: »Es gibt kein Königtum ohne Soldaten, keine Soldaten ohne Geld, kein Geld ohne Bevölkerung, keine Bevölkerung ohne Gerechtigkeit.«

So wurde die Bewahrerin der habsburgischen Monarchie zur Gestalterin eines österreichischen Staatswesens, die Verteidigerin der Tradition zur Sachwalterin einer Modernisierung – zur Reformerin.

Die Reformerin

Maria Theresia im pelzbesetzten Kleid, 1743/44. Pastell von Jean-Etienne Liotard

Stände und Mißstände

DER MODERNE STAAT, in der Mitte des 18. Jahrhunderts ein Gebot der Zeit, benötigte eine zentrale Regierung, eine tüchtige Beamtenschaft, ein stehendes Heer, eine Wirtschaft, welche die Staatskasse füllte, und eine Gesellschaft, die an der Erfüllung der Staatsaufgaben mitwirkte, ohne die Aufrechterhaltung der Staatsordnung zu gefährden.
Eine Forderung des Zeitgeistes, der im Zeichen des Rationalismus stehenden Aufklärung, war die Rationalisierung aller Lebensbereiche. Ein Monarch – forderten die Philosophen, und der von ihnen als Philosophenkönig gelobte Friedrich II. von Preußen schien sich danach zu richten – habe seine absolute Herrschergewalt in den Dienst des Fortschritts der Menschheit im allgemeinen und seiner Untertanen im besonderen zu stellen, den Staat wie eine Maschine zu konstruieren und zu dirigieren, in der alle Räder ineinandergriffen und nicht allein Macht, sondern auch Wohlfahrt produzierten. Frankreich war zu diesem Ziel vorangeschritten. Seine Könige hatten den Feudalismus beschnitten, lokale und provinziale Gewalten unter die Zentralmacht gebeugt, einen etatistischen Verwaltungsapparat geschaffen und die merkantilistische Staatswirtschaft eingeführt. Preußen war auf diesem Weg ein gutes Stück vorangekommen. Österreich hingegen hatte erst einige Schritte in diese Richtung unternommen, sich vom Mittelalter wenig entfernt und der Moderne kaum genähert.
Die Habsburger waren der Tradition des Heiligen Römischen Reiches verpflichtet und somit mittelalterlichen Ideen und Institutionen verhaftet. Sie blieben der römisch-katholischen Kirche ergeben, hatten sie während der Reformation beschützt und im Dreißigjährigen Krieg verteidigt. Der Geist des Sacrum Imperium hatte, in der Verbindung von Gegenreformation und Reichsrenovation, einen letzten Ausdruck im Universalstil des Barock gefunden, des öster-

reichischen Stils schlechthin. Je mehr die Macht des Imperators schwand, desto mehr hielt sich der Habsburger an die Hülsen des Kaisertums, die Titel, das Zeremoniell, die Prärogative – an die Formen, die zunehmend ihres Inhalts entleert wurden.

Auch wenn das römisch-deutsche Reich einem Schattenimperium zu gleichen begann – die Monarchie des Hauses Österreich blieb sein lebendiges Abbild, ein Reich im Kleinen, das eine Großmacht war. Um diese zu erhalten, mußte jenes staatlich zusammengefaßt und zusammengehalten werden. Aber weil es eben ein Reich mit vielen Ländern, unterschiedlichen Verfassungen und verschiedenen Völkern war, erwies sich die Lösung dieser Aufgabe als weit schwieriger als in Preußen oder Frankreich.

Der Feudalismus, das aus dem Mittelalter überkommene Gesellschaftssystem und die ihm angemessene Herrschaftsform, war in den Ländern der Habsburger Monarchie das Grundelement des sozialen und politischen Lebens geblieben.

Der Adel, der seine Wirtschaftsmacht aus dem Grundbesitz und seine Herrschaftsmacht aus dem Ständewesen bezog, war auch in Frankreich und in Preußen der wichtigste Stand geblieben. Aber Ludwig XIV. hatte die Nobilität in Versailles kaserniert, an seinem Hofe domestiziert, und Friedrich Wilhelm I. seine Junker in des Königs Rock gesteckt, sie zum Militärdienst und zur Staatsverwaltung herangezogen. Ein Franzose meinte zwar in Wien weniger Adelsstolz als in anderen Hauptstädten bemerkt zu haben, aber er hatte nicht erkannt, daß sich hier die Aristokraten ein legereres Benehmen gestatten konnten, weil sie sich des sicheren Besitzes ihrer Vorrechte erfreuten.

Sie gingen auf Samtpfoten, zeigten jedoch, wenn sie es für angezeigt hielten, die Krallen. Wer ihren Grundbesitz und die damit verbundenen Herrschaftsrechte auf der lokalen und regionalen Ebene antastete, bekam ihren Widerstand zu spüren. Wenn es schien, daß ihnen der habsburgische Lehnsherr ihre Patrimonien und Privilegien, zu denen Steuerfreiheit gehörte, nicht mehr gewährleisten konnte oder wollte, neigten sie dazu, sich einem anderen Lehnsherrn zuzuwenden, so – zu Beginn des Österreichischen Erbfolgekrieges – oberösterreichische und böhmische Feudalherren dem Wittelsbacher. Die Loyalität der ungarischen Magnaten mußte

Maria Theresia mit Zugeständnissen erkaufen, war nur gegen eine Bekräftigung ihrer Adelsrechte zu haben.

Vornehmlich ungarische, aber auch böhmische Adelige mieden nach Möglichkeit die Wiener Hofburg, blieben lieber auf ihren Herrschaftssitzen, spielten Kaiser und König in ihrem Bereich. Große Herren prägten eigenes Geld mit ihrem Bildnis und Wappen, hielten sich eigene Beamte und Soldaten. Während sie sich unschwer der Justiz zu entziehen vermochten, richteten sie selber über Gut und Leben ihrer Untertanen.

Die Bauern blieben das breite Fundament der gesellschaftlichen Pyramide, hatten auf ihrem Buckel alles und jeden zu tragen. Als Erbuntertänige und Schollenpflichtige mußten sie ihren Gutsherren Abgaben und Frondienste leisten, sie um Erlaubnis zum Heiraten bitten und durften ohne Genehmigung ihren Arbeitsplatz und Wohnsitz nicht verlassen. Die Bauern wurden nicht nur von ihrer Gutsherrschaft ausgebeutet, sondern auch von ihrem Landesherrn geschröpft. Sie mußten Steuern zahlen und Rekruten stellen, die Hauptlast eines Gemeinwesens auf sich nehmen, in dem sie Parias blieben.

Die Bürger spielten in einer Agrarwirtschaft und Agrargesellschaft noch keine wesentliche Rolle, blieben in ein mittelalterliches System eingebunden, das ihnen mehr Pflichten auferlegte als Rechte einräumte. Das ökonomische und soziale Leben in den wenig zahlreichen und bevölkerungsstarken Städten wurde weitgehend von den Zünften bestimmt. In der Reichshauptstadt, der einzigen Großstadt, war nichts vom Geiste der freien Reichsstädte Süddeutschlands zu spüren; eine gewisse Selbstverwaltung war seit dem Anfang des 16. Jahrhunderts von habsburgischen Stadtherren unterbunden worden.

Maria Theresia hatte es bei ihrem Regierungsantritt erleben müssen, daß die Wiener gegen die Herrin aufbegehrten. Die Ordnung war rasch wiederhergestellt. Die Bürger lernten das Unangenehme einer absolutistischen Herrschaft gegen die Annehmlichkeiten einer Residenzstadt aufzuwiegen. Maria Theresia nahm ihre wachsende Zuneigung entgegen, ohne sie in einer Weise zu erwidern, die mit ihrem Standesstolz unvereinbar gewesen wäre. Sie schätzte Wien, ihr Regierungszentrum, die Stadt der Schlösser der Monarchin und der Paläste des Adels, verließ ungern den Ort, den sie gewohnt war und für angemessen hielt. Sie fand sich mit den Wienern ab, deren Sitten mitunter nicht ihren moralischen Anforderungen genügten. Ländlich-sittlich erschien ihr die Bauernschaft, vornehmlich deshalb, weil sie mit ihr so wenig in Berührung kam. Als Rokokodame goutierte sie die modischen Schäferspiele, aber als Landesmutter legte sie Wert darauf, daß diese mit Anstand und nicht ohne Patriotismus abliefen.

Bauerntänze wurden veranstaltet, in denen Aristokratinnen in Trachten habsburgischer Landesteile agierten. Es kam vor, daß man zur Adelsbelustigung echte Landleute auftreten ließ, wie bei einem Besuch auf einem Meierhof, über den Obersthofmarschall Graf Johann Joseph Khevenhüller berichtete: »Vor denen Fenstern danzten einige hanäckische Bauer und Bäuerinnen bei einem Duttelsack baarfuss und in ihren täglichen und wegen des Regens naß-und kottigen Lumpen.«

Draußen ließ man sie tanzen, denn die Adelsgesellschaft wollte drinnen unter sich bleiben. Maria Theresia fühlte sich in ihr und nur in ihr wohl. Als Erste unter Gleichen unterhielt und vergnügte sie sich mit den Hochwohlgeborenen. Aber als Herrscherin sah sie ihre Kreise durch die über die gesellschaftlichen Konventionen hinausgehenden politischen Aspirationen des Adels gestört.

Der hohe Klerus, den sie als ersten Stand ansah, erregte durch feudalistische Allüren und Ansprüche ihr Mißfallen. Der hohe Adel, der zweite Stand nach der Einordnung im Ancien régime, machte ihr in erster Linie zu schaffen. Die Aristokraten konkurrierten mit der und konterkarierten die Monarchengewalt auf drei Ebenen: auf der unteren, der lokalen, als Grundherren; auf der mittleren, der regionalen, als Standesherren; und selbst in den Zentralbehörden, den für die einzelnen Länder zuständigen Hofkanzleien in Wien, vertraten die Kanzler mehr Anliegen ihres Standes und ihrer Länder als Belange der Gesamtmonarchie.

Maria Theresia hatte es sozusagen mit drei Staaten im Staate zu tun, die vertikal – durch den Feudalismus – und horizontal – durch den Partikularismus – ein potenziertes Hindernis auf dem Wege zu einem einheitlichen Staate bildeten.

Am wenigsten fühlte sie sich durch die grundherrschaftlichen Gewalten behindert. Diese übten zwar administrative, finanzielle, polizeiliche und richterliche Funktionen aus, die ein moderner Staat sich anzueignen suchte, aber andererseits war sie ganz froh, daß sie dadurch in einem Bereich entlastet wurde, dem sie keine zentrale Bedeutung beimaß. Maria Theresia, die sich der schicksalhaften Verbundenheit von Monarchie und Feudalismus bewußt blieb, respektierte die Grundherrschaft als herkömmliche Domäne des Adels. Die Monarchin, welche die Staatszügel straffer anzog, gedachte der Aristokratie einen Auslauf auf deren ureigenstem Gebiet zu belassen.

Die Reformerin konzentrierte sich auf die für den modernen Staat im allgemeinen und für das habsburgische Staatswesen im besonderen vordringlichste Aufgabe: eine Stärkung der Zentralgewalt gegenüber den ständischen und territorialen Teilgewalten. In ihrer Monarchie galt es eine doppelte Mitregierung des Feudaladels zu beschränken: In den Ländern regierte er durch die Ständeversammlungen, die Landtage, und eine von diesen abhängige Verwaltung, und an der Regierung des Habsburgerreiches war er durch die Vertreter der ständischen und partikularen Interessen in Wien beteiligt.

Am meisten störte es die Monarchin, daß es keine einheitliche Regierung gab, die nach ihrem Willen dem Wohl des Ganzen und der Macht des Herrschers hätte dienen können.

»Das größte Gebrechen«, bemerkte Maria Theresia, sei die durch »eine seit langen Jahren eingeführte Gewohnheit« gewesen, daß für die österreichischen und böhmischen Länder – die ungarischen spielten ohnehin eine Sonderrolle – »separierte Kanzleien« installiert waren, deren Kanzler, von jenen bevollmächtigt und deren Interessen verpflichtet, weniger des Habsburgers »als deren Länder Kanzler waren.« So habe der österreichische Kanzler primär an die österreichischen und der böhmische Kanzler primär an die böhmischen Länder gedacht, »ohne auf das Universum öfters zu sehen«, den Eigennutz dem Gemeinnutz unterzuordnen.

Wenn – wie in einer funktionierenden Föderation – den Teilen das belassen worden wäre, was jeder für sich am besten erledigen konnte, doch man dem Ganzen gegeben hätte, was dieser für alle besorgen mußte, wäre allen gedient gewesen. Doch die habsburgischen Länder bildeten eine Art Konföderation; jedes dachte in erster Linie nur an sich, kaum an die anderen und nicht einmal an die Landesherrin, die für alle die gleiche war – die Habsburgerin.

Den Landständen, welche die Landesregierung im Innern bestimmten und die Landesautonomie nach außen vertraten, sei »viel zu große Freiheit« gelassen worden, befand die Habsburgerin. Die Landtage bestanden auf ihrem Recht der Steuerbewilligung und Steuereinziehung, verwendeten einen beträchtlichen Teil des Steueraufkommens für eigenständige Zwecke und leiteten an die Hofkammer in Wien nicht genügend Mittel für die Erfüllung von Gesamtaufgaben, vor allem der militärischen, weiter.

Maria Theresia wurde es leid, die Kostgängerin der Landstände zu sein, um jede Bewilligung von Mitteln für ordentliche Staatsausgaben und außerordentliche Militäraufwendungen bitten und – da sie von ihnen nie erhielt, was sie brauchte – sich bei Banken verschulden zu müssen.

Aber ihr lag nicht daran, das eine Übel durch ein anderes, den Partikularismus der Landstände durch einen Zentralismus der absoluten Monarchie, zu ersetzen. Dies erschien ihr weder wünschenswert noch – im Unterschied zu Frankreich – in Österreich machbar zu sein. »Ich verlange weder selbsten noch meinen Nachfolgern einzuraten, die Stände in nützlichen und wohlerworbenen Privilegiis zu kränken«, weil ihr »der Länder Wohl und Gutes« am Herzen liege. Andererseits dürfe »die Bestätigung solcher vermeintlicher Privilegien, die sich auf einen Mißbrauch und ein übles Herkommen gründen«, nicht Angelegenheit einer Herrscherin sein, die darauf bedacht sein müsse, daß zwar den Teilen verbleibe, was ihnen zustehe, aber dem Ganzen zukomme, was es benötige.

Einen Mittelweg zwischen Partikularismus und Zentralismus, ständischem Gemeinwesen und modernem Staat gedachte Maria Theresia einzuschlagen. Nachdem sie ihr Reich gesichert hatte, ging sie daran, ihr Haus in Ordnung zu bringen.

DIE HERRSCHERIN, die sich als erste Mutter ihrer Länder fühlte, begann sich als eine erste Dienerin ihres Staates zu betätigen.

Sie habe sich täglich vor Augen gestellt »und reiflich erwogen«, daß sie »nicht mir selbst, sondern dem Publico allein zugehörig sei«, betonte Maria Theresia. Unter »Publico« verstand sie ihre Landeskinder, für die sie als Landesmutter zu sorgen habe. »Wir leben in dieser Welt, um unseren Mitmenschen Gutes zu tun«, meinte sie, »denn wir sind nicht für uns selbst da oder gar nur, um uns zu amüsieren.« Die Christin erwartete sich dafür Belohnung im Jenseits, die Monarchin versprach sich davon Nutzen im Diesseits; denn das Beste der Untertanen und das Beste des Landesfürsten sei »eines von dem anderen unzertrennlich«.

Ihre Antriebskraft entsprang weniger einer aufgeklärten, das heißt rationalen Auffassung der Monarchie wie bei Friedrich II. von Preußen, der erklärte: »Das ist meine Hauptbeschäftigung, daß ich in den Ländern, zu deren Beherrscher mich der Zufall der Geburt gemacht hat, die Unwissenheit und die Vorurteile bekämpfe, die Köpfe aufkläre und die Sitten kultiviere und die Leute so glücklich zu machen suche, als die menschliche Natur dies erlaubt und die Mittel, die ich darauf verwenden kann, es gestatten.«

Maria Theresia war überzeugt, daß sie nicht »der Zufall der Geburt«, sondern die Gnade Gottes zur Herrscherin ihrer Länder gemacht, sie im Auftrage des Allerhöchsten dessen irdischen Weinberg zu bestellen und dem Allmächtigen darüber Rechenschaft abzulegen habe. Um ihres eigenen Heiles willen glaubte sie sich um das Heil ihrer Untertanen, primär um deren seelisches und sekundär um deren leibliches Wohl kümmern zu müssen. Nicht im Geiste aufgeklärter Menschheitsbeglückung und Weltverbesserung, sondern »aus mütterlicher Wohlmeinung« – wie eine ihrer Verfügungen anhebt – hielt sie sich für verpflichtet, den ihr Anbefohlenen Wohltaten zu erweisen, mehr noch, sie ihnen wie unmündigen Kindern aufzuzwingen.

Denn eine absolute Monarchin war auch sie, wenngleich sie ihre Völker weniger durch Befehlen als durch Bemuttern zu beherrschen suchte. Der Staat, dem sie vorstand, war für sie kein abstrakter Begriff, den es zu konkretisieren, sondern ein lebendiges Wesen, das es zu formen galt. Der Staat, den sie zu modeln anfing, war für sie eher ein Organismus als eine Konstruktion, so daß sie die Reform weniger als eine Rationalisierung denn als eine Reorganisation betrieb. Deren Notwendigkeit ergab sich für sie aus der Zwangsläufigkeit einer Konsolidierung und Stabilisierung der ererbten Großmacht, nicht – wie bei Friedrich II. – aus dem Bestreben, den übernommenen Staat erst zu einer Großmacht zu machen.

»Den ersten Diener seines Staates«, nannte sich der Preuße. Diese Bezeichnung, freilich im weiblichen Substantiv, hätte sich auch die Österreicherin verleihen können. Das Femininum wäre nicht nur grammatikalisch, sondern auch substantiell angebracht gewesen; denn die Dienerin gab sich als Hausmutter, nicht als Haushofmeister.

Friedrich II. erklärte einen Herrscher, der »um des Genusses willen sein edles Amt versäume, das Wohl des Volkes zu fördern, für unnütz auf dem Throne und eines Verbrechens schuldig«. Diesen Satz hätte Maria Theresia unterschreiben können. »Genuß« wäre von ihr allerdings nicht puritanisch gedeutet worden; denn auch Lustbarkeiten gehörten zum Arbeitsprogramm der Staatsdienerin in Wien. Die Tätigkeit am Schreibtisch oder im Konferenzzimmer kam darüber nicht zu kurz, wie der preußische Gesandte Podewils seinem König berichtete: »Sie beschäftigt sich viel mit ihren Staatsangelegenheiten und bemüht sich, genaue Kenntnis von ihnen zu bekommen. Sie liest die meisten Berichte ihrer Gesandten an den fremden Höfen oder läßt sie sich vorlesen, prüft die Entwürfe der Schriftstücke von irgendwelcher Wichtigkeit, ehe man sie ins reine schreibt, unterhält sich oft mit ihren Ministern und wohnt den Konferenzen bei, die über Staatsgeschäfte von irgendwelcher Bedeutung abgehalten werden.«

In ihrem Tagesplan waren viele Stunden den Regierungsgeschäften vorbehalten. Gewöhnlich stand sie um halb sechs Uhr auf. Nach der Frühmesse begann um halb acht Uhr der Arbeitstag. Bis zwölf Uhr las sie – oder ließ sie sich vorlesen – Akten in den Amtssprachen ihrer Länder, in deutsch, italienisch, lateinisch (in Ungarn) und französisch (in den Niederlanden), nahm Vorträge der Kabinettssekretäre entgegen und empfing Minister. Nachmittags ging es weiter: »4 uhr bis 6 uhr expedirn, schreiben, audienzen.«

Sie arbeitete, selbst im Winter, bei offenem Fenster, so daß es vorgekommen sein soll, daß der Wind Schnee auf die Papiere wehte. Das Frösteln der Räte stimmte sie heiter. Unachtsamkeiten begegnete sie nachsichtig. »Mir gegenüber braucht Ihr Euch niemals über einen Mangel oder eine Nachlässigkeit im Dienste zu erklären«, tröstete sie einen Mitarbeiter, »denn man kann auch fehlen durch allzuviel Eifer und Strenge in der Erfüllung seiner Pflichten.« Die Milde gewährte nicht nur menschliche Befriedigung, sondern brachte auch geschäftlichen Gewinn: »Ich habe mich sehr wohl bei dieser Handlungsweise befunden, denn alle Welt tut mehr aus Neigung als aus bloßem Pflichtgefühl. Sind die Menschen zufrieden, so leisten sie das Doppelte, handeln sie aus Furcht, dann tun sie nichts als gerade nur ihre Pflicht.«

Die Lebensklugheit erwies sich als Staatsweisheit. Maria Theresia pflegte meist nur zu entscheiden, was zu geschehen habe, und überließ das Wie, Einzelheiten der Ausführung, den zuständigen Organen, die sie anhielt, in ihrem Bereich entsprechend zu verfahren: »Plant weiter im Großen«, mahnte sie einen Hofkriegsratspräsidenten. Er solle sich nicht in Kleinigkeiten verlieren und durch Kleinlichkeiten aufhalten lassen, die »ungeeignet für das Große machen«. Sie könne »besser darüber sprechen als eine andere, da ich dies an mir selbst erfahren habe«.

An der Spitze der Hierarchie stand eine Monarchin, die gelernt hatte, durch Delegieren zu regieren. Dabei ließ sie die ihr Untergeordneten nicht im unklaren darüber, daß sie jeden im Blick behalte, »auf alles, was in den verschiedenen Zweigen der Regierung« geschehe, »ungemein aufmerksam, ja sogar eifersüchtig« sei und sie jederzeit mit ihrem Eingreifen zu rechnen hätten.

Ihr Urteil stützte sie nicht allein auf Äußerungen der Regierenden, sondern auch auf Meinungen der Regierten. Maria Theresia ging nicht, wie weiland der Kalif Harun ar-Raschid, verkleidet auf die Straße, um sich bei gemeinen Leuten umzuhören. Sie ließ sich von Hofdamen berichten, was man im Standeskreise tuschelte, und von Hofbediensteten erzählen, was man in Wien klatschte. Bei Audienzen hörte sie die Empfangenen an und fragte sie aus.

Es sprach sich herum, daß die Vorgelassenen – Einheimische wie Fremde – »mit ihr auch ganz frei und zutraulich sprechen dürfen«, bemerkte Sir Nathanael William Wraxall. »Sie unterhält sich häufig mit ihnen, und wenn sie ihr etwas von ganz besonders geheimer Art mitzuteilen haben, erlaubt sie ihnen sogar, es ihr ins Ohr zu sagen.« Diese Vox populi, die sie für die Vox dei zu halten schien, sei wenig vorteilhaft für ihre Meinungsbildung gewesen. »Unglücklicherweise ist sie viel zu sehr geneigt, auf solche Erzählungen zu hören, die oft einseitig, verdreht oder boshaft verleumderisch sind«, fand der Engländer. »Es ist eine ihrer hervorstechendsten Schwächen, ein zu bereites und leichtgläubiges Ohr den Klatschereien zuzuwenden, die ihr zugebracht werden.«

»Sie verweigerte nie jemandem eine Audienz, und niemand verließ sie je, ohne zufriedengestellt zu sein«, lobte der Franzose Voltaire, der Philosoph der Aufklärung, der auch sonst die eher naive als sentimentalische Aufklärerin zu rühmen wußte: »Sie begründete ihre Herrschaft in allen Herzen durch eine Leutseligkeit und Beliebtheit, die wenige ihrer Vorfahren je besessen hatten; sie verbannte Förmlichkeit und Steifheit von ihrem Hof.«

Mit natürlichem Charme und nicht ohne instinktive Raffinesse wußte sie diejenigen, auf die es ihr ankam, für sich zu gewinnen. Diese waren um so überraschter und leichter zu überzeugen, als sie bislang der unnahbaren Majestät Karls VI. gegenübergestanden waren.

»Diese Frau hat die besondere Gabe von Gott, denen Leuth Hertz und Willen durch ihre freundliche Art so einzunehmen, daß man ihr nichts abschlagen kann«, bemerkte der Obersthofmarschall und spätere Obersthofmeister Khevenhüller. Denjenigen, die ihr nichts abschlagen konnten, die ihre Helfer am Werke wurden, ohne ihr das Gefühl zu nehmen, die Werkmeisterin zu sein, vergalt sie die Hingabe mit Gunst, mit Gnadenbeweisen wie Geldzuwendungen.

Johann Christoph Bartenstein, ihren Staatssekretär und außenpolitischen Mentor, »welcher mir vieles an die Hand gegeben und das wahre Licht angezündet«, überschüttete sie mit Lob und Gulden. Ihren Kabinettssekretär Ignaz Koch, den sie »ungemein ehrlich, christlich und ohne Intriquen« fand, erhob sie in den Freiherrnstand. Den Grafen Emanuel da Silva-Tarouca, ihren Vertrauten in politischen wie privaten Angelegenheiten, zeichnete sie dadurch aus, daß sie sich seiner als ihres »ältesten und besten Freundes« erinnerte.

Dem Präsidenten des »Directoriums in Publicis et Cameralibus«, der staatlichen Zentralbehörde, Graf Friedrich Wilhelm Haugwitz, erbaute sie in Wien einen Palast und setzte dem 1765 Verstorbenen in ihrem Nachruf ein Denkmal: »Er allein hat dem Staat 1747 aus der

Confusion in eine Ordnung gebracht«; die »Vermehrung meines Staatts habe ihme und seinen Vorschlägen zu danken«.
Der wichtigste Mitarbeiter der Reformerin war der 1702 als Sohn eines sächsischen Offiziers geborene und 1725 in den österreichischen Verwaltungsdienst in Schlesien getretene Graf Haugwitz. Als gegen Ende des Österreichischen Erbfolgekrieges eine Behebung der offenkundig gewordenen Mängel unausweichlich geworden sei, habe ihr die göttliche Vorsehung »zum Heil dieser Länder« den Grafen Haugwitz geschickt, »welcher aus Treu und Eifer« das preußisch gewordene Schlesien »verlassen und dahier üble Zeiten mit mir ausgestanden«, erklärte Maria Theresia. Immerhin hatte er von Friedrich II. gelernt, wie man mehr Steuern eintreiben und sie ökonomischer einsetzen könnte. Haugwitz, erklärte seine Dienstherrin, sei der Mann gewesen, den sie in dieser Situation benötigt habe: sachkundig und fleißig, »ohne Ambition noch Anhang«, auf das Gemeinwohl bedacht und dazu bereit, den Mißstände verteidigenden Ständen entgegenzutreten.
Einen Ritter ohne Furcht und Tadel hatte sie gefunden, und einen Experten, der wußte, wo der Nervus rerum lag, daß die Hauptsache die Geldbeschaffung war und die Hauptsorge einer Reform des Finanzsystems zu gelten habe. »Die Seele des Staats ist ein wohl eingerichtetes Finanzendirectorium«, betonte Haugwitz. »Dieses muß jenem das Leben und die erforderliche Stärke mitteilen, umb sowohl dem Landesfürsten als dessen Untertanen Schutz und genugsame Sicherheit zu verschaffen. Sobald nun das Finanzenwesen in eine Zerrüttung geratet, sobald fallet die Grundsäule über den Haufen, darauf die eigene Erhaltung ruhet...«
Um ihr altes Reich zu erhalten und einen modernen Staat zu bekommen, ging Maria Theresia mit Gottes und Haugwitzens Hilfe an die gewaltige Aufgabe der großen Reform, begann mit der Ordnung der Finanzen durch eine Zentralisierung der Verwaltung.

Eine neue Hausordnung

DAS HAUPTMOTIV für die Staatsreform war die Notwendigkeit, für den Unterhalt eines stehenden Heeres von 108 000 Mann – wie es für die Verteidigung der Monarchie erforderlich erschien – die entsprechenden Steuermittel zu beschaffen. Haugwitz errechnete einen jährlichen Bedarf von rund 14 Millionen Gulden und befand, daß sie mit dem herkömmlichen, auf dem Bewilligungsrecht und einer Steuerverwaltung der Stände beruhenden Steuersystem nicht zu beschaffen wären.

Die Versuchsstation der Staatsreform war der kleine Teil Schlesiens, der österreichisch geblieben war. Als Präsident des königlichen Amtes in Troppau konnte Haugwitz in einem Ausnahmezustand mit außerordentlichen Maßnahmen an die Verwirklichung seiner Vorstellungen gehen. Er begann mit dem Abbau der ständischen Steuerinstanzen und dem Aufbau einer staatlichen Steuerverwaltung.

Die Königin von Böhmen, die ihm entsprechende Vollmacht erteilt hatte, stellte mit Befriedigung fest, daß Haugwitz »das kleine Landel Schlesien zu einem sicheren und guten Model« für die Reorganisation aller österreichischen und böhmischen Erbländer gemacht habe. Die Herzogin von Kärnten und Krain schickte ihn 1747 als landesfürstlichen Kommissär in diese Länder, in denen die ständische Mißwirtschaft besonders kraß erschien.

Krain, das jährlich 100 000 Gulden Steuern an die Landesfürstin abzuführen hatte, war mit 2 800 000 Gulden verschuldet. Kärnten, das jährlich 200 000 Gulden an Kontribution zu leisten hatte, stand mit 4 000 000 Gulden in der Kreide. Das lag zum Teil daran, daß sich die Stände selber großzügig mit Geld und Gütern bedachten; zwischen 1645 und 1745 waren 1 400 000 Gulden für Schenkungen ausgegeben worden. Dabei brauchte der Adel immer noch keine Steuern zu zahlen. Dennoch beschwerte sich ein Adeliger in Wien: Man habe so viel Schulden machen müssen, weil man von der Majestät zu sehr geschröpft worden sei.

Die »üble Wirtschaft« sei »durch eigene Schuld« entstanden, entgegnete Maria Theresia, die sich entschloß, für eine »bessere und justizmäßigere Bewirtschaftung« zu sorgen. »Und ist überhaupt anzumerken, daß die ständische ad abusum eingeschlichene allzu große Freiheit an dem Verfall meiner Erblande hauptsächlich die Schuld trage.«

Die Herrscherin bestellte auf Vorschlag ihres Kommissärs Haugwitz für Kärnten und Krain eine »Cameral-Commercial- und politische Repraesentation« als Instanz der Landesfürstin. Diese Staatsbehörde zog Festlegung, Aufbringung und Verwaltung der Steuern an sich und beließ den Landständen nur so viel, wie für deren eingeschränkte Selbstverwaltung erforderlich erschien. Darüber hinausgehende Mittel wurden vom Staat für Aufbringung und Unterhalt der Truppe sowie für die Förderung der Wirtschaft verwendet.

Der Kärntner Landtag widersetzte sich der Beschneidung seiner finanziellen Privilegien wie der Beschränkung der Macht, die der ständische Adel daraus bezog. Maria Theresia sah sich gezwungen, »jure regio die Contribution allda auszuschreiben«, durch Verfügung der Landesfürstin den Einspruch des Landtages zu verwerfen und die Steuerverwaltung ihrer Staatsbehörde zu übergeben. Sie griff ungern zu diesem letzten Mittel, aber sie durfte es nicht zulassen, daß ein Stein aus dem von Haugwitz begonnenen Stufenbau einer Staatsverwaltung gebrochen würde.

Das »neue System« sah in allen Ländern – außer in Ungarn, den Niederlanden und der Lombardei – nicht nur, womit in Kärnten und Krain ein Anfang gemacht worden war, staatliche Mittelinstanzen vor. Diesen sollten Unterinstanzen auf Kreisebene untergeordnet und eine Zentralinstanz in Wien übergeordnet werden.

Opposition war in den Landtagen wie in den Hofkanzleien zu erwarten. Diese erwiesen sich als Zentren des ständischen Widerstandes. »Das größte Geschrei«, bemerkte Maria Theresia, sei am Hofe erhoben worden, »von seiten jener, die teils aus meinen Gnaden leben, teils durch meiner Vorfahren Milde und Großmut« zu »Reichtum und Ansehen« gelangt seien.

Die Standesherren – in der Reichshauptstadt wie in den Reichsländern – sahen sich in ihrer Geltung wie an ihrem Geldbeutel getroffen. Sinn und Zweck der Staatsreform war es, ihren übermäßigen Einfluß nach oben wie nach unten zu begrenzen. Die staatlichen Unterinstanzen würden die Bauern vor Übergriffen ihrer Grundherren bei der Steuereintreibung und in der Rechtsprechung schützen.

Die Mittelinstanzen würden mit der Selbständigkeit der Länder die Selbstherrlichkeit der Landstände einschränken. Die Zentralinstanz würde die Teilhabe der Stände und damit der Länder an der Gesamtgewalt schmälern. Nicht zuletzt sah die Aristokratie ihre Einkünfte verringert; denn fortan sollten auch der grundbesitzende Adel und Klerus einer Besteuerung unterworfen sein.

Zum Sprecher des Feudalismus, der Landstände und der Landesautonomie machte sich Graf Friedrich August Harrach, der oberste böhmische Kanzler. Dieses Amt, während des Dreißigjährigen Krieges geschaffen, hatte seinen Zweck, die Wiederbefestigung der habsburgischen Macht in Böhmen, nicht erfüllt, im Gegenteil – wie Maria Theresia feststellte – für »den landesfürstlichen Dienst die stärkeste Inconvenienzien und schädlichste Wirkungen nach sich gezogen«, da der Souverän »in dortigen Ländern schwerlich was auszuwirken oder geltend zu machen vermochte«, es sei denn, daß der Kanzler seine Ansicht geteilt und seine Anordnungen gebilligt hätte.

Mit den Zentralisierungstendenzen, die seine Landesherrin verfolgte, zeigte sich ihr böhmischer oberster Kanzler nicht einverstanden. Graf Harrach war kein Mann von gestern. Er wußte, daß mit der antiquierten Ständeherrschaft kein modernen Anforderungen genügender Staat zu machen war. Doch er ahnte, daß durch einen nicht nur dem Eigenwohl der Landstände, sondern auch dem Gemeinwohl der Vielländermonarchie zuwiderlaufenden Einheitsstaat ein altes durch ein neues Übel ersetzt werden würde. Daher vertrat er einen das eine wie das andere Extrem meidenden Kurs, den die eine Via media bevorzugende Maria Theresia kaum für abwegig gehalten hätte, wenn nicht von Haugwitz ihr Mißtrauen genährt worden wäre, daß Harrach nur ablenken, die Reformbestrebungen verzögern, wenn nicht gar vereiteln wolle.

Sie wurde Harrach nicht gerecht. Zwar blieb er ein Vertreter der Interessen seines Standes und seines Landes, aber er versuchte sie auf einen Nenner mit den Erfordernissen des habsburgischen Gesamtverbandes zu bringen. So setzte er dem von Haugwitz verfochtenen Zentralisationsprinzip – wie es der Theorie des aufgeklärten Absolutismus wie der von ihm studierten preußischen Praxis entsprach – einen Gestaltungsgrundsatz entgegen, den man später das

Subsidiaritätsprinzip nannte und für sinnvoller und zweckmäßiger hielt als damals.

In der Konferenz, die am 29. Januar 1748 in der Wiener Hofburg unter Vorsitz Maria Theresias zusammentrat, prallten die beiden Prinzipien durch die sie vertretenden Personen aufeinander. Harrach bezweifelte nicht die Notwendigkeit, zur Sicherung der Gesamtmonarchie ein stehendes Heer von 108 000 Mann zu unterhalten, verwarf jedoch das Haugwitzsche Vorhaben, das erforderliche Geld durch einen erst zu konstruierenden staatlichen Behördenapparat einzukassieren. Er versprach sich die Aufbringung der benötigten Mittel nicht durch einen Abbau, sondern eine Erweiterung der Befugnisse der Teilgewalten: eine Modernisierung und Verbesserung der ständischen Länderverwaltungen, die Überlassung der indirekten Steuern an die Länder sowie eine Vermehrung des Steueraufkommens durch einen von der Beseitigung der Binnenzollschranken geförderten Wirtschaftsaufschwung.

Harrachs Angebot lief darauf hinaus, daß die Gemeinschaft der ständisch verwalteten Länder die Gesamtlasten des staatlichen Gesamtverbandes übernehmen würde, falls man ihr auch die Steuerkompetenz und Finanzverwaltung überlassen würde. Dies wäre ein verlockendes Angebot gewesen, wenn man hätte annehmen dürfen, daß die Landstände willens und in der Lage gewesen wären, den Standesegoismus und Länderpartikularismus zu überwinden.

Haugwitz zweifelte daran und bestand darauf, daß nur eine Verstaatlichung der ständischen Steuerverwaltung und deren Vereinigung mit der staatlichen Administration sowie eine Heranziehung der Grundherren zur Steuerleistung der Regentin die finanziellen Mittel sichere und die politischen Möglichkeiten biete, die zur Aufrechterhaltung der Gesamtmonarchie unabdingbar seien. Deren Schwächen resultierten aus der Stärke der Länder; eine Verstärkung der landständischen Befugnisse würde die Existenz der Gesamtmonarchie gefährden.

Die anderen Minister, die aus ihrem ständischen Herzen keine Mördergrube machen wollten, stimmten gegen Haugwitz und für Harrach. Ein Mann, »der so viele Vernunft und Wohlredenheit wie Graf von Harrach hatte, kunte wohl andere wankend machen, nicht aber mich«, resümierte Maria Theresia, die sich vor Haugwitz stellte und damit die Grundsatzentscheidung gegen die Stände und für den Staat traf. Sie öffnete den Weg für »die völlige Abänderung in der Regierungsform«, von deren Notwendigkeit sie sich hatte überzeugen lassen. Aber die »Mutter ihrer Länder und Völker« dachte an einen Mittelweg, der den Teilen belassen sollte, was ihnen zukam, aber dem Ganzen geben sollte, was es zur Lösung der Gesamtaufgaben benötigte.

Es ging um die Sache wie für und gegen die Personen, welche die eine und die andere vertraten. Harrach, der seinen Widerspruch zum Widerstand steigerte, fiel in Ungnade. »Es mag aber geschehen, was immer will, ich bleibe bei meiner Resolution; wer nicht gehorchen kann, der lasse es bleiben, – allein hier und vor meinen Augen soll kein solcher mehr erscheinen.« Von Harrach wie von den Ministern, die Partei für ihn ergriffen hatten, tief enttäuscht, setzte sie voll und ganz auf Haugwitz und dessen »Attachement für seinen Landesfürsten«.

Da sie keine Revolution von oben, eine radikale Umwälzung bestehender Zustände und Zuständigkeiten, sondern eine Reform im Einvernehmen mit den Betroffenen im Sinn hatte, schickte sie Haugwitz als Sendboten aus, mit dem Auftrag, den »Ständen in meinem Namen die Sache vorzutragen« und zu erkunden, inwieweit diese auf die »systematischen Ideen zu ihrem eigenen Besten einzugehen geneigt« wären.

Ihr Missionar rief die Stände zur Umkehr, zum Einschwenken auf den Reformkurs auf, und drohte mit dem Zorn der Allmächtigen, wenn er auf verstockte Sünder stieß.

In Mähren und selbst in Böhmen erwiesen sich die Stände als einsichtig genug, um es der Regentin zu ersparen, mit dem »jus regium« gegen das Recht der Stände aufzutrumpfen. Die Landtage gestanden erhöhte Kontributionen für zehn Jahre zu, wodurch die Aufstellung eines längerfristigen und einigermaßen ausgeglichenen Staatshaushaltes ermöglicht wurde.

Auch in Niederösterreich und Oberösterreich kamen solche Rezesse zustande, »obgleich langsamer als in denen böhmischen«, was Maria Theresia auf die dort eingerissenen Mißstände zurückführte. »Die größte Beschwerde äußerte sich bei denen drei innerösterreichischen Ländern«, in denen besonders »unverantwortlich und unwirtschaftlich« gehaust worden war. In Kärnten mußte sie das »jus regium« bemühen, in der Steiermark wie in Krain kamen nur Rezesse auf drei Jahre zustande, und die »garstigen Tiroler« wollten ihr nur für ein Jahr eine nur wenig erhöhte Kontributionssumme bewilligen.

Das neue System wurde zunächst auf der mittleren Ebene errichtet. Staatliche Landesbehörden, »Repräsentationen und Kammern« übernahmen die mit der politischen Administration gekoppelte Finanzverwaltung. Den ständischen Landesstellen verblieb das Justizwesen. Die Landtage blieben bestehen, doch ihre Kompetenz wurde praktisch auf die Zustimmung zu den von der Zentralregierung beschlossenen Steuern beschränkt.

Anschließend wurde das Untergeschoß des Staates ausgebaut. Die Länder wurden in Kreise eingeteilt, an deren Spitze Kreishauptleute gesetzt wurden, damit »Ihrer Majestät Befehle durch selbe desto sicherer überall in Vollzug gebracht«, Mißbräuche den vorgesetzten Länderbehörden zur Abstellung angezeigt und »überhaupt alles, was zur Beibehaltung guter Polizey erforderlich«, ausgeführt werde.

Schließlich wurde eine oberste Instanz in der Reichshauptstadt geschaffen. Am 2. Mai 1749 wurden die österreichische und die böhmische Hofkanzlei aufgehoben, die ständische Mitregierung in der Zentrale ausgeschaltet, die Hofkammer in ihrem Wirkungskreis beschränkt und die »publica, provincialia et cameralia« einer neuen Zentralbehörde überantwortet: dem »Directorium in Publicis et Cameralibus«. Die Rechtspflege, von der politischen und Finanzverwaltung getrennt, wurde von einer obersten Justizstelle übernommen.

An die Spitze des Directoriums, der Zentralinstanz der Reform, wurde deren Architekt berufen: Graf Haugwitz. Überdies wurde eine »Konferenz in internis« bestellt, deren Vorsitz die Herrscherin führte, die letztlich über die Vorlagen des Directoriums zu entscheiden hatte. Da sie ohnehin fast alles, was ihr Haugwitz unterbreitete, auch unterschrieb, fungierte nicht diese Konferenz, sondern das Directorium als Schaltstelle der Regierung.

Der letzte wurde von Anhängern und Nutznießern des alten Systems als der schmerzhafteste Streich empfunden: die Errichtung der de jure mit großen Vollmachten versehenen und de facto noch größere

Macht ausübenden Zentralbehörde. Das sei keine Reform, sondern eine Revolution, stöhnte Obersthofmarschall Khevenhüller, der sich als Hüter der Etikette nicht so schnell von Konventionen zu lösen vermochte. Ein französischer Diplomat berichtete seiner Regierung, die weit weniger Skrupel bei der Entmachtung der Stände gezeigt hatte: »Die Anwendung der neuen Reglements des Herrn Haugwitz, die zur Aufbesserung der kaiserlich-königlichen Finanzen dienen sollen, bringt hier groß und klein zum Murren.« Im Inneren Burghof sei ein Anschlag zu lesen gewesen: »Dieses Schloß ist zu verkaufen, die Kaiserin wird mit 14 000 Gulden jährlich in Pension geschickt. Wegen näherer Auskünfte wende man sich an den Hausherrn Haugwitz.«

Der Chefminister, berichtete der Franzose, erhalte »ein jährliches Gehalt von 14 000 Gulden, wozu noch zahllose Vergütungen kommen, die angeblich doppelt so viel ausmachen sollen. Er riskiert täglich sein Leben, denn er wird von allen gehaßt.«

Maria Theresia, die sich nicht verhehlte, daß sie den Standesherren einiges zugemutet hatte, verdrossen die Mißfallensäußerungen, überraschten sie aber nicht. »Ein so großes, die Abänderung der bisherigen Verfassung nebst der Ausrottung so vieler seit undenklichen Jahren an dem Hof wie in denen Ländern in Übung gewesten Mißbräuchen und Unordnungen zum Endzweck habendes Werk« konnte, wie vorauszusehen gewesen wäre, bei den von vorneherein dagegen Eingenommenen »nichts anderes als Unlust und Widerwillen anfangs verursachen«.

Sie wunderte sich nicht, doch sie war betroffen, daß ihre aus Wohlmeinung für die Wohlfahrt aller unternommenen Maßregeln nicht die verdiente Anerkennung fanden, sondern auf Unverständnis, ja Ablehnung stießen. Es blieb die Hoffnung, daß die Vernünftigeren »nach und nach von selbsten erkennen, daß alles zu des Vaterlands mithin auch zu ihren eigenen Besten geschehen.«

Nicht alle Untertanen gelangten zu dieser Einsicht, und viele trugen es ihr nach, daß sie mit der Eigenmächtigkeit der Stände die Eigenständigkeit der Länder eingeschränkt hatte. Damit mochten sich die meisten Tschechen, welche die Reform als Repression empfanden, nicht abfinden. Zweifellos hätten die Ungarn ähnlich, wahrscheinlich noch heftiger reagiert, wenn Maria Theresia nicht von vornehrein auf eine Einbeziehung der Länder der Stephanskrone in ihre Verwaltungs- und Verfassungsreform verzichtet hätte. Auf längere Sicht erwies sich das »neue System« als Anfang einer Entwicklung, an deren Ende die Auflösung der Habsburgermonarchie stand. Die Zusammenfassung der österreichischen und böhmischen Länder in einem habsburgischen Kernstaat, auch wenn dieser eher föderalistisch als zentralistisch organisiert war, verursachte Differenzen in diesem inneren Bereich und vertiefte den Dualismus zwischen der österreichischen und der ungarischen Reichshälfte. Die nicht in die Staatsreform einbezogenen niederländischen und italienischen Gebiete behielten einen Sonderstatus, der ihre Absonderung förderte.

Das war die Crux Habsburgs: In der Mitte des 18. Jahrhunderts, das auf Rationalisierung bedacht war, an der Seite von Rivalen, Frankreich und Preußen, die durch Zentralisierung ihre Macht gesteigert hatten, mußte Österreich den Anschluß an Zeiterfordernisse finden. Doch jeder Schritt in Richtung eines modernen Staates führte weg vom alten Reichsverband, der Zusammenfassung verschiedener Länder und Völker, und hin zu einem Zustand, in dem jedes Land und jedes Volk seinen eigenen Staat haben wollte.

Das war die österreichische Paradoxie: Man mußte die Schrauben anziehen, wenn man das alte Gemeinwesen so festigen wollte, daß es in der neuen Zeit bestehen konnte. Aber je mehr man sie anzog, um so weniger war es zusammenzuhalten und desto mehr drohte es auseinanderzufallen.

Ein habsburgischer Gesamtstaat war eine contradictio in adjecto. Selbst die Beschränkung einer Zentralisierung auf die österreichischen und böhmischen Länder konnte den Widerspruch nicht aufheben. Was sich kurzfristig als vorteilhaft auswirkte, erwies sich auf längere Sicht als nachteilig.

Auch der Mittelweg, den Maria Theresia einschlug, konnte nicht zum gewünschten Ziele führen. Den Zentralisten ging er nicht weit genug, den Partikularisten schon viel zu weit, und Stockungen waren die Folge. Bald begann der Avanciermarsch der Echternacher Springprozession zu gleichen – drei Schritte vorwärts, zwei zurück. Österreich hinke immer nach, sagte Napoleon I., »um eine Idee, ein Jahr und eine Armee.«

Eine straffere Zusammenfassung der zum Heiligen Römischen Reich gehörenden österreichischen und böhmischen Länder vermochte die Position des Habsburgerkaisers nicht nachhaltig zu festigen. Die österreichische Staatsidee, auf die Maria Theresia zu bauen begann, setzte sich vielmehr in Widerspruch zur römisch-deutschen Reichsidee. Ein halbes Jahrhundert später proklamierte sich der Enkel Maria Theresias, Franz II., der letzte Kaiser des Sacrum imperium, als Franz I. zum Kaiser von Österreich – zwei Jahre bevor er die Krone Ottos des Großen niederlegte.

Der Doppeladler erschien auch als Sinnbild der theresianischen Reorganisation. Die neue Hausordnung hatte zwei Aspekte. Die Staatsreform, die der modernen Entwicklung entsprach, aber der Tradition des Habsburgerreiches zuwiderlief und seine Zukunft gefährdete, war untrennbar mit einer Gesellschaftsreform verbunden, die im Zuge der Zeit lag und auch im österreichisch-böhmischen Bereich Fortschritte erbrachte, die weitergeführt werden konnten. Mit der politischen Macht der Standesherren wurde die gesellschaftliche Macht der Grundherren in Frage gestellt. Während sich die erste Maßregel, weil mit einer Beschränkung der Länderrechte und damit einer Beeinträchtigung der Reichsgesinnung verbunden, als kontraproduktiv herausstellen sollte, erwies sich die zweite Maßnahme als ertragreich für die soziale und wirtschaftliche Entwicklung.

Diese Meinung vertrat schon damals der Wiener Gesandte des Preußenkönigs, dessen im Ergebnis von Maria Theresia beneideten Reformen Haugwitz nacheiferte. Der Grund, auf den sich das neue System in Österreich stütze, sei gut und fest, schrieb Graf Podewils nach Potsdam. »Selbst diejenigen, welche sich ihm am meisten widersetzen, müssen einräumen, daß der Bauer weniger zahlen wird als in der Vergangenheit und daß er ruhiger seine Güter genießen wird, die früher eine Beute für die Habgier des Adels und ein Raub des Soldaten waren.«

Weniger gefallen konnte dem Preußen das augenfälligste Ergebnis der österreichischen Reform. Für Maria Theresia war die Aufstellung und Erhaltung einer der preußischen ebenbürtigen, wenn nicht überlegenen Heeresmacht das Alpha der Neugestaltung gewesen und blieb für sie das Omega. Als sie 1765 das Militärwesen Joseph II.

überantwortete, bekannte sie: »Dieser Zweig der Staatsverwaltung war der einzige, für den ich Neigung hatte. Ich habe ihn aufgegeben, der Rest bedeutet mir nichts mehr.«

EIN KRIEG bedeute »Plünderung unserer Länder und Börsen«, bemerkte Maria Theresia, die eben einen achtjährigen Krieg mit Müh und Not überstanden hatte. Nicht von ihr begonnen, hatte er ihre Existenz gefährdet, weil sie sich vieler und starker Feinde erwehren mußte. Da sie es nicht ausschließen konnte, daß sie erneut angegriffen werden würde, und sie es nicht ausschließen wollte, sich das Verlorene zurückzuholen, hielt sie es für angebracht, zur Formierung einer respektablen Militärmacht ihre Länder und Börsen zu beanspruchen, bevor sie von anderen ruiniert würden.
Eine Heeresreform an Haupt und Gliedern war überfällig. Die Generalität hatte sich nicht durch Genialität ausgezeichnet, und die Truppe glich eher einem wilden Haufen als einer disziplinierten Armee.
»Wer wurde glauben, daß nicht das Mindeste eingeführet ware in Regul bei meinen Trouppen?« konstatierte die Oberbefehlshaberin. »Ein jeder machte ein anderes Manöver im Marche, in exercitio und in allem; einer schüssete geschwind, der andere langsam; die nämliche Wort und Befehle wurden bei einem also, bei dem anderen wiederum anders ausgedeutet.« So kam es vor, daß bei einer Übung, die von jeder Einheit anders ausgeführt wurde, ein General zwischen die Fronten geriet und den Tod fand.
Es sei nicht verwunderlich, »wann zehn Jahr vor meiner Regierung der Kaiser alle Zeit geschlagen worden«, bemerkte Maria Theresia. Sie selber hatte den Österreichischen Erbfolgekrieg weniger wegen der Tüchtigkeit ihrer Truppen nicht verloren, als deshalb, weil europäischen Mächten die Bewahrung des Gleichgewichtes und damit die Erhaltung Österreichs den Verzicht auf einen Endsieg wert gewesen war.
Auch wenn sie den für sie – trotz des Verlustes Schlesiens – glimpflichen Ausgang des Krieges lieber an ihre eigenen Fahnen heftete, erkannte sie doch die Notwendigkeit, »die zur Beschützung meiner Monarchie so sehr benötigte Kriegsmacht mit systematischer Ordnung auf einen guten Fuß zu setzen«. So wurde auch und

vor allem die Heeresreform in die theresianische Reorganisation einbezogen, in das »neue System«, in dem der Dualismus zwischen Staat und Ständen aufgehoben werden sollte.
Das Militärwesen war weitgehend in den Händen der Landstände geblieben. Dieses Relikt des mittelalterlichen Lehnswesens galt es zu beseitigen, zumindest einzuschränken. Haugwitz, das preußische Vorgehen vor Augen, drängte darauf, und Maria Theresia ließ es sich angelegen sein, auch Heeresaufbringung und Militärverwaltung in die Zuständigkeit des Staates zu überführen und die Mittel für das als notwendig erachtete stehende Heer von 108000 Mann bei den Ständen einzufordern.

»Bei jedem Staat macht die Gründung eines regulären Finanzsystems eine Epoche in der Militärgeschichte«, bemerkte ein österreichischer Militärschriftsteller. Maria Theresia hielt sich an die Vorschläge des Grafen Haugwitz und schlug mit der Verstaatlichung des Finanzwesens auch ein neues Kapitel in der österreichischen Heereshistorie auf.

Bisher waren »die Kaiserlichen«, die Truppen des Habsburgers, aus dem Aufkommen der Contributionale, der von den Ständen zu bewilligenden Wehrsteuer, finanziert worden. Nun übernahm der Monarchenstaat mit der Finanzadministration auch die Militärverwaltung, verlangte und erhielt von den Landtagen erhöhte Kontributionssummen für längere Zeit, wodurch die Aufstellung eines Militärhaushaltes ermöglicht wurde. Im Gegenzug wurden die bisherigen Naturalleistungen der Landstände für Mannschaften und Pferde, ausgenommen die Lasten für die Einquartierung, aufgehoben; von nun an hatte die staatliche Finanzverwaltung die Kosten für die Aufbringung und den Unterhalt des Heeres zu begleichen.

Allerdings kam in die Kasse des Staates nie so viel Geld, daß er alles, was er übernommen, auch so ausführen konnte, wie er es sich vorgenommen hatte. Besondere Schwierigkeiten bereitete die Aufbringung der im Heeresetat vorgesehenen Mannschaften.

Soldaten wurden draußen im Reich wie innerhalb der habsburgischen Länder von den Regimentern angeworben. Diese veraltete Methode erbrachte nicht die erforderliche Mannschaftsstärke und vertrug sich immer weniger mit dem neuen Staatsbewußtsein. Deshalb wurde – auch hier richtete man sich nach einem preußischen

Vorbild, dem Kantonalsystem – jedem Kronland eine feste Zahl der zu stellenden Rekruten vorgeschrieben. Auch in Österreich begann man zur Konskription überzugehen, die indes von einer allgemeinen Wehrpflicht noch weit entfernt war. Wehrdienst hatten in erster Linie Bauern und Tagelöhner zu leisten, die sich nicht freikaufen konnten und nicht wie Beamte oder Bürger davon befreit waren.

Durch die Art und Weise der Werbung und Rekrutierung bekam man Soldaten, die ungern ihre Haut zu Markte trugen und – wenn sie sich einem Kriegszug nicht entziehen konnten – weniger auf Schlachtenruhm als auf Beutemachen ausgingen. Dies traf vor allem, doch nicht ausschließlich, auf die berüchtigten Panduren zu. Im Zweiten Schlesischen Krieg war die Schlacht bei Soor nicht zuletzt deshalb verlorengegangen, weil sie sich, anstatt dem Feinde nachzusetzen, auf dessen Bagage gestürzt hatten.

Eine Monarchin, die so sehr auf Zucht und Ordnung hielt, legte besonderen Wert auf die Disziplin ihres Heeres. Solange sich ein Soldat – Offizier wie Gemeiner – anständig aufführe, gebe es nichts Respektableres als ihn, weil er für den Schutz seines Herrschers und die Sicherheit seines Landes sorge, erklärte Maria Theresia. Er verdiene jedoch keinen Respekt mehr und müsse gehörig bestraft werden, wenn er sich und seinen Stand durch Ausschreitungen entehre.

Bei der Organisation einer disziplinierten und schlagkräftigen Armee blickte die Monarchin auf Vorbilder in Preußen wie in Frankreich und bediente sich – wie bei der Reform der Administration so auch bei der Reform des Heeres – eines hervorragenden Mannes aus den eigenen Reihen.

Ihr militärischer Haugwitz wurde Graf Leopold Joseph Daun. Der 1705 geborene Sohn eines österreichischen Feldmarschalls, ursprünglich für den geistlichen Stand bestimmt, trat bald in die Spuren seines Vaters, wurde unter Karl VI. Feldmarschalleutnant, kämpfte für Maria Theresia im Österreichischen Erbfolgekrieg und sollte es zum Feldmarschall und Präsidenten des Hofkriegsrates bringen.

Als Daun 1766 – ein Jahr nach Haugwitz – starb, klagte die hinterbliebene Herrscherin: »Gott hat mir die beiden Personen genommen, welche mit Recht mein ganzes Vertrauen besaßen, Haugwitz und Daun. Beide waren fromme Christen und voll Eifer und Anhänglichkeit, welche mir rund heraus die Wahrheit sagten und denen ich rückhaltlos mein Herz öffnen konnte.«

Mit seinen Reformvorschlägen fand Daun bei Maria Theresia ein geneigtes Ohr. Nach dem Aachener Frieden wurde der Feldzeugmeister mit der Reorganisation des Heeres betraut. Bereits 1749 führte er die ersten, für alle Einheiten verbindlichen Dienstvorschriften ein, so daß »Militärzucht, Exercitien und Reglement«, wie die Oberbefehlshaberin in ihrem »Politischen Testament« zu rühmen wußte, »durch die weisliche, mühsame Bemühung des Feldzeugmeisters Daun« perfektioniert worden seien.

Wenn dann im habsburgischen Heer so vieles nicht klappte und manches nachklappte, so resultierte das nicht zuletzt aus dem Umstand, daß Regimenter ihre »Inhaber« hatten, die ihre Truppen aus eigenen Mitteln finanzierten und nach eigenem Gutdünken uniformierten, exerzierten und kommandierten. Auf diese Kriegsherren konnte die Monarchin nicht von heute auf morgen verzichten, aber sie ging daran, das Militärwesen ebenso wie das Finanz- und Verwaltungswesen zu entfeudalisieren. Auch die Streitmacht sollte rationalisiert, normiert und zentralisiert werden.

Erste Schritte in diese Richtung waren die von Daun erlassenen, für jedes Infanterie- und Kavallerieregiment geltenden Reglements. Uniformierung samt Haartracht wurde vorgeschrieben, die Bewaffnung – vom Säbel zum Geschütz – standardisiert. Auf allen Exerzierplätzen sollten die gleichen Griffe geklopft, auf allen Schießständen auf preußische Pappgrenadiere geschossen und auf jedem Manöverfeld die Truppe in derselben Formation und im selben Tempo avancieren. Der einzelne Soldat wurde in eine Schlachtordnung eingereiht, die einer Kriegsmaschine glich, die sich mechanisch bewegte und von einem Führerstand aus gelenkt wurde.

Maria Theresia inspizierte ihre Truppen, interessierte sich für Uniformen, die ihr nicht schick genug sein konnten, wie für Feldbäckereien, weil sie meinte, daß nur ein gut genährter auch ein kampflustiger Soldat sein würde. Bald stimmte sie mit Daun überein, daß die Truppen nie zuvor »in einer solchen guten Ordnung exerziert, ansehnlich, mithin in vorteilhaftem guten Stand gewesen«. Von einer solchen Armee dürfe man in einem allfälligen Krieg einiges erwarten, »wenn nur das Oberhaupt, so sie kommandiert, und die unter ihm stehenden Anführer sie wohl dirigiere«. Hier war ein Fragezeichen zu setzen. Im letzten Krieg hatten sich ihre Heerführer nicht gerade mit Ruhm bedeckt. Auch in einen künftigen Krieg konnte sie nicht höchstselbst als Oberbefehlshaberin ziehen. Im Unterschied zu Preußen, dem alten und mutmaßlich neuen Gegner, besaß Österreich keinen gekrönten Generalissimus, eben nur eine gekrönte Generalissima, die zwar wie Friedrich II. als eine erste Dienerin ihres Staates fungieren, doch nicht, wie der Soldatenkönig, als erster Krieger des Staates agieren konnte. Als eine Herrscherin, die sich als Mutter ihrer Länder und Völker fühlte, kam ihr – wie auf Gedenkmedaillen zu sehen – der Ehrentitel einer »Mater castrorum« zu, die ihre in Campements zusammengezogenen Truppen eher betreute als befehligte.

Österreich konnte und wollte nicht so werden wie Preußen, von dem gesagt wurde, es sei kein Staat, der eine Armee, sondern eine Armee, die einen Staat besitze. Im Habsburgerreich war das Offizierskorps nicht wie im Hohenzollernstaat der Erste Stand. Österreichische und böhmische Adelige verstanden sich nicht, wie preußische Junker, als eine Militärkaste. Dies verlangte Maria Theresia auch nicht, aber sie wünschte sich, daß die Edlen sich mehr für den Soldatenberuf interessierten und ihre Offiziere, was Charakter und Haltung betreffe, sich am preußischen Muster orientierten.

Menschliche und fachliche Mängel im Offizierskorps hatte bereits Prinz Eugen beklagt. Die Unzulänglichkeiten waren zwar schon lange bekannt, aber noch nicht behoben. Magnaten, die auf ihren Latifundien ihre eigenen Herren waren, vermochten dem Waffendienst, der Einordnung erforderte, nichts abzugewinnen. Für Kleinadelige, die ein besseres Auskommen suchten, war die kärgliche Bezahlung nicht verlockend. Bürgerliche, die aufsteigen wollten, störte das geringe gesellschaftliche Ansehen des Offizierstandes. Solange kein Staatsgefühl geweckt war, fanden sich kaum Patrioten, die sich am Portepee der Staatsverpflichtung hätten fassen lassen.

Die mit der Staatsreform verbundene Heeresreform suchte Abhilfe zu schaffen. Eine von der Monarchin eingesetzte, von Karl von Lothringen geleitete Kommission befand, daß – abgesehen von einer besseren Bezahlung – der Offiziersberuf »durch besondere Privilegien, Ehrenzeichen und dergleichen« attraktiv gemacht werden müßte. Prestige konnte eher als Geld gegeben werden. Maria Theresia ließ Offiziere in Uniform am Hofe zu, machte deren Stand hoffähig und begann damit, Offiziere zu nobilitieren, einen besonderen Militäradel zu schaffen, der sich als einer der Hauptstützen der Habsburgermonarchie erweisen und bewähren sollte.

Die Zeitgenossin eines pädagogischen Jahrhunderts setzte dabei auch und vor allem auf die Erziehung. Darin wurde sie von Haugwitz bestärkt, der 1747 aus Kärnten und Krain nicht allein mit Vorschlägen für eine Verwaltungsreform, sondern auch für eine Militärreform zurückkam. Er habe gesehen, erklärte er der Monarchin, daß der junge Adel sich »aus Mangel anderer besserer éducation und occupation auf das Jagen, Fischen und dergleichen« verlege. Deshalb hielte er es für angebracht, daß ihm die Möglichkeit geboten werde, in einer Kadettenanstalt zu lernen, sich einer der eigenen Entwicklung wie dem Fortkommen des Staates dienlichen Beschäftigung hinzugeben.

Am 14. Dezember 1751 verfügte Maria Theresia die Stiftung einer Militärakademie in der Burg zu Wiener Neustadt. Ein knappes Jahr später begann die Ausbildung von zweihundert Kadetten in zwei Kompanien. Die erste bestand aus Söhnen wenig begüterter Adeliger, die zweite aus Söhnen verdienter Offiziere. Die Monarchin hatte höchstpersönlich die Auswahl unter den Bewerbern vorgenommen und dabei die Ärmsten bevorzugt. Für den Nachwuchs der Militärakademie in Wiener Neustadt gründete sie eine »militärische Pflanzschule« in Wien, in die hundert Kinder mittelloser Offiziere zwischen sieben und dreizehn Jahren aufgenommen wurden.

An die Spitze beider Anstalten berief sie Feldzeugmeister Daun und trug ihm auf, aus den Zöglingen »tüchtige Offiziere und rechtschaffene Männer« zu machen. Da ihr das zweite als Voraussetzung des ersten galt, wollte sie das Hauptgewicht auf die religiöse und moralische Erziehung gelegt wissen. Militärischen Lehrern war in erster Linie an der Ausbildung im Fechten, Schießen und Reiten gelegen. Wissenschaftliche Fächer kamen darüber zu kurz.

Militärische Fachschulen dienten der Weiterbildung. Fürst Joseph Wenzel von Liechtenstein sorgte nicht nur für neue Geschütze, sondern auch – in der von ihm in Bergstadl bei Budweis errichteten

Korpsschule der Artillerie – für Offiziere und Unteroffiziere, die sie bedienen konnten. In der Ingenieurschule in Gumpendorf bei Wien wurden die für die moderne Kriegführung immer wichtiger werdenden technischen Korps herangezogen. Dafür konnten Adelige am wenigsten interessiert werden, jene Nachfahren der Ritter, die – wenn sie schon Soldaten spielen sollten – sich lieber in den Sattel schwangen und den Säbel zogen.

Aber auch in Österreich, in dem die Uhren nachgingen, begann dem Adel die Stunde zu schlagen. Auch durch die Heeresreform wurde eine Entwicklung eingeleitet, die zu einer Gesellschaft führte, in welcher das Verdienst mehr zählte als die Geburt. Jeder Schritt weg vom Feudalismus führte hin zum Bürgertum. Maria Theresia betätigte sich, wenn auch unbewußt und ungewollt, als Schrittmacherin einer neuen Zeit, in der eines Tages nicht nur für die Aristokratie, sondern auch für die Monarchie kein Platz mehr sein sollte.

In ihrem Königreiche Ungarn wurde die Epoche des Feudalismus verlängert. Weder die Staatsreform noch die Heeresreform konnten auf den Bereich der Stephanskrone ausgedehnt werden. Ungarn wollte eine Adelsnation bleiben, die sich selbst nach eigenem Herkommen regierte und sich – nachdem die vereinten österreichischen und böhmischen Länder gesellschaftlichen und politischen Neuerungen Tür und Tor geöffnet hatten – noch mehr als bisher gegenüber der westlichen Reichshälfte verschloß.

Im Österreichischen Erbfolgekrieg halfen die Ungarn ihrer Königin mit Truppen, wenn auch nicht mit so vielen, wie von ihr erhofft worden war, und erst nachdem sie die Privilegien der Adelsnation bestätigt hatte. In Friedenszeiten konnte sie mit Wehrsteuern rechnen. Der Reichstag von 1751 beschloß nach einigem Hin und Her eine Erhöhung des Kontributionsquantums, das – wie Maria Theresia bemerkte – auf den ersten Blick 700 000 Gulden auszumachen schien, doch sich bei näherem Hinsehen nur auf 500 000 Gulden belief.

»Ich bin eine gute Ungarin, mein Herz ist voller Dank dieser Nation gegenüber«, erklärte die Königin von Ungarn. Aber der Königin von Böhmen und Erzherzogin von Österreich mißfiel die mangelnde Bereitschaft ihrer Ungarn, sich als Bestandteil der habsburgischen Gesamtmonarchie zu fühlen und demgemäß zu handeln. Auch in künftigen Kriegen konnte sie mit ungarischen Kontingenten rechnen; einen Beitritt der Länder der Stephanskrone zu dem sich in der westlichen Reichshälfte abzeichnenden österreichischen Staat durfte sie nicht erwarten.

Wie in ein einheitliches Staatswesen, so wollten sich die Ungarn auch nicht in ein einheitliches Heer eingliedern lassen. Das war so und sollte so bleiben. Als 1867 Ungarn endgültig ein nationaler Staat im übernationalen Reich geworden war, erinnerte sich einer seiner Wortführer an die Pragmatische Sanktion, nach der »nicht ein gemeinsames Heer, sondern nur die gemeinsame Verteidigung notwendig« sei.

Maria Theresia fand Mittel und Wege, wenn schon nicht das ganze Ungarn, so doch einzelne Ungarn fester an Österreich zu binden. Dazu diente auch ihre ungarische Leibgarde, in der sozusagen österreichisch-ungarische Adjutanten, aber auch Adjutoren jenes aufgeklärten Geistes herangebildet wurden, der in Österreich bereits Aufnahme gefunden hatte und der mit ihrer Hilfe auch in Ungarn Eingang finden und einer Modernisierung den Weg bereiten sollte.

Der neue Geist kam aus dem Westen, von England und Frankreich über Österreich nach Ungarn. Dies war lange, weil zum großen Teil unter türkische Herrschaft gekommen, von der europäischen Entwicklung ausgeschlossen geblieben. Seit dem Ende des 17. Jahrhunderts waren die Türken zurückgedrängt worden, konnte mit der Reeuropäisierung der gewonnenen Südostgebiete begonnen und – da der Druck auf die sogenannte Militärgrenze nachgelassen hatte – mit deren Reformierung begonnen werden.

Die Militärgrenze, die sich vom Süden Kroatiens bis Siebenbürgen hinzog, die Grenze gegen Bosnien, Serbien und Rumänien bildete, der Landstrich zwischen Adria und Karpaten war eine unmittelbar von den Militärbehörden verwaltete Militärzone. Ihre Bewohner – vor allem christliche Flüchtlinge aus den Balkanländern – waren Wehrbauern, die jederzeit zur Verteidigung gegen türkische Übergriffe eingesetzt werden konnten.

Die Grenzer glichen eher Guerilleros als Soldaten; ihre Stärke lag im Kleinkrieg, den sie mit der Härte, die einem rohen Feind gegenüber angebracht war, zu führen gelernt hatten. Seitdem die Bedrohung durch die Türken nachgelassen hatte, bemühten sich österreichische Militärs, dieses Kampfpotential zur Verwendung auf anderen Kriegsschauplätzen als Verstärkung der regulären Truppen heranzuziehen. Erst unter Maria Theresia waren Erfolge zu vermelden. Sie verfügte über eine Grenzmiliz von 39 000 Mann zu Fuß und 6000 Mann zu Pferd, die in »regulierten« Regimentern formiert und einer von Wien aus gelenkten »Militär-Oberdirection« unterstellt wurden. Die Monarchin begrüßte die Vermehrung ihrer Feldarmee durch die Grenztruppen und beklagte, daß diese »mehr als 400 000 Gulden des Jahrs dem Aerario kosten«.

Im großen und ganzen konnte sie mit ihrer Heeresreform zufrieden sein, auch wenn diese – wie die Finanz- und Verfassungsreform – nicht auf Ungarn auszudehnen war. Aber im österreichisch-böhmischen Kernbereich hatten sie die Fundamente für einen modernen Staat gelegt, der mehr als die Hausmacht eines habsburgischen Kaisers sein sollte: die Eigenmacht der österreichischen Herrscherin.

Aus den »Kaiserlichen« begann ein »österreichisches« Heer zu werden. Der Oberbefehlshaber war nicht der Kaiser des römisch-deutschen Reiches, sondern die Königin von Böhmen und Erzherzogin von Österreich. Offiziere gravierten »Vivat Maria Theresia!« in die Klingen ihrer Degen und Säbel ein, die sie für sie und ihren Staat zu zücken bereit waren.

MARS, der Gott des Krieges, schien sich als Vater aller Dinge gezeigt zu haben. Den Anstoß zur Staatsreform hatte die im Österreichischen Erbfolgekrieg offenkundig gewordene Unentbehrlichkeit einer reorganisierten Heeresmacht gegeben. Merkur, der Gott des Handels, folgte Mars auf dem Fuß. Der Ausgang des Krieges wurde ein Anlaß zur Wirtschaftsreform; denn der Verlust des an Gewerbe reichen und an Steuern ergiebigen Schlesiens mußte wettgemacht werden.

Bereits nach dem Ersten Schlesischen Krieg hatte Maria Theresia befunden, daß in ihren Ländern »comercien und manifacturn« nicht genug Förderung erführen, was sie nicht verstehe, da dies doch »das alleinige Mittel« sei, um »denen Ländern auffzuhelffen«. Mehr Handel und Wandel, meinte sie, brächte mehr Geld in die Staatskasse, und eine prosperierende Wirtschaft würde das Zusammenwachsen der Länder zu einem Staatsganzen begünstigen.

»Österreich über alles, wenn es nur will«, überschrieb der Wirtschaftstheoretiker Philipp Wilhelm Hörnigk sein Programm. Von dessen Verwirklichung, einer rational angegangenen und rationell betriebenen Ausschöpfung der Ressourcen eines großen Reiches, versprach er sich die Aufrichtung eines nicht nur wirtschaftlich, sondern auch politisch einheitlichen und starken Österreichs, das mit den anderen Mächten gleichziehen, ja sie zu übertreffen vermöchte.

Hörnigk übersetzte das in Frankreich formulierte Wirtschaftssystem des monarchischen Absolutismus ins Österreichische. Der Merkantilismus suchte den wachsenden Geldbedarf des modernen Staates im Sinne des lateinischen Wortes – »mercari« heißt »Handel treiben« – zu decken. Eine zentralistische Verwaltung übernahm die Förderung und Lenkung von Handel und Gewerbe, um durch erhöhte Einnahmen dem Fiskus die Erfüllung seiner vermehrten Aufgaben zu ermöglichen.

Geldbeschaffung für die staatliche Schatzkammer – weshalb man auch von Kameralismus sprach – war das A und O des Merkantilismus. Das erwirtschaftete Geld sollte im Lande bleiben und für dessen Bedürfnisse ausgegeben werden. Manufakturen – Vorformen der Fabriken – müßten möglichst viel produzieren und exportieren, aber es dürfte – über erhöhte Zollmauern – möglichst wenig importiert werden; eine hohe aktive Handelsbilanz war angestrebt.

Hörnigk forderte eine Einengung der Einfuhr auf Rohstoffe zur Verarbeitung in inländischen Manufakturen, eine Beschränkung des Konsums auf einheimische Erzeugnisse, eine Hebung der Landwirtschaft, um in der Lebensmittelversorgung einer wachsenden Bevölkerung autark zu sein, und – um dies alles zu erreichen und zu erhalten – einen staatlichen Dirigismus.

»Österreich über alles, wenn es nur will« war bereits 1684 erschienen, aber bislang hatten die Österreicher nicht unbedingt gewollt und schon gar nicht zuwege gebracht, was Hörnigk vorschwebte. Erst im Zuge der theresianischen Reform, die den von ihm zum erstenmal gebrauchten Begriff Österreich als staatliche Einheit zu konkretisieren begann, näherte sich der Wunsch der Wirklichkeit.

Nach dem Zweiten Schlesischen Krieg, der die reiche Provinz nicht zurückbrachte und die Notwendigkeit einer stärkeren Streitmacht erhärtete, setzte Maria Theresia auf das merkantilistische System in der Erwartung, daß es ihr die Mittel für den Unterhalt der zu vermehrenden Heeresmacht und des aufzubauenden Verwaltungsapparates liefern würde. Im Jahre 1746 errichtete sie das »Universalcommerciendirectorium«, eine ihr direkt unterstehende Staatsbehörde als zentrales Lenkungsorgan der Wirtschaftsreform.

Zu dessen Handhabung benötigte sie Helfer. Sie fand den Grafen Rudolf von Chotek und den Grafen Karl Friedrich Anton von Hatzfeld, die beide überzeugte, freilich doktrinäre Merkantilisten waren. Ihr nützlichster Berater in Fragen der Ökonomie wurde ihr Gemahl Franz Stephan, der weiter blickte als die beiden Beamten, sich als Finanzgenie erwies und als Unternehmer bewährte.

Der Lothringer hatte ein geradezu erotisches Verhältnis zum Geld, und sein Sinnen und Trachten ging dahin, möglichst viel davon zu erwerben und gewinnbringend anzulegen. Franz Stephan praktizierte einen privaten Merkantilismus, wirtschaftete nicht für das römisch-deutsche Reich oder den österreichischen Staat, sondern in seine eigene Tasche.

Wenn er nicht mit Geldverdienen und auch – denn er war nicht knausrig – mit Geldausgeben beschäftigt war, hielt er sich gerne in seinem Münzkabinett auf, wo er Geld von jeder Sorte und in jeder Form betrachten konnte. Seine jüngeren Söhne Ferdinand und Maximilian erhielten im Knabenalter eigene Münzprägemaschinen, wohl deshalb, damit sie frühzeitig den Wert des Geldes schätzen und die Mühe, es sich zu verschaffen, kennenlernten. Am liebsten hätte er selber Gold gemacht, doch Experimente in Alchemie blieben erfolglos, ebenso wie sein Versuch, mit Hilfe eines Brennspiegels kleine Diamanten in einen großen umzuschmelzen.

Franz Stephans Hauptaugenmerk blieb darauf gerichtet, wie man auf normale Weise Gold und Silber gewinnen könnte. Der Gründer eines Naturalienkabinetts interessierte sich vornehmlich für die Naturwissenschaften, die Nutzen versprachen, wie Physik und Chemie, dilettierte als Erfinder, experimentierte mit von Wasser und Dampf angetriebenen Maschinen, fuhr in Knappentracht in Gruben ein, besichtigte Manufakturen und Fabriken, schärfte seinen Blick für industrielle Produktionsweisen, die schnellen und höheren Gewinn versprachen als die herkömmliche Landwirtschaft.

Bald ging er dazu über, seine Erfahrungen nutzbringend anzuwenden. Franz Stephan begnügte sich nicht mit der Bewirtschaftung seiner Latifundien, obwohl er sich auch in dieser traditionellen Beschäftigung eines Aristokraten hervortat, indem er seinen Grundbesitz ständig erweiterte und Mustergüter einrichtete. Der Ökonom im alten betätigte sich zunehmend als Ökonom im neuen Sinne, steckte Geld in kommerzielle und industrielle Unternehmungen, betrieb Manufakturen, gründete eine Kottonfabrik, handelte mit Staatspapieren, spekulierte an der Börse, betätigte sich als Geldverleiher, legte Gelder in den Banken von Venedig, Genua und Amsterdam an und verfügte über eine eigene Schatzkammer in Wien.

Franz Stephan schien sich das Motto Jakob Fuggers des Reichen als Leitspruch gewählt zu haben: »Ich will gewinnen, dieweil ich kann.« Der Lothringer saß wie der Augsburger in einer »Goldenen Schreibstube«, die indessen schon dem Büro eines modernen Managers glich, der zu delegieren versteht. So war sein alter Lehrer für die Rechtssachen und ein ehemaliger Kammerdiener für die Finanzgeschäfte zuständig. Jeden Morgen mußten sie ihre Berichte erstatten und seine Anweisungen entgegennehmen – beim Lever eines monarchischen Kapitalisten.

Die Devise eines römischen Kaisers – »non olet – Geld stinkt nicht« – schien auch für den römisch-deutschen Kaiser, der im Privatberuf ein Wirtschaftsmagnat war, zu gelten. Jedenfalls hielt sich in Wien das Gerücht, daß er der eigentliche Betreiber der für ihn einträglichen, aber sich mit dem Moralismus seiner Gemahlin kaum vertragenden Lotterie gewesen sei. »Allerdings ruiniert sich das gemeine Volk besonders hierbei«, bemerkte ein preußischer Beobachter, der sich besonders darüber aufhielt: »Zuweilen streut man Nummern auf die Bänke in den Kirchen aus oder heftet sie an den Toren der Klöster an.«

Die Geschäftemacherei des Lothringers soll so weit gegangen sein, daß er nicht nur – was ihm Patrioten nachzusehen geneigt waren – das österreichische Heer auf eigene Rechnung und mit persönlichem Gewinn mit Waffen, Munition und Monturen belieferte, sondern auch – was beträchtlichen und berechtigten Unmut erregte – das preußische Heer, wenn auch zu Wucherpreisen, mit Proviant und Pferdefutter versorgte. »Er ist hier im Lande nicht beliebt,

ja vielfach verhaßt«, notierte sein Bruder Karl, der Gemahl der Schwester Maria Theresias.
Franz Stephan hatte nicht nur die bessere Partie gemacht, eine Königin und auch noch die Kaiserkrone bekommen. Er wurde auch reich, sehr reich. Als Großherzog von Toskana bezog er beträchtliche Einkünfte aus dem Land, das andere für ihn verwalteten. Der Prinzgemahl, der in Österreich wenig, und der Kaiser, der im Reich noch weniger zu sagen hatte, investierte einen Großteil seiner Energien in seine Privatgeschäfte, legte mit Geschick und Glück den ansehnlichen Grundstock des habsburg-lothringischen Familienvermögens, lieferte einen ganz persönlichen Beitrag zum Wohlergehen der Dynastie, die sich mit Österreich identifizierte und mit ihm identifiziert wurde.
Der Gemahl vermochte der Gemahlin manche Anregung für ihre Reformen zu geben, doch als Vorbild dafür taugte er nur bedingt. Der Geschäftsmann comme il faut gab zwar ein Beispiel, wie man durch modernes Wirtschaften zu Geld und Gut gelangen konnte. Aber er schaffte und scheffelte als ein freier Unternehmer für seine Person und seine Familie und nicht – wie es im Sinne des Merkantilismus gelegen wäre und den Zwecken des »neuen Systems« in Österreich entsprochen hätte – als ein Staatsökonom für die Staatswirtschaft.
Diese sollte einem Mechanismus gleichen, der durch und für die absolute Monarchie zum Ziel einer absoluten Autarkie in Bewegung gesetzt wurde. Die aufklärerische Wirtschaftstheorie wie die moderne Staatspraxis erforderten auch im ökonomischen Sektor Rationalisierung und Zentralisierung, Planung, Reglementierung und Durchführung von oben.
Diese Funktion hatte Maria Theresia dem »Universalcommerciendirectorium« bei der Lösung der vielfältigen Aufgaben zugedacht, die einer Wirtschaftsreform gestellt waren. Dabei mußten zahlreiche Schwierigkeiten überwunden werden, die sich aus der traditionellen Ländergliederung wie Sozialstruktur ergaben.
Das Planziel einer aktiven Handelsbilanz erforderte zollpolitische Maßnahmen: Errichtung von Zollschranken nach außen, um die Einfuhr fremder Erzeugnisse zu verringern, und Beseitigung von Zollschranken im Innern, um einen Binnenmarkt für einheimische

Produkte zu gewinnen. Die Schaffung eines einheitlichen Wirtschaftsraumes stieß auf dieselbe Schwierigkeit wie der Aufbau eines einheitlichen Verwaltungsgebietes: das Bestreben der Landstände, möglichst viel und möglichst lang von der Eigenständigkeit der Länder zu profitieren.

Erst im Jahre 1766 konnte eine »Maut- und Zollordnung« für die österreichischen Erbländer erlassen werden, und erst im Jahre 1775 konnten die österreichischen und böhmischen Länder in einem einheitlichen Zollgebiet zusammengefaßt werden. Die wirtschaftliche hinkte der politischen Vereinheitlichung nach, aber ohne die vorangegangene Verwaltungs- und Verfassungsreform wäre eine Wirtschaftsreform kaum gelungen.

Es zeigte sich, daß der politische Wille und nicht der ökonomische Wunsch für einen Einigungsprozeß maßgebend ist. Weil ersterer, an der Spitze vorhanden und von oben ausgeführt, gegeben war, kam eine Union der westlichen Reichshälfte zustande. Diese löste sich – eineinhalb Jahrhunderte später – trotz eines funktionierenden gemeinsamen Marktes wieder auf, als der politische Wille, nun von unten bestimmt und durchgesetzt, nicht mehr vorhanden war.

Die östliche Reichshälfte konnte bereits von Maria Theresia nicht in ein einheitliches Staatswesen einbezogen werden, weil die Ungarn auf ihrer Selbständigkeit beharrten. Die Habsburgerin, die in ihrem Reich der Stephanskrone weit weniger zu bestimmen hatte als in dem sich vereinigenden Österreich und Böhmen, überdies weit weniger Steuern daraus bezog, fand es für angezeigt, dem sich seiner Königin politisch verschließenden Ungarn die Vorteile eines wirtschaftlichen Zusammengehens vorzuenthalten.

Man müsse die räudigen Schafe von der Herde absondern – ihr Wort, mit dem sie auf die Notwendigkeit einer Trennung von habsburgfeindlichen und habsburgfreundlichen Magyaren verwiesen hatte, konnte auch auf die Zwangsläufigkeit bezogen werden, alle Magyaren dem wirtschaftlichen Gesamtverband fernzuhalten, dem sie politisch nicht angehören wollten.

Jedenfalls blieben die Zollschranken zwischen der westlichen und der östlichen Reichshälfte bestehen, wurden Zolltarife erhöht und Einfuhrverbote verfügt. Die ungarische Adelsnation sollte auch ökonomisch im Zustand eines Agrarstaats, auf den sie gesellschaftlich und politisch so viel Wert legte, belassen werden, während der sich in Österreich wie Böhmen abzeichnende habsburgische Staat auch zu einem Industriestaat entwickelt werden sollte.

Solange Ungarn nicht in derselben Höhe wie andere ihrer Länder Steuern zahle, könne seine Industrie von ihr keine weitere Unterstützung erwarten, befand die Königin. Im Jahre 1770 gab es in den Ländern der Stephanskrone erst 19 Manufakturen; hingegen zählte man in den Ländern der Wenzelkrone 32 und allein in Niederösterreich 20 dieser frühindustriellen Fabriken.

Die vom Staat unternommene Hebung des Gewerbes wurde von den Zünften behindert. Die aus dem Mittelalter überkommenen Handwerksgenossenschaften, welche die gewerbliche Produktion organisierten und kontrollierten, wollten nicht auf ihr Monopol und die damit verbundenen wirtschaftlichen und gesellschaftlichen Vorteile verzichten. Doch eine Beseitigung, zumindest ein Abbau der einer modernen Entwicklung im Wege stehenden Hürden war unausweichlich.

»Ihre Majestät ist geneigt, Arbeitern aller Nationalität, wenn sie ihr Handwerk gut verstehen, alle erdenklichen Erleichterungen zu gewähren«, hieß es in einem Erlaß des Jahres 1749. Das war ein erster Schlag gegen die Zünfte, die sich meist aus sich selbst ergänzten, sich gegen eine Aufnahme einheimischer Neulinge und erst recht ausländischer Fachkräfte sperrten. Als 1749 Tucharbeiter aus Verviers in das mährische Iglau kamen, wurden sie von der Weberzunft aus der Stadt gejagt.

Derartiges durfte die Staatsautorität nicht durchgehen lassen. 1751 wurde eine Auflösung aller Zünfte erwogen. So weit wollte es Maria Theresia dann doch nicht kommen lassen. Sie genehmigte aber keine neuen Zünfte mehr und griff in die Gerechtsame der alten ein. So durfte die Anzahl der Werkstätten und Werktätigen nicht mehr beschränkt und die Arbeit von Frauen und Kindern – dies letztere war eine negative Folge des Fortschritts – nicht mehr verboten werden. Positiv auf die Produktion wirkte sich aus, daß im Textilgewerbe die Heimarbeit für »unzünftig«, also »frei« erklärt wurde.

Man war auf dem Wege zur Gewerbefreiheit, aber noch weit entfernt von einer freien Marktwirtschaft. Deren Hauptträger, ein bürgerliches Unternehmertum, war erst im Ansatz vorhanden, und die

Spielräume, die ihm die auf Staatswirtschaft eingeschworenen Staatsbehörden ließen, waren noch eng begrenzt. Mit gemischten Gefühlen verfolgten diese die Fabrikgründungen durch Großgrundbesitzer, vor allem in Böhmen. Einerseits begrüßten sie es, daß die Monarchie dadurch dem Ziel des Merkantilismus, einer Erhöhung der einheimischen und einer Verringerung des Angewiesenseins auf die ausländische Produktion, näherkam. Andererseits befürchteten sie, daß eine ökonomische Stärkung des Feudaladels durch neue Produktionsformen dem Anliegen des Absolutismus, die Stände unter den Staat zu beugen, abträglich sein könnte.

Am zweckmäßigsten schien es deshalb zu sein, wenn der Staat die Industrialisierung in seine Regie nahm. Zunächst galt es, die vorhandenen Staatsunternehmen zu reformieren. Die wichtigsten Bergwerke in der Slowakei (Kupfer und Edelmetalle), in Siebenbürgen und im Banat (Eisen), in Krain (Quecksilber), in Kärnten (Blei) und in der Steiermark (Eisen) wurden modernisiert.

Die Wiener Porzellanmanufaktur, 1718 als Privatunternehmen gegründet, wurde 1744 auf Betreiben Maria Theresias vom Staat übernommen; denn – wie die Chronik vermeldet – »diese höchst gütige Monarchin wollte unangesehen der damahligen schwären Kriegs Zeiten das bereits in Gang gesezte Werk aus Mangel der Unterstützung nicht wieder eingehen laßen.« Der Monarchin war hauptsächlich daran gelegen, daß in ihrem Reich schönes Porzellan hergestellt wurde, das den Wettbewerb mit Erzeugnissen ausländischer Manufakturen bestehen könnte, die ganze Rokoko-Welt mit Wiener Charme in Entzücken versetzen sollte, etwa mit Porzellanplastiken wie das »Mädchen mit Schachbrett«.

Auch für alltäglichere Manufakturwaren zeigte Maria Theresia Interesse, so für die Nähnadeln, Stricknadeln und Haarnadeln, die in der 1751 vom Staat übernommenen »Nadelburg« in Lichtenwörth bei Wiener Neustadt hergestellt wurden. Sie las die Berichte der von ihr beauftragten Inspektoren, kontrollierte Abrechnungen und kümmerte sich um die Beschäftigten, sorgte dafür, daß sie in Arbeiterquartieren menschenwürdig und produktionsfördernd untergebracht wurden und auch einen Arzt, einen Schulmeister und einen Pfarrer bekamen.

Die »Nadelburg« war ein planmäßig angelegtes Industriestädtchen.

Man betrat es durch ein Tor, auf dem ein Doppeladler daran erinnerte, daß es zum Ruhme der Monarchie und zum Nutzen des Staates errichtet worden war. Die Hauptstraße führte zu der von Nikolaus Pacassi, dem Architekten des Schlosses Schönbrunn, begonnenen Kirche, die daran mahnte, daß auch ein so profanes Werk wie eine Industriesiedlung im erzkatholischen Österreich »ad majorem dei gloriam« zu dienen hatte.

Auf den Segen des Allmächtigen wollte und auf die Mitarbeit ausländischer Fachkräfte konnte man nicht verzichten. Im Jahre 1763 zählte man unter den 394 Beschäftigten der »Nadelburg« 60 Meister, von denen 20 aus dem Reich und der Schweiz kamen. Wie auf die Einfuhr von gewissen Rohstoffen, an denen es im Inland mangelte, war auch auf den Import von Spezialisten aus Ländern nicht zu verzichten, in denen das Manufakturwesen weiter fortgeschritten und die dazu erforderlichen Fähigkeiten besser entwickelt waren als im Habsburgerreich. Den Angeworbenen wurden besondere Vergünstigungen zuteil, sogar das Recht der freien Religionsausübung zugesagt.

Da man beinahe von vorn beginnen mußte und so vieles von oben bestimmen konnte, gedachte man industrielle Anlagen samt der Arbeiterschaft weniger in den Städten als auf dem Lande unterzubringen. »Denn in der Regel«, befand Maria Theresia, »ist es allzeit besser, wenn neue Fabriquen zwar nicht gezwungen, aber eingeleitet werden, sich auf dem Lande zu etablieren«. Dort gab es zahlreiche Neugründungen, vor allem Textilwerke und Glashütten in Böhmen. Aber auch um Wien herum entstand eine Fabrik nach der anderen. Um die Residenzstadt der Monarchie, um die sich bereits der Ring der Palaststadt des Adels gelegt hatte, begann sich ein Gürtel von Fabrikanlagen und Arbeitersiedlungen zu legen, den Maria Theresia weniger als einen Lorbeerkranz für ihre Modernisierungsbemühungen als für eine Strangulierungsschlinge der traditionellen Wirtschaftsform und Gesellschaftsstruktur anzusehen geneigt war.

Daher hielt sie es für unerläßlich, daß der Staat die Industrialisierung steuerte, gewinnbringende Entwicklungen beschleunigte und schädliche Auswirkungen bremste. Nicht allein die Regiebetriebe, vor allem die privaten Unternehmen, die sich bald als positiver für die Steigerung der Produktion und negativer für die Konservierung der monarchisch-feudalen Gesellschaft erwiesen, galt es im Griff zu behalten. Der Staat übernahm für die gesamte Wirtschaft das, was die Zünfte in einzelnen Sektoren unternommen hatten: Planung der Herstellung, Überwachung der Fertigung und Lenkung des Absatzes.

Quantität und Qualität von Erzeugnissen wurden vorgeschrieben, erst nach amtlicher Kontrolle zum Kauf freigegeben. Staatsbehörden legten Preise wie Löhne fest, ermahnten die Unternehmensleitungen, ihre Untergebenen so zu behandeln, wie es die christliche Nächstenliebe gebot und einer erwünschten Arbeitsleistung nützte. Um den Absatz zu fördern, baute der Staat Straßen und Wasserwege aus. Seit 1748 gab es fahrplanmäßig verkehrende Posten. Triest, das bereits von Karl VI. ein Freihafenpatent erhalten hatte, wurde von Maria Theresia die Zollfreiheit verliehen. Im Mittelpunkt der Handelsstadt, deren Einwohnerzahl von 5000 auf 17000 anstieg, entstand der Borgo Teresiano, die Theresienstadt. Die Herrscherin verfügte über einen Adriahafen, der mit Venedig konkurrieren konnte und die Lagunenstadt bald überflügeln sollte.

Vorerst erreichte der Handel, wie auch das Gewerbe, nicht die vom Staat gesetzten Planziele. Der Absatz im Inland wie die Ausfuhr wurden dadurch behindert, daß Menge wie Güte einheimischer Fabrikate zu wünschen übrigließen. England und Frankreich, selbst Preußen dank Schlesien, produzierten mehr und besser, konterkarierten Österreichs Anstrengungen für eine aktive Handelsbilanz.

Chancen boten sich für den Außenhandel in Gebieten, die noch unterentwickelt, für die Konkurrenz weniger interessant und mühsam zu erreichen waren. An die Schwierigkeiten, selbst diese Möglichkeiten auszuschöpfen, erinnert der Maria-Theresien-Taler. Da aus dem Orient mehr Kaffee, Zucker, Baumwolle und Seide eingeführt als Eisenwaren und Textilien dorthin ausgeführt wurden, mußte die Differenz in klingender Münze ausgeglichen werden.

So kamen zahlreiche Maria-Theresien-Taler in den Orient, wo sie sich bis heute einer Wertschätzung erfreuen – wegen ihres Silbergehaltes wie des Brustbildes der Herrscherin mit dem Perlendiadem und dann mit dem Witwenschleier im Haar.

DER DOPPELADLER, ohne Zepter, Reichsapfel und Schwert, wie er auf der Rückseite des Maria-Theresien-Talers eingeprägt war, versinnbildlichte auch den Anspruch der Monarchin, nicht nur über ein rückwärtsgewandtes Agrarland, sondern auch über einen vorwärtsgewandten Industriestaat zu gebieten. Noch – und auf lange Sicht – blieb das Habsburgerreich allerdings ein Bauernland.
Selbst im fortgeschrittenen Niederösterreich, einschließlich Wiens, waren 1762 nur 19 733 Beschäftigte, rund 2,5 Prozent der Einwohner, im Manufakturwesen und in der Handelsbranche tätig. Der Anteil der Bauern an der niederösterreichischen Bevölkerung betrug mit 437 575 Untertanen 56 Prozent; unter Hinzurechnung von Dienstboten und Spitalinsassen erreichte die Anzahl der von der Landwirtschaft lebenden Niederösterreicher beinahe 70 Prozent. Dabei entfiel etwa ein Viertel der Bevölkerung auf Wien und seine Vorstädte. Die Reichshausfrau hatte sich mit dem agrarischen Hauptfaktor der Reichswirtschaft zu beschäftigen, die Landesmutter sich um die Landbevölkerung, das Gros ihrer Angehörigen, zu kümmern. Es sei ihre Pflicht, erklärte Maria Theresia, »ein wachtsames Auge zu führen, damit die Armen und besonders die Untertanen von denen Reichen und Obrigkeiten nicht unterdruckt werden«.
Sie unternahm zwar einiges zur Vermehrung der Agrarproduktion und manches zur Verbesserung der Lage der bäuerlichen Untertanen. Aber an den gesellschaftlichen Kern des wirtschaftlichen Problems wollte und konnte sie vorerst nicht rühren. Bis auf weiteres blieb sie bei ihrer 1742 geäußerten Meinung: »Die Untertänigkeit völlig aufzuheben, kann nie für tunlich gehalten werden, nachdem kein Land ist, wo nicht zwischen Herren und Untertanen ein Unterschied sich fände; den Bauern von der Schuldigkeit gegen jenen zu befreien, würde den einen zaumlos und den anderen unzufrieden machen, allerseits aber gegen die Gerechtigkeit verstoßen.«
Indessen hielt sie es für ihre Pflicht, »einen justizmäßigen, gottgefälligen Fürgang zwischen Obrigkeiten und Untertanen zu befördern«, dafür zu sorgen, daß die in ökonomischer wie sozialer Abhängigkeit von ihren Gutsherren lebenden und arbeitenden Bauern nicht gänzlich unterdrückt und vollends ausgebeutet würden.
Im Jahre 1750 schickte sie eine Kommission nach Böhmen, um die

Lage der Erbuntertänigen, die auf dortigen Latifundien beinahe noch wie Leibeigene gehalten wurden, zu untersuchen. Der Kommissionsbericht veranlaßte sie, gegen einige Mißbräuche einzuschreiten, wobei sie mehr darauf setzte, den Grundherren ins Gewissen zu reden, als in deren Vorrechte einzugreifen. So wurden sie ermahnt, die Genehmigung zur Verehelichung ihrer Untertanen willig zu erteilen. Erst seit Anfang der siebziger Jahre mußten die jungen Leute nicht mehr um eine Heiratserlaubnis nachsuchen und durften nicht mehr zwangsweise zu Gesindediensten herangezogen werden. Die Fronleistungen, die Roboten, wurden eingeschränkt, doch erst durch die Revolution von 1848/49 völlig aufgehoben.

Die Kreisämter, die Unterbehörden der neuen Staatsverwaltung, waren auch und nicht zuletzt als Schutzinstanzen der Bauern vor Willkürakten der Gutsherren, die in ihrem Gutsbereich auch Gerichtsherren waren, eingerichtet worden. Im Jahre 1769 wurde verfügt, daß die Verhängung von Zuchthausstrafen der Genehmigung durch die Kreisämter bedürfe. Die grundherrliche Gerichtsbarkeit konnte erst im 19. Jahrhundert beseitigt werden.

Den Bauern einen gewissen Schutz angedeihen zu lassen war für Maria Theresia nicht nur ein Gebot der christlichen Caritas, sondern auch eine Forderung der staatlichen Ökonomie. Ein besser behandelter Bauer könnte mehr produzieren, ein freierer Markt für landwirtschaftliche Erzeugnisse das Sozialprodukt erhöhen, die Staatseinnahmen steigern und – nicht der geringste Beweggrund – die Lebensmittelversorgung für eine wachsende Bevölkerung gewährleisten.

Denn immer mehr Menschen brauchten immer mehr zu essen. Zwischen 1754 und 1780 stieg die Einwohnerzahl der österreichisch-böhmischen Länder von 6,2 auf 8,3 Millionen. Mit Brot und einfachen Mehlspeisen oder knappem und teurem Fleisch allein war diese Menge nicht mehr zu sättigen. »Man könne die Erdäpfel genauso wie Getreide verwenden und dem Brotteig beimischen«, fand Maria Theresia im Jahre 1767. »Die Menschen würden zu Zeiten der Not oft viel schlechtere Sachen essen.« Aber noch begnügte sich die Landbevölkerung mit Haferkleienbrot, aß lieber Kraut und Rüben, als daß sie sich an die seltsamen Kartoffeln heranwagte. Ihr Anbau kam erst seit der Hungersnot zu Beginn der siebziger Jahre in Schwang.

Die Ernährungssituation blieb prekär, weil die Bevölkerung wuchs, nach Meinung Maria Theresias auch wachsen mußte, wenn der Staat florieren sollte. »Peuplierung« hieß ein Zauberwort des Merkantilismus. Davon versprachen sich die Regierenden nicht nur mehr Steuerzahler und Landesverteidiger, mehr Macht, sondern auch durch Urbarmachung mehr Anbauflächen und folglich mehr Nahrungsmittel. Preußen vertraute auf die Zaubermacht einer Peuplierung. Österreich hatte noch mehr Grund, auf sie zu bauen, denn es besaß – im Südosten des Reiches – riesige Gebiete, die der Besiedlung und Beackerung harrten.

Maria Theresia begann eine systematische Bevölkerungspolitik zu betreiben. Sie konnte an die Erfahrungen in dem von den Türken zurückeroberten Ungarn anknüpfen. Schwerpunkte der Kolonisation waren die Batschka in Südungarn und vor allem das Banat von Temeschwar. Hier war die Habsburgerin nicht nur Landesherrin, sondern auch Grundherrin, so daß sie, durch ständische Schranken unbehindert, ihre merkantilistischen Experimente mit durchschlagendem Erfolg auszuführen vermochte.

»Da nun die Vermehrung des Volks als einer der unschätzbaresten Gegenständen anzusehen ist und Meine ernstliche Willensmeinung dahin gehet, daß auf die Erreichung dieses Meinen Staaten so heilsamen Endzwecks mit allem Ernst und Eifer gearbeitet werden solle«, verordnete die Monarchin am 22. Juli 1766 die Anstellung von Kommissaren in Ulm, Köln, Frankfurt, Schweinfurt und Regensburg mit dem Auftrag, daß sie »Emigranten an sich ziehen und solche nach Hungarn einleiten sollen«.

Den Angeworbenen wurden Ansiedlungspässe ausgestellt und Reisegeld ausgehändigt, »für einen Haus Vater 6 kr., für eine Haus Mutter ebensoviel und für ein Kind groß und klein 3 kr. täglich«. Am Bestimmungsort angekommen, wurden ihnen »öde Bauerngründe« zugeteilt, Zugvieh, Gerät, Saatkorn und Geld überlassen, das in Raten abzuzahlen war.

Auch für die Unterkunft sorgte der Staat. Indes war »keine so kostbare Bauart«, lediglich ein genormter Haustyp von bescheidenem Umfang zu geringen Kosten vorgesehen. Nicht nur Grundriß,

Maß und Zahl der Räume eines Kolonistenhauses, sondern auch die Anlage eines Kolonistendorfes, die Anordnung der Gebäude, die Breite der Straßen sowie Plazierung wie Architektur von Kirche, Pfarrhaus und Schule wurden vorgeschrieben. Bis 1773 waren allein im Banat 5359 Höfe geschaffen, 29 Siedlungen erweitert und 31 Dörfer angelegt worden, die Schachbrettern glichen, auf denen Bauern im Monarchenspiel eingesetzt wurden.

Der Staat plante rational, konstruierte nach Reißbrettentwurf, suchte alles zu reglementieren und jeden zu kontrollieren, oktroyierte den Fortschritt – nach Direktiven der Aufklärung und zum Nutzen des Absolutismus. Die Entwicklung zum totalen Staat hatte begonnen, aber von der Epoche des Nationalismus war man noch weit entfernt, und das Zeitalter des Konfessionalismus hatte man noch nicht hinter sich gelassen.

Nicht aus nationalen Beweggründen bevorzugte Maria Theresia für ihre »Inpopulation« Deutsche aus dem Reich, sondern weil diese für besonders tüchtig galten und Erfahrungen aus entwickelten Gebieten mitbrachten. Aber sie legte Wert darauf, daß die Ansiedler katholischer Konfession waren, mit der Stellung der römischen Kirche die Geltung der habsburgischen Hausreligion in Landstrichen stärkten, in denen es nach ihrer Auffassung zu viele ungarische Protestanten und auch orthodoxe Serben und Rumänen gab.

Bei der 1763 im Banat veranstalteten Zählung wurde nicht nach der Volkszugehörigkeit, sondern nach der Konfession gefragt. Letztlich zählte für Maria Theresia die Religion, ihr römisch-katholischer Glaube. Dies war nicht selbstverständlich in einer Zeit, in der die Menschen ihr Heil mehr und mehr in dieser Welt suchten und die Monarchen ihre Staaten zunehmend als Vermittler dieses Heils verstanden.

Alter Glauben und neues Wissen

MARIA THERESIA begann im Sinne eines aufgeklärten Absolutismus zu regieren, ohne sich von Denkweisen und Lebensformen des Barock zu lösen. Vornehmlich ihre barock geprägte, mitunter noch gotisch erscheinende Religiosität hinderte sie daran, überlieferte Formen und Inhalte aufzugeben, sich dem Zeitgeist zu sehr hinzugeben und Zeitforderungen zu weit nachzugeben. Sie glaubte an den dreieinigen Gott, dessen Gnaden durch Vermittlung ihrer römisch-katholischen Kirche zu erlangen waren. Sie distanzierte sich von jenen aufgeklärten Zeitgenossen, die nach ihrer Meinung weniger Religion hatten, den Deisten, die sich einen Gott vorstellten, der zwar die Welt erschaffen hatte, aber nicht in das Weltgeschehen eingriff, und verurteilte jene, die überhaupt keine Religion mehr hatten, die Atheisten, die Gott und eine göttliche Weltordnung leugneten.

Maria Theresia war nicht indifferent, aber – weil ihr eben an Gottes Segen alles gelegen war – neigte sie zur Intoleranz gegenüber den Aufklärern, die mit den Grundfesten des Kirchenglaubens an denen der Staatsordnung rüttelten, und sogar gegenüber Angehörigen anderer christlicher Konfessionen, die sich nach ihrem Dafürhalten vom rechten Glauben der wahren Kirche abgewendet und den Religionsfeinden einen Weg geöffnet hätten.
Die Katholikin hielt an ihrer alleinseligmachenden Kirche fest, die Monarchin setzte auf die staatsbildende und staatserhaltende Kraft einer einzigen Konfession in ihrem Reich. Ludwig XIV. von Frankreich, das Vorbild des klassischen Absolutismus, hatte die Parole ausgegeben: »Un roi, une loi, une foie – ein König, ein Gesetz, ein Glaube«. König Friedrich II. von Preußen, ein Vertreter des aufgeklärten Absolutismus, der ebenso Gehorsam gegenüber dem einen König und dem einen Gesetz verlangte, erklärte indessen, daß für ihn die konfessionelle Einheit nicht zu den Essentials des Staates gehöre. Die Habsburgerin unterschied sich vom Bourbonen dadurch, daß sie dem Glauben den ersten Rang in der monarchischen Dreiheit einräumte. Der Hohenzoller erschien ihr als ein Mensch von »weniger Religion« und als ein Herrscher, für den – weil über ein Land mit mehreren Konfessionen, nun auch über ihr katholisches Schlesien gebietend – die Toleranz zur Staatsräson zählte. Maria Theresia jedoch, die Nachfahrin der Schildhalter und Schwertträger des Katholizismus, die Königin von Böhmen, welche die Krone des heiligen Wenzel, und die Königin von Ungarn, die mit der Krone des

heiligen Stephan den Titel »Apostolische Majestät« trug, glaubte am Einigsein von habsburgischer Monarchie und römischer Kirche festhalten zu müssen.

Ihre Vorgänger hatten dafür gesorgt, daß ihr Reich im großen und ganzen katholisch geblieben beziehungsweise es wieder geworden war. Sie hielt es für ihre Christen- wie Monarchenpflicht, auch dieses Erbe nicht nur zu wahren, sondern auch zu mehren. Die katholische Konfession blieb die Staatsreligion, die Maria Theresia privat praktizierte und als Monarchin demonstrierte.

Sie besuchte regelmäßig, mitunter zweimal am Tag, die heilige Messe, widmete sich Andachtsübungen, unterzog sich Exerzitien, hielt die Fast- und Abstinenztage ein; »kein Karmeliter«, bemerkte ein Zeitgenosse, »kann im Punkt des Fastens und in der Vermeidung verbotener Speisen frömmer sein als sie.«

Kirchenfeste beging sie ebenso als Staatsakte und monarchische Gedenktage wie als religiöse Feiertage. Viermal im Jahr, an den Marienfesten, zog Maria Theresia mit Gemahl und Gefolge zur Mariensäule »Am Hof«, die den Triumph der Monarchie und der Kirche über Türken und Ungläubige symbolisiert: Die Jungfrau zertritt den Drachen, und die ihr attachierten Putten, in Harnisch gebracht, besiegen einen Löwen, eine Schlange und einen Lindwurm.

Am 11. September, am Vorabend des Jahrestages der Befreiung Wiens von den Osmanen und Mohammedanern, begab sich der Hof von der Augustinerkirche zum Tedeum und Hochamt in die Stephanskirche und am nächsten Morgen auf den Kahlenberg, an dem die Entscheidungsschlacht stattgefunden hatte. Das Rosenkranzfest am 7. Oktober, das nach dem Sieg des Habsburgerprinzen Don Juan über die Türken in der Seeschlacht bei Lepanto eingeführt worden war, wurde von der Habsburgermonarchin bei den Dominikanern in Wien begangen. Am 6. November, am Fest von Maria Pötsch, wallfahrte sie zum Gnadenbild in der Stephanskirche. Leopold I. hatte es nach Wien gebracht, nachdem ihm berichtet worden war, daß im Türkenkrieg von 1696 im ungarischen Dorf Pötsch vierzehn Tage lang Tränen aus den Augen des Madonnenbildes geflossen seien.

In der Karwoche besuchte Maria Theresia die heiligen Gräber in Wiener Kirchen und beugte ihr Knie vor dem gekreuzigten Heiland.

Sie wollte sich davon auch nicht, wie ihr Obersthofmarschall notierte, wegen einer »avancierten Schwangerschaft« dispensieren. 1748 mußte sie sich jedoch mit zehn Grabbesuchen begnügen.

Jedes Jahr ging sie in der Fronleichnamsprozession mit. »An einem solchen Tag«, erzählte eine Kammerfrau, »kam sie gegen Mittag furchtbar erhitzt und ermüdet von dem heißen Juniustage, von der Schwere und Größe ihrer Person und dem langen meist der Sonne ausgesetzten Gang durch die halbe Stadt« erschöpft nach Schönbrunn zurück. Aber sie ließ es sich nie nehmen, im Triumphzug des Heilandes hinter dem Allerheiligsten betend und singend herzugehen, um der Stadt und dem Land die göttliche und weltliche Rangordnung zu demonstrieren: Über allen der Allerhöchste im Himmel, von der Höchsten im Reich gefolgt, und, in gebührender Reihenfolge, von den Gläubigen und Untertanen.

Aus dieser kirchlichen wie staatlichen Prozession blieben Christen anderer Konfessionen ausgeschlossen, und die am Wege Stehenden hatten der Monstranz mit der geweihten Hostie ihre Ehrerbietung und ihrem geistlichen Träger ihre Hochachtung zu erweisen.

Es wurde erzählt, daß die Gemahlin eines preußischen Gesandten Schwierigkeiten bekommen habe, als sie es unterließ, aus dem Wagen zu steigen und sich auf die Knie zu werfen, als das Allerheiligste vorbeigetragen wurde. Das soll 1730, als noch Karl VI. regierte, passiert sein. Unter Maria Theresia habe sich einiges geändert, wußte ein späterer preußischer Gesandter zu vermelden: Nun genüge es, wenn man im Wagen sitze, »den Hut abzunehmen und eine Verbeugung zu machen«.

Die Kirchenzucht wurde nicht mehr so streng gehandhabt wie zu Zeiten der Gegenreformation, aber Protestanten wurden immer noch als dunkle Punkte im katholischen Österreich betrachtet. Sie zu entfernen, zumindest zu vermindern, bediente man sich subtilerer Mittel, wie sie dem Geist einer fortgeschrittenen Zeit wie dem auf »Milde und Gnad« gestimmten Gemüt Maria Theresias angemessener waren.

Ein »Geheimprotestantismus«, der in den österreichischen wie auch in den böhmischen Ländern die Rekatholisierung im Untergrund überstanden hatte, bedrückte das katholische Gewissen Maria Theresias und beeinträchtigte das Verlangen der Herrscherin nach

Reichs- und Glaubenseinheit. Doch eine Landesverweisung von aufgespürten »Geheimprotestanten« erschien in einer Zeit, da man nicht genug Arbeitsbienen im Staatsstock haben konnte, nicht als der Staatsweisheit letzter Schluß. Statt »Emigration« setzte man nun auf »Transmigration«, auf Verpflanzung statt Vertreibung.
Zwischen 1752 und 1754 wurden 1700 Steirer und Kärntner evangelischen Glaubens in den zu kolonisierenden Südosten des Reiches verschickt; das aus dem Verkauf ihres Besitzes erlöste Geld sandte man ihnen nach. Siebenbürgen wurde für die Transplantation bevorzugt; denn dort war seit Leopold I. die lutherische Konfession der »Siebenbürger Sachsen« geduldet.
Das für die Katholikin Gebotene wurde mit dem für die Monarchin Nützlichen verknüpft. Das vom Zeitgeist bestimmte Staatsbedürfnis erwies sich auf die Dauer als ausschlaggebend. 1773 gingen die Behörden zum letztenmal gegen in Alpentälern versteckte Protestanten vor, ließen 1774 198 Personen abführen – im selben Jahr, in dem die als Transmigration bezeichnete Deportation abgeschafft wurde. Seit 1778 erhielten Protestanten an der Wiener Universität Zugang zu den Doktorgraden.
Auch in der Abwehr der progressiven Aufklärung fiel eine konservative Bastion nach der anderen. An dieser Front verteidigte Maria Theresia entschiedener und hartnäckiger katholisches und monarchisches Terrain. Hier hatte sie es nicht, wie bei den Protestanten, mit – wenn auch von der einen Kirche abgefallenen – Christen zu tun, sondern mit Nichtchristen oder gar Antichristen und – wie sie betonte – mit jenen »schlechten Büchern, deren Verfasser ihren Geist glänzen lassen auf Kosten alles dessen, was das Heiligste und das Verehrungswürdigste auf der Welt ist, welche eine eingebildete Freiheit einführen wollen, die niemals zu existieren vermag, und die in Zügellosigkeit umschlägt und in gänzlichen Umsturz«.
Ihre Ablehnung des Geistes der Aufklärung glich eher einer instinktiven Abwehrreaktion als einer prinzipiellen Auseinandersetzung. Sie ging davon aus und hielt, solange es ging, daran fest, daß man selbst gemäßigten Rationalisten und Deisten kein Tor öffnen dürfe, wenn man verhindern wolle, daß hinter ihnen radikale Progressive und fanatische Atheisten in die Festung der Kirche und des Reiches eindrängen und sie eroberten.

Zur Defensive wurde sie auch durch die Staatsräson motiviert, die ein ihr nicht unwillkommenes Resultat des Rationalismus war. Bei der Verteidigung griff sie auf Möglichkeiten und Mittel des modernen Staates zurück, zu dem sie ihr Reich umzugestalten begann. Dabei bedachte sie nicht hinreichend, daß ihr, nachdem sie A zu diesem gesagt hatte, ein B zu dem Geist, der ihm zugrunde lag, kaum erspart bleiben würde.

Der staatlichen Zensurbehörde trug sie auf, jene Bücher und Schriften zu unterdrücken, die »weder der Unterhaltung noch der Wissenschaft oder der Religion dienen«. Sie wollte strenge Maßstäbe angewandt und enge Grenzen gezogen wissen.

Schädlich für die Religion hielt sie es bereits – worüber sich ein aufgeklärter Engländer aufhielt – wenn »Zweifel über die Heiligkeit irgendeines Eremiten oder Mönches des Mittelalters« geäußert würden, von dem Generalangriff, den der Franzose Voltaire und seine Mitstreiter gegen die römisch-katholische Kirche richteten, ganz zu schweigen. Wissenschaftliche Werke, die der kirchlichen Lehre abträglich waren und nicht dem Nutzen der Monarchen zustatten kamen, sollten nicht passieren dürfen.

Bei der Unterhaltungslektüre verstimmten sie die spöttischen Töne, die Modeautoren anschlugen: »Die Welt ist jetzt so leichtfertig, so wenig wohlwollend«, bemerkte Maria Theresia. »Ich für meine Person liebe alles das nicht, was man Ironie nennt. Niemals wird irgend jemand durch sie gebessert, wohl aber geärgert, und ich halte sie unvereinbar mit der Liebe des Nächsten.«

Die Leute sollten Erbauliches lesen, meinte sie und dachte daran, Kalender zu verbreiten, in einer Fassung »for gescheidte Leuth« und in einer Fassung »for die gemeinen Leuth und Bauern«. In der Landvolkausgabe sollten zwar – wie bisher – die Fest- und Fasttage, Auf- und Untergang von Sonne und Mond verzeichnet werden, »nicht aber mehr die närrischen Observationen wegen Aderlassen« oder »Haar- und Nägelschneiden usw., auch keine abergläubischen Zeichen der glücklichen und der unglücklichen Tage«.

Der alte Aberglauben sollte ebenso unterbunden werden wie all das, was mit der Staatsreligion die Staatsautorität und mit der privaten die öffentliche Moral untergraben könnte. Doch dies war leichter zu wünschen als zu verwirklichen.

Zweifellos wurde eine Aufnahme vor allem französischer und englischer Literatur der Aufklärung durch natürliche Barrieren behindert. Es gab erst wenige Bürger, Angehörige des »Dritten Standes«, die sich für den neuen Geist aufgeschlossen zeigten, weil sie sich davon eine Förderung ihres Aufstieges versprachen. Ein Adeliger, ein Mitglied des Herrenstandes, ritt im allgemeinen lieber eine Meile als eine Seite zu lesen, zumal in Büchern, in denen an seinen Vorurteilen wie Vorrechten gerüttelt wurde. Österreich war nun einmal ein Land, in dem man nicht durch die Reformation dem Bibelwort und allem Schrifttum ein besonderes Gewicht beizumessen gelernt hätte. Es blieb ein Land der Gegenreformation, die mit Kunst überbaut und mit Musik untermalt wurde.

Trotzdem war im Habsburgerreich, vor allem in der Reichshauptstadt, mit einer zunehmenden Zahl von Interessierten zu rechnen, die sich – trotz Zensur – einschlägige Bücher zu beschaffen wüßten und sich deren aufklärerische Inhalte mehr oder weniger anzueignen gedächten.

»Der größte Teil der Bücher, welche die Bibliothek geschmackvoller und gebildeter Leute nicht nur in Frankreich und England, sondern selbst in Rom und Florenz bilden, sind streng verdammt und ihre Einführung mit nicht weniger Schwierigkeit als Gefahr verknüpft«, stellte Sir Wraxall noch gegen Ende der Regierungszeit Maria Theresias fest. »Es ist freilich wahr, daß, ungeachtet aller Verbote, die Bildung nach und nach Eingang gewinnt und stufenweise sich über die österreichischen Länder verbreitet.«

Dazu trug auch die Freimaurerei bei, die im ersten Jahrzehnt der Herrschaft Maria Theresias in ihr Reich gelangte und nicht coram publico, doch für die res publica zu wirken begann. »Kosmopolitismus, Humanität, Toleranz« lautete der Wahlspruch der Bruderschaft. Die erste Richtlinie hätte der Gebieterin über ein Mehrländer- und Vielvölkerreich konvenieren können, wenn nicht die beiden anderen ihrem kirchlichen Credo und ihrem moralischen Kodex zuwidergelaufen wären.

Human zu ihren Nächsten wie zu ihren Untertanen wollte auch Maria Theresia sein. Humanität jedoch erschien ihr als ein Schlagwort, mit dem, weil es den Menschen zum Maß aller Dinge erklärte, die wahre, von Gott gegebene und auf Gott bezogene Menschlichkeit getroffen werden würde. Der Aufruf zur Toleranz kam ihr einer Aufforderung zu religiöser und moralischer Indifferenz gleich, zur Gleichgültigkeit gegenüber allem und jedem.

Nicht verstehen konnte sie es, daß ihr Franz Stephan als erster Fürst Europas einer Freimaurerloge beigetreten war. Der Lothringer versprach sich davon weniger, wie Übelgesinnte behaupteten, in diesem Geheimbund das Geheimnis des Goldmachens zu erfahren. Die Aufnahme war in England erfolgt, dessen geistiges Klima dem jungen Mann gefiel und dessen politische Unterstützung er suchte. Maria Theresia mochte dem Gatten diesen Fehltritt verzeihen, weil er Jahre vor ihrer Vermählung passiert war und er sich in Österreich freimaurerischer Betätigung enthielt. Es schmerzte sie, ihren bevorzugten Schwiegersohn, Albert von Sachsen-Teschen, ermahnen zu müssen: »Albert, wie lieb möchtet Ihr mir sein, wenn Ihr von der Freimaurerei abstundet.« Es gab ihr zu denken, daß nächste Mitarbeiter, von denen sie viel hielt und manches erwartete, der Bruderschaft angehörten, beispielsweise Graf Silva-Tarouca, ihr persönlicher Mentor, und Gerard van Swieten, ihr Leibarzt und geistiger Berater.

Rücksicht auf die Vertrauten wie die Vermutung, daß dieser Bund nicht ganz so schlecht sein könnte, wenn diese sein Hauptanliegen begrüßten, veranlaßten sie zu der Bemerkung, »daß die Freimaurerei eine philosophische Gesellschaft« sei, die menschenfreundliche Ziele verfolge.

Dies hielt sie indessen nicht davon ab, mit polizeilichen Mitteln gegen sie einzuschreiten, wenn sie es mehr aus staatspolitischen denn aus weltanschaulichen Gründen für notwendig erachtete. Die Loge »Aux Trois Canons«, die ein schlesischer Adeliger und Anhänger des Freimaurers Friedrich II. von Preußen in Wien gegründet hatte, wurde 1743 mit Gewalt aufgehoben und ihre Mitgliedschaft zur Rechenschaft gezogen. Andere Logen, welche die Staatssicherheit nicht so zu gefährden schienen, wurden später geduldet, freilich überwacht; Spitzelberichte über Freimaurerbünde in den österreichischen Niederlanden ließ sich Maria Theresia vorlegen.

Doch sie unterstützte finanziell das Freimaurerwaisenhaus in Prag. In dessen genehmigtem Antrag auf Gründung war hervorgehoben worden: Ein Freimaurer, der »mit Überfluß umgeben« sei, habe davon anderen abzugeben, die in Not geraten seien und im Elend lebten. Einen solchen Satz konnte Maria Theresia unterschreiben, die selber bemerkte: »So ist ein Landesfürst schuldig zu Aufnahm oder Erleichterung seiner Länder und Untertanen, wie auch deren Armen alles anzuwenden, keineswegs aber mit Lustbarkeiten, Hoheiten und Magnifizenz die einhebende Gelder zu verschwenden.« Wenn sie der Freimaurerei, welche die Brüderlichkeit aller Menschen predigte, am Ende nicht mehr ganz so ablehnend gegenüberstand wie am Anfang, so deshalb, weil sie diese Botschaft als eine säkularisierte Variante des christlichen Gebotes der Nächstenliebe empfand und sie Übereinstimmungen zwischen der aufklärerischen Moralphilosophie und der katholischen Moraltheologie gewahrte.

Sittliches Verhalten verlangte sie von sich und den anderen. Die persönliche Moralität Maria Theresias vermochte ein Vorbild zu sein, auch wenn sie etwas einseitig am sechsten Gebot ausgerichtet war, das Ehebruch verdammte und Unkeuschheit verurteilte. Sie war eine allzeit treue Gattin, begnügte sich mit den ehelichen Freuden, die mit der Zeugung von Kindern verbunden waren.

Es gab Zeitgenossen, die sich nicht vorstellen konnten, daß bürgerliche Biederkeit auch an Fürstenhöfen heimisch sein könnte, und deshalb annehmen zu müssen meinten, daß auch die Habsburgerin gegen Seitensprünge nicht gefeit gewesen wäre. Es wurde ihr ein Verhältnis mit dem Grafen Silva-Tarouca nachgesagt, der jedoch ihr Seelenfreund war und blieb, oder gar eine Affäre mit Trenck dem Panduren angedichtet – in Verkennung ihres Charakters wie in Unkenntnis des Umstandes, daß ihr am Hofe kaum ein unbeobachteter Schritt möglich war.

Um Aufpasser schien sich Franz Stephan nicht zu scheren, auch nicht um die für den Gatten einer Frau wie Maria Theresia gebotene Schicklichkeit noch um die Verletzlichkeit seiner Gattin, die von ihm Treue um Treue erwarten durfte und nicht Untreue mit Untreue vergelten wollte. Der Lothringer hielt mehr von französischen als österreichischen Hofsitten, versagte sich zwar eine Maitresse en titre, sammelte aber Maitressen en gros, konnte davon, wie an Juwelen und Goldstücken, nie genug haben. »Er besitzt eine starke Neigung zu den Frauen«, berichtete der preußische Gesandte Podewils. »Er veranstaltete sogar im geheimen mit ihnen Soupers und Vergnügungspartien«; unter dem Vorwand, auf die Jagd zu gehen, habe er sich der Schürzenjagd hingegeben.

Die Affären des Gemahls blieben der Gemahlin nicht verborgen. Sie hatte überall ihre Konfidenten, wie man in Wien beschönigend die Spitzel nannte, und sie kannte ihren Mann so gut, daß sie auch ohne Zuträgereien auf seine Schliche gekommen wäre. Sie verheimlichte ihm nicht, was sie erfahren hatte, und warf ihm selbst das vor, was sie nur vermutete, machte ihm Szenen, die freilich nicht lange dauerten und nie dramatisch endeten. Sie mochte ihren Franzl schnell wieder, konnte jedoch dunkelhaarige Frauen, für die er eine Schwäche hatte, immer weniger leiden.

Angesichts ihrer Erfahrungen stand die eifersüchtige Ehefrau und eifrige Katholikin nicht an, jenes Laster, das ihr privat so viel Kummer bereitete, in ihrem Staate mit Mitteln, über die sie als Monarchin verfügte, zu bekämpfen. Die sogenannte »Keuschheitskommission«, eine Sektion der Staatspolizei, fahndete nach Frauen und Männern, die gegen das zum Staatsgesetz erhobene sechste Gebot verstießen, und ahndete Verstöße gegen die private Moral, die mit der öffentlichen Moral gleichgesetzt wurde.

Frauen, die als »Hübschlerinnen« überführt wurden, Unzucht gewerbsmäßig betrieben, schor man kahl, peitschte sie aus und steckte sie ins Spinnhaus. Eine Opernsängerin, die Männer bei sich empfing, sollte – wie die Sittenwächterin drohte – für den Rest ihres Lebens in ein Kloster eingesperrt werden. Damen, die nicht den Lebenswandel führten, den sie nach Überzeugung der Ersten Dame ihrer Familie wie ihrem Lande schuldig waren, ließ sie, wenn es sein mußte, durch halb Europa verfolgen.

Die Männer, ob nun Verführte oder Verführer, blieben nicht verschont. Eine Vereinigung junger Leute, die sich Feigenbrüdergesellschaft nannte, ohne auf Feigenblätter Wert zu legen, wurde in Nußdorf bei Wien ausgehoben; die Verhafteten wurden an den Pranger gestellt. Jungen Offizieren kündigte man an, sie könnten nicht mehr befördert werden, wenn sie in einem verrufenen Haus angetroffen würden. »Ein wahres Glück«, kommentierte ein alter General, »daß dieses Gesetz nicht schon seit jeher in Geltung stand, sonst wäre ich immer noch Fahnenjunker.«

»In Wien war alles schön. Viel Geld und viel Luxus. Aber infolge der

Kaiserin war es außerordentlich schwer, sich Cytherens Freuden zu verschaffen, besonders für Fremde«, lamentierte Casanova. »Die Herrscherin besaß in bezug auf die illegitime Liebe nicht die erhabene Tugend der Duldsamkeit; fromm bis zur Bigotterie, glaubte sie sich ein großes Verdienst vor Gott zu erwerben, indem sie den natürlichsten Trieb beider Geschlechter auf das Kleinlichste verfolgte. Indem sie das Verzeichnis der Todsünden in ihre kaiserliche Hand nahm, glaubte sie über sechs von ihnen hinwegsehen zu dürfen, um nur die Wollust zu treffen, die ihr unverzeihlich schien.«

Das Resultat war für das Sittenapostolat nicht befriedigend und für Einheimische wie Fremde, die es nach Cythera zog, nicht so nachteilig, wie angenommen worden war. Zwar konstatierte der Engländer Wraxall noch am Ende der siebziger Jahre in Wien, daß in keiner anderen europäischen Hauptstadt die Liebeshändel mit so viel Vorsicht betrieben würden, »um die Augen der Kaiserin nicht auf sich zu ziehen, die nie Tadel oder Bestrafung unterläßt«. Nichtsdestoweniger »besteht der Grundsatz der Schwäche«, und die Galanterie sei durch die Frömmigkeit kaum beeinträchtigt worden. Denn »sie sündigen, beten, beichten und beginnen wieder von vorn.«

Man lebte nun einmal in einer Zeit, die nicht von ungefähr die galante genannt wurde, und in einer Epoche, in der sich die Substanz der nach außen hin aufrechterhaltenen Formen zersetzte – durch Nachlässigkeit wie unter dem Einfluß der Aufklärung, der sich auch Österreich nach und nach öffnete und seine Herrscherin sich nicht ganz verschließen konnte. Halb zog sie es, halb sank sie hin, und schließlich war es so weit, daß Modernes nicht nur in Staatsverwaltung und Staatswirtschaft, sondern auch in Universität und Schule Einzug hielt und sogar vor der Kirche nicht haltmachte.

BEI JEDER REFORM bedurfte Maria Theresia eines dem Zeitgeist aufgeschlossenen und Zeitforderungen entgegenkommenden Mentors. Seine Aufgabe war es, sie von der Zwangsläufigkeit einer Modernisierung zu überzeugen, die Richtung anzuzeigen, in der sie zu erfolgen hätte, die aus Prinzip wie Vorsicht Zögernde an der

Hand zu nehmen, die en gros wie en detail nicht hinreichend Beschlagene von einem konkreten Schritt zum anderen zu geleiten und dabei der Herrscherin die Genugtuung zu belassen, daß sie höchstselbst alles und jedes zuwege gebracht hätte.

Bei der Finanz- und Verwaltungsreform hatte Haugwitz diese Rolle zu spielen begonnen, bei der Militärreform Daun und bei der Wirtschaftsreform Franz Stephan. Bei der Bildungsreform – nicht dem geringsten Anliegen der Aufklärung – wurde Gerard van Swieten ihr erster Lehrer, Berater und Führer.

Der Holländer kam aus einem Land, in dem die auf geistige Entwicklung des Menschen bedachte Aufklärung fortgeschritten war und wo man leibliche Beschwernisse, die jene behinderten, so weit wie möglich zu beheben versuchte. Der Mediziner Swieten war ein besonders begabter Schüler des Klinikers Herman Boerhaave, weil er jedoch katholisch war und nicht konvertieren wollte, hatte er keine Professur in Holland erhalten. Auf die Grenzen der Toleranz in einem Musterland der Aufklärung gestoßen, wandte er sich nach Österreich, in dem diese noch weit enger gezogen waren, ihm sich aber die Chance bot, in der angestrebten Profession an ihrer Erweiterung mitzuhelfen.

Maria Theresia, die ihn 1745 als ihren Leibarzt berief, hatte von seiner Festigkeit im Glauben wie von seinen medizinischen Fähigkeiten gehört. Diesen Ruf fand sie vom ersten bis zum letzten Tage seiner Wirksamkeit in Wien voll und ganz bestätigt.

Immer wieder hatte Maria Theresia ihre schützende Hand über Gerard van Swieten gehalten, der in Wien viele Neider und Feinde hatte: der Fremde, den die Monarchin mehr als Einheimische ins Vertrauen zog, und der Aufklärer, der die Habsburgerin zu Reformen zu bewegen verstand, »meistentheils unglücklichen Neuerungen«, wie Obersthofmarschall Khevenhüller, der Großkophta der Konservativen, kritisierte, und klagte, daß »dise libe und sonsten so erleuchte Frau« sich zu schlechten Ausführungen ihrer besten Absichten verleiten ließe, die das alte Österreich dem Abgrund stetig näher brächten.

Maria Theresia ließ sich von solchen Unken nicht beirren, denen es weniger – wie ihr nicht verborgen blieb – um das Wohlergehen der Gesamtheit als um den Erhalt der Privilegien der Wohlgeborenen ging. Sie beglückwünschte sich, einen Promotor unumgänglicher Reformen gefunden zu haben, der die Progression nicht zu weit treiben wollte.

Ein katholisch bleibender Aufklärer würde dem Fortschrittsglauben nicht die Zügel schießen lassen. Als treuer Paladin würde er stets das Heil ihres Hauses im Auge behalten. Als humanistisch gebildeter Mediziner würde er, den Kernspruch »Mens sana in corpore sano – ein gesunder Geist in einem gesunden Körper« beachtend, sich um die Gesundheit ihres Volkes bemühen wie zur Gesundung ihres Staates beitragen, der körperlich leistungsfähige und vom Ungeist der Zeit nicht angekränkelte Untertanen benötigte.

Im Medizinalwesen bestand ein offenkundiger Nachholbedarf. Der Hausarzt begann sich als Reichsarzt zu betätigen. Als Sanitätschef der Erblande suchte Swieten den Anschluß an das fortgeschrittene Westeuropa zu gewinnen. Als Praeses der medizinischen Fakultät der Wiener Universität reformierte er den Studiengang und die Prüfungsordnung, berief aus dem Ausland namhafte Professoren wie den Kliniker Anton de Haen oder den Botaniker und Chemiker Nikolaus Joseph Jacquin, begründete die erste Wiener medizinische Schule, der im 19. Jahrhundert eine zweite, noch berühmtere, folgen sollte.

Auch diese Reform wurde von oben diktiert. Der von der Monarchin 1749 bestellte Praeses war ihr Bevollmächtigter, der das Staatsinteresse gegenüber dem Zunftwesen der alten Universität zu vertreten und dem aufgeklärten Geist angemessene Lehrpläne durchzusetzen hatte. Die moderne Erfahrungswissenschaft erforderte Anschauungsunterricht. Der Botanische Garten am Rennweg wurde angelegt, ein chemisches Laboratorium eingerichtet, eine Sezierkammer eröffnet und eine stationäre Lehrklinik im Bürgerspital geschaffen. Der Reformer des medizinischen Wissenschaftsbetriebes wurde zum Reorganisator des Sanitätswesens. Im Jahre 1755 entwickelte Gerard van Swieten in einer Denkschrift für Maria Theresia ein Programm, in dem die Gesundheitspolitik mit einer Sozialpolitik verbunden war: Arbeiterkrankenkassen, Volksspitäler, Findelhäuser und Altersheime sollten gegründet werden.

Der Verwirklichung aller Programmpunkte standen nicht nur allgemeine Zustände der Monarchie, sondern auch besondere Bedenken der Monarchin entgegen. Mit der Errichtung eines Waisenhauses, aber nicht mit der eines Findelhauses zeigte sie sich einverstanden; die Sorge für uneheliche Kinder und damit eine mögliche Förderung außerehelicher Beziehungen vermochte sie nicht in ihrem Sittenbild unterzubringen. Deshalb wollte sie auch der Anregung nicht folgen, Vätern lediger Kinder Alimente abzuverlangen.

Gesundheitspolitische Maßregeln fanden im allgemeinen ihre Zustimmung: Die Bestattungsordnung, die für Beerdigungen eine Frist von achtundvierzig Stunden und die Errichtung von Leichenhütten auf Friedhöfen vorschrieb. Die Vorschrift, Scheintote wieder zum Leben zu erwecken. Der Einsatz der Militärgrenzer als Kordonsoldaten, die ihr Reich, nachdem die Gefahr durch die Janitscharen gebannt schien, gegen das Eindringen von Seuchen, vor allem der Pest, schützen sollten.

Gerard van Swieten denke, schreibe und handele unvergleich, fand Maria Theresia und ließ sich von ihm auch zu Neuerungen bewegen, die ihr auf den ersten Blick weniger geboten und nützlich erschienen als Verbesserungen im Sanitätswesen. Die Umgestaltung der medizinischen Fakultät erwies sich als der Anfang einer umfassenden Reform des Bildungswesens in der Absicht, in diesem der Aufklärung teuersten Bereich nicht nur Vorrechte der Professorenzunft, sondern auch die Vormacht der Kirche zugunsten der Staatsgewalt zurückzudrängen.

Ihr Leibarzt war auch Direktor der Hofbibliothek, die er für neue wissenschaftliche Werke öffnete. Als Präsident der Zensur- und der Studienhofkommission nahm er sich vor, moderne Literatur, die den gegebenen Rahmen der Religion und Moral nicht zu sprengen drohte, eher passieren zu lassen als fernzuhalten. Swieten trug maßgeblich dazu bei, daß die Universitätsreform vorankam und eine Schulreform anvisiert wurde.

Der Fortschritt hatte auch in diesem Sektor der Staatsreform unter Leitung der Zentralbehörde und zum Nutzen des Monarchenstaates zu erfolgen. Die »Emporbringung und Cultivierung deren Wissenschaften und Studien« sollte, wie es Maria Theresia ausdrückte, »insgesamt zu des Hofs Ehre und Ansehen, gleich zu des Publici Aufnahm und Besten gereichen«.

Gefördert wurden in erster Linie Wissenschaften, welche diesem doppelten Zwecke dienten. Eine »Emporbringung« der Medizin hob mit dem Gesundheitszustand die Leistungskraft der Untertanen. Eine »Cultivierung« der Kameral- und Polizeiwissenschaft trug zur Effektuierung der Finanzverwaltung und der Staatserhaltung bei. Eine Pflege der Jurisprudenz konnte sich als produktiv erweisen, wenn man sich auf das positive, von der Staatsgewalt gesetzte, auf sie ausgerichtete Recht stützte, sich jedoch kontraproduktiv auswirken, wenn man zu sehr auf das in der vernunftbegabten Natur des Menschen begründete Naturrecht einging.

Negative Auswüchse meinte man in Wien vermeiden, zumindest kleinhalten zu können, wenn man, in der Nachfolge der kirchlichen Scholastik, das Naturrecht als Element der göttlichen Schöpfungsordnung ansah und nicht, wie es rationalistische Naturrechtslehrer verstanden, als einen aus dem Wesen des autonomen Menschen sich ergebenden Kodex von Menschenrechten, den es in der Gesellschaft wie im Staate anzuwenden gelte.

Ein Brückenschlag zwischen der alten und neuen Naturrechtsauffassung war denkbar, wenn man die von Gott gesetzte Wertordnung nicht in Zweifel zog und bei der Anwendung sich an der Staatsräson orientierte und damit der Sendung diente, die der moderne Staat übernommen hatte: den Fortschritt der Menschheit und die Wohlfahrt der Untertanen durch die Obrigkeit zu befördern.

An diesem Brückenbau, der zum Nutzen der aufgeklärten Monarchenherrschaft unternommen wurde und sich als Pionierarbeit für eine aufgeklärte Volksherrschaft erweisen sollte, betätigte sich in erster Linie der 1754 an die Wiener Universität auf den Lehrstuhl für Natur- und Römisches Recht berufene Karl Anton von Martini. Der Österreicher entfernte sich nicht allzuweit vom Alten und näherte sich nicht allzusehr dem Neuen, strebte nur an, was der Monarchie von Nutzen sein könnte, und stand nicht an, sich im Staatsrecht nach preußischen und im Staatskirchenrecht nach protestantischen Vorbildern zu richten.

»Es ist leider wahr«, erklärte Martini, »daß wir in Ansehung der Protestanten um ein Mehrfaches zurück sind. Es ist aber auch sicher, daß vor wenigen Jahren der Abstand noch viel größer war. Wir werden sie mit Geduld und Standhaftigkeit noch einholen, ja auch mit Gottes Hilfe darin übertreffen, weil sie sich täglich mehr voneinander vermessend entfernen, die österreichische Monarchie dagegen ihrer einzigen katholischen Lehre sich doch einmal zu erfreuen haben wird.«

Das war Maria Theresia aus dem Herzen gesprochen, und ihr Verstand sagte ihr, daß eine solche katholische Aufklärung, wie sie Martini vertrat, zu einem modernen Staat führen könnte, in welchem dem Herrgott belassen würde, was Gottes ist, und der Herrscherin gegeben würde, was sie zur Instandsetzung ihres Reiches für den Wettbewerb mit anderen Mächten benötigte.

Die Monarchin war von Martinis österreichischer Variante der Aufklärung so angetan, daß sie von ihm nicht nur ihre Söhne Joseph, Leopold, Ferdinand und Maximilian unterrichten ließ, sondern ihm auch Gelegenheit bot, seine Staatswissenschaft in das Staatsleben zu übertragen. Sie berief ihn in die Studienhofkommission, die zentrale Behörde für das Unterrichtswesen, betraute ihn mit der Vorbereitung einer Schulreform und verschaffte ihm einen Lehrauftrag an ihrem Theresianum.

Das von ihr 1746 gegründete »Institutum Theresianum« bestimmte sie »zur Auferziehung der adelich- und unadelichen Jugend«, damit sie »Uns, dem Staat und dem gemeinen Wesen dereinstens ersprießliche Dienste zu leisten in Stand gesetzt werde«. Die Lehranstalt wurde in der Favorita untergebracht, das ehemalige Lustschloß Karls VI. zu einer Hochburg der Staatspädagogik ausgebaut. Der Lehrplan war auf die Heranbildung von Beamten zugeschnitten, die firm im Katechismus wie in der Staatswissenschaft werden sollten. Daher wurden nicht nur Jesuiten, in deren Händen noch weitgehend das Unterrichtswesen in der Monarchie und auch die Leitung des Theresianums lag, sondern auch weltliche Lehrer herangezogen, außer dem Naturrechtler Martini auch der Kameralist Justi.

Die Kameralistik der theresianischen Zeit war eine Staats- und Wirtschaftswissenschaft, die nicht allein Anleitungen gab, wie das Vermögen der Camera und damit die Macht des Monarchen zu mehren wäre. Auf dem Wege zum aufgeklärten Absolutismus wollte sie vor allem lehren, wie der Staat die von ihm merkantilistisch erwirtschafteten und zentralistisch verwalteten Mittel rationell für das Wohl der Staatsangehörigen und die Wohlfahrt des Staatsganzen einzusetzen hätte.

Ein Hauptvertreter dieses Spätkameralismus war Johann Heinrich Justi. Der Sohn eines lutherischen kursächsischen Beamten studierte in Wittenberg, sammelte Erfahrungen als preußischer Regimentsquartiermeister, trat in den Verwaltungsdienst von Sachsen-Eisenach und kam 1750 als Professor der »deutschen Beredsamkeit« und der Kameralistik an das Theresianum in Wien. »Staatswirtschaft oder systematische Abhandlung aller ökonomischen oder Kameralwissenschaften, die zur Regierung eines Landes erfordert werden« – der Titel seines 1755 publizierten Hauptwerkes umriß Inhalte und Zweck der von ihm betriebenen Beamtenerziehung. Seine im Jahr darauf erschienenen »Grundsätze der Polizeiwissenschaften« boten Handreichungen für Lösungen der Staatsaufgaben, bei denen auf Zwang und Gewalt nicht zu verzichten war.

Justi war ein gemäßigter Aufklärer. Doch in Wien geriet er in den Ruch eines Radikalen, weil er die Pflicht des Monarchen, für das Glück seiner Untertanen zu sorgen, daraus ableitete, daß diese ihren Willen und ihre Kraft auf den Monarchen übertragen hätten, und durchblicken ließ, daß sie ihm diese wieder entziehen könnten, wenn er nicht hinreichend ihre Bedürfnisse und Begehren erfüllte.

Justi schien gemerkt zu haben, daß seine vom Katheder verkündete Lehre und erst recht deren Umsetzung in das Leben in Österreich nicht sonderlich gefragt war. Jedenfalls schüttelte er bereits nach fünf Jahren den Wiener Staub von den Füßen, folgte einem Ruf nach Göttingen, wo er englische Freiheiten genoß, und zog weiter über Kopenhagen nach Preußen, wo jeder nach seiner Façon selig werden durfte, solange er nicht mit dem Ansehen des Philosophenkönigs die Macht Friedrichs des Großen ramponierte.

Maria Theresia hatte wieder einmal Grund, sich daran zu erinnern, daß protestantische Länder ihrem Österreich voraus waren, und sich erneut vorzunehmen, sie möglichst schnell einzuholen und womöglich zu überholen. Nach wie vor war sie nicht bereit, in diesem Wettlauf mit der Bürde die Würde der Tradition abzuwerfen.

Eine katholische Aufklärung, die Ansporn für den Staat versprach, verlangte eine persönliche Aufgeschlossenheit gegenüber dem Reformkatholizismus, ohne den jene undenkbar war. Bereits in ihrer Jugend hatte ihr Lehrer Spannagel, der auf den Spuren der katholischen Reformer Muratori und Jansen wandelte, ihr bedeutet, daß wahre Religiösität sich nicht in Äußerlichkeiten verlieren und in Formelhaftigkeit erschöpfen dürfe, wie es im gegenreformatorischen und hochbarocken Österreich nicht unüblich geworden war. Zunehmend wurde sie gewahr, daß eine Hinwendung zur Innerlichkeit nicht nur der Christin anstünde, sondern auch der Monarchin zustatten käme. Denn je mehr sich die Frömmigkeit in den Kirchenraum zurückzog, um so mehr konnte der Staat, den nach Machtausdehnung verlangte, äußere Kirchenangelegenheiten an sich ziehen. Die mittelalterlichen Zeiten waren zwar längst vorbei, in denen der Papst in das Reich hineinregieren konnte, aber sein Einfluß auf die Kirche im Staate war immer noch groß und wurde von der Staatsgewalt immer störender empfunden. Ludwig XIV. von Frankreich, der sich als »Allerchristlichste Majestät« titulierte, hatte nach einer von Rom unabhängigen gallikanischen Nationalkirche gestrebt. In protestantischen Staaten, die in der Reformation mit der neuen Konfession das Kirchenregiment übernommen hatten, zum Beispiel in Preußen, war der Monarch der Summus episcopus. Selbst in Österreich hatte, von der Staatsreform in Gang gesetzt, eine Entwicklung zum Staatskirchentum begonnen.

Maria Theresia war nicht abgeneigt, sie zu fördern, jedenfalls sich von ihr treiben zu lassen, aber nur so weit, wie es für den neuen Staat unerläßlich und der alten Kirche nicht abträglich war. An die Substanz durfte nicht gerührt werden, Formen konnten, ja mußten verändert werden, wenn mit einem auf den Kirchenglauben gegründeten Staat eine staatserhaltende Kirche bewahrt werden sollte.

In dieser Auffassung wurde die Katholikin durch geistlichen Zuspruch bestärkt. Ihr Beichtvater Ignaz Müller, Propst von Sankt Dorothee in Wien, versorgte sie mit jansenistischen Erbauungsbüchern, die auf dem römischen Index standen, was sie nicht daran hinderte, sich in sie zu vertiefen und eine verinnerlichte Frömmigkeit daraus zu schöpfen.

Selbst ein Kirchenfürst wie der Wiener Erzbischof Graf Johann Joseph Trautson von Falkenstein meinte in einem Hirtenbrief, den er 1752 an den Diözesanklerus richtete: »Man weiß leider aus Erfahrung, daß nicht wenige unter dem gemeinen Volke mit verkehrten Grundsätzen angesteckt sind, die von den wesentlichen Glaubensartikeln sehr falsch, nicht einmal katholisch denken, die einer vielleicht unterschobenen Offenbarung, vollends unbewährten Wunderwerken, manchen abergläubischen Träumereyen einen weit festeren Glauben beymessen als dem Worte Gottes.«

Reformkatholiken verlangten eine Rückführung zum wahren Glauben und die Hinführung zu einer Kirche, die sich mehr der Seelsorge widmete als weltlichen Angelegenheiten, die sie von der Erfüllung ihrer eigentlichen Mission abhielten. Priestern wie Müller ging es dabei vor allem um eine Festigung im Glauben, Bischöfen wie Trautson auch um den Erhalt geistlicher Macht, die sie indessen mehr in eigener Kompetenz und weniger im Auftrag Roms auszuüben gedachten. Hier trafen sie sich mit Reformkatholiken im Laienstand wie Swieten oder Martini, die ebenfalls den Einfluß des Papstes zurückzudrängen suchten, freilich weniger zu Gunsten des Episkopates als zum Nutzen der Staatsregierung. Einig waren sie sich in ihrer Frontstellung gegen die Jesuiten, die als Prätorianer des Papsttums galten.

Die Societas Jesu, einst die Vorhut der Gegenreformation, erschien nun als Nachhut einer Bewegung, die ihre Mission erfüllt hatte; die Erhaltung der von der Reformation herausgeforderten römischkatholischen Kirche. Dies war nicht ohne Schulterschluß der kirchlichen mit der staatlichen Macht und auch nicht ohne eine Überantwortung kultureller Aufgaben, vornehmlich in der Wissenschaft und im Unterrichtswesen, an Geistliche, primär an Jesuiten, möglich gewesen. Nun galt es, den Herausforderungen der Epoche der Aufklärung zu begegnen. Dazu schien eine Entflechtung des gegenreformatorischen Konzerns geboten zu sein, die der weltlichen Macht die Funktionen zurückgab, die zur Erfüllung der ihr zustehenden und vermehrt auf sie zukommenden Aufgaben notwendig waren.

Gerard van Swieten, dessen Universitätsreform auf eine Trennung von kirchlich-scholastischer und weltlich-aufgeklärter Wissenschaft ausging, fand dabei Unterstützung durch Erzbischof Trautson sowie anderen Bischöfen und Ordensleuten, die Seite an Seite mit der Staatsmacht darangingen, das Monopol der Jesuiten zu brechen. Rückendeckung erhielten sie durch die Monarchin, die zwar der Societas Jesu, der Habsburg einen Zuwachs an Macht und sie selber die Grundelemente ihrer Erziehung verdankte, nicht zu nahe trat, aber von deren Anspruch auf Allzuständigkeit Abstand nahm.

Im Theresanium, das sie der Obhut der Jesuiten anvertraut hatte, wurde die Distanzierung augenfällig. Der Lehranstalt wurde ein Flügel angefügt, in der eine von der Societas Jesu unabhängige Juristenabteilung untergebracht werden sollte. Dieser Ausbau war ein Sinnbild für die Abgrenzung der Bereiche von Kirche und Staat, darüber hinaus ein Hinweis auf die Absicht der Monarchin, den Wirkungskreis des Staates in den der Kirche hinein auszudehnen.
Dazu mußten zunächst Hindernisse beseitigt, zumindest abgebaut werden, die einer Erweiterung der Staatsmacht entgegenstanden. Wie die Herrschaft der Landtage beruhte die weltliche Herrschaft der Landeskirche auf einem den modernen Staat blockierenden Feudalismus, den es hier wie dort zu überwinden galt.
Maria Theresia betonte, daß die Pietät die Voraussetzung für den Beistand Gottes sei, dessen jeder Regent bedürfe, meinte jedoch, ihre Vorfahren hätten »aus großer Pietät viel, und zwar die meisten Cameralgüter und Einkommen verschenkt«.
Sie fand es für unangebracht, die ohnehin schon zu großen Reichtümer der Kirche weiterhin auf Kosten des Staates zu vermehren, nahm Anstoß daran, daß geistliche kaum minder als weltliche Feudalherren ihre Untertanen ausnützten, ja ausbeuteten, empfand es abscheulich, daß in Klöstern so viele Müßiggänger anzutreffen seien, und erklärte es für unerläßlich, daß hier »Remedur« geschaffen werde.
Die Abhilfe, die sie beabsichtigte, sollte der Heilung der Kirche wie der Sanierung des Staates dienen. Die Besteuerung des Klerus kam unmittelbar der Staatskasse zugute, mittelbar, wie sie hoffte, auch der Geistlichkeit, welche – wenn sie gezwungen wäre, vom hohen Roß des Feudalherrentums abzusteigen –, ihrem Dienst für Gott demütiger und den am Nächsten selbstloser nachkäme.
Eine Verminderung der Feiertage vermehrte mit den Arbeitstagen das Sozialprodukt und damit die Staatseinnahmen, vermochte aber auch Auswüchse zu begrenzen, die an solchen mehr weltlich als kirchlich begangenen Festtagen zu beobachten waren. Ähnliches galt für die Einschränkung von Wallfahrten, deren Ziel nicht nur die Gnadenkapelle, sondern auch und nicht zuletzt das Wirtshaus daneben war.
Mit einer Einschränkung von Klostergründungen und einem Verbot der Ablegung von Klostergelübden vor dem vierundzwanzigsten

Lebensjahr sollte die Zahl der Müßiggänger verkleinert und die der Arbeitskräfte vergrößert werden. Bedenken, daß damit die Zahl der Beter für Monarchin und Monarchie verringert würde, kamen Maria Theresia nicht.

Bereits 1745 strich sie aus dem Etat der steirischen Stände den Betrag für Andachten der Bettelmönche und andere Gottesdienste zur Erflehung göttlichen Segens für sie und ihr Land. Sie war überzeugt, daß sie, wenn sie für die rechte Ordnung in ihrem Staat wie in ihrer Kirche sorgte, ohnedies mit dem Segen und der Gnade Gottes rechnen dürfte.

Diese Ordnung wollte sie weder durch Übergriffe des Klerus in weltliche Angelegenheiten noch durch Eingriffe des Papstes in den Bereich der weltlichen Herrscherin gestört sehen. Sie stellte par ordre der Monarchin Mißbräuche ab, die sie für den Staat wie die Kirche abträglich hielt. So untersagte sie Visitationen durch päpstliche Legaten in ihren Ländern. Sie bewegte sich auf ein Staatskirchentum zu, aber zum Ziel zu gelangen hielt sie weder für zweckdienlich noch für wünschenswert.

Maria Theresia hielt in der Mitte des Weges an: bei der Kirchenreform, in der sie nicht aufs Ganze ging, nur das Notwendigste an sich zog, wie bei der Staatsreform, durch die sie die Macht der Monarchin beträchtlich stärkte, ohne die der Landstände völlig zu brechen. Ihrem Sohn und Nachfolger Joseph II. genügten dann die erreichten Etappen des Theresianismus nicht, er schritt weiter und schoß mit dem Josephinismus über das Ziel hinaus.

Die Mutter öffnete der Aufklärung die Tore, doch nicht zu weit, zum Bereich des Staates nicht ohne Bedenken und zum Raum der Kirche nicht ohne Gewissensbisse. Die Monarchin hatte die Vorteile eines aufgeklärten Absolutismus erkannt, aber das Adjektiv blieb ein Adjektiv und ihr Absolutismus behielt einen matriarchalischen Zug. Sie war eine Reformerin im wahrsten und besten Sinne des Wortes: eine Umgestalterin, keine Umstürzlerin.

Maria Theresia wandte sich Neuem zu, ohne sich ihm hinzugeben, und rückte von Altem ab, ohne es aufzugeben. Sie achtete die Tradition und anerkannte den Fortschritt. Sie regierte schon aufgeklärt, herrschte noch barock und lebte im Rokoko, das der verspielten Eleganz der Wienerin entsprach.

Die Rokokofürstin

Maria Theresia mit dem Bildnis des jungen Joseph II.
Ölgemälde von Martin van Meytens d. Jg.

Das theresianische Versailles

SCHÖNBRUNN, nicht die Hofburg ihrer Ahnen, wurde ihre Lieblingsresidenz, das Schloß, in dem sie als Herrscherin eines großen Reiches hofhielt, den von ihr geschaffenen Staat repräsentierte, mit ihrer Familie wohnte und sich heimisch fühlte. Schönbrunn war ihr persönliches Werk, ein Ausdruck ihres Geschmacks wie des Stils der Zeit, ein Abbild ihres Österreichs – das theresianische Versailles.
Als ein imperiales Versailles hatten es ihr Großvater Leopold I. und vornehmlich ihr Onkel Joseph I. geplant, die habsburgischen Sonnenkaiser, die Ludwig XIV., dem bourbonischen Roi du soleil, nacheiferten. In Abstand zum mittelalterlichen Wien, zwischen Meidling und Hietzing, gedachten sie an der Stelle eines verfallenen Jagdhauses, der Katterburg, ein grandioses Schloß zu errichten, das als Residenz des römisch-deutschen Kaisers über die des Königs von Frankreich triumphieren sollte.
Eine Rekonstruktion von Neros »Goldenem Haus« in Rom schwebte dem Architekten Johann Bernhard Fischer von Erlach vor. Sein erster Entwurf sah einen riesigen Komplex auf dem später die Gloriette tragenden Hügel vor, zu dem Terrassen wie gigantische Stufen zu einem monumentalen Thron emporführten. Der Plan war nicht zu großartig, aber seine Ausführung zu kostspielig für die Habsburger, deren Herrscherallüren nicht mit ihren Staatseinkünften Schritt hielten. Von der Höhe des Erträumten in die Ebene des Machbaren führte der zweite Entwurf des Hofbaumeisters. Die Schloßanlage wurde auf einen unterhalb des Hügels gelegenen zweistöckigen Bau mit einem Haupttrakt von immerhin 175 Meter Länge beschränkt. Nach diesem Plan Fischer von Erlachs wurde an der Wende vom 17. zum 18. Jahrhundert zu bauen begonnen.
Joseph I., die treibende Kraft hinter dem Ganzen, kam nicht mehr in den vollen Genuß seines Versailles. 1705 auf den Thron gestiegen, wurde er vom Tod 1711 herabgestürzt. Er hinterließ einen unfertigen,

doch schon imposanten Bau, »das schönste und magnifiqueste« unter »allen Kayserlichen Lust-Schlössern«, wie der Chronist Johann Basilius Küchelbecker feststellte, »welches, wenn es wäre zu stande gekommen, gewißlich ein ander Versailles worden wäre«.

Der neue Besitzer, Karl VI., der seine Favorita vorzog, ließ die Bauarbeiten einstellen, überließ Schönbrunn, so wie es da stand, der Witwe seines Bruders, die sich bald in ein Kloster zurückzog. Das Lustschloß wurde dem jungen Ehepaar Maria Theresia und Franz Stephan zugeeignet. Die Tochter hing schon lange an diesem Ort, vornehmlich am Garten, und sie nahm sich vor, das Schloß nach ihrem Gusto auszubauen und einzurichten.

In die Favorita des Vaters wollte sie nach dessen Tod ohnehin nicht ziehen. Von der Ausführung ihrer Pläne mit Schönbrunn wurde die Monarchin zunächst durch den Ausbruch des Krieges abgehalten, der ihr zur Erhaltung des Erbes ihre ganzen Kräfte und Mittel abverlangte. Schon bald mußte sie an einen glücklichen Ausgang geglaubt haben, denn sonst wäre sie kaum auf den Gedanken gekommen, bereits im dritten Kriegsjahr an die Umsetzung ihres Vorhabens heranzugehen.

Das Schloß sollte »nicht nur reparirt, sondern auch erweitert und zur bequemen Unterbringung der Hof Statt ausgebauet werden«, verfügte Maria Theresia am 25. Februar 1743. Ein halbes Jahr später trug sie dem Hof- und Staatskanzler auf, dem Hofbaudirektor zu sagen, daß sie ihm den »gantzen Plan« schicken werde, bei dessen guter Ausführung dieser nicht »auf 20 000 oder mehr schauen solle«. Sie war bereit, dafür etwas springen zu lassen, wenn auch nicht das Geld zum Fenster hinauszuwerfen. Als ihr bedeutet wurde, es sei eigentlich schade, daß sie nicht auf den ersten, großartigen Entwurf Fischer von Erlachs zurückgegriffen habe, erwiderte sie: Das hätte ja ein Sündengeld gekostet, das auszugeben sie sich nicht habe leisten können und auch nicht habe leisten dürfen, zumal ihr nachgesagt worden sei, sie verwende die für die Kriegführung gedachten englischen Hilfsgelder für den Bau ihres Lustschlosses.

Die Hausfrau wollte haushälterisch sein, die Mutter ein Familienheim haben und die Herrscherin kein römisch-deutsches Kaiserschloß, sondern eine österreichische Monarchenresidenz bekommen. Deshalb hatte der Neubau unter ökonomischer Ausnützung

des nach Fischer von Erlachs zweitem, bescheidenerem Entwurf zustande gekommenen Altbaus zu erfolgen, sollten Räume geschaffen werden, die ihr und den Ihren ein Zuhause boten. Weniger ein Repräsentationsbau im Stile des Barock, einem Overstatement der Reichswirklichkeit, sollte entstehen als ein Schloß im Stile des Rokoko, einem zeitgemäßen Ausdruck österreichischer Daseinsform wie ihres persönlichen Lebensgefühles, in denen das Ornament die Ordnung auflockerte und erträglicher machte.
Sie paßte auf, daß ihre Absichten befolgt und ihre Anweisungen ausgeführt wurden. Die Verpflichtung, die der Monarchin oblag, gedieh der Bauherrin zur Beglückung. »Sie hat Freude am Bauen, ohne etwas davon zu verstehen, wovon das Haus, das sie in Schönbrunn nach ihrem Geschmack hat bauen lassen, Zeugnis ablegt.« Der preußische Gesandte Podewils konnte es nicht verstehen, daß eine so große Herrscherin den großartigen Barock im verspielten Rokoko ausklingen ließ, und mochte es nicht begreifen, daß sie der Intimität den Vorrang vor der Repräsentation einräumte.
Auch Franz Stephan war von Maria Theresias Passion für die Architektur und deren Resultat nicht sonderlich erbaut. Sie errichtete kein Schloß für ihn, den Kaiser des Heiligen Römischen Reiches, sondern für sich ein Haus der Herrscherin Österreichs, in dem ihm nur die Rolle eines Prinzgemahles zukam. Als das Paar 1746 in den neuen, linken Flügel von Schönbrunn einzog, fand er die Räume »sehr unbequem und absonderlich«.
Sicherlich war er verstimmt, daß seine Gemahlin, ohne ihn zu konsultieren, die Aufteilung und Ausgestaltung der Räume vorgenommen hatte. Es verdroß ihn auch, daß sie für die Ausführung ihres Willens nicht den von ihm vorgeschlagenen Ersten Hofarchitekten Jean-Nicolas Jadot beauftragt hatte, einen Lothringer, der den von ihm bevorzugten französischen Stil pflegte. Die Österreicherin kaprizierte sich auf den jüngeren Architekten Nikolaus Pacassi, von dem sie ein Eingehen auf ihren mehr italienisch geprägten Geschmack erwartete und ihm bald bescheinigte, er hätte es besser als jeder andere verstanden, ihre Ideen zum Ausdruck zu bringen.
In verhältnismäßig kurzer Zeit, gedrängt von der Bauherrin und voller Eifer, sich als Hofbaumeister zu bewähren, gelang es Pacassi zwischen 1743 und 1749 das Schloß Schönbrunn im großen und

ganzen umzugestalten. 1746 war es zu beziehen, aber noch viele Jahre wurde darin gewerkelt. Insofern war es ein Sinnbild der Bemühungen der Hausherrin, einen einheitlichen österreichischen Staat zu schaffen, der auch nicht von heute auf morgen zusammenzufügen war und stets aufs neue zusammengehalten werden mußte. Von außen bot Schloß Schönbrunn schon bald einen überwältigenden Anblick. Wer sich dem breit hingelagerten Mitteltrakt durch den zu gemessenem Schritt und demütigem Verhalten zwingenden Hof näherte, mochte sich durch die Flügelbauten zum höflichen Nähertreten aufgefordert fühlen, den Eindruck gewinnen, daß ihn, wie am Ende eines Audienzsaales, die Majestät mit mütterlicher Geste erwarte.

Wer in der Karosse vorfuhr, gelangte in ein offenes Stiegenhaus, von dem er zu den Repräsentationsräumen emporschritt. Im Zentrum der Anlage betrat er nicht, wie in den meisten Schlössern, einen einzigen großen Festsaal, sondern zwei Galerien, eine große und eine kleine, die getrennt zu verschiedenen Zwecken und bei großen Anlässen kombiniert zu benutzen waren. Dies war typisch theresianisch: so wirkungsvoll wie nötig, so zweckmäßig wie möglich.

Der gewollte Effekt wie der beabsichtigte Nutzen war bei einer Betrachtung der Deckenfresken von Gregorio Guglielmi zu erreichen. In der Kleinen Galerie wurde die »Milde und Gnad« des Hauses Österreich und in der Großen Galerie die österreichische Staatsreform allegorisch verherrlicht: die Ordnung der Finanzen, die Förderung des Gewerbes, die Formierung des Heeres. Maria Theresia wurde als segenspendende und friedenbringende Mater Austriae in den Freskenhimmel erhoben, umgeben von ihren Helfern am diesseitigen Werk: Kavalieren, Beamten und Panduren.

Die Galerien waren von intimeren Räumen umgeben. Während in den Sälen noch pompöser Barock nachklang, ertönte in den Salons das graziöse Rokoko.

Auch die Hausherrin goutierte, wie es Mode geworden war, das »Indianische«, worunter sie Kunsthandwerkliches aus dem asiatischen Orient verstand. »Ich mache mir aus nichts auf der Welt etwas, auch aus allen Diamanten nichts; nur was aus Indien kommt, besonders Lackarbeiten und auch Tapeten machen mir Freude«, schrieb sie dem Fürsten Liechtenstein, der ihr ein asiatisches Lack-

möbel verehrt hatte. Auch wenn sie im Dank höflich übertrieb, so schätzte sie doch wie andere Rokokodamen neben dem märchenhaft Indischen das exotisch Verspielte und anmutig Verzopfte der »Chinoiserie«, ohne gewahr zu werden, daß diese nur eine Camouflage der rauhen und harten chinesischen Wirklichkeit war.
Ihr Lustschloß versah sie mit indischen und chinesischen Akzenten. An den Wänden des »Vieux-Laque-Zimmers« prangten für 12 869 Gulden erworbene chinesische Lackbilder in Schwarz und Gold. Im »Chinesischen Rundkabinett«, zwischen fernöstlichem Porzellan, hielt sie Kabinettssitzungen mit den Mandarinen ihres Reiches der Mitte ab. Kostspielig war das Vergnügen, das sie im »Millionenzimmer« genoß: 260 in vergoldete Rocaillerahmen gefaßte indo-persische Miniaturen mit Szenen aus dem Hofleben des Mogulreiches.
Eine private Atmosphäre umgab sie im »Blauen Kabinett«, in dem »Figures chinoises«, Tuschzeichnungen von Franz Stephan und den Erzherzoginnen Maria Christine und Maria Elisabeth eher zu respektabler Bewunderung als zu ästhetischem Genuß angebracht waren. Dies galt auch für die Zeugnisse künstlerischer Betätigung ihres Gemahls und ihrer Kinder im »Miniaturenkabinett«. Dem »Schreibzimmer« gaben Familienporträts en miniature – einige davon von ihrer Tochter Maria Christine geschaffen – und Bildchen mit Szenen aus dem Alltagsleben der Monarchenfamilie beinahe den Charakter eines bürgerlichen Wohnzimmers. Das höfische Rokoko begann sich zu verabschieden, und das Biedermeier ließ von ferne grüßen.
Die Hausfrau legte Wert auf Möbel, die ansehnlich wie bequem sein mußten und nicht zu teuer sein durften. Sie holte Kostenvoranschläge ein und gab den preiswertesten den Zuschlag. Alles auf einmal anzuschaffen, hielt sie weder für ratsam noch für befriedigend: Wenn die Möblierung in seiner neuen Residenz noch nicht vollständig sei, solle ihn das nicht genieren, schrieb sie an einen Sohn. »Es macht Vergnügen, wenn man jede Woche etwas Neues und anderes bekommt.«
Französische Luxusmöbel kamen ihr nicht in die Wohnung. Haushälterisch, wie sie war, erschienen sie ihr zu aufwendig und zu unbequem für den täglichen Gebrauch. Merkantilistisch, wie sie sein mußte, vermied sie Ausgaben für Importe und beschränkte sich

auf das, was im Lande hergestellt wurde und wofür das Geld im Lande blieb. Gerecht, wie sie sich zu sein bemühte, wollte sie die Aufträge auf möglichst viele Handwerker verteilt wissen. So bestimmte sie, daß der Hoftischler Augustin Haunold, bei aller Anerkennung seiner Qualifikation, nicht alle Arbeiten in ihren Privaträumen ausführen dürfe, damit auch andere Tischler beschäftigt werden könnten.

Auch um die Ausstattung anderer Schlösser, der Hofburg, die sie nicht sonderlich mochte, und Laxenburgs, das ihr Gemahl besonders schätzte, kümmerte sie sich, am meisten und am liebsten jedoch um die Einrichtung von Schönbrunn, ihrer Sommerresidenz, die sie möglichst zeitig im Frühjahr bezog und oft erst im Spätherbst verließ.

Entscheidungen über Fragen der Architektur wie Innenarchitektur des Schlosses, welches das Wesen ihrer Person wie ihres Österreichs widerspiegeln sollte, behielt sich die Herrscherin vor. Bei der Gestaltung des Gartens kam auch ihr Gemahl zum Zuge, der sich beträchtliche botanische Kenntnisse angeeignet hatte, so viel französischen Geschmack besaß, wie der Formgebung eines Parks à la mode dienlich war, aber sich auch Neuerungen aufgeschlossen zeigte, wie sie mit fortschreitender Zeit en vogue kamen.

Franz Stephan ließ sich durch den Holländer Adrian van Steckhoven einen botanischen Garten anlegen, für den er sich seltene Pflanzen von weither, bis von Westindien, holen ließ, nicht unbedingt zum Wohlgefallen der sparsamen Gemahlin. Der Menagerie, die er von Jean-Nicolas Jadot errichten ließ, vermochte Maria Theresia mehr abzugewinnen. Im Innenraum des Mittelpavillons, in dem auf zwölf Ölgemälden dreiunddreißig der in Schönbrunn gehaltenen Tierarten abgebildet waren, jauste sie gerne mit ihrem Mann. Durch die Fenster konnte sie die gesamte Menagerie überblicken, in den rund um den Mittelpavillon erbauten logenartigen Gehegen Tiere in natura und aus nicht unerwünschter Distanz beobachten.

Das Zentrum der Parkanlage war und blieb der sich vor der Gartenfront des Schlosses ausbreitende, den Stil und die Pracht des Interieurs sozusagen im Freien verlängernde, bis zum Hügel sich erstreckende Barockgarten. Er war à la française gestaltet, das heißt die Natur war, wie es der Gartenarchitekt Le Nôtre in Versailles vorgebildet hatte und wie es in ganz Europa nachgeahmt wurde, der menschlichen Vernunft unterworfen, in geometrische Formen gebracht, in ein rationales System eingefügt. Dem »Esprit classique« galt dies als wahr, der barocken Ästhetik als schön, und die absoluten Monarchen erblickten darin eine Bestätigung ihrer Allmacht, die sie nicht nur über Menschen und Dinge, sondern auch über Bäume, Sträucher und Blumen besaßen.

Das Repräsentationsparterre des Schönbrunner Schloßparkes war wie ein Riesenteppich mit barockem Muster ausgerollt: symmetrischer Grundriß, Rasenbeete mit Muschelmotiven, Rabatte mit Rosenstöckchen, schnurgerade breite Wege, spalierstehende Orangenbäumchen. Der große und weite Repräsentationsraum unter dem Himmelszelt war von einem Kordon von in Reih und Glied gebrachten Bäumen abgeschirmt und bewacht.

Der Park von Schönbrunn imitierte den Park von Versailles und war doch anders. Er verlor sich nicht im Unendlichen, in der Illusion unbegrenzter Größe und unbeschränkter Macht; er hielt Maß im Umfang wie in der Gestaltung, begnügte sich mit dem Raum zwischen Schloß und Hügel, blieb überschaubar, durchmeßbar – theresianisch eben.

Dennoch erklang ihr das hochbarocke Maiestoso zu großartig und zu großmächtig. Maria Theresia schätzte mehr die Rokokotöne der für sie und ihre Familie angelegten und reservierten »Giardini secreti«, vor allem des Kammergartens mit seinen Pavillons aus Holzflechtwerk, die, mit Rosen bewachsen, wie Dornröschenschlößchen anmuteten.

Intimere Grünräume als im Gartenparterre fand sie auch in dem sich auf dessen beide Längsseiten hinziehenden Park. Hier gab es lauschige Plätzchen, auf denen sich die Frau geborgen und die Monarchin nicht verloren fühlte, denn es war für Durchblicke auf ihr Schloß gesorgt. Alleen führten zu Bosketten, in denen sich ihre Kinder gerne versteckten, und zu von grünen Kulissen umgebenen Kammerbühnen für Schäferspiele, jenes Theaters, das Rokokodamen in Schnürleibchen und Rokokokavaliere mit gepuderten Perücken sich von idyllischen Zuständen, unverbildeten Menschen und unverfälschter Natur vormachten.

Schon war ein Gefühl für die wirkliche Natur zu verspüren. Vorboten des englischen Landschaftsgartens gelangten in den in französischer Manier more geometrico angelegten Schloßpark. Baumkronen überragten Heckenwände und kündigten eine Zeit an, in der man frei stehende und unbehindert sich entfaltende Bäume schätzen würde. Rasenbeete, »Parterres à l'Anglois« genannt, warteten darauf, die Einfassungen zu sprengen und sich zu Wiesen zu erweitern.

Dem Frühklassizismus öffneten sich die Tore zum Barockpark und Rokokogarten. Der Blick vom Schloß auf den Hügel wurde zum Ausblick auf eine neue Epoche der Kunstgeschichte, die dem historischen Wandel zum aufgeklärten Absolutismus entsprach.

Anfang der siebziger Jahre legte der Architekt Johann Ferdinand Hetzendorf von Hohenberg Pläne vor, die eine am neuen Kunstideal orientierte Verschönerung des Schönbrunner Hügels vorsahen und dem Schloß endlich ein würdiges Gegenüber zu verschaffen beabsichtigten. Maria Theresia scheute vor einer Ausführung zurück. Sparsam wie immer, schreckten sie die hohen Kosten, und in dem Alter, in das sie gekommen war, erschien es ihr »lächerlich, ein solches Werk zu beginnen«, zumal in einem neuen Stil, an den sie sich kaum mehr gewöhnen mochte.

Befürworter der Pläne stellten ihr vor, daß die vorgesehenen Neuerungen im Schloßpark der Reformerin und die längst fällige Vollendung der Schloßanlage der Monarchin gut anstünden. Schließlich genehmigte sie, eher überredet als überzeugt, das eine und das andere. Sie lebte noch lange und zeigte sich aufgeschlossen genug, um sich mit den Resultaten zu befreunden.

Das Glanzstück war die vis-à-vis des Schlosses sich erhebende Gloriette. Nach römischem Modell errichtet, blieb der Triumphbogen, der mehr in die Breite als in die Höhe strebte, auf theresianischem Boden. Sie fand es ökonomisch, daß man beim Bau Teile eines kaiserlichen Lustschlosses aus dem 16. Jahrhundert wiederverwendete, und daß ein großes Bassin angelegt wurde, in dem sich die Gloriette zu spiegeln und den eher bescheidenen Ruhm, den sie zum Ausdruck brachte, zu vermehren vermochte.

Die Marmorstatuen, die der Bildhauer Wilhelm Beyer im Schönbrunner Garten aufzustellen begann, konnten mit ihrer Zustimmung rechnen: als künstlerische Applikationen der Natur wie als

Allegorien, Versinnbildlichungen von Begriffen und Vorgängen, die ihr geläufig waren, zum Beispiel Mars und Minerva als Verkörperungen von Krieg und Frieden, oder Fabius Cunctator, der römische Zauderer, der sie an manchen ihrer Feldherren erinnerte. Weniger konnte sie mit den republikanischen Helden der Antike anfangen, in denen Aufklärer die Ankündiger eines Zeitalters erblickten, in welchem dem Volk mehr Bedeutung als dem Monarchen beigemessen würde.

Der Klassizismus trug bürgerliche Züge, tendierte zu einer Res publica, in der Beispiele aus der Vergangenheit in der Gegenwart wirksam und in der Zukunft bestimmend werden sollten. Man stellte sich das alte Athen wie das alte Rom besser und schöner vor, als sie es tatsächlich gewesen waren, gab sich romantischen Vorstellungen hin, nicht nur bei der Forderung nach einem »Zurück zur Antike«, sondern auch bei dem Verlangen nach einem »Zurück zur Natur«.

Das Erleben und Erleiden des monarchischen Absolutismus zeitigte den Wunsch nach einer Rezeption von in der Rückschau verklärten republikanischen Freiheiten des klassischen Altertums. Der Überdruß an einem alles bestimmenden und beherrschenden Rationalismus und die Langeweile in einer normierten und reglementierten Zivilisation weckten die Sehnsucht nach einem ursprünglichen Naturzustand, einem erträumten Paradies, in dem man keiner Feigenblätter bedurfte.

Ein Fluchtweg aus dem Hochwald der Vernunft in das Unterholz der Gefühle wurde gesucht. Selbst im Park von Schönbrunn, einem Inbegriff rationaler Naturbeherrschung, wurde – allerdings abseits und versteckt – ein Fluchtziel markiert: die von Hohenberg errichtete »Römische Ruine«, ein Memento an die Vergänglichkeit des Menschenwerkes, ein Fingerzeig auf das Stirb und Werde, ein Nistplatz für romantische Stimmungen.

Im Jahre 1778, zwei Jahre vor Maria Theresias Tod vollendet, gehörte die »Römische Ruine« nicht mehr zu Maria Theresias Welt. Sie war nicht im Barock stehengeblieben, hatte sich dem Rokoko hingegeben, der Aufklärung geöffnet und dem Frühklassizismus nicht verschlossen. Die Romantik jedoch entsprach nicht ihrem pragmatischen Verstand, ihrer praktischen Vernunft und ihrem haushälterischen Wesen. Von Gefühlen war auch sie bewegt, aber sie wußte sie zu zügeln, im Privatleben auf ihre Familie, im Staatsleben auf ihre Länder und Völker hinzulenken und in der Kunst im Rahmen der Rocaillen zu halten.

Als ein Exzeß war es bereits anzusehen, daß sie Johann Bergl – freilich nur – Parterreräume ihres Schlosses mit illusionistischen Landschaftsfresken versehen, sozusagen in ein subtropisches Gewächshaus, einen gemalten Irrgarten verwandeln ließ, der ihr wie ein Gefühlsdschungel vorgekommen sein mochte.

Ihre Welt hat Bernardo Bellotto, genannt Canaletto, in seinen um 1760, im Zenit ihrer Herrschaft, entstandenen Veduten von Schönbrunn festgehalten: Die Paradeseite des Schlosses, dessen barocke Monumentalität durch die in den Ehrenhof getupften Soldatenuniformen, Mönchskutten und die wie auf Räder gesetzte Sänften aussehenden Kutschen gedämpft wird. Und die Gartenseite, wo im Barockparterre die Rokokoherrschaften lustwandeln und in der Ferne der Turm der Stephanskirche die Richtung weist, in der die Schloßherrin das Ziel aller irdischen Wege suchte.

DIE SCHLOSSKAPELLE war für Maria Theresia ein zentraler, der wichtigste Raum. Die Rokokofürstin liebte ihr Schönbrunn, die Katholikin erhoffte sich ein noch schöneres, das himmlische, ein immerwährendes Paradies, und sie blieb bestrebt, es durch ihre Arbeit und vor allem ihr Gebet zu erlangen.

Ihre Frömmigkeit war in der Substanz unwandelbar, erfuhr jedoch in der Form im Laufe der Zeit gewisse Veränderungen, von der jesuitischen Ausprägung in der Jugend bis zur jansenistischen Verinnerlichung im Alter. Das kam auch im Wechsel ihrer Andachtsbilder zum Ausdruck.

Vom Hochaltar der Schönbrunner Schloßkapelle ließ sie das Magdalenenbild von Johann Michael Rottmayr entfernen, nicht weil ihr die Büßerin mißfallen hätte, sondern weil ihr die Sünderin zu üppig dargestellt war. Sie ersetzte es durch eine »Vermählung Mariens« von Paul Troger, ein Altarblatt, dessen tiefe Frömmigkeit wie barockes Pathos ihr entsprachen. Mit dem für die Innsbrucker Hofkirche gemalten Hochaltarbild Paul Trogers, das die Auffindung des heiligen Kreuzes darstellte, war sie ganz und gar nicht einverstanden. Der Maler hatte der heiligen Helena ihre Züge und dem

Kaiser Konstantin die ihres Gatten verliehen. Sie ließ das »abscheuliche altarblatt« wegschaffen.

Als Hofmaler schätzte sie besonders Martin van Meytens. Der Niederländer, der in Schweden geboren und durch halb Europa gewandert war, ließ sich 1730 in Wien nieder, wo sein Stil besonders gefragt war: ein Mixtum compositum aus höfischer Bildnismalerei, die das Wesen des Herrschertums repräsentativ herausstellte, und einer Porträtkunst, die sich um die Erfassung der individuellen Physiognomie bemühte.

Dies kam beispielhaft in dem 1752 entstandenen Staatsporträt der Monarchin zum Ausdruck: Ihre Kronen neben sich, gestützt auf das Zepter, posierte sie in einer rosa Robe aus Brabanter Klöppelspitze, als Majestät par excellence. Doch bei näherem Hinsehen sind die ziemlich sinnlichen Lippen und der Ansatz zum Doppelkinn der Mittdreißigerin zu entdecken.

Als Familienmutter, welche die Pose der Landesmutter nicht ablegen kann, hat sie Meytens 1754/55 gemalt. Maria Theresia, eine angehende Matrone in himmelblauem Kleid, sitzt auf einer Schloßterrasse in Schönbrunn steif und würdig da, vis-à-vis ihres sich etwas legerer gebenden Gatten, umgeben von sechs wohlfrisierten Kindern, in der Mitte der in Rot hervorgehobene Kronprinz Joseph. Im Hintergrund sind fünf weitere Kinder zu sehen, auch der noch in der Wiege liegende Ferdinand.

Ihren Hofporträtisten Meytens ernannte Maria Theresia 1759 zum Direktor der Akademie der bildenden Kunst. Sie schätzte an ihm auch, daß sie ihm, der sich von ihr ein für allemal ein Bild gemacht zu haben schien, nicht ständig Modell sitzen mußte. Als sie der Wien besuchende französische Maler Jean-Etienne Liotard um die Erlaubnis bat, sie porträtieren zu dürfen, entgegnete sie: »Ja, aber nur wenn ich zu Pferde steige, wenn ich diniere oder wenn ich schreibe.« Sie nahm sich dann doch die Zeit, still zu sitzen und bereute es nicht. Liotard schuf Porträts, die zwar weniger – wie jene van Meytens' – die Monarchin zeigten und zu Staatszwecken herzuzeigen waren, als die Frau, wie sie sich selbst und den Ihren gefiel. Zum erstenmal malte er sie um 1743/44, als seine Pastellfarben den jugendlichen Schmelz der Mittzwanzigerin noch zu betonen wußten, und wiederum 1762, als sie die härter gewordenen Züge der zwanzig Jahre älter gewordenen Frau zu mildern und zu lindern verstanden.

»Ich schicke Ihnen Ihren Mann in bester Gesundheit zurück«, schrieb Maria Theresia am 29. November 1762 an Madame Liotard, »teile Ihnen meine Zufriedenheit mit seinem Werk mit, seinem Fleiß und seiner Zuneigung zu meiner Person«, und sie sagte ihr zu, die Patenschaft des Kindes, mit dem die Gattin des Künstlers schwanger ging, zu übernehmen. Die Tochter Liotards wurde auf den Namen Marie-Thérèse getauft.

Die Gunst der Monarchin hatte er sich nicht zuletzt durch die Bildniszeichnungen ihrer zwölf Kinder in »deux crayons-Manier« erworben, welche die Mutter, wie sie dem Künstler gestand, »mehr als jede andere Sache schätze«.

Im Jahre 1777 kam Liotard ein drittes Mal nach Wien, wurde von der Monarchin wie ein alter Freund empfangen, in der Hofburg untergebracht, zu Hoffesten eingeladen und reich beschenkt. Ein Bildnis kam nicht mehr zustande. Wollte die Gealterte sich seiner Pastellschmeichlerei nicht mehr aussetzen? Jedenfalls verweigerte sie um diese Zeit einem anderen Maler, Alexander Roslin, die Erlaubnis, sie porträtieren zu dürfen, mit einer vielsagenden Begründung.

»Es gibt keine Möglichkeit für Roseline, mich zu malen«, erklärte Maria Theresia. Sie könne ihm nicht, wie ihre Tochter Maria Christine, viermal Modell sitzen, jedesmal drei Stunden, und dabei sei das Bild immer noch nicht fertig. »Man wagt sich nicht zu rühren und kann auch unter der ganzen Zeit nichts anderes tun. Ich habe nicht genug Zeit, zwölf Stunden der Woche zu verlieren«. Aber, fügte sie hinzu, »ich bewundere diesen Maler, weil er sich die Mühe machen möchte, etwas so Unschönes wie eine 60jährige Frau zu malen, besonders mich, die, wenn es sich um Gesicht und Körper handelt, sowohl alt wie welk bin.«

Sie fand es an der Zeit, wieder dem Repräsentationsporträt den Vorzug zu geben, nun nicht mehr im verblaßten Barock, sondern im Stil des Frühklassizismus. Dafür brauchte sie nicht zu sitzen, denn mehr der Typus als die Individualität des Monarchen war zu demonstrieren, und weniger auf die Aufmachung des Herrschers als auf Symbole seiner Herrschaft wurde Wert gelegt. Anton Maron malte in Rom nach in Wien gefertigten Skizzen die Kaiserin mit der Statue des Friedens.

Wie im klassischen, so wurde auch im aufgeklärten Absolutismus die Kunst in den Dienst der Dynastie und zunehmend in den ihres Staates gestellt. Maria Theresia ließ Monarchenporträts anfertigen, die wie säkularisierte Altarblätter andächtig betrachtet werden sollten. Sie förderte eine Malkunst, die zur Festigung von Frömmigkeit und Sittlichkeit und auch zur Bildung ihrer Untertanen beizutragen versprach. Im Jahre 1766 gründete sie eine Kupferstecherakademie, weil sie sich von der Reproduktionsgraphik »Nutzen für den Staat« versprach.

Die Hofmalerei, ein Hilfsinstrument des monarchischen Absolutismus, entwickelte sich zu einer Hilfskunst der Staatsreform. Die Reichsarchitektur des barocken Kaisertums wandelte sich zu einer österreichischen Staatsarchitektur.

Für die sich vermehrende Bürokratie mußten Verwaltungsgebäude und für das reorganisierte Heer, das nicht mehr in Privatquartieren unterzubringen war, Kasernen errichtet werden. Der Staat, der seinen Wohlstand durch die Staatswirtschaft zu heben trachtete, hatte Manufakturen und Fabriken zu bauen. Die Fürsorge für Staatsangehörige, die er sich vorgenommen hatte, verlangte nach Krankenanstalten und Waisenhäusern. Die Hebung der Bildung, der er sich zum Nutzen des Staatsganzen verschrieben hatte, erforderte Schulgebäude.

Das Hofbauamt ließ sich zunächst den Erhalt und die Erneuerung von Residenzschlössern angelegen sein. Da Kraft und Mittel vornehmlich in die Umgestaltung von Schönbrunn investiert wurden, blieb für anderes nicht viel übrig. Eine geplante Neugestaltung der Hofburg gedieh über Seitenflügel am Josephsplatz und das Burgtheater am Michaelerplatz nicht hinaus. Zu einem großartigen Ausbau von Laxenburg, den Kaiser Franz I. gerne gesehen hätte, kam es nicht. Die Schlösser der Königin von Ungarn in Budapest und der Königin von Böhmen in Prag wurden eher stiefmütterlich behandelt.

Die Bautätigkeit konzentrierte sich in erster Linie auf die Hauptstadt eines konsolidierten Reiches und eines zentralisierten Staates. Die Einwohner Wiens, die von 130 000 im Jahre 1740 auf 192 971 im

Jahre 1772 anwuchsen, brauchten Dächer über den Köpfen, zunehmend Mietwohnungen wie im Melkerhof oder im Trattnerhof. Adelige, die mehr als zuvor auf ein Pied-à-terre in Wien, wo mehr denn je passierte, Wert legten, richteten sich in ihren Palästen wohnlicher ein. Staatsbehörden erhielten Gebäude, die ihrem Umfang wie ihrer Bedeutung entsprachen; es wurde die Böhmische Hofkanzlei ausgebaut und das Palais Rottal zur Staatsschuldenkassa umgebaut. Nicht zuletzt bekamen Bildungsinstitute angemessene Behausungen; Jean-Nicolas Jadot erbaute die Universität und Andreas Zach das Schulhaus bei den Schotten, das sogenannte Schubladkastenhaus.

Nomen est omen. Denn dieser Name deutete an, daß ein moderner Staatsbau beabsichtigt war, der einer großen Kommode glich, in deren Schubfächern alles wohlgeordnet war und deren Schubladen nach Bedarf herauszuziehen und deren Inhalte für Zwecke des Staates heranzuziehen waren. Was dieser in die Hand nahm, mußte praktisch zu handhaben und nutzbringend verwendbar sein. In der ärarischen Architektur genügte dieser Anforderung mehr als der Barock der Frühklassizismus, der dann auch als Einheitsstil für Verwaltungsgebäude in dem zu vereinheitlichenden Österreich bevorzugt wurde.

Das Schönbrunner Schloßtheater präsentierte als Bestandteil der Gesamtanlage nach außen die monarchische Macht in barocker Grandeur. Das Interieur war in intimem Rokoko gehalten, wie es dem Geschmack der Schloßherrin und ihres Hofes entsprach und den Stücken, die aufgeführt wurden, angemessen war.

»Spectacle müssen sein«, erklärte Maria Theresia, »ohnedem kan man nicht hier in einer solchen großen residenz bleiben.« Auch und gerade in ihrer Lieblingsresidenz wollte sie auf Schauspiele nicht verzichten. Gleich zu Beginn der Umgestaltung von Schönbrunn wurde Nikolaus Pacassi mit dem Bau des Schloßtheaters beauftragt. Bereits am 4. Oktober 1747 wurde, wie Obersthofmarschall Khevenhüller berichtete, »von Dames und Cavaliers eine Comedie in dem neuen Theatro zu Schönbrunn produciret, ›le dissipateur‹ genannt.« Die Hofgesellschaft saß »in Parterre (allwo für dieselbe die Fauteuils nach altem Gebrauch gestellet waren)«.

Der Tradition gemäß war außer der Anordnung der Sitze die

Beschränkung der Einladungen auf die Crème de la crème sowie die Aufhebung der Trennung zwischen Zuschauern und Darstellern. Die Haute volée wollte selber Theater spielen, nicht nur im Parterre, sondern auch auf der Bühne. Hofleute wurden als Hofschauspieler engagiert. Die Herrscherin, die in ihrer Jugend zu ihrem und ihres Publikums Plaisir als Actrice aufgetreten war, bestand darauf, daß auch ihre Kinder bei Familienfesten debütierten.

Vornehmlich Terpsichore wurde bemüht, die Muse der Tanzkunst, der im beschwingten Wien und im tänzelnden Rokoko am liebsten gehuldigt wurde, zumal diese Muse so großzügig zu sein schien, bei Anfängern ein Auge zuzudrücken und bei Fortgeschrittenen Fehltritte zu übersehen.

Am 24. Januar 1765 applaudierte Maria Theresia dem Auftritt dreier ihrer Kinder in der Ballettpantomime »Le Triomphe de l'Amour« von Hoftanzmeister Franz Hilverding van Wewen mit der Musik von Florian Leopold Gassmann. Die zehnjährige Marie Antoinette und der elfjährige Ferdinand spielten ein Schäferpaar, der neunjährige Maximilian den Liebesgott Amor.

Bühnendarbietungen professioneller Balletteusen schätzte Maria Theresia durchaus, so die der berühmten Tänzerin Louise Geoffroy-Bodin. Private Liebestriumphe des Bühnenpersonals goutierte sie weniger, und einen moralischen Fauxpas pardonierte sie nicht. So wurden die Schwestern Ricci »par superieure ordre« entlassen, »weilen selbe mit einigen jungen Cavalliers sich zu sehr bekannt gemacht haben«.

Doch ein Ballett gehörte nun einmal zu einer Oper, die ihr die liebste Theatergattung war. In ihrer Jugend hatte sie an erhabenen und erhebenden italienischen Opern Geschmack gefunden, den sie wie so vieles, an das sie sich gewöhnt hatte, beizubehalten bemüht war.

Der Hoflibrettist war und blieb der »Poeta Caesareo« ihres Vaters, der in Rom am Ende des 17. Jahrhunderts geborene Pietro Metastasio. Der barocke Methusalem war leichtfüßig genug, um mit den Zeiten, die zunächst mehr Pompöses, dann mehr Lockeres und schließlich Tiefgründiges verlangten, einigermaßen Schritt zu halten.

Indessen bevorzugte er Musiker, die seine eher gemessenen als eleganten Texte in entsprechende Töne zu setzen vermochten, etwa Giuseppe Bonno, der noch von Karl VI. zum Hofkomponisten befördert und von seiner Nachfolgerin zum Hofkapellmeister ernannt wurde. Aber auch er stand nicht an, sich der Mode anzupassen, die mehr Graziöses als Zeremoniöses verlangte. An ihrer beider Werk, der 1752, am Geburtstag Maria Theresias in Schönbrunn aufgeführten Oper »L'Eroë Cinese«, gefielen der Rokokofürstin vor allem »chinesische« Balletteinlagen, welche die Chinoiserien ihres Schloßinterieurs in Tanzrhythmus übersetzten.

Metastasio blieb so behend, daß er sich sogar noch in den Tempel des Frühklassizismus wagte, wohin ihm seine Gönnerin weniger gerne folgte. Im Jahre 1765, anläßlich der Vermählung Josephs II. mit Maria Josepha von Bayern, wurde Metastasios Oper »Il Parnasso confuso« uraufgeführt, die ein aufgehender Stern am neuen Musikhimmel vertont hatte: Christoph Willibald Gluck.

Dem Reformer der Oper genügten Metastasios Libretti bald nicht mehr. Im österreichischen Finanzbeamten Raniero da Calzabigi fand er einen ebenfalls italienisch schreibenden Textdichter, der dem Tondichter entsprach. Beider Oper »Alceste« hatte 1767 im Schönbrunner Schloßtheater Premiere. Das Sujet lieferte nach wie vor das klassische Altertum. Aber dieses diente nicht mehr als Staffage für zeitgenössische Haupt- und Staatsaktionen, sondern als Fundus zeitloser Ideale. Die neuen Helden und Heldinnen stolzierten auf der Bühne nicht mehr wie am Hofe des Sonnenkönigs, sondern suchten auf den Spuren der als Lichtgestalten empfundenen antiken Menschen sich deren edler Einfalt und stiller Größe anzunähern.

Maria Theresia, obwohl grundsätzlich bereit, geschätztes Überliefertes an aktuelle Anforderungen angepaßt zu sehen, zögerte mit ihrer Zustimmung zur neuen Musik. Glucks 1762 in Wien aufgeführte Oper »Orfeo ed Euridice« hatte ihr nicht sonderlich gefallen. Als sie vernahm, daß das Publikum sich lobend äußerte, hörte sie sich die Oper ein zweites Mal an. Anschließend schenkte sie dem Librettisten Calzabigi einen Brillantring und dem Komponisten Gluck hundert Dukaten.

Ihr Urteil blieb zurückhaltend. »Gluck und die anderen«, meinte sie 1772, »können manchmal ein oder zwei gute Stücke machen, aber alles in allem ziehe ich immer noch die Italiener vor.« Indes fügte sie hinzu: »In der Instrumentalmusik gibt es einen gewissen Haydn, der außergewöhnliche Ideen hat, aber das ist erst ein Anfang«.

Sie wurde es kaum gewahr, daß unter ihrer Herrschaft mit der Wiener Musik ein »Goldenes Zeitalter der Musik« begonnen hatte, vor allem in der Instrumentalmusik. Joseph Haydn schuf 1755 die ersten Streichquartette und 1759 die erste Symphonie. Und 1773 kam Wolfgang Amadeus Mozart in Maria Theresias Reichshauptstadt.

Als »Wolferl« war er bereits elf Jahre früher dagewesen. Der Sechsjährige durfte 1762 in Schönbrunn der Monarchin auf dem Klavier vorspielen. »Der Wolferl ist der Kayserin auf die schooß gesprungen, sie um den Hals bekommen, und rechtschaffen abgeküßt«, berichtete der Vater und Lehrer Leopold Mozart. »Kurz, wir sind von drei Uhr bis sechs Uhr bey ihr gewesen.« Der Bub gefiel ihr, der Wunderknabe beeindruckte sie, und seine Virtuosität – ohnehin das, was sie an Musikern am meisten schätzte – fand sie erstaunlich. Daß sie das Debüt eines Genies erlebt hatte, wurde ihr kaum bewußt. Jedenfalls wollte sie ihn später nicht als Hofmusikus haben.

Als neun Jahre später, 1771, ihr Sohn Ferdinand, der Statthalter in der Lombardei, in Wien nachsuchte, ob er »einen jungen Salzburger« namens Wolfgang Amadeus Mozart, »der außerordentlich gut Klavier spiele und zierliche Musik komponiere«, bei sich in Mailand anstellen dürfe, schrieb sie ihm: »Ich wüßte nicht, in welcher Eigenschaft, denn ich glaube nicht, daß Sie eines Komponisten oder unnützer Leute bedürfen. Wenn Ihnen dies doch Vergnügen machen würde, so will ich Sie nicht daran hindern. Was ich da sage, dient nur dazu, Sie davor zu bewahren, sich mit unnützen Leuten zu belasten, und geben sie auch niemals solchen Leuten Titel, die zeigen, daß sie in ihren Diensten stehen. Das erniedrigt das Ansehen des Dienstes, wenn diese Leute dann damit wie die Bettler durch die Welt ziehen; er hat überdies eine große Familie.«

Für einen fahrenden Musikanten schien Maria Theresia diesen Mozart gehalten zu haben, den man sich en passant anhören mochte, um sich zu zerstreuen und zu vergnügen. Denn Spectacle, kleinere wie größere, mußten nun einmal sein, wenn man es, wie sie gesagt hatte, in der Residenz aushalten sollte.

Für Abwechslung war am Hofe wie in der Stadt gesorgt. Theater wurde nicht nur in Schönbrunn gespielt, sondern auch in Laxenburg, wo Pacassi ein weiteres Schloßtheater baute, und nach wie vor in der Hofburg. Auch öffentliche Bühnen in Wien beehrte die Monarchin mit ihrem Besuch. Weniger gern ging sie in das Kärntnerthortheater, obwohl sie von der Burg über dem Wall und einen Übergang unmittelbar in ihre Loge gelangen konnte. In der Loge des Burgtheaters, zu der ein direkter Zugang aus ihren Gemächern führte, war sie öfters zu sehen.

Mitunter gab sie dort selbst eine Vorstellung, so am 14. Februar 1768. Die Aufführung eines Schauspieles war in vollem Gange, als sie, nur mit einem Hausmantel bekleidet, in ihre Hofloge stürzte, eine Depesche schwenkte und ausrief: »Der Poldl hat an Buam!« Der Poldl war ihr Sohn Leopold, der Großherzog von Toskana und nachmalige Kaiser Leopold II., der Bub der spätere Kaiser Franz II. Italienische Komödien sah sie sich am liebsten an, aber sie befreundete sich auch mit von ihrem Gemahl bevorzugten französischen Schauspielen. Im Jahre 1755 wurden während des dreiwöchigen Aufenthaltes in Laxenburg sechzehn französische Stücke aufgeführt. Nicht nur Molière, für dessen »Misanthrope« sie sich erwärmte, sondern auch Corneille und Racine, die einem Hoftheater angemessener waren, wurden dargeboten.

Das Französische, die Lingua franca des 18. Jahrhunderts, begann auch in Wien das Italienische, die Kultursprache des Barock, im Hofleben wie auf der Sprechbühne zu verdrängen. Maria Theresia beherrschte beide Sprachen, jedenfalls besser als Deutsch, wenn man die Maßstäbe der im mittleren und nördlichen Deutschland gepflegten deutschen Schrift- und Literatursprache anlegte.

»Wir Österreicher haben einen sehr schlechten Dialekt«, und deshalb sollte sie sich eigentlich scheuen, mit dem »Meister der deutschen Sprache« deutsch zu reden, sagte sie 1749 zu Johann Christoph Gottsched. Der Literaturprofessor, der als Literaturpapst galt, war aus Leipzig nach Wien gekommen, um den ausgerechnet in der Reichshauptstadt anzutreffenden Rückstand in der Nationalsprache aufholen und eine dort noch in den Anfängen steckende Nationalliteratur entwickeln zu helfen.

Selbst Gottsched meinte französischer Krücken zu bedürfen. Nach dem Modell der Académie Française in Paris plante er in Wien eine

Deutsche Akademie zur Pflege der deutschen Sprache und Literatur. Die Dichter sollten angehalten werden, die von den Franzosen übernommenen antiken Regeln zu befolgen. Gottsched lieferte nicht nur eine Theorie, sondern auch – mit seiner Frau Luise – nach französischem Muster verfaßte praktische Beispiele, deutsche Tragödien und Komödien wie »Der sterbende Cato« oder »Die Hausfranzösin«.

Maria Theresia, die Regentin eines Vielvölker- und Vielsprachenreiches, und erst recht der frankophone und frankophile Franz Stephan waren – wie auch Friedrich II. von Preußen – für eine Hebung der deutschen Nationalsprache und Nationalliteratur nicht zu gewinnen. Die unter der Schirmherrschaft des Kaiserpaares vorgesehene Akademie kam nicht zustande. Vergebens hatte Gottsched der Monarchin geschmeichelt: Er habe bei der Eröffnung des Niederösterreichischen Landtages ihr klares und vollkommenes Deutsch bewundert, das ihr wie »einer Göttin der Beredsamkeit« von den Lippen geflossen sei. »Es ist gut, daß ich nicht gewußt habe, daß Er dabei war«, entgegnete Maria Theresia, »sonst wäre ich steckengeblieben.«

Gottsched ließ das Hofieren nicht. »Wer kann sich redend wagen,/ Dir, sei er Cicero, den Wettstreit anzutragen?« dichtete er die Regentin an. Sie wußte, daß sie rhetorisch nicht unbegabt war, aber auch, daß eine bessere Aussprache und gebildetere Ausdrücke zu Erfolgen ihrer Beredsamkeit kaum nötig waren; denn diese gründete primär darauf, daß sie dem Volk aufs Maul schaute und so redete, wie ihr der Schnabel gewachsen war.

Dies schienen die Österreicher nicht nur von ihrer Monarchin, sondern auch von ihren Dichtern zu verlangen. Die Alt-Wiener Volkskomödie erfreute Vorstädter wie Hofleute und auch das Kaiserpaar. Der Hanswurst und der Bernardon, Stücke Philipp Hafners wie »Die Bürgerliche Dame, oder die bezämmten Ausschweifungen eines zügellosen Eheweibes« brachten sie zum Lachen. In ungewohntem Hochdeutsch und in dem von Gottsched geforderten Hochstil verfaßte Schauspiele fanden erst allmählich Anklang. Das Niveau der in Mittel- und Norddeutschland entstandenen Dichtung erreichten österreichische Autoren nicht.

Die Anwesenheit deutscher Dichter ersten Ranges in der Hauptstadt Maria Theresias wurde nicht für erforderlich gehalten. Friedrich Gottlieb Klopstock, der individuelle Gefühle in seiner Lyrik ausdrückte und dem freien Schriftsteller öffentliche Aufgaben zuschrieb, wartete vergeblich auf eine ehrenvolle Berufung nach Wien. Wie der enttäuschte Gottsched verlor er darüber nicht seine Hochachtung für die Habsburgerin. Sie sei die größte ihres Stammes gewesen, rief er ihr nach.

Gotthold Ephraim Lessing, der sich einen Mittelweg zwischen alter Religion und neuer Philosophie, zwischen Rationalismus und Irrationalismus erdachte und erdichtete, hätte sich im Wien der eine Via media zwischen Tradition und Fortschritt verfolgenden Maria Theresia besser aufgehoben gefühlt als in der Hauptstadt Friedrichs II. von Preußen. »Wien mag sein, wie es will, der deutschen Literatur verspreche ich dort immer noch mehr Glück, als in Eurem französisierten Berlin«, schrieb Lessing 1769 an den Berliner Popularaufklärer Friedrich Nicolai. Von der von diesem gepriesenen »Berlinischen Freiheit zu denken und zu schreiben«, hielte er nichts. »Sie reduziert sich einzig und allein auf die Freiheit, gegen die Religion so viele Sottisen zu Markte zu bringen, als man will. Und dieser Freiheit muß sich der rechtliche Mann nun bald zu bedienen schämen.«

An die Grenzen der Wienerischen Freiheit stieß Lessing im Jahre 1775 bei seinem Besuch in der Kaiserstadt. Tobias Philipp von Gebler, der von Berlin nach Wien gewechselt und zum Vizekanzler der Hofkanzlei aufgestiegen war, wollte dem Verfasser der »Hamburgischen Dramaturgie« die Leitung des Schauspiels am Burgtheater übertragen. Obwohl Maria Theresia oft auf ihn hörte, traf er diesmal auf taube Ohren. Lessing blieb in Wolfenbüttel. In kleinen Residenzen, vornehmlich in Weimar, nicht in den großen Residenzen Wien und Berlin blühte die klassische Literatur auf.

Gebler, der sie nach Österreich verpflanzt, und die Fürstin Marie Karoline Trautson, die sie am Hofe gepflegt und gehegt sehen wollte, fanden bei Maria Theresia wenig Verständnis. Ihren literarischen Ratgebern blieb es versagt, die Regentin zu Schritten nach vorne zu bewegen, wie es politischen oder wirtschaftlichen Mentoren gelungen war.

Immerhin wurde 1776 das Burgtheater zum »Nationaltheater« erhoben. Sein Spielplan jedoch wurde diesem Anspruch noch nicht gerecht. Maria Theresias Lieblingsstück war nach wie vor das Lustspiel »Der Bettelstudent« des österreichischen Autors Paul Weidmann. Sein Epos »Karlssieg«, eine Verherrlichung des Habsburgerkaisers Karl V. als Verteidiger des katholischen Glaubens, erfüllte nach der zweiten, der Literatur von der Monarchin zugedachten Aufgabe, das Volk zu zerstreuen, ihre erste Pflicht und Schuldigkeit: das Volk in der Bewunderung des Erzhauses zu disziplinieren.

Es wäre zu viel von ihr verlangt gewesen, all das, was von ihr gefordert wurde, selber zu lesen, etwa die Lobgesänge auf das österreichische Heer, die von Michael Cosmas Denis, Jesuitenpater und Lehrer am Theresianum, angestimmt wurden, oder gar die fast fünftausend Verse der »Theresiade«, die der österreichische Beamte Franz Christoph von Scheyb als Huldigung der Herrscherin und Würdigung ihrer Herrschaft verbrach.

Der Hofpoet, den sie nicht nur aus Staatsräson schätzte, sondern auch persönlich goutierte, war und blieb Pietro Metastasio. Auf seinem Pegasus begleitete er ihr ganzes Leben und alle Ereignisse ihrer Herrschaft, befriedigte ihren Geschmack mit italienischen Libretti, feierte ihre Genesung von den Pocken mit dem Poem »La Publica Felicità« und rühmte in seiner Ode »La deliziosa Imperial Residenza di Schönbrunn« das geliebte Schloß, den Hauptschauplatz ihres Daseins, in dem sie als Gebieterin ihres Reiches, als Herrin ihres Hofes und als Mutter ihrer Familie die Hauptrolle spielte.

Am Hof der Majestät

ZU ZEITEN ihres Vaters glich der Hof einer Opernbühne, auf der sich alle Akteure, der monarchische Hauptdarsteller an der Spitze, nach der Regie des spanischen Zeremoniells in Szene zu setzen hatten. Unter der Tochter, nachdem die Barockordnung mit Rokokoornamenten aufgelockert worden war, durfte man sich, wenn auch nicht ungeordnet, so doch ungezwungener bewegen, graziöser nach italienischer Art und eleganter nach französischer Mode. Nicht mehr der in Schwarz gekleidete und düster gestimmte Karl VI. führte die Hofprozession an, sondern in Rosa und Himmelblau eröffnete Maria Theresia anmutig und heiter den Hofreigen.

Einem Zeremonienmeister der alten Schule wie dem Grafen und nachmaligen Fürsten Johann Joseph Khevenhüller ging das gegen den Strich. In seiner langen Dienstzeit als Obersthofmarschall, Oberstkämmerer und Obersthofmeister ließ er es sich angelegen sein, »die so sehr ruinierte Etiquette wenistens, so vill thunlich ware, vor dem gänzlichen Verfall zu retten«. Er kam um die Feststellung nicht herum, daß der »unglückliche Neuerungsgeist, welcher bald nach weiland Kaisers Caroli VI. Absterben sich eingefunden«, täglich mehr zugenommen habe, so daß, »wann es so fortgehet, wir von einiger Etiquette oder Ordnung am Hof gar wenig mehr wissen werden«.

Khevenhüller übertrieb, in amtlicher Eigenschaft wie aus konservativer Gesinnung. Ganz so schlimm war es nicht, und viel schlimmer wurde es nicht. Auch zu Maria Theresias Zeiten verlief das Leben am Hofe in geregelten Bahnen, und die Bedeutung des Hofes und damit des Obersthofmeisters nahm eher zu.

Unter einer Herrscherin, die den Staat nicht nur zu repräsentieren hatte, sondern sich mit ihm auch zu identifizieren suchte, gediehen Hofhandlungen zu Staatsakten. Je mehr sie ihr Österreich zentralisierte, um so mehr wurde das Haus der Regentin zum Sitz der Regierung und zum Mittelpunkt der Gesellschaft. So manchen Aristokraten, der in einem Lande mitbestimmt hatte und deshalb auf seinem Landsitz geblieben war, zog es nach der weitgehenden Entmachtung der Landstände gen Wien, wo die Staatsmusik gemacht und der Gesellschaftston angegeben wurde.

Maria Theresia förderte den Zuzug von Adeligen in ihre Residenz. Nach wie vor waren sie als Stützen des Thrones gefragt und nun auch als Statisten an einem Hofe gesucht, an dem die zentralisierte Monarchenmacht ausgeübt und bekundet wurde.

Die Habsburgerin versuchte nachzuholen, was den Bourbonen längst gelungen war: den Adel, der in den Regionen ein Eigenleben geführt und Eigenmacht besessen hatte, an den Hof des Monarchen zu locken und zu binden. Ehemalige Lehnsleute des Lehnsherrn sollten Hofadelige und Dienstadelige des Alleinherrschers werden, der sie wirtschaftlich und gesellschaftlich privilegierte, mit Ämtern und Würden honorierte, aber sie politisch im Sinne der Monarchie handhabte und für Zwecke des Staates einspannte.

Eine Kasernierung der Aristokratie wie im Versailles Ludwigs XIV. hielt Maria Theresia in Schönbrunn oder in der Hofburg weder für möglich noch für wünschenswert. Aber sie hätte sie schon gerne in ihrer Haupt- und Residenzstadt domestiziert, vornehmlich Hochadelige aus Böhmen, deren Hochmut in der Hofzucht gedämpft, und ungarische Magnaten, deren Unabhängigkeitsdrang durch den Hofdienst gebremst werden sollte.

Österreich war nicht Frankreich, und darum erreichte sie zwar einiges, aber nicht alles von dem, was ihr vorgeschwebt beziehungsweise von ihren Staatsmännern vorgezeichnet worden war. Die Eigenständigkeit der Landstände war in ihrem Vielländerreich nicht gänzlich aufzuheben, nicht in den österreichischen Erblanden und schon gar nicht in Ungarn. Die Landeszentren verloren an Bedeutung, doch nicht so viel, daß es den landsässigen Adel in das Reichszentrum getrieben hätte.

Die Landesmutter besaß nicht die Anziehungskraft des Roi du soleil, hatte weder den Willen noch die Macht, Widerstrebende an ihren Hof zu kommandieren, und verfügte nicht über die finanziellen Mittel, um diesen so glänzend zu gestalten und die Hofleute so gut zu honorieren, daß sie wie Falter vom Licht und wie Drohnen vom Honig angezogen worden wären.

Dennoch kam in Wien mit einer stattlichen Anzahl von adeligen Gastspielern und ständigen Chargen ein Hof zustande, mit dem Staat zu machen war.

Die obersten Hofämter wurden von Hochadeligen bekleidet. An der Spitze stand der Obersthofmeister, der die Verwaltung leitete, für das Zeremonialwesen verantwortlich war, für Leib, Geist und Seele der Hofangehörigen zu sorgen hatte. Unter ihm standen der Obersthofküchenmeister, Oberstsilberkämmerer und Obersthoftafelmeister, aber auch mehrere Ärzte und ein Apotheker, Hofbibliothekare, ein Hofpoet, der Hof- und Kammermusikdirektor und der »Theatral-Staat«, Bühnenpersonal und Orchestermitglieder, nicht zu vergessen die Hofprediger und Hofkapläne, die für das Heil, und die Garden, die für die Sicherheit zuständig waren.

Maria Theresia erfreute sich an den schmucken Uniformen und dem strammen Auftreten ihrer Garden: der Trabanten und Hartschiere, der Schweizer Garde, die Franz Stephan aus Lothringen nach Wien mitgebracht hatte, und der ungarischen adeligen Leibgarde, die sie zum Dank für die Hilfe der Magyaren in der Bedrängnis des Erbfolgekrieges und als Instrument einer höfischen Disziplinierung von Magnatensöhnen geschaffen hatte. Hinzu kam die adelige Arcièren-Leibgarde und, anstelle der bald aufgelösten Schweizer Garde, die Leibgarde zu Fuß.

Der Oberstkämmerer hatte sich um das Wohlergehen der Hofherrschaft zu kümmern, gebot über die Leibämter, die direkte Dienerschaft der Monarchenfamilie. Dazu gehörten außer Beichtvätern, Leibärzten und Sekretären, einer Schar von Kammerdienern und Kammerheizern, Schneidern und Wäscherinnen auch der geheime Kammerzahlmeister, der Verwalter der Privatschatulle der Herrschaft, aus der nicht nur die unmittelbaren Ausgaben, sondern auch Aufwendungen zur Förderung von Wissenschaft und Kunst, Entlohnung für Spione und Bestechung von Informanten und nicht zuletzt für Belohnungen, Geschenke und Almosen bestritten wurden.

Maria Theresia hatte den geheimen Kammerzahlmeister Karls VI. übernommen, der sogar vor ihr den Kassenstand geheimhielt. Der Vater hatte ihr nahegelegt, volles Vertrauen in Karl Dier zu setzen und niemals Rechnungsnachweise von ihm zu verlangen. Sie richtete sich danach, auch wenn sie sich oft beschwerte, daß er sie zu kurz halte, und mußte es nicht bereuen. Kurz vor seinem Tod im Jahre 1756 eröffnete Dier seiner Herrin, die nie Rechenschaft von ihm gefordert hatte, daß er 400 000 Dukaten, also über 1,7 Millionen Gulden, gespart habe.

Sie neigte dazu, das Geld mit vollen Händen auszugeben, nicht nur für sich, sondern auch für andere. »Es gibt gewisse ausgezeichnete Familien, die durch ihre Geburt, ihre Anhänglichkeit und ihre Dienste« unsere volle Aufmerksamkeit verdienen«, meinte Maria Theresia und verstand darunter auch finanzielle Aufmerksamkeiten.

Über den großzügigen Gratifikationen für ihren Hofadel vergaß sie nicht die Versorgung ihrer Dienstboten. Das christliche Caritas-Gebot befolgend wie im Sinne des Wohlfahrtsstaatsgedankens handelnd, gewährte sie Pensionen für Bedürftige, Renten für Behinderte, Stipendien für Minderbemittelte, Entschädigungen für unschuldig Verurteilte und Schmerzensgelder für verlassene Ehefrauen, am liebsten Kinderbeihilfen; denn die Mutter hatte ein Herz für den Familienzuwachs und die Landesmutter ein Interesse an der Bevölkerungsvermehrung.

Als Obersthofmarschall begann Khevenhüller 1742 mit einem Gehalt von 3200 Gulden, das 1753 auf 6500 Gulden angestiegen war, nicht eingerechnet seine Zulagen und ein Hochzeitsgeschenk von 12000 Gulden für seine Tochter. Überlastet war er in diesem Hofamte nicht, so daß ihm reichlich Zeit blieb, Tagebuch über die Geschehnisse am Hof zu führen. Zu seinen Amtspflichten gehörte es ohnehin, bei allen wichtigen Ereignissen dabeizusein, Regie bei Festivitäten zu führen und protokollarische Aufgaben gegenüber dem diplomatischen Korps zu erfüllen.

Der Oberststallmeister war für die Edelknaben, Büchsenspanner und Sesselträger zuständig, in erster Linie für alles, was mit Pferden und Wagen zu tun hatte, auch für die Hofreitschule und die Lipizzaner. Maria Theresia ritt für ihr Leben gern, »so schnell, daß es zum Fürchten ist«, wie der preußische Gesandte Podewils bemerkte. Während der Schwangerschaften und mit zunehmendem Alter griff sie auf Kutschen aus ihrem Wagenpark zurück. Bei repräsentativen Anlässen war deren Benützung unerläßlich.

Das Paradestück war der Imperialwagen. Die Bezeichnung weist darauf hin, daß der Glanz, der von der römisch-deutschen Kaiserwürde Franz'I. ausging, auch auf dessen Gemahlin ausstrahlte und ihr zur Illuminierung ihrer Eigenmacht nicht unwillkommen war. Überdies boten die Kastenbilder der Prunkkarosse eine Gelegenheit, die sittliche Haltung, welche die Herrscherin einzunehmen bemüht war, coram publico zu demonstrieren: die Sokratischen Tugenden der Gottesfurcht, Enthaltsamkeit, Tapferkeit und Gerechtigkeit wie die Göttlichen Tugenden Glaube, Liebe und Hoffnung.

Hofzuhalten als österreichische, böhmische und ungarische Monarchin wie als römisch-deutsche Kaisergemahlin, als Barockherrscherin und als Rokokofürstin war mit Kosten verbunden, die mit der Tugend der Enthaltsamkeit nicht ohne weiteres zu vereinbaren waren. Der Hofstaat schlug im Jahr mit rund einer Million Gulden zu Buche. Aus den Ländern gingen – 1763 – fast zehn Millionen Gulden an Steuern ein. Dazu kamen beträchtliche Zuflüsse aus direkten monarchischen Finanzquellen wie Einnahmen aus Zöllen und Mauten, Domänen und Bergwerken, herrschaftlichem Besitz und Kapital. Noch waren Staats- und Privatvermögen nicht getrennt.

Die persönlichen Ausgaben Maria Theresias waren verhältnismäßig bescheiden. Ihr Kammerdeputat betrug jährlich 153 000 Gulden. Am Monatsbeginn erhielt sie 8000 Gulden, und in der Monatsmitte noch einmal 4000 Gulden, sozusagen als Taschengeld. Der Etat für ihre Garderobe war auf 30 000 Gulden im Jahr festgesetzt. Dazu kamen Zahlungen »zu höchsten Händen« für nicht mehr feststellbare Zwecke.

»Wann einmal sothane Staatserfordernüsse in Richtigkeit gestellet, so ist ein Landesfürst schuldig zu Aufnahm (Besserstellung) oder Erleichterung seiner Länder und Untertanen, wie auch deren Armen alles anzuwenden, keineswegs aber mit Lustbarkeiten, Hoheiten und Magnifizenz die einhebende Gelder zu verschwenden« – an das Ceterum censeo ihrer Denkschrift von 1750/51 bemühte sie sich während ihrer ganzen Regierungszeit zu halten.

Aber in einer Zeit, in der Versailles immer noch als Vorbild monarchischer Machtdemonstration galt, konnte sie nicht umhin, das Haus, das sie übernommen, und den Staat, den sie geschaffen hatte, durch eine Hofhaltung zu repräsentieren, die der Leistung ihrer Person wie der Bedeutung ihres Reiches einigermaßen angemessen war.

MITTELPUNKT des Staates wie des Hofes war die Monarchin. Ihren Anblick fanden österreichische Patrioten bezaubernd schön, und ihr Auftreten entlockte ausländischen Diplomaten Worte, die nicht, wie so oft, dazu dienten, die Wahrheit zu verschleiern, sondern sie, wie selten genug, zu enthüllen. »Jede ihrer Bewegungen ist voll Grazie und Würde, ihr Betragen voll Gefühl, Geist und ›sweetness‹«, bemerkte ein englischer Gesandter, und ein preußischer konnte nicht umhin, sie wenigstens als »eine der schönsten Fürstinnen Europas« zu bezeichnen.

Verehrern des schönen Geschlechts machte es mehr und mehr Mühe, die gebotene Galanterie mit dem Eindruck der Erscheinung in Einklang zu bringen. Aus der jugendschönen Zwanzigerin war eine vollerblühte Dreißigerin geworden, deren Gesicht zwar eher anziehender geworden war, deren Gestalt jedoch an Attraktivität zu verlieren begann.

Die vielen Schwangerschaften waren nicht spurlos an ihr vorübergegangen, und die Wienerin, die wenig von Diätvorschriften hielt, wurde zunehmend fülliger oder »mollerter«, wie man dort keineswegs abschätzig sagte. Doch das lokale Schönheitsideal, das sich mit dem des Barock gedeckt hatte, verblaßte in der anhebenden Zeit des Klassizismus, die Wert auf schlichte Kunstformen und schlanke Vestalinnengestalten legte.

Im Rokoko waren Kleider noch dazu da, die Figur eher zu verbergen, als deren Formen hervortreten zu lassen. Dies galt schon für das weite und legere Hauskleid, das Negligé, und erst recht für die Robe, das Hofkleid. Das Schnürleibchen disziplinierte die Üppigkeit, um den Hals getragene Spitzenrüschen verdeckten dessen Vorzüge wie Mängel, der Reifrock, der beim Dahinschreiten auf und nieder schwang, ließ den Fuß, höchstens den Ansatz des Beines sehen. Der Blick sollte auf die Frisur gelenkt werden, bei der ein kunstvolles Arrangement über den natürlichen Haarwuchs dominierte.

»Sie sorgt sich nicht um ihre Schönheit«, behauptete der Preuße Podewils, »ebensowenig verwendet sie auf ihre Kleider Sorgfalt«. Sollte dies für die jüngere Maria Theresia gegolten haben, für die älter werdende Frau traf dies nicht zu.

Die Zofen konnten ein Liedchen davon singen. Eine Masche oder eine Haube mußte mehrmals anders gesteckt werden, erzählte eine Kammerfrau. »Ebenso ging es mit der Frisur. Auch an dieser zupfte, rupfte, änderte die hohe Frau so viel und so lange, bis sie verdorben war und neu gemacht werden mußte, was denn bei der damaligen Art des Haarputzes gemeiniglich dahin führte, daß der ganze Bau zerstört, die Haare ausgekämmt, und nicht selten neu in Papilloten gewickelt und gekräuselt werden mußten.«

Jeden Tag, zumindest jeden zweiten oder dritten, zog sie neue Schuhe an. Sie mutete dies ihren empfindlicher werdenden Füßen zu, weil dies die Mode à la française verlangte und auch der österreichischen Wirtschaft zugute kam. Ihr Verbot, Luxusartikel einzuführen, und ihr Wunsch, sie im eigenen Lande herzustellen, förderte die Entwicklung des einheimischen Bekleidungsgewerbes und die Entstehung einer Wiener Mode.

Ihr Merkantilismus wurde durch ihren Moralismus konterkariert. Die Regentin verfügte Kleiderordnungen, deren Regelungen die Produktion von Luxuswaren hemmten und die Sittlichkeit ihrer Untertanen nicht unbedingt hoben. Zu kurze Röcke und zu weit ausgeschnittene Mieder sollten, jedenfalls in den unteren Ständen, nicht getragen werden, Gold- und Silberborten wie alle aufwendigen Kleidungsstücke den oberen Ständen vorbehalten bleiben.

Schließlich obsiegte das Nützlichkeitsdenken über Standesgeist und Moralvorstellung. Im Jahre 1766 ließ die Monarchin verlauten, daß sie von einer Kleiderordnung absehe. Fortan sollte jeder und jede das tragen, was ihnen gefiele und sie sich leisten könnten. Sie hatte sich dem Argument gebeugt, daß ein sittlich verwerflicher Verschwender ein nicht unwillkommener Förderer der Staatswirtschaft und der Staatsfinanzen und damit der allgemeinen Wohlfahrt sei: Er verschaffe dem Gewerbe mehr Aufträge, den Arbeitern mehr Lohn und dem Ärar mehr Steuern.

Noch drei Jahre zuvor hatte sie eine Vorschrift über »Einschränkung des Geschmucks« erlassen. Selber Juwelen – außer Perlen – nicht besonders schätzend, ging sie davon aus, daß sich der Bürgerstand »den Schmuck innerhalb von fünf Jahren ganz abgewöhnen« könnte, wollte jedoch dem Adel nicht zu nahe treten, ihm einen nicht ausufernden Gebrauch zugestehen. Eine völlige Abstinenz konnte sie vornehmlich ihrem Gemahl nicht abverlangen, der Knöpfe aus Topasen und Brillanten am Hut trug, durch den Glanz des »Florentiners«, eines großen Diamanten aus dem toskanischen Schatz, seine Erscheinung hob.

Vielleicht hatte sie auch nicht vergessen, daß ihre persönliche Zurückhaltung zu einer Einbuße für ihre Staatskasse geführt hatte. Im Jahre 1752 gelang dem Wiener Goldschmied Joseph von Strasser die Herstellung von Glasstücken, die geschliffen wie Brillanten aussahen. Um für seine Erfindung zu werben, erschien er auf einem Maskenball als Türke mit Haremsdamen, seiner Frau und Tochter, im falschen Brillantschmuck. Die Polizei hielt ihn für echt, vermutete Diebesgut und verhaftete Strasser. Er konnte den Beweis seiner Unschuld wie seiner Erfindungsgabe antreten. Aber Maria Theresia, durch Franz Stephan auf ihn aufmerksam gemacht, zeigte für die Falsifikate nicht das erhoffte Interesse und verbot ihre Fertigung in Österreich. Ein Franzose witterte das Geschäft, und Paris, nicht Wien, heimste den Ruhm wie Gewinn des Modeschlagers »Pierres de Strass« ein.

Wenn auch nicht der Putzsucht, so war Maria Theresia doch der Spielleidenschaft verfallen. Ihre Passion galt dem Pharao, zu dem sie – nach der Tagesarbeit das Abendvergnügen – Hofdamen befahl, die vor dem Spielglück der Herrscherin zitterten, und Würdenträger einlud, die Mühe hatten, die hohe Ehre mit der Aussicht auf hohe Verluste in Einklang zu bringen. Denn sie gewann in diesem reinen Glücksspiel, das nach einem Kartenkönig, dem Pharao, benannt wurde, oft und gern. Wenn sie verlor, was nicht zu vermeiden war, beklagte sie ihr Pech mehr als die mitunter Tausende von Gulden, um die ihr Kammerbeutel erleichtert wurde.

Auch harmloseren Freizeitvergnügungen gab sie sich hin. Handarbeiten bereiteten ihr ungetrübte Freude. Maria Theresia, die auch in Mußestunden nicht unbeschäftigt dasitzen konnte, fand dabei eine Genugtuung, die sie in ihrer Regierungstätigkeit oft vermißte: über das Fortschreiten einer kontinuierlichen Arbeit, ein Ergebnis, das sichtbar und herzeigbar war und nützlichen, ja segensreichen Zwecken zu dienen vermochte. Mit Töchtern und Hofdamen bestickte sie Meßgewänder, die aus nicht mehr verwendeten höfischen Prunkkleidern geschneidert waren. Als ihr Augenlicht nachließ, mußte sie sich mit dem Verfertigen von Gold- und Silberschnüren begnügen.

Eine Passion der Potentaten teilte die Potentatin nicht: die Jagdleidenschaft. Darin unterschied sie sich von anderen Frauen des Hauses Habsburg, ihrer Mutter wie den meisten ihrer Töchter. Ihnen und vor allem ihrem Mann zuliebe, der ein großer Waidmann war, ließ sie sich manchmal zu einem Jagdausflug in ein Revier des Hofes oder einer Adelsherrschaft verleiten. Sie trug gerne ein Jagdkostüm, das ihr etwas Burschikoses verlieh, schätzte den Jagdwagen, der einem fahrbaren Thronsessel glich, und hatte nichts dagegen einzuwenden, wenn – wie einmal in Podiebrad – zehntausend Rebhühner und fünftausend Fasane zusammengefangen wurden, um sie zu ihrem Plaisir aufzuscheuchen – aber nicht abzuschießen.

Sie war keine schlechte Schützin, war von ihrem jagdbesessenen Vater zum Waidwerk angehalten worden, schoß mit erstaunlicher Treffsicherheit auf Scheiben. Aber sie wurde, wie Khevenhüller bemerkte, zunehmend »feuerscheu«, verabscheute es, Tiere zu töten oder sie gar, wie auf Hofjagden üblich, massenweise abzuschlachten. So erlegte ihr Gemahl einmal einhundertfünfzig Hirsche, Rehe und Frischlinge an einem halben Tag.

Das Jagdrecht war ein Herrenrecht, das sie nicht aufheben konnte und wollte. Sie zeigte jedoch Verständnis für die Klagen der Bauern, deren Felder doppelt in Mitleidenschaft gezogen wurden: durch das Wild, das sie nicht abschießen durften, wie durch die Adeligen, die bei der Jagd Flurschäden anrichteten.

Kaum hatte Karl VI., der Protektor der Herrenjagd, die Augen geschlossen, begannen Bauern das Wild zu dezimieren. Truppen wurden ausgeschickt, aber Maria Theresia beorderte sie zurück und kündigte an, den »durch das Gewild den Unterthanen zugezogenen Beschwerden, auf dererselben geziemendes Anlangen nach billigen Dingen abzuhelfen«. Sie befahl dem Oberstjägermeister, den Wildbestand in ihren Revieren zu verringern und das Wildbret an Arme zu verteilen. Die Landesherrin verkaufte ihre Wildbahnen in der Steiermark und in Oberösterreich und überließ die Hofjagden in Tirol an Gemeinden mit der Auflage, die Jäger nicht zu entlassen.

Im Jahre 1766 wurde den Wienern Zugang zum Prater gewährt, in dem sich Franz Stephan – wie in anderen niederösterreichischen Revieren – die Jagd vorbehalten hatte. Um Wildschäden einzudämmen, verfügte Maria Theresia, Wildschweine in Tiergärten zu halten. Sie ging mit gutem Beispiel voran und ließ um den Lainzer Tiergarten zum Schutz der angrenzenden Felder ein Gatter errichten.

Reisen hielt sie weder für vergnüglich noch für erforderlich. Das Fernweh der Romantik hatte die Zeitgenossin des Barock und Rokoko noch nicht ergriffen. Bildungsreisen, wie sie im Klassizismus gang und gäbe wurden, waren der mit traditioneller Pädagogik erzogenen und sich mit deren Resultaten begnügenden Habsburgerin kein Bedürfnis. Die Regentin war nicht darauf aus, ihre Länder kennenzulernen, sich an Ort und Stelle ihre Untertanen anzuhören. Sie hatten zu ihr zu kommen, nach Wien, in die Residenz der absoluten Monarchin, und in die Stadt, die für sie die Welt bedeutete und auch für alle anderen bedeuten sollte.

Außerdem kam ihr das Reisen zu teuer, denn sie konnte sich nicht inkognito in eine Postkutsche setzen, mußte in der Staatskarosse und mit einem Geleitzug von Höflingen, Beamten, Garden und adeligen Adabeis auf Hofreise gehen. Die Fahrt nach Frankfurt zur Kaiserkrönung ihres Gemahls hatte 204 258 Gulden und 40 Kreuzer gekostet; allein die Verpflegung für den Hofstaat von 440 Personen schlug mit 59 390 Gulden und 30½ Kreuzern zu Buche.

Außer der Reise nach Frankfurt 1745 und ihren eigenen Krönungsreisen 1741 nach Preßburg und 1743 nach Prag unternahm sie nur noch vier Hofreisen: 1751 und 1764 zu den ungarischen Reichstagen nach Preßburg, 1754 zur Truppeninspektion nach Prag und 1765 zur Hochzeit ihres Sohnes Leopold nach Innsbruck. Landeshauptstädte wie Mailand oder Brüssel wurden von der Landesherrin nicht beehrt.

Öfters, aber nicht allzu häufig fuhr sie auf Schlösser in der näheren und weiteren Umgebung Wiens. Nach Holitsch, an das der Gatte sein Herz gehängt hatte, zog es auch die Gattin. Bei Khevenhüllers in Hietzing plauderte sie beim Milchkaffee mit der Familie ihres Obersthofmarschalls und schenkte der Tochter Ohrringe, die sie selber getragen hatte.

Die Gastgeber überboten sich gegenseitig, die hohe Besucherin mit Lustbarkeiten zu ergötzen. Das Nonplusultra leistete sich im Herbst 1754 Prinz Joseph Friedrich von Sachsen-Hildburghausen auf Schloßhof im Marchfeld, dem ehemaligen Besitz des Prinzen Eugen, das dessen Nichte und Erbin Anna Viktoria ihrem Gemahl geschenkt hatte.

Vier Tage lang jagte ein Fest das andere. Am Nachmittag des 23. September wurde auf einer Waldbühne »Il vero Omaggio« und am Abend im Theater »L'Isola disabitata« von Metastasio aufgeführt. Am 24. September stand eine Wasserjagd an der March auf dem Programm. Etwa zweitausend Stück Wild sollten über Land und ins Wasser gehetzt werden, zu den Schießständen am Ufer und im Fluß, um von den Gästen abgeschossen zu werden. Maria Theresia gefiel das Prunkschiff nach Art des venezianischen Bucentaurs, auf dem sie plaziert wurde, mißfiel jedoch das Abschlachten, dem sie beiwohnen sollte. Sie bestand darauf, daß man sechshundert Stück Rotwild laufen ließ und lediglich eine »kleine Jagd« veranstaltete, bei der immerhin tausend Hasen, einhundertdreißig Füchse und sechzig Wildschweine erlegt wurden.

Ungetrübten Genuß bereitete ihr das Theater am Abend. Sie empfand es als eine besondere Aufmerksamkeit, daß Metastasios Oper »Le Cinesi« gegeben wurde, an der sie mit Achtzehn als Sängerin mitgewirkt hatte. Es wäre ihr lieber gewesen, hätte man sie noch in der ursprünglichen Vertonung von Reutter und nicht in der Neufassung von Gluck aufgeführt. Begeistert war sie von der à la chinoise gehaltenen Dekoration, wie sie dem gewandelten Geschmack entsprach, und beeindruckt von einer technischen Errungenschaft: »Was aber der Dekoration den größten Glanz gab, waren prismatische gläserne Stäbe, die in böhmischen Glashütten geschliffen worden waren«, wurde berichtet. »Man stelle sich den Spiegelglanz der azurfarb lackierten regenbogenartigen Farben, die so viele hundert Prismata mannigfaltig, gleich Brillanten vom reinsten Wasser, spielten, vor, und die stärkste Einbildungskraft wird hinter diesem Zauber zurückbleiben müssen.«

Blendend war auch das Schauspiel, das am 25. September der Schloßherr von Schloßhof bot: Ein Wasserkarussell auf dem großen Weiher à la Commedia dell'arte. Auf künstlichen Felsinseln befanden sich »zwey grosse Uhu, als Arlequins, zwey Bären, als Pollicinellen, und zwey Geißböcke, als Pantalons, mit zweyen Füchsen als Hanswursten, und zweyen Wölfen als Dottoren gekleidet«, wurde berichtet. Acht Schiffe in zwei Quadrillen, deren Besatzung, Kavaliere und Ruderknechte, als Harlekins und Pierrots verkleidet waren, fuhren aufeinander los und bekämpften sich mit Wasserspritzen. Die Klänge der Musik vermischten sich mit dem Geschrei der Leute und dem Lärmen der Tiere. Schließlich wurden die Gäste auf eine schwimmende Insel eingeladen, auf der »an denen Bäume hangende gefrorne Früchte aufgewartet wurden.«

Das große Spektakel schloß am 26. September mit einem Bacchantenzug: Weiße Rinder mit vergoldeten Hörnern, zwei mit Fässern

beladene Wagen, auf denen Bacchus und Silen thronten, Nymphen, Satyrn und ein mit Schinken und Käslaiben behangener Schlaraffenwagen sowie dreihundertfünfzig maskierte Bauern zogen mit Musik am Schloß vorbei, an dessen Fenstern die hohen Zuschauer standen. Wäre Maria Theresia wie Ludwig XIV. gewesen, hätte sie den Gastgeber, der ihre eigenen Feste in den Schatten stellte, ihre Ungnade spüren lassen. So aber begnügte sie sich damit, Schloßhof dem Prinzen von Sachsen-Hildburghausen für 400 000 Gulden abzukaufen und es ihrem Gatten zu schenken, der – für Bacchus wie Venus entflammt – von dem Spectacle hellauf begeistert gewesen war.
Die Gattin zog den außerordentlichen die gewissermaßen ordentlichen Feste vor, das heißt jene, die mit dem Jahresablauf verbunden und an den Kirchenkalender gebunden waren.
Der Neujahrstag begann mit einer Andacht bei den Jesuiten »Am Hof« und einem Empfang in der Hofburg. Mit dem Fasching wurde die Ballsaison eröffnet. Maria Theresia tanzte für ihr Leben gern; erst als ihre Beine nicht mehr mittun wollten und ihre Figur ihr nicht mehr die beim Menuett geforderten anmutigen Bewegungen erlaubte, fand sie sich mit dem Zuschauen ab.
Als junge Frau hatte es ihr riesigen Spaß gemacht, sich maskiert, etwa als Domino oder als Pierrette, unter die Ballgäste zu mischen, inkognito mit Kavalieren zu tanzen und zu scherzen, ein Vergnügen, das meist nicht lange währte; denn sie wurde, wie der Obersthofmarschall bemerkte, »an Ihrer hurtigen und freien Demarche gar bald erkannt«.
Der Hüter der Etikette erstarrte, als die junge Regentin im Fasching 1743 Maskeraden bei Hofe erlaubte, das private Vergnügen Maria Theresias sich zu einer öffentlichen Lustbarkeit auswuchs, Maskenbälle im Burgtheater und im Kärntnerthortheater veranstaltet wurden, wo auch der »sogenannte Halbadel« maskiert erscheinen durfte. Es war für Khevenhüller nur ein schwacher Trost, daß in der Mehlgrube, einem Vergnügungslokal auf dem Neuen Markt, Angehörige dieses minderen Standes nur unmaskiert zugelassen waren.
Was er hatte kommen sehen, meinte er bald feststellen zu müssen. Bei aller Vorsicht und Aufsicht, klagte der Obersthofmarschall, »kunten doch die besorgte üble Folgen in puncto sexti nicht genugsam vermieden werden, als wozu die Freiheit unter der Larven gar

zu ville Gelegenheiten gegeben; es manglete also nicht an sonderbaren Avanturen und Liebsintriguen, die man weniger zu verstecken suchte als bei voriger sehr seriosen Regierung.«

Das wollte sich die Tochter Karls VI. nicht nachsagen lassen. Im Jahre 1747 – als die Ballordnung fünf Veranstaltungen in der Woche vorsah, Sonntag und Donnerstag im Burgtheater, Montag und Mittwoch in der Mehlgrube und Dienstag bei Hof – statuierte sie ein Exempel: Mitglieder der »Opera Banda«, die sich »zu frech aufgeführt«, wurden entfernt. Khevenhüller hoffte schon, daß die auch auf öffentliche Moral bedachte Monarchin die Maskeraden wieder verbieten würde, da die erste »Fröhlichkeit der Jugend«, die sie zu deren Zulassung verleitet, dahin sei und sie wegen ihrer ständigen Schwangerschaften nicht mehr viel davon habe. Doch ihr Gemahl, »welcher sich daran besonders belustiget«, hielt nichts von einer Abschaffung der »Mascheren«, und die Gemahlin willfahrte, wie so oft nicht ungern, seinem Wunsch.

Am Aschermittwoch war alles vorbei. Wenn sie – wie im Fasching 1743 – beim Kehraus bis zuletzt getanzt und gelacht hatte, ließ sie sich anschließend in der Kirche Asche aufs Haupt streuen. Die Fastenzeit gebot Zurückhaltung, die Karwoche war mit kirchlichen Zeremonien angefüllt, und erst nach Ostern, nachdem die Auferstehung des Herrn gebührend gefeiert worden war, gab man sich wieder weltlichen Vergnügungen hin.

Die Saison in Schönbrunn begann, dessen Säle und Gärten nach entsprechenden Festen verlangten. Im Mai oder Anfang Juni flog der Hof nach Laxenburg aus. Mit seinen Jagdgründen, die Franz Stephan schätzte, dem Dianentempel, mehr Lusthaus als Weihestätte, in dem Maria Theresia Karten spielte, den Wäldchen, in denen sich die Kinder gerne verliefen, und dem Schloßtheater, in das alle gerne gingen, war es für ein paar Wochen Ferien gut geeignet.

Anschließend war ein Badeausflug nach Mannersdorf willkommen. An einem Junitag des Jahres 1744 badete die ganze »Partie de bain«, alle Kavaliere und Hofdamen samt Franz Stephan, fröhlich zusammen, während Maria Theresia – sie war wieder schwanger – vom Balkon aus zuschaute. Am nächsten Tag, bei der Sonnwendfeier, amüsierte sie sich, wie ihr Gatte und ein Höfling nach dem anderen mehr oder weniger elegant über das Feuer sprangen.

Im Sommer schätzte Maria Theresia die kühlen Parterrezimmer im Schloß und die schattigen Plätzchen im Park von Schönbrunn. Im Herbst begleitete sie ihren Waidmann zur Jagd, nicht um dieses Vergnügen mit ihm zu teilen, sondern um die Gelegenheit zu benützen, Adelsfamilien zu besuchen, zu konversieren, klatschen und tratschen, eine Partie Piquet zu spielen und die Aufmerksamkeiten und Lustbarkeiten, die ihr geboten wurden, zu genießen.

Galatage, an denen man in »Grande parure« zu erscheinen hatte, waren am 4. Oktober der Namenstag Franz Stephans und am 15. Oktober der Namenstag Maria Theresias. Sie wurden in Schönbrunn mit Hoftafel, Ball oder Theater gefeiert, bei dem Kinder ihre Sprüchlein aufzusagen hatten. So mußte Joseph mit sechs vor den Vorhang des Schloßtheaters treten, um dem Vater mit einem französischen Gedicht zu gratulieren. Da er es, von Natur aus lebhaft und fahrig, rasch herunterleierte, war nur wenig davon zu verstehen.

Ende November, wie Khevenhüller notierte, »kammen die Herrschafften herein in die Burg, um den Winter allda zu residiren, nachdeme wir andere Schönbrunner denenselben bei dem Wegfahren gewöhnlichermaßen unsern Handkuß zur Dancksagung abgestattet.«

Am 30. November, dem Tag des heiligen Andreas, wurde in der Augustinerkirche das Hochfest des Ordens vom Goldenen Vlies, dessen Schutzpatron er war, gefeiert. Von den Burgundern gestiftet, waren ihre Erben, die Habsburger, dessen Großmeister geworden. Die Ritter – an der Spitze der Großmeister Franz Stephan – erschienen in ihrer Ordenstracht: samtener, hochroter Talar, Ordenskette mit dem Goldenen Vlies, dem heilbringenden Widderfell der griechischen Sage, purpurfarbener Mantel mit goldener Randstickerei, auf der weißen Atlasborte die Devise: »Je l'ay empris – ich hab's gewagt«.

Der Tag des heiligen Nikolaus wurde en famille begangen. Den Kindern wurden Spielsachen, Lebkuchen und auch Nikoloruten beschert. Auch die erwachsenen Mitglieder der großen Hoffamilie bekamen Präsente; die Hofdamen erhielten insgesamt 5850 Gulden. Weihnachten gab es keine Geschenke. Es galt nicht eine Familienfeier zu Hause, sondern das Hochfest der Geburt Christi in der Kirche zu begehen. Maria Theresia bereitete sich durch Exerzitien darauf

vor und begab sich zu den weihnachtlichen Hochämtern nach Sankt Stephan.
Sie brauchte keine sentimentalen Stützen ihres Familiensinnes, aber sie glaubte den Beistand ihres Herrgotts zur Erfüllung ihrer Pflichten als Frau und Mutter zu benötigen.

Im Haus der Mutter

DER EHEMANN bereitete ihr viel Freude, aber auch viel Kummer. Sie sollte sich warnen lassen und nie einen Mann heiraten, der nichts zu tun habe, sagte sie zu einer Kammerfrau, die einen vermögenden Herrn, der sich, ohne zu arbeiten, alles gönnen konnte, zu ehelichen beabsichtigte.
Franz Stephan galt als Musterexemplar dieser Gattung. Als römisch-deutscher Kaiser hatte er wenig, als Mitregent in den habsburgischen Ländern nicht viel zu tun, und für sein Großherzogtum Toskana ließ er andere sorgen. Ein riesiges Vermögen war ihm in den Schoß gefallen, aber – und das unterschied ihn von dem Herrn, vor dem Maria Theresia ihre Kammerfrau warnte –, er war ständig bemüht, es stetig zu mehren. Daraus schien er freilich den Schluß gezogen zu haben, sich um so mehr gönnen zu dürfen, nicht nur, was den Luxus seiner Kleidung und die Kostspieligkeit seiner Sammlungen, sondern auch was die Anzahl der Affären, die er sich leistete, wie den Aufwand, den er dafür trieb, betraf.
Selbst Khevenhüller, der seine Ohren überall hatte, aber das Vernommene auch seinem Tagebuch nur mit höfischer Diskretion anvertraute, kam im Frühling 1756 nicht darum herum, auf die Extratouren Franz Stephans anzuspielen, sogar den Namen der Favoritin zu verraten: Fürstin Wilhelmine Auersperg, »als fur welche der Kaiser bereits seit dem leztern Fasching eine besondere Neigung bezeiget, die mann sogar pour une inclination marquée auslegen wollen.«
Diese als Liebschaft zu bezeichnende Zuneigung Franz Stephans galt einer Frau, die einundzwanzig Jahre jünger war als seine Gattin, als eine achtzehnjährige Schönheit bewundert wurde, mit einem

Gesicht und einer Gestalt, »daß kein Maler imstande war, ihr Gerechtigkeit widerfahren zu lassen, weil, wenn sie sprach, eine Fülle von Grazie und Anmut in ihr aufleuchtete und ihr eine Beseelung verlieh, die die Kunst nicht wiedergeben konnte.« So schwärmte Sir Wraxall, der freilich die Jugendschöne nicht gesehen, doch genug von ihren Reizen gehört hatte, mit denen sie genauso verschwenderisch wie mit ihrem Vermögen umging. Die Auersperg war auch der Spielleidenschaft verfallen, soll an einem einzigen Abend 12000 Dukaten beim Kartenspiel verloren haben.

»Nur ein kaiserlicher Liebhaber und ein so großmütiger wie Franz«, so der Engländer, »konnte solchen Begehrlichkeiten Genüge leisten«. Er pflegte mit der Fürstin zu soupieren, sie in ihrer Theaterloge zu besuchen, und, »um den Gegenstand seiner Neigung immer um sich zu haben«, schenkte er ihr eine Villa nahe des Laxenburger Schlosses. »Aber ihre Unbeständigkeit schloß ihn von dem alleinigen Besitz ihres Herzens aus. Nichtsdestoweniger blieb Franz ihr fortwährend zugetan.«

Sie vermöge viel über ihn, bemerkte im Jahre 1762 Maria Isabella, die Schwiegertochter des kaiserlichen Liebhabers. »Aber gewiß ist, daß sie ihm oft falsche Eindrücke beibringt, von denen er nur schwer wieder zurückkommt.« Zu seiner Gattin fand er immer wieder zurück, nicht allein, weil dies von einem christlichen Fürsten erwartet wurde, sondern vor allem, weil er niemand unglücklich machen konnte, schon gar nicht seine Frau, die ihn so heiß und innig liebte. Bei aller Eifersucht, die sie quälte und die sie ihn auch spüren ließ, bemühte sie sich, seine Eskapaden, wenn auch nicht zu verzeihen, so doch zu verstehen, und fand schließlich, daß deren Ertragen auch gewisse Vorteile mit sich brachte.

»Je mehr du deinem Manne Freiheit lässest«, teilte sie 1769 der Tochter Maria Amalia ihre in über dreißigjähriger Eheerfahrung gewonnene Einsicht mit, »desto liebenswürdiger wirst du ihm sein und um so mehr wird er dich suchen. Trachte ihn zu unterhalten, zu beschäftigen, daß er sich nirgends besser befinde. Je mehr du deinem Gemahl Freiheit lässest, je mehr du darin deine Gefühle und dein Vertrauen offenbarst, desto anhänglicher wird er dir sein. Alles Glück der Ehe besteht in Vertrauen und beständigen Gefälligkeiten. Die törichte Liebe vergeht bald; aber man muß sich achten, sich gegenseitig, wo immer nur möglich, nützlich sein. Der eine muß sich als der wahre Freund des andern erweisen, um die Unfälle dieses Lebens ertragen und die Wohlfahrt des Hauses begründen zu können.«

In den ersten Jahren ihrer Ehe hätte sie sich zu dieser Erkenntnis kaum durchzuringen vermocht. Ihren Mann wollte sie nicht von ihrer Seite lassen und schon gar nicht Seitensprünge machen sehen. Sie legte Wert auf ein gemeinsames Schlafzimmer, was in Monarchenkreisen eine Seltenheit war. Als ein Freund dem Gatten riet, nach Fürstenart ein eigenes Schlafgemach zu beanspruchen, und Franz Stephan dies seiner Maria Theresia vorzuschlagen wagte, stieß er auf unnachgiebigen Widerspruch und der Ratgeber auf unerbittliche Ungnade.

Ungern ließ sie ihn allein ziehen, zuerst in den Krieg, wo im Felde die Kugeln pfiffen und in Feldquartieren Amors Pfeile schwirrten, dann in die Schlösser in der Umgebung Wiens, wo sich junge und schöne Damen fast zu Tode langweilten und sich für fast jede Abwechslung dankbar erwiesen.

Die Frau wollte ihren Mann für sich allein und immer und ewig um sich haben, und die Alleinherrscherin neigte dazu, auch ihren Prinzgemahl zu beherrschen. Ihr leidenschaftliches Temperament verschaffte dem Gatten eheliche Freuden, aber dem Gemahl manches häusliche Ungemach. Nicht nur seiner Anhänglichkeit, sondern auch seinem Phlegma war es zuzuschreiben, daß oft er es war, der den Haussegen, der durch ihre Heftigkeit in Schieflage gebracht worden war, wieder zurechtrückte. Bei ihr siegte immer wieder die Liebe zu ihrem Franzl über die Querelen mit Franz I.

Mit den Jahren blieb ihr die Erfahrung nicht erspart, daß weder Herzen und Liebkosen noch Schmollen und Tränen oder gar Sekkieren den Ehegatten davon abzuhalten vermochten, sich aufzubäumen oder über die Stränge zu schlagen. Nolens volens lockerte sie die Zügel, auch auf die Gefahr hin, daß er sich dies zunutze machen würde, aber auch in der – nicht vergeblichen – Hoffnung, daß sie ihn, wenn auch an längerer Leine, weiterhin lenken und von Schlimmerem abhalten könnte.

Sie mußte nicht in den Spiegel schauen, um zu wissen, daß sie an äußerer Attraktivität verlor, doch sie wurde sich ihres inneren

Wertes bewußter und sicherer in der Annahme, daß diesen auch andere, vor allem ihr Gemahl, zu schätzen wüßten. »Etwas dicklich, noch rosig, aber weichlich«, fand ein Franzose Anfang der sechziger Jahre die Mittvierzigerin, war jedoch fasziniert von ihren Augen, aus denen nicht nur Güte, sondern auch Weisheit sprach.

Schließlich war sie so nachsichtig oder so verständig, jedenfalls so abgeklärt geworden, daß sie sogar die junge und schöne Auersperg »an ihren Spieltisch zog« wie eine Kammerfrau erzählte. Auf die Beweggründe ihrer Herrin ging sie nicht näher ein. Tat es Maria Theresia, um ihre Großzügigkeit zu zeigen? Oder um ihre Nebenbuhlerin wenigstens für einige Zeit von ihrem Franz Stephan fernzuhalten? Oder gar, um das Glück in der Liebe, das ihr entschwand, durch das Glück im Spiel, das ihr treu blieb, zu kompensieren und dabei die Auersperg, bei der die Dinge umgekehrt lagen, zu schröpfen?

»Kaiser Franz hatte verschiedene Liebschaften, die man teils kannte, teils nicht. Seine Gemahlin wußte wohl darum«, resümierte die Kammerfrau. »Sie litt dadurch, aber sie liebte den Wankelmütigen nichts desto weniger mit gleicher Glut bis an seinen Tod.«

Ihren »Alten«, den »adorablen« Gatten verehrte sie, und sie achtete die in der Kirche geschlossene Ehe nicht nur als den von Gott gewollten Bund von Mann und Frau, sondern auch als eine seinem Ratschluß entsprungene und nach seinen Geboten zu bewahrende gesellschaftsbildende und staatserhaltende Institution. Die »Apostolische Majestät« – der Titel der Könige von Ungarn, der für Maria Theresia erneuert wurde – hielt es für ihre Pflicht und Schuldigkeit, Männern und Frauen, über die sie das Zepter führte, eine mustergültige Ehe vorzuführen.

Da, wie gesagt wurde, Ehen im Himmel gestiftet, aber auf Erden geschlossen werden, schaltete sich die Monarchin von Gottes Gnaden als Vermittlerin ein. Das »Tu felix Austria nube« galt ihr als eine Devise, die dem Erzhaus wie allen Einwohnern Glück zu bringen vermöchte.

Vor allem die Kammerfrauen, die ihr ans Herz gewachsen waren, suchte sie gut unter die Haube zu bringen. Sie schaute sich die Bewerber genau an. Als ein General von Wied um die Hand eines vierundvierzig Jahre zählenden Kammerfräuleins, der Gräfin Maria

Antonia Berchtold, anhielt, äußerte sie Bedenken: Wied besitze keinen Kreuzer, habe Schulden, sei nicht katholisch und durch Liebesaffären aufgefallen. »Meine gutte bertold ist nicht jung, nicht hibsch«, bisweilen auch übellaunig, »mithin mus eine ursach sein, warumen er sie nehmen will.«

Andere Freier ihrer Kammerfrauen gefielen ihr auf Anhieb, beispielsweise der Beamte Franz Greiner, der seine Charlotte bekam, in den Ritterstand erhoben und zum Hofrat ernannt wurde. Der Herrin Segen brachte auch finanzielle Zuwendungen. Graf Franz Joseph Kinsky, der ihre Kammerfrau Renate von Trauttmansdorff heiratete, erhielt als Generalmajor eine Gehaltszulage von 4000 Gulden und seine Gemahlin eine Pension von 2000 Gulden. Weibliche Dienstboten, deren Verehelichung sie billigte, bekamen von ihr Aussteuer, Kindergeld und Erziehungsbeihilfe.

Das »Wachset und mehret euch« war für Maria Theresia Hauptsinn und Hauptzweck der Ehe, die sich zur Familie zu erweitern hatte. Die Kinder im allgemeinen sollten, in Gottesfurcht wie Elternfurcht, zu verwendbaren Gliedern der feudalen Gesellschaft und brauchbaren Untertanen des monarchischen Staates herangezogen – und ihre Kinder im besonderen für den Herrscherberuf herangebildet werden.

KINDER in die Welt zu setzen, damit sei es noch lange nicht getan, meinte Maria Theresia; sie müßten auf die Aufgaben in diesem und auf die Erfüllung im anderen Leben so gut wie möglich vorbereitet werden.

Sie gebar von 1737 bis 1756, zwischen zwanzig und neununddreißig, sechzehn Kinder. Das war im Hause Habsburg seit Maximilian II. und seiner Gattin Maria, einer Infantin von Spanien, nicht mehr vorgekommen. Leopold I. hatte zwar auch sechzehn Kinder, aber von drei Frauen.

Die Mutter des Hauses Habsburg-Lothringen war stolz auf diese Leistung, nicht ohne auf die Mühsal zu verweisen, die für die Frau damit verbunden war. Im Jahre 1748 bekannte die vor ihrer zehnten Entbindung stehende Einunddreißigjährige: »Ich fürchte, ich werde noch mehr bekommen, und wenn der liebe Gott mir die Kinder, welche ich habe, erhalten möchte, wäre ich recht zufrieden, mit zehn

Schluß zu machen; denn ich fühle, daß es mich schwächt und recht altern läßt und für alle Kopfarbeit wenig fähig macht.«

Das zehnte Kind, die Tochter Charlotte Carolina, starb am 17. September 1748 unmittelbar nach der Geburt. »Ich habe nur Angst für die Kaiserin, daß sie glaubt, das Kind sei ohne Taufe gestorben, und sie wird in lautes Klagen ausbrechen«, befürchtete der Kaiser. Die Hebamme versicherte, sie habe die Tochter, die zuerst mit den Füßen auf die Welt gekommen war, um sie sogleich wieder zu verlassen, noch rechtzeitig notgetauft.

Charlotte Carolina war unter Maria Theresias ersten zehn Kindern, zu denen sechs weitere kamen, das erste, das bei der Geburt starb. Drei andere blieben nicht lange am Leben. 1740 starb die 1737 geborene Maria Elisabeth, nur ein Jahr alt wurde die 1740 geborene Maria Karolina. Knapp sechzehn wurde der 1745 geborene und 1761 gestorbene Karl Joseph, der zweite, ihr liebster Sohn. »Seine Zutraulichkeit, sein offenes Wesen, seine Freude an Scherzen«, vermißte auch seine Schwägerin Isabella von Parma, die Gemahlin des Thronfolgers Joseph, die diese Eigenschaften an ihrem Gemahl nicht unbedingt gewahrte.

Karl Joseph wurde von den Blattern, dem – laut Maria Theresia – »Erbfeind der kaiserlichen Familie« hinweggerafft. In ihrer »großen Betrübnis, einen so lieben Sohn, als wie der Karl war, verloren zu haben«, wandte sie sich an ihre Jugendfreundin Gräfin Rosalie Edling. »Bete für mich, da ich es in Allem nöthig habe, denn Gott mir viel auferlegt. Ich verdiene es nur allzuwohl; verlange nichts Anderes als zu seiner Ehre und zum Nutzen der Länder und Heile meiner Kinder, so lang Gott es noch will, mein Leben anzuwenden...«

Nach dem Tode Karl Josephs hatte sie sich noch um das Heil von vier Söhnen und acht Töchtern zu kümmern: Maria Anna (geboren 1738), Joseph (1741), Maria Christine (1742), Maria Elisabeth (1743), Maria Amalia (1746), Leopold (1747), Johanna Gabriele (1750), Maria Josepha (1751), Maria Karolina (1752), Ferdinand (1754), Marie Antoinette (1755) und Maximilian Franz (1756). Ausgenommen Johanna Gabriele, die bereits 1762, und Maria Josepha, die 1767 starb, vermochte sie die anderen noch lange mit ihrer Fürsorge zu bedenken. Im Jahre 1774 bilanzierte sie: »Trotz meines Alters, meiner Unpäßlichkeiten und der Geschäfte, die mit meiner Person verbunden sind, war die Erziehung meiner Kinder stets meine größte und teuerste Aufgabe.«

»Sie ist eine zärtliche und strenge Mutter«, berichtete im Jahre 1754 der preußische Gesandte Fürst. Streng fand er sie, weil sie harte Anforderungen stellte und sie unnachsichtig, auch mit Strafen, durchzusetzen suchte, und zärtlich, weil sie ihre Kinder so oft wie möglich um sich haben wollte, nicht allein um sich bei ihnen zu entspannen, sondern auch um ihnen Geborgenheit zu vermitteln.

Von einer »ménage bourgeois« sprach der preußische Gesandte Podewils, der sich wunderte, daß es in dieser Monarchenfamilie beinahe wie in einer Bürgerfamilie zuging, die Mutter im Négligé mit den Kindern spielte und der Vater im Schlafrock die Wohnzimmerszene wohlgefällig betrachtete. Ganz so traut, wie es sich der Preuße vorstellte und Tochter Maria Christine auf ihrem Bildchen einer Nikolobescherung darstellte, war dieses Heim nicht, und die Hausfrau, jedenfalls in der Erinnerung von Kindern, nicht von jener idyllischen Mütterlichkeit, die ihr Außenstehende nachsagten und die sie sich selber gerne zuschrieb.

Maria Isabella von Parma, die 1760 in diese Familie eingeheiratet hatte, wußte bald Licht und Schatten auseinanderzuhalten. »Du kennst ja ihre Weise, ihre Kinder zu lieben, jederzeit ist eine Art Mißtrauen und anscheinender Kälte darein gemischt«, schrieb sie an ihre Schwägerin Maria Christine. »Was ihre Kinder betrifft, so liebt die Kaiserin sie, doch geht sie von einem falschen Grundsatz aus, der in allzu großer Strenge besteht.« Die Tochter Marie Antoinette stimmte dem 1774 zu: »Ich liebe die Kaiserin, aber ich fürchte sie sogar aus der Ferne. Selbst wenn ich ihr schreibe, fühle ich mich ihr gegenüber nicht ungezwungen.«

Strenge schien der Mutter namentlich gegenüber ihrem Sohn Joseph angebracht zu sein, diesem ungebärdigen Buben, der zu einem handzahmen Kronprinzen zurechtgebogen werden sollte. Maria Theresia war mit ihren Bemühungen nicht zufrieden. »Da mein Sohn als ein uns so lieb und importantes Pfand mit großer Zärtlichkeit und Liebe von der Wiege an gepflegt worden, ist sicher, daß seinem Willen und Verlangen in vielen Stücken zu viel nachgegeben worden«. Es sei höchste Zeit, hieß es in der Instruktion von 1751 für den

Erzieher Josephs, dem daraus resultierenden Begehren des zehnjährigen Buben, seinen Kopf selbst »in allen kleinen Gelüsten« durchzusetzen, gebührend entgegenzuwirken.

Sie hätte es vorgezogen, wenn Joseph mit einer verfeinerten Pädagogik zur Räson gebracht worden wäre: Nicht »durch die langwierige oder sozusagen trockene Schärfe und Art, welcher sich die meisten Meister in den Schulen bedienen«, vielmehr durch Lehrer, die sich mit dem Respekt das Vertrauen des Zöglings verdienten, und mit Methoden, die durch ein Eingehen auf seine Eigenheiten ihn zur Einsicht bewegen könnten.

Sollte dies nichts fruchten, müßte zur Ultima ratio der Erziehung gegriffen werden. »Eines Tages wollte sie ihm die Peitsche geben lassen«, berichtete der preußische Gesandte Podewils. »Man hielt ihr vor, daß es kein Beispiel gäbe, daß man sie jemals einem Erzherzog gegenüber angewandt habe. ›Ich glaube es‹, sagte sie, ›aber so etwas ist auch noch nicht dagewesen‹« – so ein ungehorsamer Bub, der, wenn er nicht hören wollte, eben fühlen müsse.

Abends soll sie sich dann in das Zimmer des gezüchtigten Kindes geschlichen und ihm ein Zuckerl gebracht haben.

Joseph behielt diese mit Zuckerbrot und Peitsche hantierende Pädagogik nicht in guter Erinnerung. Er gelangte zu der Ansicht, daß er weniger im Schoße einer warmherzigen Familie und an der Hand treusorgender Eltern als an einem kalten und frustrierenden Hofe aufgewachsen sei. Erzherzoginnen, eine Kaiserin, Erzherzöge und ein Kaiser, schrieb er 1766, »wohnen unter demselben Dach. Nichtsdestoweniger ist keine Spur von Gemeinschaft, kein vernünftiger, angenehmer oder gemeinsamer Punkt vorhanden. Jeder zieht auf seine Seite.«

Die Landesmutter konnte nicht immer als Familienmutter zur Stelle sein und den Mittelpunkt der Familie bilden. Sie mußte sich, nur allzu oft und viel zu lang, vertreten lassen, von Ajos und Ajas, Erziehern und Erzieherinnen. Doch sie ließ es sich angelegen sein, pädagogische Anweisungen zu geben, die so wohlmeinend und so autoritär wie ihre Regierungsdekrete waren.

Für die sechseinhalbjährige Johanna Gabriele und die fünfeinhalbjährige Maria Josepha erteilte sie der Gräfin Maria Walburga Lerchenfeld eingehende Instruktionen: »Die Sauberkeit ist genau zu beobachten, sowohl im Waschen als Kämmen, welches alle Tage geschehen soll«, hieß es darin. »Im Zimmer und in der Kirche sollen sie ihr Gebet mit Respect verrichten. Obwohl sie nicht viel zu verschenken haben, so sähe ich doch gern, daß sie bisweilen Almosen und Einem oder dem Andern etwas geben... Mit keinem Thürhüter oder Kammerheizer sind Discurse zu gestatten oder haben sie ihnen Befehle zu geben; sie sind geboren zu gehorsamen und sollen es mithin bei Zeiten gewöhnen.«

Fast alles und jedes war vorgeschrieben: Was sie tun und unterlassen, was sie lernen und sich merken, auch was sie essen und nicht essen sollten: »Zucker sehe ich nicht gern, daß sie viel bekommen, mithin so wenig, als es sein kann, ihnen zu geben, an den gebotenen Fasttagen aber sollen sie nichts außer der Mahlzeit essen, ausgenommen ein kleines Stückchen Brod«. Für die Freitage und alle anderen Abstinenztage war Fisch angesagt.

Die kleine Johanna Gabriele, die keinen Fisch mochte, wurde gezwungen, ihn zu essen, und als sie ihn immer wieder erbrach, führte man ihr in einer Zuchtanstalt vor, wie reinlich Fische seien, und zeigte ihr in der Küche, wie appetitlich sie zubereitet würden. Das Kind gewöhnte sich an Fischmahlzeiten, soll sogar eine Fischliebhaberin geworden sein.

»Vor keiner Krankheit ist ihnen Scheu zu machen, sondern ganz natürlich von Allem mit ihnen zu reden, auch von den Blattern und dem Tode; es ist allzeit gut, ihnen denselben bei Zeiten bekannt zu machen«, hieß es in der Erziehungsanweisung für ihre Töchter. Johanna Gabriele starb mit zwölf an den Blattern, den Pocken, und Maria Josepha mit sechzehn an derselben Seuche, kurz vor ihrer Verheiratung mit Ferdinand IV. von Neapel.

Deshalb hatte sie auch noch Spanisch lernen müssen, obwohl der ihr 1763 von der Mutter auferlegte Stundenplan schon reichlich ausgefüllt war: »Um 7 Uhr aufstehen, das Morgen-Gebett betten, die geistliche Lesung machen, sich ankleiden und frühstücken. Von 8 – 9 Uhr täglich den Schreibmeister. Montag, Mittwoch und Freytag von 9 – 10 Uhr Pater Richter, die Christliche Lehr, lateinisch lesen auch ein deutsches Buch oder Schriften lesen. Von 10 – 11 Uhr Montag und Freytag Saumill [Geschichtslehrer]. Um 11 Uhr in die Meß. Um 12 Uhr zu Mittag speysen. Von halber 2 bis 2 Uhr die Histori lesen. Von

2 bis 3 Uhr die teutsche Lehr. Von 3 bis 4 Uhr den tantz Meister. Von 4 bis 5 Uhr den Wällschen [italienischen] Meister. Um 5 Uhr den Rosenkranz. Dienstag, Donnerstag und Samstag von 9 bis 10 Uhr französische Lehr. Von 10 bis 11 Uhr Dienstag und Donnerstag Saumill, Samstag zwei Brief schreiben. Um 11 Uhr in die Meß. Um 12 Uhr zu Mittag speysen. Von halber 2 bis 2 Uhr die Histori lesen. Von 2 bis 3 Uhr den Reit Meister. Von 3 bis 4 Uhr Mancrini [Italienisch]. Von 4 bis 5 Uhr Wagenseill [Musik]. Um 5 Uhr den Rosenkranz.« Am Sonntag durfte Maria Josepha die Eltern in die Kirche begleiten und mit ihnen speisen.

»Weil sie nach Neapel destiniert ist«, fügte die Mutter ihrer Instruktion an, »soll man ihr ihren Beruf möglichst erleichtern. Der dortige Hof geht sehr auf die Etiquette und will gnädige und freundliche Souverains haben. Aber eben dies kann die Tochter gar nicht, welches doch sehr nothwendig wäre.« Sie habe »etwas Rauhes und Widerwärtiges in ihrem Betragen, mit welchem ich unzufrieden bin«.

Eine Prinzessin war so zu erziehen, daß sie ihre Hauptaufgabe als Fürstenfrau und Fürstenmutter zu erfüllen vermöchte. Bei den Prinzen war das Hauptaugenmerk auf die Heranbildung von Monarchen zu richten.

Dies galt in erster Linie für den ältesten Sohn Joseph, der für die Herrschaft in den habsburgischen Ländern wie für die Übernahme der römisch-deutschen Kaiserkrone zu präparieren war. Pepi, weil mit seinen künftigen Würden unvereinbar, durfte er schon bald nicht mehr genannt werden. Joseph bekam einen eigenen Hofstaat. Mit fünf begann für ihn der Ernst des Herrscherlebens, zuerst der Unterricht in Lesen und Schreiben, dann in Religion, worauf die Mutter den größten Wert legte. Ein Augustinerpater übernahm die Koordination der Fächer, deren Abstimmung mit der Glaubenslehre und deren Zuordnung auf die Theologie.

Mit Französisch, der Sprache der Höfe, konnte nicht früh genug begonnen werden, Italienisch und Ungarisch, Sprachen habsburgischer Gebiete, kamen hinzu. Latein war nicht nur die römisch-katholische Kirchensprache, sondern auch die ungarische Amtssprache. Geographie blieb wichtig, um sich in den eigenen Ländern wie in deren europäischer Umgebung, in der sie zu behaupten waren,

hinreichend auszukennen. Ein Grundfach blieb Geschichte, die Kenntnis der Vergangenheit im allgemeinen und im besonderen der Dynastie, die es zu erhalten und fortzuführen galt.
Früh hatte sich zu üben, was ein Herrscher werden sollte. Mit sieben mußte Joseph das Regiment inspizieren, zu dessen Inhaber er ernannt worden war. Drei Wochen vorher zum erstenmal auf ein Pferd gehoben, hatte er sich nun hoch zu Roß »à la tête de son régiment« zu setzen. Vorsichtshalber blieben der Vater und der Ajo an seiner Seite. Von ihrer Kutsche aus behielt die Mutter alles im Blick und schien mit dem ersten militärischen Auftritt des Kronprinzen zufrieden gewesen zu sein.
Mit acht hatte Joseph in auswärtigen Angelegenheiten zu debütieren, den russischen Botschafter in Antrittsaudienz zu empfangen. Die ihm aufgeschriebene, auswendig gelernte Phrase ging ihm glatt über die Lippen: »Ihro Majestät der Russischen Kayserin mir so angenehme Erinnerung thut mich ohngemein verbinden; ich ersuche den Herrn Bottschafter dieselbe meiner wahren Hochachtung zu versichern: und es erfreuet mich anbey, daß die Wahl zu dieser Bottschaft auf einen Unserem Hof so angenehmen Ministre gefallen ist.«
Den zwölfjährigen Joseph wollte sich der Hof in Neapel als Gemahl einer bourbonischen Prinzessin vormerken lassen. Die Mutter gedachte sich noch nicht festzulegen: Sie trage ein »billiges Bedenken«, ihren Sohn so viele Jahre »voraus eine Gemahlin auszuersehen, von deren künftigen Leibes- und Gemüths-Eigenschaften noch kein gesichertes Urtheil schon dermahlen gefällt werden kann.« Überdies war sie der Meinung, daß ihr Bub sich erst zu entwickeln und noch vieles zu lernen hatte.
Der Kronprinz erhielt Unterricht im Mathematik, Militärwesen und Kriegskunst, Rechts- und Staatslehre. Naturwissenschaften wurden zur »Unterhaltung« gerechnet, Rhetorik ernsthaft betrieben; denn – wie Josephs Mentor Bartenstein erklärte – »der Endzweck der Redekunst ist, andere zu bereden«, wovon Wohl und Wehe eines Herrschers abhängen könnten.
Nicht allein zu überreden, vornehmlich zu überzeugen, beispielhaft zu wirken müsse ein Monarch vermögen, meinte Maria Theresia: »Unser Glück besteht nur in dem der anderen und in dem Vertrauen,

das sie uns entgegenbringen«, belehrte sie ihren siebzehnjährigen Sohn Ferdinand. Ein Herrscher müsse nicht nur in seiner inneren Einstellung, sondern auch in seiner äußeren Haltung mustergültig sein. »Sie haben gut darauf zu achten, daß er sich weder sitzend, stehend oder im Gehen eine schlechte Haltung angewöhnt«, wies sie den Erzieher ihres vierzehnjährigen Sohnes Leopold an. »Ich möchte, daß er in Miene und Auftreten freier, offener und selbstbewußter würde, daß seine Aussprache und der Ton seiner Stimme weniger rauh und sein Wesen wie seine Ausdrucksweise zuvorkommender würden.«

Der Herr Sohn möge sich in seinen Worten wie in seinen Werken als ein guter Christ erweisen, instruierte sie den achtzehnjährigen Maximilian Franz und ermahnte ihn, eine bessere Figur zu machen. Am Neunzehnjährigen hatte sie manches auszusetzen: »Ich habe beobachten müssen, daß Ihr oft die Hände im Gesicht oder am Mund haltet, um Euch zu kratzen oder an den Nägeln zu kauen, laßt das gefälligst, es sieht ganz übel aus und macht Euch lächerlich.« Und: »Laßt endlich von der üblen Angewohnheit, dauernd zu gähnen, das ist noch so ein Tick aus Eurer Kindheit, weswegen ich so oft schon mahnen mußte. Ihr werdet Euch im Leben noch oft genug langweilen müssen, aber das muß man zu ertragen wissen...«

Nicht zuletzt habe er es sich abzugewöhnen, »nach Art des niederen Volkes zu reden, so zu erscheinen und es nachzuahmen«. Schließlich sei es Sinn und Zweck der Prinzenerziehung, Fürsten heranzubilden, die durch die Gnade Gottes und nicht zum Gefallen des Volkes ihre Stellung unter dem Höchsten und über den gewöhnlich Sterblichen einzunehmen hätten.

Die Monarchin behielt dies stets im Auge, und die Mutter blieb darauf bedacht, ihre Kinder dementsprechend zu behandeln. Maria Theresia lebte im achtzehnten, einem pädagogischen Jahrhundert. Auch sie war der Meinung, daß man die Menschen durch Erziehung verbessern könne. Sie griff freilich auf Methoden zurück, die Bildung mehr durch Einbleuen als durch Einflößen und Züchtigkeit eher durch Züchtigung als durch Hinführung zur Selbstdisziplinierung zu gewinnen suchten.

Auch ihr Bildungsplan unterschied sich von dem der aufgeklärten Pädagogik. Ihr ging es weniger um die Entfaltung der Persönlichkeit als um die Einordnung der Person in die Gesellschaft und in den Staat, so wie sie gegeben waren und bleiben sollten. Das Bildungsziel erblickte sie nicht, wie zeitgenössische Philosophen, in der Erreichung paradiesischer Zustände auf dieser Welt, die von einer durch Erziehung geläuterten Menschheit geschaffen werden könnten, sondern in der Erlangung des Heiles im Jenseits durch den zu einem entsprechenden Betragen im Diesseits angehaltenen Menschen.

Ein Geschöpf Gottes habe sich auf Erden den Himmel zu verdienen, und zwar auf dem für ihn vorgesehenen Platz, den auszufüllen ihm zu lehren sei. Dies war der Grundsatz, nach dem Maria Theresia ihre Kinder zu erziehen sich bemühte: die Söhne, die als Könige, und die Töchter, die als Damen auf dem Schachbrett der großen Politik eingesetzt werden würden – nach dem Willen des Allmächtigen und in seinem Namen durch die Monarchin von Gottes Gnaden.

Die Kämpferin

Maria Theresia, 1759. Ölgemälde von Martin van Meytens d. Jg.

Bündnis mit Frankreich

»DAS BISSCHEN RUHM, das ich mir in der Welt erworben habe, schulde ich der guten Wahl meiner Vertrauten«, bilanzierte Maria Theresia. »Ich habe das Glück gehabt, verdienstvolle und rechtschaffene Leute zu finden...«
Sie untertrieb, was ihren Ruhm betraf, denn schon Zeitgenossen bezeichneten sie als die Erste Dame Europas. Doch sie traf den Punkt mit dem Hinweis, daß dieses Ansehen auch und nicht zuletzt ihren Helfern zuzuschreiben war. Das Glück, das sie mit ihnen fand, war freilich nicht unverdient. Denn sie nahm nur solche, die geeignet waren, die Politik, die ihr vorschwebte und die sie vorgab, in ihrem Sinne zu verfolgen und im Detail auszuführen.
Sie hörte auf Bartenstein, der sie in ihrem Willen bestärkte, ihr Erbe gegen eine Welt von Feinden, in erster Linie gegen die Hauptfeinde Preußen und Frankreich, zu verteidigen. Sie baute auf Haugwitz, der willens und in der Lage war, ihre angeschlagenen Länder durch innere Reformen gegen äußere Gefahren widerstandsfähig zu machen. Kaunitz traute sie es dann zu, er könnte ihren Staat innenpolitisch so festigen und ihr Reich außenpolitisch so stärken, daß Österreich zur Nummer eins in Europa würde und Preußen die Nummer Zwei in Deutschland bliebe.
Auf Unterstützung in der Außenpolitik war sie besonders angewiesen, denn die Diplomatie war ein Metier, das ihr nicht geheuer und wenig geläufig war. Sie neigte dazu, Diplomaten für Leute zu halten, die logen und betrogen, auf krummen Wegen ihre Absichten verfolgten und dabei einen Lebensstil pflegten, der ihr zu aufwendig wie zu unmoralisch vorkam. Wenn sie selbst, der Staatsräson nachgebend, die Diplomatin zu spielen suchte, verpatzte sie nicht selten den Auftritt durch ihre Offenherzigkeit, die es ihr kaum gestattete, die Wahrheit hinter Worten zu verbergen, wie durch ihr Temperament, dem es schwerfiel, ihre Gefühle und Gedanken im Zaum zu halten.

Aber Diplomatie mußte sein, Diplomaten waren vonnöten, und ein Chefdiplomat wurde gesucht, der im zwischenstaatlichen Verkehr erfahren war, die Kunst des Verhandelns beherrschte, als Meister seines Faches die Intentionen seiner Herrin dienstfertig aufzugreifen und perfekt auszuführen verstand. Einem Mann dieses Kalibers gedachte sie gewisse Schwächen, die in seiner Person lagen, ihr mißfallende Denkweisen, welche die Weltläufigkeit mit sich brachte, wie Verhaltensweisen, die der Beruf erforderte, wohl oder übel nachzusehen.

Beide Augen mußte sie bei Wenzel Anton Kaunitz-Rietberg zudrükken. Denn der Herr Graf stolzierte eitel wie ein Pfau über das höfische Parkett, prunkte mit luxuriöser Kleidung und kostbarem Schmuck, trug eine Perücke, die einer Pagode aus gepuderten Locken glich, und gab Laute von sich, die sich für Gegner und Neider wie jene des Wappentieres des Rokoko anhörten, des Pfaus, der zwar ein prächtiges Rad zu schlagen, aber nur unschöne Töne hervorzubringen vermochte. Jedenfalls bestand ein Mißverhältnis zwischen seinem Auftreten, das ihn als Prototyp des Ancien régime erscheinen ließ, und gewissen Äußerungen, die ihn als Anhänger der Aufklärung auswiesen, welche das alte System zu überwinden trachtete.

»Sein schwindliger Kopf ist mir lieber und kostbarer als die unsrigen in ihrer Stärke und Vollkommenheit«, entgegnete Maria Theresia jenen, die ihr abrieten, diesen Kaunitz, so wie er räsonierte und agierte, zu ihrem Mitarbeiter zu erwählen. Sie tat es dann doch, nahm ihn als leitenden Außenpolitiker, berief ihn 1753 zum Hof- und Staatskanzler und war mit ihrem »ersten Diener«, als der er sich bewährte, und »bestem Freund«, als der er sich erwies, ein Regentenleben lang zufrieden.

Sein Gesellenstück lieferte der angehende Meister der Diplomatie durch die Art und Weise, wie er die Monarchin für sich einzunehmen wußte. Denn sein bisheriger Lebenslauf und die dabei bekundete Lebensart waren nicht gerade geeignet, das Vertrauen Maria Theresias zu gewinnen.

Das aus Böhmen stammende Grafengeschlecht der Kaunitz hatte einen guten Namen, dessen sich der am 2. Februar 1711 in Wien geborene Wenzel Anton erst würdig zu erweisen hatte. Der Großvater, Dominik Andreas, war Reichsvizehofkanzler, der Vater Maximilian Ulrich Gesandter gewesen und Landeshauptmann von Mähren geworden. Die Mutter, Gräfin Maria Ernestine Rietberg, hatte mit ihrem westfälischen Besitz den Zweitnamen in die Familie eingebracht.

Das zweite der sechzehn Kinder der Kaunitz-Rietberg wurde besser erzogen als die meisten seiner gleichaltrigen Standesgenossen. Mit fünfzehn erhielt er mit Johann Friedrich von Schwanau einen Hofmeister, dem es gelang, seinen Zögling für die Aufklärungsphilosophie zu interessieren. Mit deren im Reich gepflegten, etwas verschwommenen Art kam Wenzel Anton bei seinem Rechtsstudium in Leipzig und mit der ausgeprägteren Form an der holländischen Universität Leyden in Berührung. Die Welt, welche die Aufklärer zu verbessern suchten, die ihnen aber in ihrem überkommenen Zustand nicht schlecht gefiel, lernte er auf einer Kavaliersreise durch England, Frankreich und Italien kennen.

Bereits dem neunzehnjährigen Kaunitz war im Reichshofrat eine Stelle reserviert worden, die anzutreten er sich nicht beeilte, erst 1734, mit dreiundzwanzig, einnahm. Zwei Jahre später vermählte er sich mit der Enkelin von Graf Gundacker Thomas Starhemberg. Was seine Berufskarriere zu fördern geeignet war, machte ihm im Privatleben zu schaffen. Marie Ernestine soll eine Messalina gewesen sein; jedenfalls benützte er den Eindruck, den sie als ausschweifende Frau erweckte, als Vorwand, sich selber auf Abwege zu begeben. Sie führten nicht allzu weit ab, solange er den das Blut verdickenden Tokajer trank, verleiteten ihn jedoch zu kühneren Seitensprüngen, als er zum Champagner überging.

Dazu bekam er durch seinen Eintritt in den diplomatischen Dienst reichlich Gelegenheit. Im Jahre 1740 lehnte er den angebotenen Gesandtenposten in Kopenhagen ab, weil ihm – wie er sagte – die Privatmittel für ein standesgemäßes Auftreten abgingen oder – wie ihm nachgesagt wurde – weil er sich bei Ausbruch des Österreichischen Erbfolgekrieges nicht sicher war, ob es bald noch ein Habsburgerreich gäbe, das zu vertreten sich lohnte.

Im Jahre 1741 übernahm er den Auftrag, die Geburt des Kronprinzen Joseph an italienischen Höfen anzukündigen und Sympathien für dessen Mutter zu wecken. Er machte das so geschickt und gut, daß er sich das Wohlwollen Maria Theresias erwarb und zum Gesandten in Turin ernannt wurde. Mit seinen Berichten erschrieb er sich ihre Achtung. Bald hatte sie so viel Vertrauen gefaßt, daß sie ihn als bevollmächtigten Minister nach Brüssel entsandte, um ihrer Schwester Maria Anna, deren Gemahl Karl von Lothringen im Felde stand, als Statthalterin der österreichischen Niederlande beizustehen.

Von da an war Kaunitz ein gemachter Mann. Seine Monarchin betraute ihn mit der wichtigsten Aufgabe, die in der österreichischen Diplomatie anstand: als ihr Bevollmächtigter die Friedensverhandlungen zur Beendigung des Österreichischen Erbfolgekrieges zu führen. Nicht zuletzt seiner diplomatischen Kunst war es zu verdanken, daß das Haus Habsburg den Sturm, der seine Existenz bedrohte, im großen und ganzen überstand, im Aachener Frieden von 1748 glimpflich davonkam.

Maria Theresia wie Kaunitz waren zufrieden über die Erhaltung der österreichischen Niederlande, unzufrieden mit der Abtretung von Parma und Piacenza und erbittert darüber, daß dem König in Preußen der Besitz des geraubten Schlesiens international garantiert wurde.

Die Monarchin, die immer daran gedacht und immer davon geredet hatte, daß Schlesien zurückgewonnen werden müsse, ließ ihrer Enttäuschung freien Lauf, nicht ohne die Hoffnung fahrenzulassen, daß es eines Tages dem Preußen wieder abgenommen werden könnte. Voraussetzung dafür – so das Ceterum censeo Maria Theresias – sei nicht nur eine Stärkung der österreichischen Staatsmacht und eine Verstärkung der österreichischen Militärmacht, sondern auch eine Außenpolitik, die es ermögliche, den preußischen Erzfeind in die Schranken zu weisen, ihn an weiteren Ausbrüchen zu hindern und dermaßen unter Druck zu setzen, daß er das, was er sich widerrechtlich angeeignet hatte, entweder freiwillig oder gezwungen herausrücken würde.

Allein war sie dazu nicht in der Lage, dafür brauchte sie Bundesgenossen. Sie hatte auf die Seemächte – die Engländer und, in deren Gefolge, die Holländer – gesetzt und war von ihnen enttäuscht worden. Sie hatten ihr zwar Spesen, Auslagen für die Kriegführung ersetzt, aber keineswegs so bereitwillig, wie sie es erwartet hatte, und schon gar nicht in der Höhe, die sie benötigt hätte. Die militärische

Hilfe Englands hielt sich in den Grenzen, die ihm seine Staatsräson zog, und die außenpolitische Unterstützung ging nur so weit, wie es ihm zur Aufrechterhaltung beziehungsweise zur Wiederherstellung der Balance of power geboten schien.

England griff in den Österreichischen Erbfolgekrieg an ihrer Seite ein, weil es das Gleichgewicht der Mächte durch eine Zerstückelung des Habsburgerreiches gefährdet und Frankreich, seinen Rivalen in der Welt, nach der Hegemonie auf dem Kontinent greifen sah. Da der Franzose, der alte Erbfeind der Österreicherin, mit dem Preußen, deren neuen Erzfeind, verbündet war, hatte der Engländer auch gegen diesen Front zu machen, auch deshalb, weil dieser sein Hannover bedrohte. Dies war indessen nicht der geringste Grund, warum er Friedrich II. nicht zu nahe treten wollte, ihn im Krieg nur als halben Gegner und im Frieden schon als halben Freund behandelte.

So mußte Maria Theresia auf Druck Englands 1742 im Frieden von Breslau und Berlin, 1745 im Frieden von Dresden und schließlich 1748 im Frieden von Aachen auf Schlesien verzichten, weil ihr Verbündeter ihren Feind nicht schädigen wollte. Die Engländer drängten ferner darauf, daß sie in Italien Parma und Piacenza an einen Angehörigen der mit den französischen verbündeten spanischen Boubonen abtrat, weil sie es lieber sahen, daß Österreich die Niederlande behielt, als daß im Vorfeld der Britischen Inseln Frankreich Fuß faßte.

Ihr englischer Bündnispartner hatte sich als Allianzführer aufgespielt, der bei der Kriegführung wie in Friedensverhandlungen die entscheidende Rolle beanspruchte, sich quasi als Allianzbrecher erwies, in Aachen durch eine Verständigung mit den Franzosen die Österreicher vor vollendete, ihnen abträgliche Tatsachen stellte. Maria Theresias Groll gegen Albion, den sie während des Krieges mühsam genug unterdrückt hatte, brach nach dessen Beendigung ungestüm hervor.

Von England, ihrem ersten Bündnispartner, fühlte sie sich abgestoßen, zu Rußland, ihrem zweiten Bündnispartner, nicht hingezogen, und die dritte Großmacht, Frankreich, war – wie in vielen Kriegen, so auch im letzten Krieg – Österreichs Gegner gewesen.

Seitdem die französischen Könige die Offensive in Richtung Rhein und Po ergriffen hatten, waren sie auf den Widerstand der das römisch-deutsche Reichsgebiet wie österreichische Hausinteressen verteidigenden Habsburger gestoßen. Andererseits hatte sich Frankreich in die Defensive gedrängt gesehen, nachdem es durch die Vereinigung der spanischen, deutschen und niederländischen Länder Habsburgs unter Karl V. umklammert worden war. Noch zu Beginn des 18. Jahrhunderts meinte es, im Spanischen Erbfolgekrieg zu einem Befreiungsschlag ausholen zu müssen, als eine Erneuerung dieses karolinischen Reiches zu befürchten gewesen war. Durch den Polnischen Thronfolgekrieg hatte sich Frankreich den Besitz des lange begehrten Lothringen gesichert. Im Österreichischen Erbfolgekrieg erblickte es eine willkommene Gelegenheit, die Macht Habsburgs endgültig zu brechen.

Das Ergebnis des achtjährigen Kampfes enttäuschte in Paris. Die österreichischen Niederlande, die französische Truppen fast ganz erobert hatten, mußten nach dem Frieden von Aachen geräumt werden. Der Gewinn Parmas und Piacenzas für den spanischen Bourbonen Philipp, einen Schwiegersohn Ludwigs XV., war ein schwacher Trost. Vor allem: England, das die Rolle des Hauptgegners Frankreichs von Österreich übernommen hatte, war gestärkt aus dem Ringen hervorgegangen und bereitete sich auf eine neue Runde vor.

»Dumm wie der Aachener Friedensvertrag«, pflegte man in Paris zu sagen, und in Wien war ähnliches zu hören. Eine erste, wenn auch negative Übereinstimmung war gegeben. Ein positiver Akkord war nicht so leicht anzuschlagen, in' Paris noch weniger als in Wien. Allmählich begann Maria Theresias Abneigung gegen England in eine Hinwendung zu Frankreich umzuschlagen.

Persönlich waren ihr die Franzosen ohnehin sympathischer als die Engländer. Diese hielt sie für Nordländer, die Fischblut in den Adern und ketzerische Gedanken im Kopfe hätten und als Krämerseelen nur einen Gott, den schnöden Mammon, anzubeten schienen. Die Franzosen hingegen gehörten zur lateinischen, römischen, katholischen Welt, welche die ihre war. Die Italiener, deren Kultur sie schätzte, standen ihr näher, und die Spanier, deren Steifheit ihr nicht behagte, entfernter als die Franzosen, deren moralische Leichtfertigkeit und geistige Leichtfüßigkeit sie nicht goutierte.

Wie fast alle Höfe Europas orientierte sich auch der Wiener Hof am Beispiel von Versailles. Maria Theresia sprach und schrieb die Lingua franca und richtete sich nach der Pariser Mode. Ihren Gemahl, den Sohn eines Lothringers und einer Französin, zog es ohnehin zur französischen Kultur, indessen weniger zur französischen Politik, die ihm sein angestammtes Herzogtum genommen hatte.

Maria Theresia fiel es nicht leicht, über den Schatten zu springen, den eine jahrhundertelange Erbfeindschaft auf das Verhältnis zwischen Österreich und Frankreich geworfen hatte. Doch nach den Erfahrungen, die sie mit England gemacht hatte, zeigte sie sich dazu bereit. Sie bedurfte nur noch eines Anstoßes, es zu wagen, und eines Außenpolitikers, der ihr dabei Hilfestellung gab.

In Kaunitz fand sie den Staatsmann, der ausdrückte, was sie dachte, sie zu dem anhielt, was sie zu tun beabsichtigte, und das ausführte, was sie sich vorstellte.

In seiner Denkschrift vom 24. März 1749, in der er der Monarchin die Situation nach dem Aachener Frieden darlegte, kam Kaunitz zu dem Schluß: »Daß weilen der König in Preußen vor den ärgsten und gefährlichsten Feind zu halten, und der Verlust von Schlesien unverschmerzlich falle, also auch die beständige und gröste Sorgfalt dahin gerichtet werden müste, den ernannten König zu schwächen und zumahlen Schlesien wieder herbeyzubringen. Daß deßfalls an der Mitwürckung der See-Mächten sehr zu zweiflen, und wenn auch der gute Willen vorhanden wäre, dennoch die Kräften und die Mittel der Ausführung ermangleten: daß folglichen zur Erreichung des großen Endzweckes kein anderer Weeg als die frantzösische Einverständniß übrig bleibe.«

Distanzierung von England und Holland und Annäherung an Frankreich mit dem Ziel, Preußen in Bedrängnis zu bringen und zur Rückgabe Schlesiens zu bewegen – Kaunitz sprach aus, was Maria Theresia dachte und wünschte. Er fand eine offene Tür und einen Weg an die Spitze des Staates, gefördert von der Monarchin, in deren Gunst er stand und die die Genugtuung empfand, »einen solchen Mann und an ihm die einzige Hilfe für mein Ministerium zu besitzen«.

Sie brauchte ihn, denn ihre Minister, und auch ihr Gemahl, waren nicht so scharfsinnig, um die veränderte Situation auf Anhieb zu begreifen, und nicht so wendig, um so schnell wie möglich die sich daraus ergebende Folgerung eines Koalitionswechsels zu ziehen. Außerdem mochten sie sich nicht ohne weiteres daran gewöhnen, daß ein achtunddreißigjähriger Neuling in der Geheimen Konferenz das große Wort führte und den Eindruck erweckte, im Namen der Monarchin zu sprechen. Schließlich schwenkte die Mehrheit auf die Linie ein, die Kaunitz vorgab und die Maria Theresia zu billigen schien, wovon die Minister mehr beeindruckt waren als von den Argumenten des Diplomaten.

Stichhaltigkeit war ihnen nicht abzusprechen. Der Kernsatz, von dem alles andere abzuleiten war, konnte kaum in Zweifel gezogen werden: Wenn Österreich nicht untergehen wolle, müsse »Preußen übern Häufen geworffen werden«, dürfe man einen Dualismus gar nicht erst aufkommen lassen.

Doch darüber, wie dies zu bewerkstelligen sei, gingen die Meinungen auseinander. Der Kaiser hätte es lieber im Verein mit England versucht, dessen König aus dem Haus Hannover ein Reichsfürst war. Franz I. spielte sogar mit dem Gedanken, den Kurfürsten von Brandenburg zu umarmen, freilich weniger, um ihn als Reichsstand an sich zu drücken, sondern um ihn in der Umarmung an antihabsburgischen Bewegungen zu hindern. Frankreich war und blieb für ihn der Reichsfeind, dem der römisch-deutsche Kaiser nicht die Hand reichen dürfe, und erst recht nicht der Lothringer, der ein Opfer der von Richelieu initiierten Ausdehnungspolitik geworden war.

Nicht die Reichsräson, sondern die Staatsräson müsse die Richtschnur sein, entgegnete Kaunitz. Eben habe man damit begonnen, die österreichischen Länder zu einer Einheit zusammenzufassen, woraus sich die Konsequenz ergebe, daß der neue Staat durch eine neue, seinen Interessen dienende Außenpolitik abzusichern sei. Konkret hieße das: Nicht für die Erhaltung des Heiligen Römischen Reiches Deutscher Nation, sondern für die Konsolidierung des österreichischen Gesamtstaates habe die Wiener Diplomatie in erster Linie zu sorgen, sich weniger um die Sicherung der Rheingrenze als um die Stabilisierung des aus einer kaiserlichen Hausmacht zu einer österreichischen Staatsmacht werdenden Habsburgerreiches zu kümmern.

Über diese herrschte Maria Theresia, nicht Franz I. Da ihr als Frau die Kaiserwürde nicht zugekommen war, hatte sie auch nicht die Bürden übernommen, die mit ihr für das Haus Habsburg verbunden gewesen waren, mußte sie nicht, wie ihre Vorgänger, so viele Rücksichten auf Reichsanliegen nehmen. Bei aller Achtung, die sie ihrem Mann entgegenbrachte, brauchte sie dem Gemahl, dem die Kaiserkrone zugefallen war, nicht so viel Respekt zu zollen, daß sie darüber die Interessen ihres Staates vernachlässigte. Sie konnte sich auf ihr Österreich, in dem sie allein regierte, voll und ganz konzentrieren, und sie wollte nicht nur eine Innenpolitik, sondern auch eine Außenpolitik führen, die ihm und nur ihm zustatten käme.

Franz I. beugte sich seiner Maria Theresia und der von ihr vertretenen Hausräson. Er fühle sich mit Ludwig XV. durch die Bande des Blutes und der Freundschaft verbunden, als Sohn einer Orléans wie als Verehrer Frankreichs, eröffnete er dem französischen Gesandten Blondel. Diesem gegenüber erklärte Maria Theresia: »Ich werde die Freundschaft mit Seiner Majestät sorgfältig pflegen. Seine Majestät wird feststellen, daß meine Gefühle aufrichtig sind.«

Zum Beweis schickte sie 1750 Wenzel Anton Kaunitz als ihren Gesandten an den Hof Ludwigs XV., den Diplomaten, der das, was sie sich vorgenommen hatte, verfolgen wollte und konnte. Er werde versuchen, »als Weltbürger«, wie er Blondel sagte, »an der Wiederherstellung des Vertrauens zu arbeiten und den beiden Höfen klarzumachen, daß ihr Interesse darin läge, sich engstens zu verbinden.« Maria Theresias Staatsmann ging daran, den Richtungswechsel in der Außenpolitik zu einem Koalitionswechsel voranzutreiben.

IN FRANKREICH mußten die Türen erst geöffnet werden. Kaunitz, der im Oktober 1750 seinen Gesandtenposten antrat, klopfte freundlich an und stellte sich als ein Österreicher vor, der, wenn er schon nicht das Glück gehabt habe, als Franzose geboren zu sein, so doch alles daran setzen wolle, ein Franzose zu werden, in Gedanken, Worten und Werken.

Als Rokokokavalier fand er in der Metropole des Plaisirs am ehesten Zutritt. Mancher Pariser mokierte sich freilich über die etwas schwerfällige, noch eher barocke Art, in der er in den Salons auftrat, wie über die etwas ungeschlachte Weise, in der er die Galanterie nachzuahmen und der Frivolität nachzueifern suchte. Auch wurde vermerkt, daß er kein großes Haus führte, was jedoch weniger einem haushälterischen Wesen als einem Mangel an Mitteln zuzuschreiben war.

Als Verehrer der französischen Literatur und als Jünger der französischen Aufklärung erwarb er sich Sympathien. Er liebte Molière und schätzte Voltaire, der sich damit revanchierte, daß er seinem Bewunderer nicht nur Charme, sondern auch Geist zuerkannte. Was ihm jedoch Zugang zu intellektuellen Zirkeln verschaffte, war nicht unbedingt geeignet, ihm das Entrée in Kreise des Hofes und der Regierung zu erleichtern.

Seinem unbestechlichen Blick war nicht entgangen, daß sich das große und stolze Frankreich gesellschaftlich und wirtschaftlich nicht im besten Zustand befand. Die Fühlungnahmen mit Finanzleuten erweckten seine Besorgnis, daß französische Hilfsgelder nicht so reichlich wie die englischen fließen könnten. Im Umgang mit Aristokraten erfuhr er, wie tief in der tonangebenden Schicht die Animosität gegen Habsburg verwurzelt war. Die Pourparlers mit Regierungsmitgliedern erregten seine Befürchtung, daß mit einer Abkehr Frankreichs von Preußen und einer Annäherung Frankreichs an Österreich in absehbarer Zeit kaum zu rechnen sei.

Ohnehin durch eine Krankheit und den Verlust eines Sohnes mitgenommen, ging Kaunitz in seiner Schwarzseherei so weit, daß er seiner Monarchin vorschlug, das Unternehmen Koalitionswechsel abzublasen, sich weiterhin an England zu halten und sich mit Preußen gut zu stellen.

Doch Maria Theresia war nicht bereit, von dem Kurs abzugehen, den sie aus Neigung wie auf Anraten des Staatsmannes eingeschlagen hatte, der nun Angst vor seiner eigenen Courage bekommen zu haben schien. Nun war es an ihr, ihm zuzureden.

»Er möge bedenken«, ließ sie ihm mitteilen, »daß ihm noch andere Söhne geblieben sind, die nicht minder vielversprechend sind wie der Verstorbene und seiner Erhaltung bedürfen, und daß er nicht nur sich, sondern vielmehr der Öffentlichkeit gehöre und sich für den Dienst der Kaiserin gesund zu halten habe.« Dies war der Zuspruch Maria Theresias für ihren Vertrauten, und dies die Anweisung der Monarchin an ihren Gesandten: Sie wolle sich nicht mit

Preußen versöhnen, denn sie könne nicht auf Schlesien verzichten. Daher müßten außenpolitische Vorkehrungen zur Rückgewinnung der geraubten Provinz getroffen, in erster Linie eine Verständigung mit Frankreich gefunden werden. Sie selber, »welche die Fortdauer des Friedens mehr als irgend jemand wünsche«, werde die Wiedergewinnung Schlesiens wohl kaum mehr erleben, zu der sie jedoch ihren Nachfolgern den Weg »nicht versperren möchte«.

Kaunitz hatte verstanden, nahm einen neuen Anlauf zum alten Ziel, das er nicht aus den Augen verloren hatte, das ihm jedoch, in einem Anfall von Schwarzseherei, unerreichbar geworden zu sein schien. Den direkten Weg, zum Kabinett des Königs von Frankreich, fand er nach wie vor versperrt, weswegen er einen Umweg einschlug: über das Boudoir der Madame de Pompadour, der Geliebten Ludwigs XV., die zur politischen Maitresse avancierte.

Die Marquise hörte ihm zu: dem Gesandten, der kein Gehör bei den Schranzen, ihren Konkurrenten bei Hofe, gefunden hatte, und dem Österreicher, der ein Gegner Friedrichs II. von Preußen war, dessen Spötteleien über ihre Person und ihr Verhältnis zu Ludwig XV. ihr zu Ohren gekommen waren. Vielleicht sympathisierte sie auch mit der Habsburgerin, die allen feindseligen Männern getrotzt hatte, und respektierte die Frau, die als Monarchin die Macht ausübte, die sie als Maitresse anstrebte.

Jedenfalls fand Kaunitz einen Weg, auf dem er Schritt für Schritt vorankam, Aversionen gegen Österreich hinter sich ließ und dem Ziel seiner Mission näher kam.

Maria Theresia, welche die Fortschritte in Richtung einer österreichisch-französischen Allianz begrüßte, hätte es lieber gesehen, wenn es nicht einer Schrittmacherin bedurft hätte, die von ihrer Auffassung von Sittlichkeit wie ihrer Anschauung des Herrschertums meilenweit entfernt war. Sie konnte schließlich nicht umhin, sich der Maitresse durch ein kostbares Geschenk – ein mit indischem Goldlack überzogenes Schreibpult mit ihrem Miniaturporträt – erkenntlich zu zeigen. Aber sie weigerte sich, ihr ein persönliches Dankschreiben zu senden.

Später stritt sie es ab, daß jemals »ein Brief oder ein Geschäft unseres Ministers durch ihre Vermittlung gegangen« sei, denn »diese Mittelsperson hätte mir nicht zugesagt«. Sie verdrängte ihren Brief vom 28. September 1755 aus dem Gedächtnis: »Du hast keineswegs gegen meinen Willen gehandelt, indem Du Madame de Pompadour gewählt hast, die das größte Vertrauen des Königs besitzt, denn es hätte sehr schädlich sein können, sie vollständig beiseite zu lassen«, schrieb sie dem Fürsten Georg Adam Starhemberg, der die Nachfolge von Kaunitz in Paris angetreten hatte und den Boden, den sein Vorgänger nicht zuletzt mit Hilfe der Maitresse des Königs aufgelockert hatte, für die Interessen seiner Monarchin weiterbearbeitete.

Maria Theresia hatte Kaunitz, mit dessen diplomatischen Erfolgen sie zufrieden war, nach Wien zurückgeholt und am 13. Mai 1753, an ihrem sechsunddreißigsten Geburtstag, zu ihrem Hof- und Staatskanzler ernannt, als Leiter der Außenpolitik berufen. Die Person war ein Programm: Die Männer, die das Bündnis zwischen Österreich und England vertreten hatten, der bisherige Kanzler Ulfeld und dessen rechte Hand Bartenstein, mußten dem zweiundvierzigjährigen Kaunitz, dem Verfechter einer Allianz zwischen Österreich und Frankreich, Platz machen.

Die Staatskanzlei, das bedeutendste Ministerium, war für die auswärtigen Angelegenheiten und die geheimen Haussachen zuständig. Kaunitz begnügte sich nicht damit, begann das Palais am Ballhausplatz, in dem er 39 Jahre lang amtierte, zur Reichszentrale Österreichs vis-à-vis der Hofburg auszubauen.

Nun wurde auch die Außenpolitik zentralisiert, die bisher in der Geheimen Konferenz kollegial abgestimmt und von Geschäftsträgern im Ausland, die mehr Grandseigneurs als Berufsdiplomaten waren, nicht selten nach ihrem Gutdünken ausgeführt worden war. Wie innere, so hatten die einzelnen Länder der Habsburgermonarchie auch äußere Angelegenheiten weitgehend in eigener Verantwortung und nach ihren besonderen Interessen wahrzunehmen versucht: Ungarn unterhandelte mit Polen, Böhmen mit Sachsen und Tirol mit Venedig.

Den früheren Kanzler Ulfeld bezeichnete Friedrich II. von Preußen als einen Meister in der Kunst des »vaguen österreichischen Stylus«. Das wäre ein Kompliment für einen Diplomaten gewesen, wenn hinter den unbestimmten Ausdrücken eine klare Vorstellung und ein fester Wille gesteckt und die Verschwommenheit zur Täuschung des Gegenübers über die wahren Absichten gedient hätte. Eingeweihte in Wien gewahrten jedoch hinter dem Schleier eine gähnende Leere. Maria Theresia nannte Ulfeld »le bon homme«, gebrauchte einen Ausdruck des »vaguen österreichischen Stylus«, hinter dem sie ihre weniger gute Meinung über Ulfeld verbarg.

Da war Kaunitz ein ganz anderer Mann. Hochgebildet und welterfahren, besaß er im Gegensatz zu seinem Vorgänger eine politische Konzeption und beherrschte das diplomatische Handwerk, um sie zu verwirklichen. Der neue Staatskanzler wußte, was er wollte, und ging daran, sich zur Ausführung seiner Außenpolitik ein Außenamt zu schaffen, in dem ihm fähige Beamte zur Hand gingen und von dem aus er geschulte Diplomaten in seinem Sinne zu leiten und zu lenken vermochte.

Die außenpolitische Zentralbehörde übernahm auch die Angelegenheiten der Niederlande und der Lombardei, der Außenposten des österreichischen Zentralstaates. Als Hauskanzlei wurden der Staatskanzlei das mit Beständen aus den Ländern angereicherte Haus-, Hof- und Staatsarchiv unterstellt. Wenn die Juristen sagten, daß sich nichts in der Welt befände, was nicht in den Akten stünde, dann war der Staatskanzler durch die Verfügung über die Akten der Beherrschung der österreichischen Welt näher gekommen.

Ein pädagogisches wie ein politisches Instrument erhielt Kaunitz als Kurator der Orientalischen Akademie, denn diese diente nicht nur als Sprachschule für Ostdiplomaten, sondern auch als Schulungszentrum für die Ostdiplomatie, die nach der Vorstellung von Kaunitz ihm gegen den alten Feind, die Türkei, den Rücken decken sollte, damit er sich ungestört dem neuen Feind, Preußen, zuwenden könnte.

Nachwuchs besorgte er sich am liebsten aus dem Rheinland und aus Schwaben, weniger aus Anhänglichkeit an das alte Reich, als um nicht immer Österreicher nehmen zu müssen, gegen deren Verfilzung mit Hofkreisen und Scheu vor der Arbeit er Bedenken hegte. Kaunitz begründete damit eine Tradition, die vom Gemahl seiner Enkelin und Nachfolger am Ballhausplatz, dem Rheinländer Metternich, aufgegriffen und bis weit in das 19. Jahrhundert hinein fortgesetzt wurde.

Von Wien aus führte der Staatskanzler die Politik weiter, die er als Gesandter in Paris begonnen hatte: die Franzosen den Preußen

abspenstig zu machen und für eine Allianz mit Österreich einzuspannen. Dies war leichter gewünscht als bewerkstelligt, wovon er sich bereits an Ort und Stelle überzeugt hatte und was ihm durch die Berichte seines Nachfolgers Starhemberg bestätigt wurde.
Die Weltpolitik kam seiner Europapolitik zu Hilfe. In Übersee verschärfte sich der Gegensatz zwischen England, dem Österreich mißliebig gewordenen alten Partner, und Frankreich, das sich Kaunitz wie Maria Theresia als neuen Partner ausgesucht hatten. Seit dem Beginn des Jahres 1755 lag ein Krieg zwischen dem bisherigen und dem zukünftigen Koalitionär in der Luft.
London pochte auf seine Bündnisrechte, verlangte von Wien die Verlegung von 25 000 bis 30 000 Soldaten in die Niederlande, um einen befürchteten Angriff der Franzosen im Vorfeld Englands zum Stehen zu bringen. Diese Truppen würden eine Lücke in Böhmen hinterlassen, durch die Preußen, der Verbündete Frankreichs, nach Österreich hineinstoßen könnte, erklärte Kaunitz, verwarf das britische Ansinnen und gewann ein neues Argument für einen möglichst schnellen Wechsel der Allianzen.
Nun sei es höchste Zeit, erklärte der Staatskanzler im August 1755 in der Geheimen Konferenz, sich von England abzusetzen und sich mit Frankreich zu alliieren, um mit Unterstützung des neuen Bundesgenossen »dem König in Preußen Schlesien wieder abzunehmen und aller Mittel zur Revanche zu berauben«. Wenn man einen Preis dafür entrichten müßte, könnte der Verzicht auf einen Teil der ohnehin ständig von Frankreich bedrohten Niederlande ins Auge gefaßt werden.
Maria Theresia und auch Franz I. genehmigten den Plan des Staatskanzlers. Im September 1755 begannen die Verhandlungen. Sie wurden geheim geführt, denn Österreich konnte die englische Karte noch nicht ablegen, und Frankreich wollte den preußischen Trumpf in der Hand behalten. In Bellevue, auf dem Landsitz der Marquise de Pompadour, trafen sich Fürst Starhemberg und der Abbé de Bernis, der spätere Außenminister.
Der Österreicher erklärte, seine Monarchin würde es sehr bedauern, wenn sie durch die Koalition mit England gezwungen wäre, an einem Krieg gegen Frankreich teilzunehmen, und es sehr begrüßen, wenn die Hindernisse beseitigt werden könnten, »die sich bisher vor

das für die Ruhe in Europa und die katholische Religion so wünschenswerte« Einvernehmen mit dem Bourbonen gestellt hätten. Die Habsburgerin sei bereit, ihre Allianz mit den englischen Ketzern und Krämern aufzugeben, wenn die Allerchristlichste Majestät in Versailles die seinige mit den preußischen Protestanten und Landräubern kündige. Arm in Arm vermöchten sie die Ordnung wiederherzustellen und den Frieden zu bewahren.

Ludwig XV. wies Maria Theresia nicht ab, hielt sie jedoch hin. Ein Bündnisvertrag war vorerst nicht aus der Taufe zu heben, aber die Geburt einer Tochter Maria Theresias, der späteren Königin von Frankreich Marie Antoinette, und eines Enkels Ludwigs XV., des späteren Königs Ludwig XVIII., bot im November 1755 eine Gelegenheit, die gegenseitigen Glückwünsche mit neuen Unterhandlungen zu verbinden.

Die Lage begann sich zugunsten Österreichs zu verändern. Ein Krieg zwischen Frankreich und England war in greifbare Nähe gerückt. In Versailles fragte man sich, ob bei diesem Konflikt, der in erster Linie auf den Meeren und in Übersee ausgetragen werden würde, auf dem Kontinent nicht Österreich der verläßlichere, vielleicht stärkere, jedenfalls der Bündnispartner wäre, der die Niederlande für einen Vorstoß vor die Haustüre Englands öffnen könnte. Andererseits sorgte man sich in London um die Sicherheit Hannovers und kam zu dem Schluß, daß Preußen, das diesem geographisch näher lag, ein geeigneterer Bundesgenosse als Österreich wäre, dem nicht mehr über den Weg zu trauen war.

In Potsdam merkte Friedrich II., daß sich der Wind drehte. In seinem Politischen Testament von 1752 hatte er festgestellt, Preußen sei – trotz des Gewinns von Schlesien – immer noch eine unfertige Großmacht, die weiterer territorialer Abrundung bedürfe; er dachte an Teile Polens, Schwedisch-Pommern und in erster Linie an Sachsen. Dabei stünde ihm vor allem Österreich im Wege, das ihm nicht nur eine weitere Ausdehnung zu verwehren, sondern auch Schlesien wieder abzunehmen beabsichtige. Rußland dürfe zwar »nicht unter die Zahl unserer wirklichen Feinde gerechnet werden«; aber mit Österreich alliiert, verstärke es die Bedrohung. Wenn sich zu Wien und Sankt Petersburg noch Versailles als Dritter im Bunde gesellte, würde Preußen eingekreist sein.

Dies konnte und wollte England nicht zulassen. Eine Beschädigung oder gar eine Zerschlagung Preußens hätte die Balance of power aus dem Lot gebracht und ihm einen Festlandsdegen gegen Frankreich aus der Hand geschlagen. So kam es am 16. Januar 1756 zur Konvention von Westminster zwischen England und Preußen.

Georg II. versprach, Preußen den Rücken gegen Rußland zu decken. Friedrich II. verpflichtete sich, Hannover zu respektieren. Beide dachten noch nicht an einen Wechsel ihrer Allianzen, aber diese Konvention war ein äußerst unfreundlicher Akt gegen ihre bisherigen Alliierten: Englands gegen Rußland, mit dem es eben einen Subsidienvertrag geschlossen hatte, indirekt auch gegen Österreich, weil es Preußen einen Beistand gegen Rußland gewährte, den es Österreich gegen Preußen verweigerte – und Preußens gegen Frankreich, das in einem Krieg gegen England mit einem Angriff seines preußischen Alliierten auf Hannover gerechnet hatte.

Maria Theresia kam die Konvention von Westminster wie gerufen. Die Franzosen, die immer noch nicht zu einer Kehrtwendung zu bewegen gewesen waren, mußten nun erkennen, daß sie sich für nichts und wieder nichts »pour le roi de Prusse« eingesetzt hatten, für Friedrich II., der ihre Bündnistreue mit einem Bündnisverstoß beantwortete. Endlich waren sie reif für ein Umschwenken von Preußen zu Österreich.

Zuvor feilschten sie um den Preis. Sollte die französisch-österreichische Allianz dazu führen, daß Maria Theresia ihr heiß begehrtes Schlesien zurückerhielte, sei es nicht zuviel verlangt, wenn Ludwig XV. für seinen Schwiegersohn Philipp, der das 1748 gewonnene Parma und Piacenza an Habsburg zurückgeben könnte, das österreichische Luxemburg und für sich selber die übrigen Niederlande, das heutige Belgien, zugesprochen bekäme.

Nachdem diese Forderungen, deren Erfüllung in weiter Ferne lag, vom österreichischen Unterhändler Starhemberg gebilligt worden waren, wurde am 1. Mai 1756 in Jouy, dem Landsitz des französischen Außenministers Rouillé, ein Defensivbündnis geschlossen. Frankreich und Österreich gewährleisteten die Neutralität Belgiens und garantierten sich ihre jeweiligen Besitzstände; sollte einer der Vertragspartner von einer dritten Macht angegriffen werden, würde ihm der andere Soldaten stellen und Subsidien gewähren.

Ludwig XV. ratifizierte den »Bündnisvertrag zu Versailles« schon am nächsten Tag. Maria Theresia ließ sich etwas Zeit. War ihr die Defensivallianz nicht genug, hatte sie schon jetzt an eine Offensivallianz gedacht? Anzunehmen ist, daß sie sich scheute, einen Krieg vom Zaun zu brechen. Wollte sie nur die Engländer, von denen sie so lange an der Leine geführt worden war, nun ihrerseits ein bißchen zappeln lassen? Dafür spräche ihre offensichtliche Genugtuung, mit der sie dem englischen Gesandten eine Abfuhr erteilte. Als dieser Wind von der österreichisch-französischen Entente bekommen hatte – denn auch bei der Geheimdiplomatie blieb nichts geheim und sollte es in diesem Fall auch nicht bleiben –, eilte er zu Maria Theresia und warf ihr Verrat an ihrem alten Bündnispartner vor. Der Verräter sei Georg II., gab sie dessen Vertreter zu verstehen; denn der Engländer habe sie in Aachen im Stich gelassen und in Westminster hinter ihrem Rücken mit ihrem Erzfeind paktiert. Sie erniedrige sich, wenn sie sich dem Franzosen in die Arme werfe, sagte ihr der arrogante und impertinente Robert Keith ins Gesicht. »Ich werfe mich nicht in seine Arme, ich stelle mich ihm zur Seite«, ließ sie ihn abblitzen.

Am 19. Mai 1756 ratifizierte sie den österreichisch-französischen Vertrag »mit ungemeinem Vergnügen«, wie Khevenhüller bemerkte. Maria Theresia erklärte: Dies sei der erste Traktat, welchen sie in ihrer Regierungszeit gerne und »de bon cœur« unterzeichnet habe.

Den Engländer war sie losgeworden, aber den Franzosen hatte sie noch nicht ganz für sich gewonnen, und der Preuße verlangte Aufklärung, was dies alles zu bedeuten habe. Am 27. Juli 1756 sprach der preußische Gesandte Klinggräf vor und fragte an, was die Zusammenziehung österreichischer Truppen in Böhmen zu bedeuten habe. Maria Theresia, die auch gegenüber dem Preußen am liebsten kein Blatt vor den Mund genommen hätte, hielt sich zurück und verlas eine von Kaunitz verfaßte Erklärung: Sie müsse sich ihre und ihrer Verbündeter Sicherheit angelegen sein lassen.

Vielleicht ahnte sie, daß Friedrich II., der den alten machiavellistischen Adam nicht abgelegt hatte, nur einen Vorwand für ein eigenes militärisches Vorgehen suchte, und wahrscheinlich kam es ihr nicht ungelegen, ihn die Initiative ergreifen zu sehen, von der sie

durch eigene Skrupel wie die Ungewißheit, ob der Franzose mit ihr marschieren würde, abgehalten wurde.
Zu günstiger Zeit anzugreifen sei besser, als sich in ungünstiger Zeit verteidigen zu müssen, meinte Friedrich II. und schlug los. Er wollte nicht warten, bis die Einkreisung sich zur Einschnürung verengt und zur Erdrosselung geführt hätte, suchte sich in einem Moment, da die Gegner weder politisch einig noch militärisch gerüstet waren, durch einen Präventivkrieg Luft zu machen. Am 29. August 1756 fiel er ohne Kriegserklärung in das neutrale Sachsen ein, das ihm als Operationsbasis gegen das österreichische Böhmen dienen sollte und das er als preußische Provinz behalten wollte.
Das Beispiel machte Schule, sollte in der preußisch-deutschen Zukunft nachgeahmt werden. In der europäischen Gegenwart stand Friedrich II. als Aggressor, Rechtsbrecher und Friedensstörer, als Feind der Ruhe und Ordnung da.
Als Maria Theresia vom Überfall auf Sachsen erfuhr, brach sie in Tränen aus. Die Frau fühlte schon jetzt mit den Opfern des Krieges. Die Regentin jedoch begriff, daß die Stunde der Revanche für die beiden verlorenen Schlesischen Kriege und die Revision der den Verlust Schlesiens bestätigenden Friedensverträge geschlagen hatte. Was die Monarchin dachte, sprach ihr Staatskanzler aus: »Mit Gottes Hilfe werden wir dem hochmüthigen König in Preußen so viele Feinde auf den Hals ziehen, daß er darunter erliegen muß.« Im Dritten Schlesischen Krieg, der sieben lange Jahre dauern sollte, ging der erste Wunsch in Erfüllung, der zweite nicht.

Sieben Jahre Krieg

EINE »DESTRUCTION TOTALE« des aggressiven Preußens erstrebten Österreich und Frankreich, die ihr Defensivbündnis vom 1. Mai 1756 am 1. Mai 1757 zu einem Offensivbündnis erweiterten.
Als dritte Großmacht schloß sich Rußland an. Zarin Elisabeth, die seit 1746 mit Maria Theresia alliiert war, ergriff die Gelegenheit, den Spötter Friedrich zu demütigen und ihr Reich zu vergrößern; sie dachte an Ostpreußen.

Eher bescheiden waren die Ansprüche Maria Theresias. Sie forderte das geraubte Schlesien zurück und als Zugabe Krossen an der Mündung des Bober in die Oder. Das überfallene Sachsen sollte mit Magdeburg und Halle entschädigt werden.

Schweden wollte nicht leer ausgehen. Mit seinem Beitritt zum Dreibund und einem Beitrag von 20000 Soldaten erwarb es sich Anspruch auf Pommern und französische Hilfsgelder. Die Nachfahren Gustav Adolfs ritten diesmal nicht für, sondern gegen das protestantische Brandenburg-Preußen.

Die konfessionellen Parteiungen des Dreißigjährigen Krieges schienen – zumindest bei den Potentaten – zu Beginn des Siebenjährigen Krieges keine Rolle zu spielen. Auch protestantische Reichsstände wie Württemberg und Mecklenburg-Schwerin paktierten mit den katholischen Mächten Österreich und Frankreich. Immerhin verhinderte das Corpus evangelicorum, die Körperschaft der protestantischen Reichsstände, die Verhängung der Reichsacht über Friedrich II. Doch eine große Mehrheit des Regensburger Reichstages beschloß anfang 1757 die Reichsbewaffnung und Reichsexekution, die in der Reichsverfassung vorgesehenen Maßnahmen gegen einen Reichsfriedensbrecher.

Nur das mit England, dem Alliierten Preußens, in Personalunion verbundene Hannover sowie Braunschweig, Hessen-Kassel und Sachsen-Gotha standen zum Hohenzollern, der das Land eines Mitfürsten angegriffen und besetzt hatte.

Weniger aus Loyalität zum Kaiser, der mit der Habsburgerin vermählt war, eher aus Respekt vor der Reichsverfassung reihten sich katholische und protestantische Reichsstände in die Abwehrfront gegen den Aggressor ein. Entscheidend war die Sorge, daß das schlechte Beispiel Schule machen und auch ihre Selbständigkeit gefährdet werden könnte. Es sei notwendig, hatte ein Jahrhundert vorher der Staatsrechtslehrer Samuel von Pufendorf erklärt, daß im Reichsverband »jedem seine Rechte gewahrt werden und niemandem gestattet wird, den Schwächeren zu unterdrücken, damit so trotz der Ungleichheit an Macht die Freiheit und Sicherheit aller gleich sei«.

Nun hatte das starke Preußen das schwächere Sachsen unterdrückt. Maria Theresia konnte sich auf das Reichsrecht berufen, das Friedrich II. gebrochen hatte, den Krieg, in den sie eintrat, als einen gerechten Krieg erklären. Nicht nur die Moral, auch die Macht schien auf ihrer Seite zu sein: Mit Österreich stellten sich Frankreich, Rußland, Schweden und deutsche Reichsstände gegen die noch unfertige Großmacht Preußen, die sich nur auf das potente, aber ferne England und auf weniger potente deutsche Bundesgenossen zu stützen vermochte.

Maria Theresia schien die Trümpfe in der Hand zu haben, aber es stellte sich heraus, daß diese nicht, wie angenommen, stachen. Im Recht zu sein, war kein schlagendes Argument in einer Zeit, da der Machiavellismus nicht nur in Potsdam und London, sondern auch in Versailles und Sankt Petersburg und sogar in Wien letztlich ausschlaggebend war.

Die Staatsräson hatte Friedrich II. veranlaßt, einer Niederwerfung und Zerstückelung seines Königreiches zuvorzukommen, und England, das in der Auseinandersetzung mit Frankreich in Übersee eines Bundesgenossen auf dem Kontinent bedurfte, an seine Seite getrieben. Weniger das Bestreben, den Störer des europäischen Friedens in seine Schranken zu weisen, als die Verfolgung machtpolitischer Ziele hatte die Gegner Preußens mobilisiert. Frankreich wollte einen Nebenkriegsschauplatz im Weltmachtkampf mit England eröffnen, Rußland sich nach Westen vergrößern und Schweden seinen Brückenkopf jenseits der Ostsee erweitern.

Selbst in Österreich steckten unter dem Mantel der Moral machtpolitische Blößen. Maria Theresia war mit Verve und zu Recht über den »elenden König« empört, der den Frieden im Reich und in Europa gebrochen, gegen das »Monstrum« aufgebracht, das ihr Österreich nun schon zum drittenmal angriff. Das Herz stand in Flammen, aber der Kopf blieb kühl. Die Gelegenheit schien günstig, die offene Rechnung mit Friedrich II. zu begleichen, das geraubte Schlesien zurückzuholen und es zu verhindern, daß die Hohenzollernmacht sich als Rivale der Habsburgermacht in Deutschland breit machte.

Die Staatsräson war auch in Wien das erste, wenn auch nach Möglichkeit vertuschte erste Staatsgebot geworden. Die Gewissensbisse, die Maria Theresia dabei empfand, ehrten die Frau, nützten jedoch wenig der Herrscherin in ihrer Auseinandersetzung mit

einem Gegner, den bei der Verfolgung seiner machtpolitischen Ziele kaum Skrupel hemmten. Die Moral erwies sich als Leichtgewicht im Staatenkonflikt, und die Macht der antipreußischen Koalition war nicht geballt in die Waagschale zu werfen. Weder Frankreich noch Rußland, und erst recht nicht Schweden und die Reichsstände waren bereit, sich so einzusetzen, wie es das Hauptinteresse Österreichs, des Hauptgegners Preußens, verlangt hätte. Weil jeder Koalitionär eigene Ziele anstrebte, aber nur so weit zu gehen gedachte, wie es sein besonderes Anliegen gebot, gelang nicht die Maria Theresia erwünschte, für einen gemeinsamen Sieg erforderliche politische wie militärische Koordination.
Auf geduldigem Vertragspapier war die alliierte Truppenmacht enorm und imposant. Frankreich versprach 105 000, Rußland 80 000, Schweden 20 000 Soldaten, und von der Reichsbewaffnung erwartete man eine Reichsarmee von einigen zehntausend Armierten. Maria Theresias Streitkräfte wurden auf 177 000 Mann beziffert. Friedrich II. marschierte mit 141 000 Soldaten in den Krieg, rechnete mit 40 000 Mann seiner Verbündeten.
Die zahlenmäßig unterlegene preußische Armee war jedoch besser ausgebildet, galt als leistungsfähiger und wurde von einem einzigen Oberbefehlshaber, dem König, genial geführt. Ein alliiertes Oberkommando gab es nicht; jeder Verbündete operierte mehr oder weniger nach eigenem Ermessen. Maria Theresia, die nicht mit ins Feld ziehen konnte, mischte sich von Wien aus ein, redete ihren Generälen dazwischen und erschwerte dadurch das Funktionieren der ohnehin komplizierten österreichischen Kriegsmaschinerie.
Die Sorge, der Gegner könnte sich als überlegen erweisen, bedrückte sie bereits zu Beginn des Siebenjährigen Krieges. Nachdem Friedrich II. das gefangene sächsische Heer kurzerhand in die preußische Armee eingereiht hatte, stellte sie fest: Der Hohenzoller »raubt fremde Untertanen und zwingt sie, Eid und Pflicht zu brechen«, gegen ihren eigenen Landesherrn zu kämpfen. »Sein ganzes Militär ist eine solche künstliche Maschine, welche jeden gemeinen Soldaten auch wider Willen nützlich und fechten macht. Alle anderen Mächte werden durch den Krieg und durch öftere Schlachten von Volk entblößt; der König allein hat das Mittel erfunden, durch den Krieg seine Truppen zu ergänzen.«

Würde sie ein drittes Mal von dieser Maschine überrollt werden? Sie hatte einiges unternommen, um eine weitere Niederlage zu vermeiden. Durch die Heeresreform war die Anzahl wie die Schlagkraft ihrer Streitkräfte vermehrt und auch der Geist der Truppe verbessert worden. Im Jahre 1753 hatte sie verfügt, »daß kein Offizier sich nicht unterstehen solle, einen Gemeinen mit ein Stock oder Degen zu berühren, noch weniger zu schlagen, unter Kassation.«

Im Verhältnis zum kleineren Preußen brachte das größere Österreich zu wenig Truppen auf, im Unterschied zum Militärstaat des Hohenzollern waren im Habsburgerreich nicht alle Energien auf die Heeresmacht zu konzentrieren, und der chronische Geldmangel hatte die Ausrüstung der Armee behindert. Genaugenommen war Österreich im Jahre 1756 noch nicht kriegsbereit, was Friedrich II. nicht verborgen geblieben, mit ein Grund für seinen Präventivschlag war.

Es fehlte an vielem, »Pontons, Artillerie, besonders Munition«, wie die Monarchin im September 1756 feststellte. Mehr Kriegsmaterial sollte herangeschafft und die Ausbildung der Rekruten verbessert werden. Die Soldaten müßten Winterkleidung und Soldzulage erhalten. Kein General dürfte sich ohne ihre ausdrückliche Erlaubnis von der Truppe entfernen. Sie versuchte die Moral der Gemeinen zu heben, Offiziere am Portepee zu fassen und Generälen das Gehenlassen und Machenlassen abzugewöhnen.

Tüchtige Heerführer hatte auch das zur Kommodität neigende Österreich aufzuweisen. Ihrem Schwager Karl von Lothringen freilich hatte mehr die Zugehörigkeit zur Herrscherfamilie als sein Feldherrntalent den Oberbefehl verschafft. An der Qualifikation des Feldmarschalls Graf Leopold Joseph Daun war nicht zu zweifeln, auch wenn er am Schreibtisch, als Heeresreformer, mehr Beweglichkeit zeigte als im Felde, wo er sich als ein Fabius Cunctator erwies. Erst im zweiten Glied standen zu Kriegsbeginn die nachmaligen Kriegshelden Gideon Ernst von Laudon und Graf Franz Moritz Lacy. Im allgemeinen schien Maria Theresia von den Fähigkeiten ihrer Generäle nicht sonderlich überzeugt gewesen zu sein. Jedenfalls hielt sie es auch deshalb – und nicht nur in dem Bewußtsein, daß ihr als Monarchin das erste und das letzte Wort zustehe – für erforderlich, in die Operationen einzugreifen. Sie erteilte Marschbefehle, be-

stimmte über Verteilung, Bewegung und Ziele der Truppen (»Man müßte nach Schlesien gehen, einen Platz wegnehmen und sich festsetzen«) und verlangte laufende Berichterstattung (»mit dem Journal und den kleinsten Particularitäten, besonders was Verlust von Leuten, oder wie die Arbeiten avanciren«).
Es ging nicht so voran, wie sie es für erforderlich hielt. Die Ergebnisse hinkten den Vorgaben hinterher. Die Ausrüstung ihrer Truppen blieb mangelhaft, die Tatkraft von Führern wie Geführten ließ zu wünschen übrig. Dies sei »nur gar zu wahr und erkenne es schonn eine Zeit«, konstatierte sie 1758, »und bin mehr in Sorgen wegen disen innerlichen [Schwierigkeiten] als vor dem Preussen selbsten.« Ihre eigene Truppe vermochte sie nicht auf Trab zu bringen, und erst recht nicht die verbündeten Heere. Mit der Reichsarmee, diesem bunt karierten Haufen, war nicht viel anzufangen. Die Schweden übten sich in Zurückhaltung, die Russen suchten lieber die Zivilbevölkerung heim, als gegen das Feindheer zu ziehen, und »die Franzosen«, klagte sie, »sind unbeständig in allem, auch in dem früheren Feldzug haben sie ihre Nase immer nur nach dem Rhein gedreht.«
Aber sie konnte ihre Bundesgenossen nicht entbehren und war durch nichts davon abzubringen, selber ihren Bündnisverpflichtungen nachzukommen. Nie und nimmer werde sie ihre Alliierten im Stich lassen, hatte sie bereits im letzten Krieg erklärt. »Dan ob Wir gleich solchergestalten der Gefahr Uns aussetzen, daß auf Unsere unkosten andere Uns vorkommen, So wollen Wir doch lieber diese gefahr laufen, als im mindesten beschuldigt werden zu können, gegen trauen und glauben gehandelt zu haben.«
Das unglückliche, vom Preußenkönig besetzte und gequälte Sachsen gedachte sie nicht aufzugeben, vielmehr alles aufzubieten, um es »seinem Herrn und Herrscher zurückzugeben«. Sie werde »jedes erdenkliche Mittel und den letzten Mann dazu verwenden«, versicherte sie der Kurprinzessin Maria Antonia von Sachsen, »Sie aus dieser Sklaverei zu befreien«. Doch Maria Theresia gestand sich ein, daß dazu ihre Kräfte allein nicht ausreichten. »Der liebe Gott wird doch schließlich Mitleid mit uns haben und dieses Ungeheuer vernichten«, Friedrich II. bestrafen.
Die Habsburgerin setzte ihre Hoffnung auf den Herrn der himmli-

schen Heerscharen, wie sie es immer tat, und nun um so mehr, als sie zu zweifeln begann, daß ihre Streitmacht im Verein mit den unsicheren Kantonisten der Alliierten allein imstande wäre, den Hohenzollern niederzuwerfen. »Dis ist dan auch die wahre ursach meiner so grossen Kummer und betrübnus und warumen mich täglich mehr verstecke, weillen meine eygene wunden nicht allen entdecken kan noch will«, gestand sie dem Feldmarschall Prinz von Sachsen-Hildburghausen. »Diese situation ist cruel, mithin bedauern sie mich, helffen kan man jetzo nicht als Gott allein.«

Doch immer wieder raffte sie sich auf, klammerte sie sich an das Wort, daß Gott nur dem helfe, der sich selber helfe. »Überall im Leben, insbesondere aber im Kriege, muß man etwas aufs Spiel setzen«, sprach sie sich zu, ohne die Sorge loszuwerden, daß auch die dritte Partie mit dem Preußen wie die erste und die zweite verlorengehen könnte.

DIE ERSTEN ZÜGE im Dritten Schlesischen Krieg, der sich sieben Jahre hinziehen sollte, wiesen auf ein Unentschieden hin: Maria Theresia verlor und gewann Schlachten, ohne daß sich abzeichnete, ob sie den Krieg gewinnen oder verlieren würde.

Der Krieg begann 1756 mit Friedrichs Paukenschlag in Sachsen und einem Sieg über die Österreicher bei Lobositz an der Elbe, am Einfallstor nach Böhmen. Nach der Winterpause, die beide Seiten benützten, ihre politischen wie militärischen Reihen zu schließen, rückten im April 1757 117 000 Preußen in Böhmen ein. Mit der Eroberung dieser Zitadelle würde die Festung Österreich fallen, hoffte Friedrich und befürchtete Maria Theresia. Deshalb setzte sie – wie schon im Österreichischen Erbfolgekrieg – alles daran, »um mir Böhmen zu retten«, ihr reiches Kronland und die Zentralstellung der Landesverteidigung.

Doch der Preuße siegte bei Prag und belagerte die Stadt, marschierte dem zum Entsatz anrückenden Daun entgegen. Am 18. Juni 1757 trafen sie bei Kolin aufeinander. Friedrich wurde völlig geschlagen, mußte sich aus Böhmen zurückziehen. Daun setzte ihm nicht nach, ob nun aus angeborenem Zaudern oder durch die Überraschung gelähmt, einen für unüberwindlich gehaltenen Gegner besiegt zu haben.

Seinem Feldherrnruhm tat dies keinen Abbruch. Maria Theresia, die nach Empfang der Siegesnachricht – noch in ihren Nachtkleidern und mit Tränen in den Augen – die Gratulation des Hofes entgegennahm, schrieb an Daun: »Nunmehro genieße Ich eines gedoppelten Vergnügens, nachdem nebst denen mit Zuverlässigkeit zu hoffen stehenden ersprießlichen Folgen zugleich Meine Armee den Ruhm der Herzhaftigkeit neuerdingen erfochten hat.« Die Monarchin sprach mit ihrem Dank an Daun die Erwartung aus, daß sie sich von ihm »mehrere dergleichen Proben zum voraus mit Zuverläßigkeit verspreche«.

Das von ihr mit Dauns Hilfe reorganisierte Heer hatte unter Führung des nun auch als Feldherr erprobten Militärreformers seine erste große Kriegsprobe bestanden. Das war für sie Anlaß genug, dem Feldmarschall das Großkreuz des von ihr gestifteten Militär-Maria-Theresien-Ordens zu verleihen. Gleichzeitig erhielt es Karl von Lothringen, der sich bei Prag weniger rühmlich hervorgetan hatte.

Die Siegesmedaille auf den 18. Juni 1757 zeigte die griechische Göttin Pallas Athene, die eine Pyramide mit dem Blitz zerschmettert, und die Umschrift: »Gott zernichtet allen Hochmut«. Derjenige des Preußenkönigs, auf den dies gemünzt war, konnte nicht so leicht gebrochen werden, auch wenn es kurze Zeit so ausgesehen haben mochte.

Nach dem Rückzug aus Böhmen drangen seine Feinde von mehreren Seiten auf ihn ein. Die Russen avancierten in Ostpreußen und die Franzosen im Preußen westlich der Weser, in Hannover und Hessen. Die Österreicher stießen nach Oberschlesien und in die Lausitz vor, siegten bei Moys, unweit von Görlitz.

Am 16. Oktober 1757 überrumpelten die Husaren des Feldmarschallleutnants Hadik Berlin und verschwanden in der Nacht vom 17. auf den 18. Oktober unter Mitnahme von 200 000 Talern Kontribution und zwei Dutzend mit dem Stadtwappen gestempelten Damenhandschuhen. Sie waren als Geschenk für Maria Theresia wie als Beweis für die Monarchin gedacht, daß Österreicher, wenn auch nur kurz, in der preußischen Hauptstadt gewesen waren. Sie bedankte sich mit 3000 Dukaten, obgleich Hadik übersehen hatte, daß ihm von den Berlinern nur linke Handschuhe eingepackt worden waren.

Auch ihr König war gewitzter als seine Gegner, die bereits das Sprichwort als Wahrwort zitierten, daß viele Hunde des Hasen Tod seien. Zutreffender erwies sich die Fabel vom Igel und dem Hasen. Wohin der alliierte Hase auch lief – und er hatte, auf der äußeren Linie, viel zu laufen –, der preußische Igel, den Vorteil der inneren Linie nützend, war zur Stelle, und der Angreifer stieß sich an seinen Stacheln wund.

Ein französisches Heer, vereinigt mit der Reichsarmee, das zur Befreiung Sachsens bis Weißenfels an der Saale vorgedrungen war, wurde am 5. November 1757 bei Roßbach, unweit von Merseburg, vernichtend geschlagen. Die Franzosen, mit 33 000 Mann den 22 000 Preußen zahlenmäßig überlegen, hielten der Attacke des Reitergenerals Seydlitz nicht stand, stoben davon. Die 10 000 Reichssoldaten waren gar nicht zum Schuß gekommen, ernteten nichts als Hohn und Spott:

>»Kommt ihr nochmalen auf die Welt
>Zu solcher Tour gelaufen,
>Soll der, so euch zur Taufe hält:
>Reißausarmee euch taufen.«

Der Oberbefehlshaber der Reichsarmee, Prinz Joseph Friedrich von Sachsen-Hildburghausen, suchte sich zu rechtfertigen. Maria Theresia, die sich bewußt war, daß er besser Feste zu feiern als Schlachten zu schlagen wußte, meinte ihn trösten zu müssen: Man habe ihm »nichts zur schuld gelegt und alles nur den frantzosen angeschuldet.« Der Prinz gab sich damit zufrieden, gedachte jedoch kein Kommando mehr zu übernehmen, ging nach Wien und widmete sich der Pflege der Salonmusik.

Im Felde riefen Trommeln und Trompeten zu neuen Schlachten. Während Friedrich an der Saale beschäftigt war, hatten die Österreicher einen Vorstoß nach Schlesien unternommen, siegten am 22. November 1757 bei Breslau und nahmen die Stadt wieder in Besitz. Der Jubel in Wien wurde jäh unterbrochen: Am 5. Dezember 1757 schlug Friedrich bei Leuthen, unweit von Breslau, die zahlenmäßig fast dreimal stärkeren Österreicher unter Karl von Lothringen. Diese verloren 10 000 Mann an Toten und Verwundeten, 12 000 Gefangene, 51 Fahnen und 116 Kanonen. Schlesien – mit Ausnahme von Schweidnitz – war wieder in preußischer Hand.

»Die Kaiserin thate nichts als weinen und ware fast nicht zu trösten«, berichtete Khevenhüller. Maria Theresia zog sich in die Kapelle zum Gebet zurück, ging am 11. Dezember nicht in die französische Komödie, wollte nicht das auf glorreiche Ereignisse anspielende Ballett betrachten und schon gar nicht den zum Schluß vorgestellten »Tempel der Glückseligkeit« ansehen, »welche Decoration« – wie der Oberstkämmerer bemerkte – »sich auf die leztere Catastrophe, die zwar der Compositor nicht vorsehen können, freilich sehr schlecht geschicket hat.«

Den Verlierer, Karl von Lothringen, den sie lange, viel zu lange als Oberbefehlshaber geduldet, seine Unfähigkeit erduldet hatte, forderte sie auf, sein Rücktrittsgesuch einzureichen. Mit dem Oberkommando der Hauptarmee betraute sie Feldmarschall Daun. Er hatte sich bei Kolin als Feldherr erwiesen, und er bewährte sich erneut als Militärreformer.

Daun füllte die gelichteten Reihen der Österreicher wieder auf, reorganisierte Infanterie, Kavallerie und Artillerie und formierte einen Generalstab. Ein Befehlshaber, hatte er erkannt, müsse Sachverständige zur Seite haben, die »allgemeine Gründe der Militärwissenschaft mit scharfem Gesicht einsehen«, Entscheidungshilfe geben könnten. Der erste Chef des »Generalquartiermeister-Stabs« wurde Graf Franz Moritz Lacy, der aus ähnlichem Holz wie Daun geschnitzt war: energisch in der Organisation, bedächtig in der Kriegführung.

Maria Theresia baute auf den neuen Oberbefehlshaber, von dem sie sich weitere Siege wie bei Kolin erhoffte. Am ersten Jahrestag dieser Schlacht versicherte sie ihm: Der 18. Juni 1757 sei der »Geburtstag der Monarchie« gewesen, denn »die Monarchie ist ihm ihre Erhaltung schuldig und ich meine Existenz und meine schöne und liebe armée«.

Ein Jahr nach Kolin hatte sich indes herausgestellt, daß dieser Sieg keine Wende des Krieges gebracht hatte, jedenfalls nicht zugunsten Maria Theresias. Nach Leuthen schien Friedrich II. die Oberhand bekommen zu haben. Nachdem er im April 1758 Schweidnitz genommen, ganz Schlesien wieder in seinen Besitz gebracht hatte, fiel er in Mähren ein, drang bis Olmütz vor und begann am 10. Juni mit der Belagerung.

Ein Fall dieser Schlüsselfestung hätte ihm den Weg nach Wien geöffnet. Als die Nachricht vom preußischen Vormarsch in Schönbrunn eintraf, wurden gerade die Koffer für die Sommerferien in Laxenburg gepackt. »Nimm etwas mehr mit«, sagte Maria Theresia der Kammerfrau, »vielleicht gehen wir weiter, als wir wollten.«

Auch Böhmen war wiederum bedroht. Wenn Friedrich dort einmarschiere, hatte sie Kaunitz bedeutet, »muß man sich entweder schlagen oder bis hierher zurückziehen und alle meine Länder, alle Hilfsquellen für den Krieg wie für den Frieden preisgeben.«

Soweit kam es nicht, denn es zeigte sich, daß sie – jedenfalls in der gegenwärtigen Situation – mit Daun den richtigen Mann auf den richtigen Platz gesetzt hatte. Sein Zögern, den Feind zur Feldschlacht zu stellen, erwies sich in diesem Falle als vorteilhaft. Er verlegte sich auf einen Kleinkrieg, störte Friedrichs Verbindungslinien mit Schlesien, unterband zunehmend den Nachschub für das im Feindesland stehende Preußenheer.

Das Husarenstück war das Abfangen eines Transportes von 4000 Wagen am 30. Juni 1758 bei Domstadl. Dies war dem Generalmajor Gideon Ernst von Laudon gelungen, der solche Streiche im Trenckschen Pandurenkorps geübt hatte. Bereits zu Beginn des Siebenjährigen Krieges hatte er sich als kühner Reiter ausgezeichnet, war mit einem der ersten Ritterkreuze des Militär-Maria-Theresien-Ordens ausgezeichnet worden. Nun galt er als Held des Tages.

Maria Theresia beförderte Laudon zum Feldmarschalleutnant und schrieb Daun: Es habe der göttlichen Vorsehung gefallen, durch die voreilige Rechnung des hochmütigen Feindes einen großen Strich zu ziehen. »Nächst derselben habe ich Euren so klugen als vorsichtigen Veranstaltungen zu verdanken, daß einer gefährlichen Schlacht ausgewichen, meine Armee aufrechterhalten und dennoch Olmütz wie ganz Mähren befreit worden.«

Denn Friedrich II., der sich gebrüstet hatte, Olmütz binnen zehn Tagen zu nehmen und damit die Sperre für einen weiteren Vormarsch zu beseitigen, hob die Belagerung auf und zog sich aus

Mähren und Böhmen zurück, um es in diesem Krieg nie mehr zu betreten.

Nicht nur die Defensive der Österreicher, auch und vor allem eine Offensive der Russen hatte ihn dazu veranlaßt. Das Heer der Zarin drang bis an die Oder vor, beschoß Küstrin und bedrohte Berlin. Friedrich führte seine Truppen in Eilmärschen heran, siegte am 25. August 1758 bei Zorndorf und zwang die Russen zum Rückzug. Um ein Haar hätte er die Schlacht verloren; sie kostete ihn 10 000 Mann an Toten und Verwundeten.

Daun, der sich mit den Russen zu vereinigen gedachte, war nach Sachsen vorgerückt. Friedrich machte bei Zorndorf kehrt und marschierte ihm entgegen, bezog bei Hochkirch, südostwärts von Bautzen, ein Lager, nur wenige Kilometer von dem der Österreicher entfernt. Vom Zauderer Daun meinte er keinen Angriff gewärtigen zu müssen. Er hatte seine Rechnung ohne Laudon gemacht, der seinen Oberbefehlshaber ermunterte, das preußische Lager zu überfallen.

Als am 14. Oktober 1758 die Turmuhr von Hochkirch die fünfte Morgenstunde schlug, fiel Laudon, noch in der Dunkelheit, über die Preußen her, die reihenweise in ihren Zelten niedergemacht wurden. Friedrich, der diesmal nicht auf dem Quivive gewesen war, wurde leicht verwundet und verlor fast ein Drittel seiner Soldaten, vermochte sich jedoch mit dem Gros nach Bautzen abzusetzen.

Am 15. Oktober, am Namenstag Maria Theresias, ritten gegen halb neun Uhr abends Postillone mit Hörnerklang in den Schloßhof von Schönbrunn und verkündeten die Siegesnachricht. Die Monarchin, die sich bereits zurückgezogen hatte, erschien »en déshabillé« und nahm die frohe Botschaft als spätes, doch schönstes Geschenk entgegen.

Ein Coup, doch kein entscheidender Schlag war den Österreichern gelungen. Denn Daun hatte seinem Ruf wieder einmal zweifelhafte Ehre gemacht, den zurückweichenden Feind nicht verfolgt, seinen Sieg nicht ausgenützt. Kritik wurde laut, die Khevenhüller zusammenfaßte: Daun habe seine »ungemaine Vorsichtigkeit« des öfteren »gar zu weit getrieben«, wodurch – beispielsweise bei Hochkirch – »ihme die schon würcklich in Händen gehabte Vortheile meistens wieder entgangen sind.« Dies sei in vielem zutreffend, konstatierte

Maria Theresia, »wo find man aber was vollkommen? Wan der Daun bessere helffer hätte, wäre er auch größer.«
An guten Helfern fehlte es ihm nicht. Den wesentlichen Beitrag Laudons zum Sieg bei Hochkirch belohnte die Monarchin mit der Verleihung des Freiherrntitels und des Großkreuzes des Militär-Maria-Theresien-Ordens. Bald lieferte er weitere Beispiele seiner mit dem Wagemut eines Husaren gepaarten Fähigkeit eines Feldherrn, so daß die Stimmen lauter wurden, die Laudons Berufung zum Oberbefehlshaber verlangten.
Maria Theresia hielt an ihrem »pretiosesten wahren Haus-Schatz«, an Daun fest. Sie tat es aus Prinzip, das ihr Treue mit Treue zu vergelten gebot, wie in der Erkenntnis, daß es nicht ratsam wäre, mitten im Strom die Pferde zu wechseln, zumal in einer Situation, in der es unsicher war, ob man das rettende Ufer erreichen würde. Einerseits, und das ließ hoffen, stand kein einziger Preuße mehr auf österreichischem Boden. Andererseits, und dies bedrückte sie, blieben das verbündete Sachsen wie das ihr weggenommene Schlesien in der Hand eines Feindes, dessen »politische Maßnehmungen außerordentlich und gefährlich« und dessen »Kriegsanstalten« nicht weniger dafür anzusehen seien. Demgegenüber blieb der Kriegsbeitrag der Russen unberechenbar und jener der Franzosen fragwürdig. Letztere waren von einem englisch-preußischen Heer aus Hannover und Westfalen vertrieben und – nach einem neuen Vorstoß – in Richtung Rhein und Main zurückgeschlagen worden.
Dennoch schien das Jahr 1759 für Maria Theresia gut anzugehen. Die Russen rückten wieder an die Oder vor, vereinigten sich mit dem Korps Laudon und nahmen Berlin ins Visier. Gemäß seiner Devise, Angriff sei die beste Verteidigung, attackierte Friedrich am 12. August bei Kunersdorf, unweit von Frankfurt an der Oder, die stärkeren Bataillone des Feindes. Schon wichen die Russen zurück, da warf Laudon seine Reiterei in die Schlacht und entriß dem König den Sieg, den dieser bereits errungen zu haben glaubte. Die Preußen flohen, verloren 18500 Mann, darunter 530 Offiziere, sowie 178 Geschütze und 28 Fahnen und Standarten.
Die Nachricht vom »herrlichen Sieg« bei Kunersdorf empfing Maria Theresia am 16. August 1759. Sie stand auf dem Balkon des Schlosses Schönbrunn und genoß den Einzug des von blasenden Postillonen

begleiteten Kuriers, Obristleutnant Graf Joseph Kinsky. Der Glanz der Sonne von Kunersdorf schien sich in der mariatheresiengelben Schloßfassade widerzuspiegeln. Auf dem Gemälde Canalettos, das diesen glorreichen Augenblick festhielt, ist er immer noch zu bewundern. In Wirklichkeit begann er noch im Jahre 1759 zu verblassen.

»Alles ist verloren!« meinte Friedrich II. nach der Niederlage bei Kunersdorf. Aber er hatte Fortune. Nicht zum erstenmal und nicht zum letztenmal verdankte er es der Uneinigkeit und Unentschlossenheit seiner Gegner. Die Russen verfolgten ihn nicht, setzten nicht zum Gnadenstoß an. Sie hörten nicht auf Laudon, der zur letzten Attacke blasen wollte, begnügten sich mit den Lorbeeren, die sie im Tornister hatten, und begaben sich auf den Rückmarsch an die Weichsel. Friedrich konnte seine versprengten Truppen sammeln, wieder in Reih und Glied bringen und sie erneut avancieren lassen – gegen Sachsen, wo Daun sich in Dresden festgesetzt hatte. Die Preußen suchten seine Verbindungslinien nach Böhmen abzuschneiden, ihn zum Rückzug zu nötigen. Diesmal schossen die Österreicher schneller. Am 20. November 1759 setzten sie bei Maxen, südlich von Dresden, ein ganzes preußisches Armeekorps außer Gefecht, nahmen 15 000 Mann samt ihrem General Finck gefangen. Der »Finckenfang« deprimierte den Preußenkönig, der seinen Minister in Berlin anwies: »Sie müssen versuchen, dieses Unglück dem Publikum gegenüber soweit als möglich zu beschönigen.« Das österreichische Publikum äußerte seine Genugtuung, die Preußen nicht nur besiegt, sondern auch lächerlich gemacht zu haben, in Triumphreden und Spottversen:

»Nun sitzt im Garn der Fink und muß den Lerchen singen;
Er schlaget: Pink, Pink, Pink, weil's ihm nicht wollt' gelingen.
Dagegen schwingen sich die Lerchen mit Gesänger.
Es lebe unser Nest! Es leb' der Finkenfänger!«

Dieses Vivat galt Daun, mit den »Lerchen« waren die Österreicher, mit »Gesänger« war das »Te Deum laudamus« gemeint, das in Wien angestimmt wurde, und mit »unser Nest« das Habsburgerhaus. Dessen Herrin sah die Dinge nicht so rosig. In den Freudenbecher waren Wermutstropfen gemischt.

Über drei Jahre dauerte nun der Krieg, ohne daß eine Entscheidung gefallen, ein Ende abzusehen gewesen wäre. Die Preußen standen nach jeder noch so schweren Niederlage wieder auf, und die Österreicher vermochten jeden noch so glänzenden Sieg aus eigener Unzulänglichkeit wie Unzuverlässigkeit ihrer Alliierten nicht zu nützen.

Viel Blut war bereits geflossen, viel Geld ausgegeben worden; ein Faß ohne Boden hatte sich aufgetan. Maria Theresia sorgte sich, daß ihre Länder »über Vermögen gewaffnet bleiben und Meine getreuen Unterthanen statt der ihnen zu gönnenden Erleichterung noch mehrers mit Auflagen« belegt werden müßten, »mithin eine Militärische Regierungsform auf dem Fuß der Preussischen eingeführt werden müsse; Welcher Vorgang auch andere Mächte zur Nachfolge nöthigen, und endlichen ganz Europa zur unerträglichen Last fallen würde.«

Eine Militarisierung aller Staaten nach dem schlechten Beispiel des preußischen Militärstaates befürchtete Maria Theresia, den Anbruch eines eisernen Zeitalters, in dem es keinen Frieden mehr, nur noch Waffenstillstände zwischen den Kriegen geben würde. »Diesen und allen anderen üblen Folgen wäre durch die alleinige Schwächung des Königs in Preußen abgeholfen, und es besteht dahero der wahre Gegenstand des gegenwärtigen Kriegs nicht blosserdings in der Wiedereroberung Schlesiens und Glatz, sondern in der Glückseligkeit des menschlichen Geschlechts...«

Dies schienen andere europäische Mächte nicht begriffen zu haben, weder ihr Verbündeter Frankreich noch Friedrichs Verbündeter England. Sie ließen Österreich und Preußen einen Nebenkrieg in Europa in ihrem Hauptkrieg in der Welt führen. Sollten sie in Übersee zu einer Verständigung gelangen – Maria Theresia meinte Anzeichen dafür zu erkennen –, müßte sie, wie schon im Frieden zu Dresden und im Frieden zu Aachen, den kürzeren ziehen: »Ich hätte Mich darauf zu versehen, daß sowohl Frankreich als Engelland mit allem Nachdruck an Beförderung des Friedens mit Preussen arbeiten würden«, mit demselben Ergebnis wie 1745 und 1748: einem Österreich auferlegten Verzicht auf das geraubte Schlesien. Zu vermeiden sei dies allenfalls, meinte Maria Theresia, wenn in diesem Kriege Schlesien zurückerobert werden könnte. Dies müsse endlich und energisch in Angriff genommen werden, »wann anderst der unglückliche Frieden abgewendet werden soll, daß der König in Preussen bey seiner dermahligen Macht, mein Ertzhaus aber in den gefährlichsten Umständen verbleibe.«

Das Warum stellte sie Daun vor, das Wie überließ sie dem militärischen Oberbefehlshaber, »weilen ihr desfalls keine Anleitung nöthig habt und nach eurer gründlichen Einsicht am besten beurtheilen werdet, was Meinem Dienst gemäß, und zu bewürcken möglich seye.« An Einsicht fehlte es Daun nicht, doch an subjektiven wie objektiven Möglichkeiten, so daß wenig zu erreichen war.

Immerhin erhielt der tatkräftige Laudon das Kommando über ein Korps von 36 000 Mann, das nach Schlesien vordrang. Am 23. Juni 1760 wurde bei Landeshut ein preußisches Korps überrannt, dann Glatz gestürmt, aber Breslau vergeblich belagert. Am 15. August vereitelte Friedrich II. durch seinen Erfolg bei Liegnitz eine Vereinigung der Österreicher mit den Russen.

Schlesien war nicht zu nehmen und Sachsen nicht zu halten. Durch den Sieg bei Torgau am 3. November 1760 gewann es Friedrich weithin zurück. Daun, der Verlierer, entschuldigte sich in Wien: »Das Schlimmste ist, daß wir halt keine Männer haben.« Auch die Preußen hatten immer weniger. Der Triumph bei Torgau, den man in die Welt hinaus trommelte und pfiff, war mit dem Verlust von 17 000 Soldaten erkauft worden, was geheimgehalten wurde.

Beide Seiten hatten nicht mehr genug Truppen, um eine Offensive zu wagen, aber immer noch so viele, um sich hinhaltend zu verteidigen und den Krieg zu verlängern. Im Sommer 1761 verschanzte sich Friedrich im Lager von Bunzelwitz bei Schweidnitz, das die vereinigten Österreicher und Russen nicht anzugreifen wagten. Diese zogen sich nach Pommern zurück, wo sie Kolberg belagerten, jene – unter Laudon – überrumpelten Schweidnitz.

Allen ging die Luft aus und mit ihr die Lust, sich weiter zu bekriegen. Friedrich suchte zu retten, was zu retten war, und Maria Theresia begann sich nolens volens daran zu gewöhnen, daß sie nicht bekommen konnte, was sie bekommen wollte.

In den letzten Jahren hatte sie an Siegeswillen wie an Lebensfreude eingebüßt. »Ich bin nicht mehr die gleiche wie vordem, für mich gibt es keine Zerstreuung mehr«, gestand sie ihrem Vertrauten Silva-Tarouca, »aber versuchen wir wenigstens dahin zu leben, und es die anderen nicht merken zu lassen, wie alle diese Jagden, diese Lustbarkeiten mir eine Last sind«.

In Wien, weit vom Schuß, war das Hofleben, wie gewohnt, weitergegangen, aber die Hofherrin spielte nicht mehr so gern wie früher mit. Sie vermißte kaum ihre Juwelen, die sie für einen Beitrag zur Kriegsfinanzierung verpfändet hatte.

Nicht nur Rückschläge im Feld, auch Schicksalsschläge im Privaten trafen sie. Anfang 1761 starb ihr Lieblingssohn Karl Joseph. Das Leid der Mutter paarte sich mit den Leiden der Monarchin, ließ sie seufzen: »Gott gebe, daß ich bald getröstet werde mit einem Frieden, nicht wegen mir, sondern wegen der armen Länder; dies ist jetzt, was ich am meisten wünsche«, schrieb sie ihrer Freundin Gräfin Rosalie Edling. »Was mich anbelangt, ist Alles Gott übergeben; ich verdiene nichts; sein heiliger Wille sei in Allem erfüllt an mir.«

Es geschah ein Wunder, das Friedrich II. als »Mirakel des Hauses Brandenburg« bezeichnete, weil es für die Hohenzollern und nicht für die Habsburger heilbringend war.

»DANK DEM HIMMEL, unser Rücken ist frei«, atmete der Freigeist Friedrich auf, nachdem er die Nachricht vom Tode der Zarin Elisabeth am 5. Januar 1762 vernommen hatte. Mit dem Ausfall seiner erbittertsten persönlichen Feindin zerbrach der militärische Ring, der um Preußen gelegt worden war, zerfiel die Koalition, die es zu strangulieren drohte.

Elisabeths Nachfolger, der infantile Peter III., der im Spiel seine russischen an der Seite von preußischen Zinnsoldaten hatte marschieren lassen, schloß ein Kriegsbündnis mit Friedrich II. und schickte ihm 20000 Mann. Seine Gemahlin, eine deutsche Prinzessin aus Anhalt-Zerbst, stürzte den Zaren, kündigte als Zarin Katharina II. zwar die Militärallianz mit Preußen, kehrte jedoch nicht in die antipreußische Koalition zurück.

Schweden war bereits ausgetreten, und Frankreich war dabei abzuspringen. Die Österreicherin klagte über die Abtrünnigkeit der Russen wie die Absatzbewegungen der Franzosen und seufzte: »Gott gebe, daß wir jetzt ohne Verlust herauskommen.« Sie wußte: Allein übriggeblieben, konnte sie den Krieg nicht mehr gewinnen, und allein auf sich gestellt, könnte sie den Frieden verlieren.

Ähnliches hatte auch Friedrich befürchtet, bevor ihm der Tod der Zarin Elisabeth, das »miracle de la maison de Brandenbourg«, der Sorge enthob, nach der Abkühlung des Verhältnisses zu seinem Alliierten England und dem Versiegen der englischen Subsidienquelle von seinen erbitterten Feinden – wie er sagte – einem Kreisel gleich, den Kinder peitschen, herumgetrieben zu werden.

Nun zeigte es sich, daß Preußen wie Österreich den Großmächten England, Frankreich und Rußland als Spielbälle gedient hatten, die fallen gelassen wurden, als diese am Spiel keinen Gefallen mehr fanden, keinen Vorteil mehr für sich sahen.

Rußland hatte, wie jede, so auch diese Gelegenheit genutzt, um weiter nach Westen vorzustoßen. Dabei gedachte es Preußen in Polen wie Österreich auf dem Balkan zurückzudrängen, aber nicht so zu schädigen, daß beide Mächte als präsumtive Alliierte ausfielen. England war an der Sicherung Hannovers und Frankreich an der Absicherung seiner Ostgrenze interessiert; beide wollten auf Preußen wie Österreich nicht als mögliche Bundesgenossen wie als Mitgaranten des europäischen Gleichgewichts verzichten. Vorrangig für die beiden Westmächte war im Moment ihr Wettkampf um Weltmachtstellung, in erster Linie in Nordamerika.

In diesem ersten Weltkrieg hatte sich das Blatt zugunsten Englands gewendet. Das französische Kanada war erobert, die englische Überlegenheit zur See erwiesen, die Kraft Frankreichs erschöpft. Ein Frieden, zumindest ein Waffenstillstand, wurde von beiden Seiten angestrebt. Darüber verständigten sie sich am 3. November 1762 in Fontainebleau.

Österreich und Preußen, die aus ihrer Sicht für sie einen Stellvertreterkrieg in Europa geführt hatten, standen nun allein auf weiter Flur. Sie hatten sich derart ineinander verbissen, daß sie schwerlich voneinander gelassen hätten, wenn sie nicht beide zu Tode erschöpft gewesen wären. Preußen war ausgeblutet, und Österreich am Rande des Ruins.

Maria Theresia hatte schon seit Jahren Anzeichen von Kriegsmüdigkeit gezeigt. »Ich hoffe, daß der Krieg in diesem Jahr zu Ende kommen wird, was mich mit Ruhe und Frieden erfüllen wird. Ich habe sie nötig, denn meine Kräfte und mein Kopf brauchen Ausspannung«, war von ihr bereits im Juni 1760 zu hören gewesen. Sie dachte dabei nicht nur an sich, sondern auch an ihre Untertanen, die überfordert wurden, und an ihr Land, das sich verausgabte.

»Wer Krieg führt, sei ein Freund des Friedens; wer im Frieden lebt, denke daran, daß wieder Krieg sein könne«, stand im Lehrbuch für ihren Sohn Ferdinand zu lesen, hatte sie sich selber ins Stammbuch geschrieben. Wenn sie in diesem Krieg an den Frieden dachte, durfte sie darüber nicht vergessen, daß er so beschaffen sein müßte, daß sie in einem künftigen Krieg bestehen könnte.

Sie begrüßte es, daß mit der Annäherung zwischen Frankreich und England auch ein Frieden zwischen Österreich und Preußen näherrückte: »Man treibe dies heftig voran!« Zugleich warnte sie davor, in den Kriegsanstrengungen schon jetzt in einer Weise nachzulassen, die Friedrich II. eine günstigere Ausgangsposition für die Friedensverhandlungen verschaffen würde. Sie hoffe, schrieb sie am 8. Dezember 1762, »daß diese so heiß ersehnte große Arbeit gelingen könnte, wenn er nicht den ganzen Vorteil auf seine Seite bringen will. Trotzdem vernachlässigen wir keineswegs die Feldzugsvorbereitungen, im Gegenteil, alle Dispositionen und die Vergrößerungen der Corps werden beschleunigt.«

Dafür war es inzwischen schon zu spät, denn Friedrich hatte das Jahr 1762 benützt, um auf dem Kriegsschauplatz Vorteile am Verhandlungstisch zu erlangen. Schlesien, das er unbedingt behalten wollte, war – außer Glatz – von ihm zurückerobert worden, Sachsen wieder in der Hand der Preußen, die über Nürnberg zur Donau vorstießen. Der Regensburger Reichstag beeilte sich, die Reichsneutralität zu erklären.

»Es ist nicht allein der Verlust unserer braven Truppen oder des Waffenruhms, sondern dieser Unstern kommt auch noch in der allerkritischsten Zeit; all meine Pläne verlieren dadurch viel an Kraft«, beklagte Maria Theresia das Kriegsunglück im Jahre 1762, »besonders da dieses Mißgeschick die Aktien der anderen steigen läßt.«

Friedrich II. hatte die besseren Papiere für einen Friedensschluß, den er deshalb unter Ausschluß Frankreichs, Rußlands und Englands anvisierte, und lediglich eine Vermittlung Sachsens akzeptierte, das ohnehin kaum mehr im Kurs stand.

Im sächsischen Jagdschloß Hubertusburg bei Leipzig, das von preußischen Truppen verwüstet worden war, wurde am 15. Februar 1763 der Frieden zwischen Preußen und Österreich unterzeichnet. In den langwierigen Verhandlungen hatte der Bevollmächtigte Maria Theresias, Heinrich Gabriel von Collenbach, bis zuletzt versucht, die Grafschaft und Festung Glatz zu behalten, wenn schon Schlesien nicht zu bekommen war. Als der Bevollmächtigte Friedrichs II., Ewald Friedrich von Hertzberg, der Verfasser des Memoires, mit dem 1756 der Einfall in Sachsen begründet worden war, mit der Abreise drohte, gab der Österreicher nach und verzichtete auf Glatz.

Fast sieben Jahre Dritter Schlesischer Krieg hatten nur dazu geführt, daß die Ergebnisse des Ersten und des Zweiten Schlesischen Krieges bestätigt wurden: Schlesien blieb preußische Provinz. Immerhin kam Sachsen nicht unter Friedrichs Krone; das Kurfürstentum konnte seine staatliche Souveränität wie seinen territorialen Besitzstand wahren.

Nur eines war der Österreicherin gelungen: die Rettung des überfallenen, besetzten und geschundenen Sachsens. Ihr wichtigstes Kriegsziel, die Rückgewinnung Schlesiens, war verfehlt worden. Sie mochte sich mit der Genugtuung trösten, daß sie, auch wenn sie selber nicht recht bekommen, sie einem Bundesgenossen zu seinem Recht verholfen hatte. Kaum aufzurichten vermochte sie der Zuspruch ihres Staatskanzlers Kaunitz: Es sei in gewissem Maße noch für ein Glück anzusehen, daß ein solcher Frieden zustande gekommen sei, »welcher wenigstens dem Allerhöchsten Ansehen zu keinem Nachtheil gereichet, sondern solches vielmehr bekräftiget.«

Letzteres war allenfalls darin zu erblicken, daß sie sich tapfer in das Unvermeidliche fügte und das Beste daraus zu machen, jedenfalls es als nichts Schlechtes hinzustellen suchte.

»Der Friede mit dem König in Preußen ist endlich geschlossen. Es ist dies ein Augenblick, der mich einer Menge Besorgnisse enthoben hat.« Nicht nur sie selber, auch ihr Land konnte wieder Ruhe finden, das Blutvergießen wie das Geldverschwenden war beendet. Sie zählte über 120 000 Tote, über die vom Krieg heimgesuchten Gebiete war unermeßliches Leid hereingebrochen, der Wohlstand war dahin und die Staatskasse leer.

»Besser ein mittelmäßiger Frieden, als ein glorreicher Krieg«, sagte Maria Theresia nun. Sie besann sich auf ihre erste Aufgabe als

Landesmutter, begann ihre Rolle als Soldatenmutter, die sie nicht ungern übernommen hatte, zu verdrängen, hatte vom Kriegführen ein für allemal genug.

Ihrem Gegner Friedrich unterstellte sie, daß ihm der Appetit darauf noch nicht vergangen sei. Selbst wenn er persönlich die Lust daran verloren habe, befürchtete sie, würden ihn die Sachzwänge seines Militärstaates über kurz oder lang auf neue Kriegswege führen, zu neuen Eroberungen drängen.

Auch Friedrich II. hatte seine Lehren aus dem letzten Krieg gezogen. Nur ein Wunder, wie er eingestand, habe ihn vor dem Untergang gerettet. 180000 seiner Soldaten waren tot, die Einwohnerzahl seines ohnehin nicht volkreichen Staates hatte sich um eine halbe Million verringert, und die wirtschaftlichen Schäden waren riesengroß. Der Hohenzoller hatte weder Land noch Leute gewonnen, einen Krieg, wenn er sein Wort von 1755 noch gelten ließ, umsonst geführt: »Jeder Krieg, der nicht zu Eroberungen führt, schwächt den Sieger und entnervt den Staat. Man muß also nie zu Feindseligkeiten schreiten, wenn man nicht die gegründete Aussicht hat, Eroberungen zu machen.«

Aber seine Gegner hatten auch keine gemacht, und ihm war nicht ein Fußbreit Boden verlorengegangen. Er hatte einer Welt von Feinden, die Preußen vernichten, zumindest verkleinern wollten, fast sieben Jahre lang standgehalten – auch Maria Theresia getrotzt, von der er sagte: »Einmal haben die Habsburger einen Mann, und dieser ist eine Frau.« Sie hatte Schlesien nicht bekommen, er es behalten; Preußen, die neue Großmacht, schien nun niet- und nagelfest zu sein.

Zum ersten Sieger des Kriegsdramas, in dem Europa nur eine und nicht die wichtigste Bühne gewesen war, erklärte sich England, das in Nordamerika und Indien wie auf den Meeren über Frankreich und dessen Verbündeten Spanien triumphiert hatte und in dem fünf Tage vor dem Frieden von Hubertusburg, am 10. Februar 1763 abgeschlossenen Frieden von Paris seine Weltmachtposition bestätigt bekam.

Auch Rußland war gestärkt aus dem Ringen hervorgegangen; Europa mußte künftighin mit seiner politischen Macht und militärischen Kraft rechnen. Frankreich hingegen hatte sich übernommen, war

außenpolitisch im Absteigen und innenpolitisch auf dem Weg zur Revolution.
In Deutschland mußte sich Maria Theresia als Verliererin und konnte sich Friedrich II. als Sieger fühlen. Zwar hatte er im Friedensvertrag zugesagt, der Wahl ihres ältesten Sohnes Joseph zum Römischen König und damit zum Nachfolger ihres Gemahls, des römisch-deutschen Kaiser Franz I., zuzustimmen. Am Heiligen Römischen Reich Deutscher Nation war dem Preußen ohnehin nicht viel gelegen. Die Genugtuung der Österreicherin, daß die Kaiserkrone im Erzhaus verblieb, wurde durch den Umstand getrübt, daß das Prestige der Habsburger im Reich gesunken und das Ansehen des Hohenzollern gestiegen war.
Der Feldherr Friedrich hatte einige verheerende Niederlagen erlitten, doch mehrere glänzende Siege errungen. Das imponierte deutschen Patrioten, welche die Größe einer Nation nicht nur nach geistiger, sondern auch nach militärischer Bedeutung zu bemessen begannen. Als Heerführer stand er außer Konkurrenz, und mit Esprit vermochte er mehr als Maria Theresia zu glänzen. Ihr brachte es wenig Vorteil, daß sie sich als Deutsche bezeichnete und benahm, weil sie in ihrem Vielvölkerreich auch andere Nationalitäten zu berücksichtigen hatte. Ihm, der sich Frédéric nannte, französisch dachte, redete und schrieb, sah man dies nach, weil er den französischen Reichsfeind bei Roßbach und anderswo aufs Haupt geschlagen hatte.
»Da griff ich ungestüm die Goldne Harfe, darein zu stürmen Friedrichs Lob«, sang der Schwabe Schubart. »Der erste und wahre höhere eigentliche Lebensgehalt kam durch Friedrich den Großen und die Taten des Siebenjährigen Krieges in die deutsche Poesie«, bemerkte Goethe. Vor der preußischen Realität graute einem anderen Weimarer, Wieland: »Vor dem Glück, unter seinem Stock sive Szepter zu leben, bewahre uns der liebe Herrgott.«
Deutsche Protestanten hielten Friedrich den Großen für einen neuen Gustav Adolf, der mit dem katholischen Österreich die römische Kirche bekämpfte. Maria Theresia war ähnlicher Auffassung, neigte dazu, den Siebenjährigen Krieg als Fortsetzung des Dreißigjährigen Krieges anzusehen. Sie führe ihn, erklärte sie 1759, auch und nicht zuletzt zur »Aufrechterhaltung Unserer Heiligen

Religion, von welcher Ich in Teutschland fast die alleinige Stütze abgebe.«

Doch wie der Dreißigjährige war auch der Siebenjährige Krieg in erster Linie ein machtpolitischer Konflikt gewesen, nun zwischen der alten Großmacht Österreich und der neuen Großmacht Preußen. Diese war nun endgültig etabliert, der deutsche Dualismus konstituiert, und jene begann in der Auseinandersetzung um die Vorherrschaft in Deutschland ins Hintertreffen zu geraten.

Die Schlacht bei Leuthen 1759 präludierte der Schlacht von Königgrätz 1866, der Friede von Hubertusburg 1763 dem Frieden von Prag 1866, durch den der Habsburger aus Deutschland ausscheiden und dessen nationale Neugestaltung durch den Hohenzollern hinnehmen mußte.

Weiterführung der Reformen

DIE BILANZ, die Maria Theresia nach dem Siebenjährigen Krieg zog, war nicht so negativ wie jene, die Kaiser Franz Joseph nach dem Deutschen Krieg, dem letzten Gefecht in der Geschichte des deutschen Dualismus, erwartete.

Die römisch-deutsche Kaiserwürde verblieb den Habsburgern, Österreich blieb die erste Großmacht im Reich, während sich Friedrich der Große nicht sicher zu sein schien, ob Preußen als eine solche anzusehen sei; jedenfalls bemerkte er, es äffe nur die tatsächlich Großen nach.

Die Zahlen sprachen für Österreich. Preußen brachte es unter Friedrich II. auf 3539,62 Quadratmeilen mit 5 430 00 Einwohnern. Maria Theresia hinterließ ein Reich von über 10 000 Quadratmeilen und mehr als 24 Millionen Einwohnern.

Friedrich der Große galt viel bei französischen Philosophen wie deutschen Patrioten, doch sein Prestige wurde nicht ohne weiteres auf sein Preußen übertragen. Während des Siebenjährigen Krieges sei er als Junge nicht preußisch, sondern fritzisch gesinnt gewesen, erinnerte sich Goethe, »denn was ging uns Preußen an. Es war die Persönlichkeit des großen Königs, die auf alle Gemüter wirkte«.

Auch Maria Theresia imponierte in der Kaiserstadt Frankfurt. Ihre Anwesenheit bei der Krönung Franz I. war dort unvergessen. Goethes Großvater hielt eine goldene Kette mit ihrem Bildnis, die ihm die Kaiserin geschenkt hatte, in hohen Ehren. Selbst jene, die von Friedrich fasziniert waren, ließen »Marien-Theresien, ihre Schönheit und übrigen guten Eigenschaften ja gelten«.

Preußen fiel es schwerer, der Gegnerin Gerechtigkeit widerfahren zu lassen; immerhin gestand ihr der Dichter Johann Ludwig Gleim eine gewisse Gleichrangigkeit mit seinem Idol Friedrich zu: »Der ein Wunder ist der Welt,/ Wie Du selber bist«.

Österreicher, auch solche, die mit der absoluten Herrscherin wie der weniger resoluten Reformerin nicht einverstanden waren, sahen sich von ihr in Deutschland und Europa repräsentiert. Albert von Sachsen-Teschen, der 1759 in ihr Heer eingetreten war und 1766 ihre Tochter Maria Christine heiratete, war 1764 der Meinung: »Von einer Fürstin regiert, welche sich durch ihre persönlichen Eigenschaften die allgemeine Hochachtung und Bewunderung erworben hatte, genoß auch ihr Reich in ganz Europa eine Achtung, die ihr den größten Einfluß auf die öffentlichen Geschäfte, insbesondere in Deutschland, verlieh.«

Zutreffend war, daß Maria Theresia, die ihr Ansehen als »Erste Dame Europas« behauptet hatte, viele Herzen zuflogen. Nicht nur Sympathie, auch Respekt erweckte die Monarchin, die zunächst ihr Erbe bewahrt, dann erneuert und sich auch im letzten Krieg tapfer geschlagen hatte.

Selbst Friedrich II., der von Frauen nicht viel und von Monarchinnen noch weniger hielt, ließ sich zu Komplimenten herbei: Sie habe »Talente auf mehr als einem Gebiete«, ihr sei es gelungen, Österreich wiederaufzurichten und mit Festigkeit aufrechtzuerhalten, die Finanzen in Ordnung zu bringen und ein starkes Heer zu unterhalten. »Sie regiert selbst« und »versteht sich auf die Kunst, geschickte Minister zu finden und auszusuchen.«

Im römisch-deutschen Reich sei indessen ihr Einfluß beschränkt, konstatierte Friedrich II., denn die Kaisermacht werde »durch die Rivalität Preußens im Zaume gehalten«. Auslauf fand Franz I. denn auch eher im Reich seiner Gemahlin, die ihren Hausökonomen zu Rat und Tat bei der Sanierung der Finanzen heranzog.

Der Siebenjährige Krieg hatte 260 Millionen Gulden verschlungen, wovon 167 Millionen geliehen waren. 1762 hatte man Papiergeld ausgeben müssen. Zwangsanleihen wurden auferlegt, neue Kreditquellen erschlossen und eine staatliche Börse in Wien eingerichtet. Die Finanzen kamen zwar nie ganz, immerhin so weit in Ordnung, daß der Staat die vielseitigen Aufgaben, die er übernommen hatte, einigermaßen zu erfüllen vermochte.

Mars hatte Merkur übertrumpft, die Wirtschaft, die dem Staat benötigte Mittel erwirtschaftet hatte, war schwer geschädigt worden. »Nachdem Wir missfällig vernommen, daß während letzterem Krieg verschiedene Untertanen von ihrem Gewerbe, Gründen, Weibern und Kindern unter den Soldatenstand hinweggenommen«, müsse dafür gesorgt werden, daß nun wieder »der Bürger und Fabrikant bei seiner Hantierung und Gewerbe, der Bauer aber bei seinem Grunde« ruhig verbleiben könne, um den Wiederaufbau voranzutreiben und den Wohlstand zurückzubringen, hieß es in einem Patent für die böhmischen und österreichischen Länder.

Andererseits war es, um »die nötige Kriegsmacht« zu erhalten, nach wie vor erforderlich, genügend Rekruten zu bekommen und Soldaten zu unterhalten. »Ich wünschte zum besten des armen Unterthanen, daß wir unsere Armee ehender vermindern als vermehren könnten«, erklärte Maria Theresia. Da aber der preußische Nachbar »so formidable« sei, bliebe nichts anderes übrig, als sich zu überlegen, wie »der Wehrstand zum allgemeinen Schutz sichergestellt werden könnte«.

Das zur Ader gelassene Heer mußte Blutzufuhr bekommen, ohne daß der wiederzubelebende Wirtschaftskreislauf belastet würde. Mehr denn je waren Arbeitskräfte und nach wie vor Landesverteidiger vonnöten.

Vom Gegner war zu lernen, wie beides zu vereinbaren wäre. Im preußischen Kantonsystem war das Staatsgebiet in Kreise eingeteilt, in denen die Regimenter eine bestimmte Anzahl von Rekruten aushoben. Nach diesem Vorbild wurde in Österreich verfahren. Am Anfang stand die »Seelenbeschreibung«, eine Volkszählung, um statistische Unterlagen für das neue »Conscriptions- und Werb-Bezirks-System« zu erhalten. Der Grundsatz, daß jedem Untertanen eine lebenslängliche Dienstpflicht obliege, wurde freilich durch

Ausnahmen beeinträchtigt, die von Rücksichtnahme auf die Oberschicht wie von der Notwendigkeit, Fachkräfte freizustellen, diktiert waren.
Die Monarchin wollte, daß man ererbte Rechte nicht verletze, und die Merkantilistin, daß »der Agrikultur, dem Handwerk, denen Fabriken, Manufakturen und Kommerzio« Arbeitskräfte verblieben, sowie möglichst viele Eingezogene und Ausgebildete für den Dienst an der allgemeinen Wohlfahrt beurlaubt würden.
Nicht nur an einer die Wirtschaftsentwicklung nicht hemmenden Heeresaufbringung, sondern auch an einer ökonomisch und effizient arbeitenden Militärverwaltung war ihr gelegen.
Dabei setzte sie wiederum auf Daun, dessen Verdienste als Militärreformer sie nicht durch seine Unzulänglichkeit als Feldherr geschmälert sah. Am 30. Januar 1762 ernannte sie den Feldmarschall zum Präsidenten des Hofkriegsrats, mit dem Auftrag, die oberste Behörde des gesamten Militärwesens zu reorganisieren.
Daun gliederte den Hofkriegsrat in drei Hauptzweige: »Das Militare an und für sich selbst«, die Kriegs-Ober-Gerichtsbarkeit und die Militär-Wirtschaft. Die Arbeit der neugeschaffenen Zentralstelle wurde jedoch durch das nicht aus der Hofwelt zu schaffende Kompetenzgerangel erschwert. Für Dauns Nachfolger Lacy blieb noch viel zu tun. Der Feldmarschall, der sich nach dem Friedensschluß der inneren Reorganisation der Armee widmete, wurde 1766 zum Präsidenten des Hofkriegsrats ernannt.
»Ihr seid der einzige Mann imstande, die zwingende Notwendigkeit zu begreifen und die erforderlichen Maßnahmen zu veranlassen«, eröffnete ihm die Monarchin. »Wenn Ihr mir beisteht, wage ich noch mir zu schmeicheln, meinen alten oder vielmehr solchen Mut wiederzufinden, den ich in meiner Jugend besaß und den die Unglücksfälle und die grausamen Verluste, die ich erlitt, mir zugrunde gerichtet haben.«
Sie appellierte an den Kavalier, faßte den Feldmarschall am Portepee und gab dem Hofkriegsratspräsidenten die Richtung an: eine Militärreform, die das österreichische Militärwesen auf eine feste Grundlage stelle und die so beschaffen sein müsse, »daß die Armee dazu dient, die Länder zu verteidigen und zu bewahren, nicht aber sie auszuhungern oder ihnen auch nur unbequem zu werden«.

Lacy gab sein Bestes und tat das Mögliche, straffte die Militärverwaltung, intensivierte die Tätigkeit des Generalstabes, reorganisierte das Artilleriewesen und begann das neue Konskriptionssystem einzuführen. Der Hofkriegsratspräsident erfüllte die Erwartungen seiner Monarchin, die sich auf seine Fähigkeiten und seine Anhänglichkeit verlassen und ihm versprochen hatte: »Zählet auf mein ganzes Vertrauen, auf meine Erkenntlichkeit und Freundschaft.« Sie vergalt ihren Vertrauten Treue mit Gunst, sparte weder mit Lob noch mit Geld, spornte ihre Helfer an, ohne die sie ihre Ziele schwerlich erreicht hätte.

Der wichtigste Mitarbeiter war und blieb Staatskanzler Kaunitz. In der Außenpolitik lenkte er Maria Theresia, die zur Prinzipienreiterei neigte, auf realpolitische Bahnen, und in der Innenpolitik war ihr der Schrittmacher der Aufklärung stets um eine Länge voraus. Den Absolutismus, dem auch er anhing, gedachte er nicht zu übertreiben; Kaunitz bremste den Zentralismus in der Administration und den Dirigismus in der Wirtschaft.

Der zu sehr am preußischen Muster orientierte Haugwitz wollte die Zentralisierung auf die Spitze treiben, und das in einem Staat, der eigentlich ein Reich war, auf seine Glieder Rücksicht zu nehmen und seinen Ländern und Völkern Freiraum zu belassen hatte. Auch Kaunitz verwendete sich für eine zentrale Gewalt, und der Staatskanzler übte sie konsequent aus. Doch der Österreicher, dem das Wesen seiner Heimat bewußt blieb, wandte sich gegen eine überzogene Zentralisation. Diese müßte, wie er befürchtete, zu einem Bürokratismus führen, der nicht nur die Regionen, sondern auch die Individuen über einen Kamm scheren, jeden und alle schädigen würde.

Aufgabe der Staatsgewalt, so der aufgeklärte Absolutist, sei es, »sich ausschließlich oder doch vorzüglich mit wahrer Verbesserung des inneren Zustandes« zu beschäftigen. Der Außenpolitiker, dem es nicht gelungen war, Schlesien zurückzugewinnen, betonte den Primat der Innenpolitik und behauptete, er sei von jeher der Meinung gewesen, »daß die österreichische Monarchie durch weise Staatseinrichtungen sich eine Stärke der Macht zu erschaffen in stande ist, wodurch die glänzendsten Eroberungen entbehrlich würden«.

Die von Haugwitz geschaffene Zentralbehörde, das Directorium in

Publicis et Cameralibus, hielt Kaunitz nicht für eine weise Staatsinstitution, weil sie – das preußische Generalfinanzendirektorium vor Augen – zu vieles und zu Verschiedenes von einer Stelle aus zu leiten und zu lenken suchte. Das war schon im Frieden und erst recht im Siebenjährigen Krieg nicht gelungen.

Die Waffen schwiegen noch nicht, als Kaunitz Vorschläge unterbreitete, wie durch Verbesserung des »Systema in internis« der Friede im Innern zu gewinnen sei, wenn schon der Krieg verlorenginge. Kernpunkt war die Schaffung eines Staatsrats als oberstem lenkenden Organ der Krone. An eine Art Kabinett war gedacht, in dem der Staatskanzler die Richtung angeben wollte und der Monarchin die Entscheidung vorbehalten sein sollte.

»Mit Hilfe dieses Staatsrates und desjenigen, der ihn mir vorschlug, schmeichle ich mir, dem Ruin des Staates zu begegnen«, bemerkte Maria Theresia und verfügte im Dezember 1760 die Errichtung dieses Organs. Dies war ein erster Schritt zur Fortsetzung der im Siebenjährigen Krieg ins Stocken geratenen Staatsreform, dem ein zweiter Schritt folgte, der Mängel der ersten, der Haugwitzschen Phase, zu beheben trachtete.

Am 29. Dezember 1761 wurde das Directorium in Publicis et Cameralibus aufgelöst. An die Stelle des einen, durch Kompetenzhäufung ineffizient gewordenen Zentralapparates traten die Vereinigte Böhmisch-Österreichische Hofkanzlei für die innere Administration, die Hofkammer für die Finanzverwaltung und die Hofrechenkammer als Prüfungsorgan. Wie in der Zentrale, wurden auch in den Ländern die Gubernien aufgegliedert, die politische Administration und die Finanzverwaltung getrennt.

Insgesamt bedeutete der Abbau der Überzentralisation keineswegs eine Schwächung, vielmehr eine Stärkung des Monarchenstaates. Eine sachgerechtere Verteilung der Kompetenzen ermöglichte eine wirksamere Behördentätigkeit. Der übergeordnete Staatsrat sorgte für eine zweckdienliche Koordination und für die notwendige Kooperation. Die wichtigsten Unterbehörden der Zentralorgane blieben die Kreisämter, die vor Ort, näher an den Verwalteten, die Verwaltung lebensnaher und damit vitaler machten.

Die wahre Stärke des Staates, erklärte Kaunitz, bestehe »in dem größten Teil der Menschen, nämlich in dem gemeinen Manne«, weshalb »dieser die vorzüglichste Rücksicht verdient«. Der Staat habe die speziellen Bedürfnisse der Untertanen, die als Staatsbürger herangezogen werden sollten, und das Reich die besonderen Interessen der Länder, aus denen es zusammengesetzt war, zu berücksichtigen, meinte Kaunitz und mit ihm Maria Theresia.

Eine Auflockerung des überzogenen Etatismus war anvisiert und eine Abmilderung des überspitzten Zentralismus durch einen gouvernementalen Föderalismus, der den Teilen das beließ, was sie aus eigener Kraft besser leisten könnten, um der zentralen Regierung noch mehr als bisher zu geben, damit diese die Macht des Ganzen zu festigen und zu stärken vermöchte.

Diese Tendenz wurde auch in der Wirtschaft verfolgt. Wie der aufgeblähte Zentralapparat die Administration, so hatte ein strenger Dirigismus die Wirtschaft eher gehemmt als gefördert. Der Staat, folgerte Kaunitz, sollte auch die Ökonomie an längerem Zügel führen, neue Theorien aufnehmen und sie in der Praxis anwenden.

Die Lehre des klassischen Merkantilismus war dem Zeitgeist und den Zeiterfordernissen angepaßt worden. Der aufgeklärte Merkantilismus hielt zwar, wie der aufgeklärte Absolutismus, am Vorrang und damit an der Oberaufsicht des Staates über alles und jeden fest, aber als Staatsziel war nicht mehr die totale Macht des Monarchen, sondern eine Hebung der allgemeinen Wohlfahrt zum Nutzen der Monarchie markiert. Dazu bedurfte es der Lockerung der Staatsregie und einer Ermunterung der Wirtschaftskräfte.

Es war notwendig gewesen, daß der Staat die Industrie ankurbelte. Nachdem sie angesprungen war, wurde es erforderlich, daß privaten Unternehmern mehr Handlungsfreiheit gewährt wurde, um sie zum Laufen zu bringen und am Laufen zu halten.

Zunehmend distanzierte sich die Monarchin von staatlicher Wirtschaftsförderung und Wirtschaftslenkung, stieß Staatsbetriebe, die keinen oder nur wenig Gewinn einfuhren, an Privatleute ab, so die Nadelburg 1769 an den Grafen Batthyány. Anfang der siebziger Jahre stellte sie die freie Konkurrenz unter ihren besonderen Schutz.

Noch war man von freier Wirtschaft weit entfernt, doch der Weg dorthin war geöffnet. Zunächst wurde dem Freihandel eine Gasse in

Österreich gebahnt, denn hier deckten sich augenfällig Staatsräson und wirtschaftliche Vernunft. Die Beseitigung von Zollschranken im Innern war dazu geeignet, mit dem ökonomischen Wachstum das Zusammenwachsen der Länder zu fördern, der Gesamtmonarchie zu nützen.
Ein einheitliches Zollgebiet und damit ein geschlossener Wirtschaftsraum kam wie ein vereinheitlichter Staat lediglich für die deutschen Erblande und Böhmen zustande. Ungarn wie die österreichischen Niederlande und das österreichische Italien blieben außerhalb des Kernbereichs der Habsburgermonarchie.

DAS REICH DER STEPHANSKRONE huldigte seiner Königin, aber entzog sich der Einbindung in ein österreichisches Staatswesen, blieb die feudalistische Nation und wurde ein nationaler Staat im übernationalen Reich.
»Wann das große und fruchtbare Königreich Hungarn in eine rechte Verfassung gesetzt werden könnte, so würde die Macht des durchlauchtigsten Erzhauses verdoppelt«, erkannte Kaunitz. »Zum Unglück ist seine innerliche Verfassung noch so beschaffen, daß die Wohlfahrt des Königs und die des Landes gegeneinander streitet.«
Eine größere Übereinstimmung versprach sich der Staatskanzler, wenn die Monarchin weniger auf den politisch eigenständigen und gesellschaftlich rückständigen Feudaladel, mehr auf eine fortschrittlich gesinnte Beamtenschaft und letztlich auf den aus feudalen Bindungen zu befreienden und zu staatsbürgerlichen Pflichten heranzuziehenden Untertanen setzte. Notwendig sei es, daß dieser in Ungarn »mehr emporkomme und die Contribution ertragen könne. Daher auch aller Mißbrauch der Noblesse in Bedrückung der Unterthanen soviel immer möglich abzustellen oder zu beschränken« sei.
Wie immer war Kaunitz, der radikalere Reformer, Maria Theresia voraus. Ihr blieb die schicksalhafte Verbindung von Monarchie und Feudalismus bewußt, sie scheute vor harten Eingriffen und tiefen Einschnitten in den Bund von Krone und Adel zurück – in Ungarn noch mehr als anderswo.
Die Habsburgerin dankte es den ungarischen Ständen, daß sie ihr im Österreichischen Erbfolgekrieg zu Hilfe gekommen und auch im

Siebenjährigen Krieg beigestanden waren, auch wenn sie sich mehr an militärischer und finanzieller Hilfe erwartet hatte. Sie konnte es jedoch nicht vergessen, daß sie dafür den Magyaren mehr Zugeständnisse hatte machen müssen, als es dem Wohle der Gesamtmonarchie dienlich erschien, und sie wollte es nicht verzeihen, daß diese sich der Apostolischen Majestät nicht angemessen fügten und in den angestrebten Gesamtstaat nicht einfügten.

An gutem Zureden und Beweisen ihrer Gunst hatte sie es nicht fehlen lassen. Weil sie immer noch die Hoffnung hegte, sie könne bei dieser Nation »alles erreichen, wenn man sie gut behandelt und ihr seine Zuneigung zeigt«, stellte sie 1764 dem ihren Namen tragenden Militärverdienstorden einen nach dem ungarischen Nationalheiligen benannten Zivilverdienstorden zur Seite, den »Königlich Ungarischen hohen Ritterorden vom hl. Stephan, dem Apostolischen König«. Unter den ersten vier Rittern waren drei Ungarn: der Primas, Erzbischof Franz Barkóczy von Szala, der Palatin, Graf Ludwig Ernst Batthyány, und der ungarische Hofkanzler, Graf Franz Esterházy.

Die Monarchin, die Großmeisterin des St.-Stephans-Ordens, hatte erwartet, sie könne damit die Adelsnation für sich einnehmen, »die Gemüther der Herrn Hungarn... um so eher gewinnen«, bemerkte Oberstkämmerer Khevenhüller. Die Ungarn vergalten ihr die Auszeichnung mit begeisterten Eljen-Rufen, aber nur bedingt mit klingender Münze. Der im Jahre der Ordensstiftung, 1764, zusammengetretene Reichstag genehmigte statt der von ihr verlangten, für den Wiederaufbau benötigten Steuererhöhung um 1 Million Gulden nur eine Summe von 700 000 Gulden, widersetzte sich einer Reorganisation der Insurrektion, der Heeresaufbringung, wie einer Reform der gutsherrlichen Verhältnisse.

Weder ihren Feudalismus noch ihre Finanzen gedachten die Magyaren für ihre Königin zu strapazieren. Franz Adam Kollár, der slowakische Bibliothekar Maria Theresias, der in einer Flugschrift die »heiligen Rechte der Apostolischen Könige von Ungarn« aufgezählt, die ständischen Privilegien für unhaltbar und die Steuerbefreiung des Adels für untragbar erklärt hatte, wurde vom Reichstag als Vaterlandsverräter gebrandmarkt, sein Pamphlet öffentlich verbrannt.

Dieser Reichstag »hat mich die Leute kennen machen«, erklärte Maria Theresia. Ihr ehedem so warmherziges Verhältnis zu Ungarn kühlte ab. Sie pflegte zwar weiter die Beziehungen zu den ihr ergebenen Magyaren, hielt sich an die von ihr beschworene Verfassung und ließ die Institutionen des Landes ungeschoren. Aber sie berief – was ihr Kaunitz bereits vor der Enttäuschung von 1764 angeraten hatte – keinen Reichstag mehr ein, ernannte keinen neuen Palatin, stützte sich auf ihren Statthalter in Preßburg und den Sachbearbeiter der ungarischen Angelegenheiten im Staatsrat in Wien.

Schließlich beantwortete die Habsburgerin die Weigerung Ungarns, seinen Verpflichtungen gegenüber der Gesamtmonarchie voll und ganz nachzukommen und sich mehr oder weniger in den anvisierten Gesamtstaat einbinden zu lassen, mit einer die Widersetzlichen empfindlich treffenden Gegenmaßnahme: Ungarn wurde nicht in das gemeinsame Zollgebiet und in den gemeinsamen Wirtschaftsraum einbezogen.

Nicht immer gelang es Maria Theresia, ihre Schadenfreude zu unterdrücken, daß den Magyaren mit der Ablehnung einer Rationalisierung und Zentralisierung das Geschenk einer Modernisierung vorenthalten blieb. Das Reich der Stephanskrone hinkte dem Fortschritt nach.

An dessen Spitze hatten sich die österreichischen Niederlande und das österreichische Italien gesetzt. Ihr Marsch führte jedoch nicht in eine gemeinsame habsburgische Zukunft, und bereits in der Gegenwart hatten sie einen durch Geschichte und Geographie vorgezeichneten Sonderweg eingeschlagen. Die Monarchin akzeptierte ihn, weil sie am Fortschritt partizipierte und ihr kaum etwas anderes übrigblieb.

DIE NIEDERLANDE waren Österreich nach dem Spanischen Erbfolgekrieg zugefallen. Maria Theresia führte die Titel Herzogin von Brabant, zu Limburg und zu Luxemburg, Gefürstete Gräfin zu Flandern und zu Hennegau, Gräfin zu Namur und Frau zu Mecheln.

Ein Danaergeschenk schien das Erzhaus bekommen zu haben. Denn diese zwischen Frankreich und Holland, im Vorfeld Englands und des römisch-deutschen Reiches gelegenen Gebiete glichen Puffern zwischen den Mächten, die Stößen von allen Seiten ausgesetzt, immer wieder Kriegsschauplatz gewesen waren, zuletzt im Österreichischen Erbfolgekrieg.

Maria Theresia behauptete zwar auch dieses Erbe, aber sie hätte kaum etwas dagegen einzuwenden gehabt, wenn die weitab gelegenen, ständig gefährdeten, zu einer Arrondierung ihres Kerngebietes untauglichen Niederlande gegen ein passenderes Territorium einzutauschen gewesen wären.

Als Preis für eine Allianz mit Frankreich wäre ihr die Abtretung der Niederlande an die Bourbonen nicht zu hoch gewesen, zumal ihr dafür Parma und Piacenza angeboten worden waren. Sie blieben ihr jedoch erhalten. Aber sie hütete sie nicht wie ihren Augapfel, nahm sie nicht in Augenschein, betrat nie den Boden dieser fernen Provinzen.

So entging es ihr, die Zuneigung der dortigen Untertanen persönlich entgegenzunehmen, sich »die Befriedigung fühlen zu lassen, die darin liegt, sich der Liebe der Völker würdig zu machen. Darin besteht ja auch der einzige Lohn für unser Bemühen.«

Ihre Niederländer wußten es zu schätzen, was sie für sie aus der Ferne und nicht unbedingt aus Sympathie getan hatte. Nach Abschluß der Allianz zwischen Österreich und Frankreich war der gefährlichste Druck von den Niederlanden genommen, gab es endlich Frieden, begann das Land aufzublühen, brach eine Ära an, die den damaligen Bewohnern und noch mehr den späteren Belgiern als eine mit dem Namen Maria Theresias verbundene goldene Zeit erschien.

Sie hatte ihnen einen Statthalter geschickt, mit dem sie zufrieden sein konnten, dem die Stände von Brabant noch zu dessen Amtszeiten ein Denkmal setzten: ihren Schwager Karl von Lothringen. Die Statue auf der Place Royale in Brüssel zeigte ihn als römischen Imperator mit dem Kommandostab. Die Hochschätzung verdankte der vom glücklosen Feldherrn zum glückreichen Statthalter avancierte Gemahl der Schwester Maria Theresias und Bruder ihres Gatten nicht dem Umstand, daß er die ihm anbefohlenen Zivilisten herumkommandierte und in die Zuständigkeiten der Stände eingriff, sondern einem Verhalten, das sich nach einer Empfehlung

seiner Schwägerin richtete: Er solle sich damit zufriedengeben, in Brüssel »le coq du village«, der Hahn im Dorf, zu sein und die Dinge laufen zu lassen, wie sie nun einmal liefen.
Zweimal brauchte sie ihm das nicht zu sagen. Karl von Lothringen, der seine Frau früh verloren hatte, war ein lustiger Witwer, der junge Frauen, alte Weine, gutes Essen, schöne Künste und frohe Feste über alles liebte und sich Lust und Laune nicht durch Staatsgeschäfte verderben lassen wollte.
Diese hätten ohnehin einer Sisyphusarbeit geglichen. Denn die österreichisch gewordenen Niederländer waren zwar keine holländischen Geusen, aber sie hätten sich Eingriffe in ihre althergebrachten Rechte und Freiheiten kaum gefallen lassen. Im fernen Wien mußte sich Maria Theresia mit dieser Tatsache und dem daran orientierten Verhalten ihres Statthalters zufriedengeben, unter dem Vorbehalt: Sie wolle nur nach den bestehenden Gesetzen regieren, aber diese müßten ihre gottgegebenen Rechte respektieren.
Für deren Beachtung hatten in Wien der auch für niederländische Angelegenheiten zuständige Staatskanzler Kaunitz und in Brüssel ihre bevollmächtigten Minister zu sorgen. Diese erschienen ihr dazu geeigneter als der Statthalter zu sein, der auf Schloß Tervueren den »Coq du village« spielte.
Der Hahn konnte auch Krallen zeigen, freilich weniger den Niederländern als den Österreichern. Als der bevollmächtigte Minister Graf Karl Cobenzl ein Dekret zur Erhöhung der Salzsteuer erwirkte, das ein Aufbegehren befürchten ließ, hob es der dazu nicht bevollmächtigte Statthalter kurzerhand auf.
Die Schwägerin sah dem Schwager dieses und ähnliches nach, auch deshalb, weil dessen Amtsauffassung und Geschäftsführung ihr Ansehen hoben und ihre Kasse füllten. Die Staatseinnahmen in den Niederlanden stiegen von fünfeinhalb Millionen Gulden 1749 auf fünfzehn Millionen 1779, im Jahr vor ihrem und Karls Tod.
Die österreichischen Niederlande waren mit ihren dreieinhalb Millionen Einwohnern das dichtbesiedeltste und den höchsten Wohlstand aufweisende Land Europas. Ihre Agrarwirtschaft war mustergültig. Die Bauern, die rechtlich geschützt waren, vertrugen sich mit den Grundherren, die ihre Ansprüche nicht überzogen. Getreide wurde so viel produziert, daß nicht nur die Einheimischen ernährt,

sondern auch beträchtliche Mengen nach Frankreich und Holland exportiert werden konnten.
Gut ausgebaute Straßen und Kanäle dienten dem Handel mit Agrarerzeugnissen und zunehmend mit Manufakturprodukten: Tuch aus Flandern, Wollwaren aus Luxemburg, Baumwollzeug aus Gent, Tapisserien aus Brabant und Spitzen aus Brüssel, die Maria Theresia gerne trug. Die in der Hauptstadt ihrer Niederlande hergestellten Seifen schätzte sie, nachdem Cobenzl ihr Augenmerk durch eine aus Seife modellierte Statuette der Monarchin darauf gelenkt hatte.
Eine Eisenindustrie war in Charleroi im Entstehen, wo auch mit dem Kohleabbau begonnen wurde. Waffen und Sensen wurden in Lüttich geschmiedet. Österreich profitierte direkt und indirekt vom Aufschwung im späteren Belgien. Dort erwirtschaftetes Geld floß dem Ärar zu, und dort ausgebildete Fachkräfte dienten als Pioniere der Industrialisierung im Kernbereich der Monarchie. Tucharbeiter aus Verviers kamen in die in Iglau in Mähren gegründete und vom Niederländer Bailloux geleitete Textilfabrik, die – wegen des Widerstands der einheimischen Weberzunft – nach Brünn verlegt wurde. Antwerpen war mit Hafen und Börse das Zentrum des Warenhandels und des Kapitalverkehrs, die Hauptstadt Brüssel der Mittelpunkt des höfischen und kulturellen Lebens. Maria Theresia stiftete die »Académie impériale et royale des sciences et belles lettres de Bruxelles« sowie die dem Theresianum in Wien nachgebildete und nach ihr benannte Unterrichtsanstalt. In den beiden letzten Jahrzehnten ihrer Herrschaft wurde ein Drittel der Stadt Brüssel – vor allem um die Place Royale, Rue Royale und den Park – neu gebaut. An der Grand'-Place entstanden neue Zunfthäuser, so das Haus der Brauer, dessen Giebel mit dem vergoldeten Reiterstandbild Karls von Lothringen verziert wurde.
Die österreichischen Niederlande seien »das einzige glückliche Land, das uns stets so viele Hilfsmittel geliefert hat«, resümierte Maria Theresia. Wenn dies so bleiben solle, müsse man stets beachten, daß »dieses Volk mit geradezu lächerlicher Voreingenommenheit am alten hängt, daß es gehorsam und anhänglich ist und mehr Abgaben zahlt als unsere ausgesogenen und unzufriedenen deutschen Länder! Was will man mehr beanspruchen?« Sie glaube

deshalb nicht, »daß im wesentlichen an der Verfassung und Regierungsform etwas zu ändern ist« und etwas verändert werden dürfe. Joseph II., an den diese Mahnung gerichtet war, hielt sich nicht daran, versuchte nach dem Tod der Mutter auch diese Provinz umzukrempeln, verletzte als eifernder Aufklärer die religiösen Gefühle und als entschiedener Absolutist die politischen Gerechtsame dieses Volkes, provozierte eine Revolte, die sich zur Revolution steigerte und mit dem Abfall der österreichischen Niederlande endete.

Wenn sie es nicht schon empfunden hatten, so wußten es die Belgier nach ihren Erfahrungen mit Joseph II., was sie an Maria Theresia gehabt und mit ihr verloren hatten. Das Idealbild und der Lobpreis, die zu ihren Lebzeiten in Gedenkmünzen eingeprägt worden waren, blieben im Gedächtnis haften, bis heute. »Auch zum Ende unseres 20. Jahrhunderts brauchen diese Urteile nicht revidiert werden. Man muß sie höchstens in mancher Facette schattieren«, erklärt der Historiker Albert Duchesne. »Es gibt noch heute kaum Belgier, die im Herzen nicht etwas Dankbarkeit für die goede Keizerin behalten haben.«

Indessen ging die Dankbarkeit nicht so weit, daß die Niederländer im habsburgischen Reichsverband bleiben oder gar in ihn zurückkehren wollten. Die Nostalgie verklärte ein Bild, das die Historie schattiert hatte.

AUCH NORDITALIENER haben die Taten und Wohltaten der ehemaligen Herzogin zu Mailand, zu Mantua, zu Parma, zu Piacenza und Guastalla nicht vergessen und erinnern sich daran, daß Maria Theresia als Gemahlin Franz Stephans von Lothringen auch Großherzogin von Toskana gewesen war.

In dynastischen Auseinandersetzungen hatte Österreich italienische Gebiete gewonnen, zum Großteil wieder verloren, doch ansehnliche und vielversprechende Territorien behalten. Während des Spanischen Erbfolgekrieges bekam es Mantua, im Frieden von Rastatt 1714 Mailand, Neapel und Sardinien. Im Jahre 1735, nach dem Polnischen Thronfolgekrieg, überließ es Neapel und das 1720 gegen Sardinien eingetauschte Sizilien an eine Sekundogenitur der spanischen Bourbonen sowie Tortona und Novara an Sardinien-Piemont, erhielt dafür Parma, Piacenza und Guastalla. Im Österreichischen Erbfolgekrieg wurden einige österreichische Gebiete westlich des Ticino an die Dynastie Savoyen abgetreten, und danach Parma, Piacenza und Guastalla an eine dritte Linie des spanischen Hauses Bourbon. In Oberitalien waren jahrhundertelang Konflikte zwischen Habsburgern und Bourbonen ausgetragen worden. Im Jahre 1748 kehrte Frieden ein, der durch die Allianz zwischen Österreich und Frankreich gesichert wurde. Die österreichische Lombardei, bestehend aus den Herzogtümern Mailand und Mantua, gedieh unter dem Zepter Maria Theresias, wurde ein Versuchsfeld und ein Musterland ihrer Reformen.

Was in deren erster Phase nach 1748 angelaufen war, erreichte in der zweiten Phase nach 1763 ein »Goldenes Zeitalter«, erntete das vom italienischen Historiker Franco Valsecchi bestätigte Lob des österreichischen Historikers Adam Wandruszka: »Kaum in einem anderen Lande Europas ist man in diesem ›philosophischen Jahrhundert‹ dem platonischen Ideal der Verbindung von Geist und Macht, Philosophie und Herrschaft so nahe gekommen wie in der Lombardei in den letzten beiden Jahrzehnten der theresianischen Epoche.«

Kaunitz erklärte: Nicht ein altes Haus gelte es zu renovieren, vielmehr ein neue Fabrik nach rationalen Konstruktionsplänen und in rationeller Bauweise zu errichten, und nicht allein Architekten und Bauhandwerker mit diesem Auftrag zu betrauen, sondern auch Ingenieure und Facharbeiter heranzuziehen, die in der neuen Fabrik ihr Soll erfüllten: Wohlstand für die Leute, Wohlfahrt für das Land und Wohlergehen für die Monarchie produzierten.

In der Lombardei waren die Voraussetzungen dafür günstig. Die bewässerte, fruchtbare Ebene des Po war ein Eldorado der Landwirtschaft. Moderne Methoden wurden angewandt, Reis und Weizen geerntet, Vieh gezüchtet, Käsereien errichtet. Schafe lieferten den Rohstoff für die Wollverarbeitung, und die Maulbeerbäume, die im Hügelland gediehen, für die Seidenproduktion. Tuche, Glas, Leder- und Metallwaren wurden hergestellt und der Buchdruck intensiviert.

Was die Natur gegeben hatte, wurde von den Menschen genützt. Die Einwohnerzahl der österreichischen Lombardei erreichte die Millionengrenze und begann sie zu übersteigen. Die Gesellschaft war noch mittelalterlich gegliedert: Großgrundbesitzer, in erster Linie städtische Patrizier und kirchliche Institutionen, verfügten über den Großteil des Bodens, besaßen wirtschaftliche Stärke, soziale Macht und politischen Einfluß. Indessen stiegen auf dem Land die Pächter und in den Städten die Bürger auf, die daran partizipieren wollten.

Die Gesellschaft der Entwicklung anzupassen und aus der Modernisierung nicht zuletzt selber zu profitieren, hatte sich der Staat zur Aufgabe gestellt. In Mailand wurde sie von den österreichischen Administratoren und ihren italienischen Mitarbeitern übernommen. Sie lösten sie so gut, daß die Lombardei sich an die Spitze des Fortschritts auf der Apenninenhalbinsel setzte und diesen Platz im Italien des 19. und 20. Jahrhunderts behauptete.

In Wien, in der von Kaunitz geleiteten Staatskanzlei und deren Dipartimento d'Italia, dem der dem Zeitgeist aufgeschlossene Joseph von Sperges vorstand, wurden die Reformen geplant, von Maria Theresia abgesegnet und von ihrem Mitregenten Joseph II. vorangetrieben. Vor Ort wurden sie nicht nur ausgeführt, sondern auch en gros angeregt und en detail mitgestaltet. In Mailand fungierten die bevollmächtigten Minister als Vermittler zwischen der Krone und der Provinz.

Der aus Varese stammende Conte Beltrame Cristiani gewann den Dank der Lombarden und die Gunst Maria Theresias, die ihn mit Aufträgen in allen italienischen Angelegenheiten dermaßen überhäufte, daß ein venezianischer Diplomat meinte, sie werde ihn zu Tode strapazieren. Als er dann darniederlag, ließ ihm die Monarchin durch ihren Leibarzt eine Behandlung per Brief zukommen und sich postwendend über sein Befinden unterrichten.

Einen fast täglichen Briefwechsel mit Wien führte Cristianis Nachfolger, Graf Karl Joseph Firmian, der von 1758 bis 1782 als bevollmächtigter Minister in Mailand amtierte. Schon sein Geburtsort schien ihn für diese Position prädestiniert zu haben: Deutschmetz (Mezzo Tedesco) an der Sprachgrenze Tirols, vis-à-vis der italienischen Ortshälfte Mezzo Lombardo. In Salzburg, unter Aufsicht seines Onkels, des Erzbischofs Firmian, erzogen, wurde er dann in Holland vom Jansenismus und in Paris von der Aufklärung beeinflußt.

Kaunitz befand, daß sein Bruder im Geiste und einer seiner tüchtigsten Diplomaten in Mailand der richtige Mann am richtigen Platz wäre. Der Staatskanzler konnte sich zu seiner Wahl gratulieren. Firmian führte das Vorhaben, das in Wien anvisiert wurde, vor Ort in einer Weise aus, welche die Vorgabe übertraf und als Vorbild für die Gesamtstaatsreform geeignet war.

Ohne die Mitwirkung von Italienern, die sich nicht nur als Wortführer, sondern auch als Ausführende einer Modernisierung bewährten, wäre das Reformwerk schwerlich gelungen. Mailand und die Universität Pavia waren Stützpunkte der Aufklärung in Europa. Pietro Verri, ein Verfechter des aufgeklärten Absolutismus, schrieb staatswirtschaftliche Werke und wurde Mitglied des Supremo Consiglio di Economia, ebenso wie Cesare Beccaria, der Verfasser des fast in alle europäischen Sprachen übersetzten, von Voltaire gelobten Buches »Über das Verbrechen und seine Bestrafung«, das eine Behebung der Mängel und Greuel der bestehenden Strafprozeßordnung verlangte und die moderne Strafgesetzgebung beeinflußte.

Beccaria wie Pietro und dessen Bruder Alessandro Verri gehörten zur Accademia dei Pugni, welche die Welt im allgemeinen und die Lombardei im besonderen zwar nicht mit Fäusten, aber mit den Zeigefingern ihrer Schriften und der von ihnen gegründeten Wochenzeitung »Il Caffè« zu verändern trachteten. Namhafte italienische Aufklärer und Reformer im habsburgischen Verwaltungsdienst waren auch Gian Rinaldo Carli und Pompeo Neri. Der Dichter und Satiriker Giuseppe Parini, der das Lotterleben Mailänder Aristokraten verspottete, wurde von Firmian vor Nachstellungen bewahrt und zum Redakteur des Mailänder Regierungsblattes berufen.

Von oben wurde verfügt, was von unten verlangt wurde. Ausgangspunkt der Reformen war der Theresianische Kataster, der zuerst in der Lombardei und dann in den anderen Ländern der Habsburgerin eingeführt wurde. Das aus dem Mittelalter stammende Wort capitastrum, das Kopfsteuerliste bedeutete, wurde zu einem Grundbegriff neuzeitlicher Staatsverwaltung. Die Aufnahme, Schätzung und das Verzeichnis der gesamten Grundstücke diente als Grundlage für die Festsetzung und Erhebung der Grundsteuer.

Diese Maßnahme kam allen zugute: zunächst dem Staat, der seine Einnahmen sicherte und steigerte, aber auch den Eigentümern, die durch die Festlegung des Grundbesitzwertes und des Grundsteuerbetrages von Steuererhöhungen verschont blieben, wenn sie ihr Einkommen durch Bodenverbesserungen mehrten. Die Folge war, daß bisher unbebautes Land kultiviert wurde, der Ertrag wuchs und die Ökonomie gedieh.

Auf dieser Basis baute man eine Reform nach der anderen auf. Bürger und Adelige wurden gleich besteuert, das Steuerpächtersystem abgeschafft, der Steuerdruck für alle verringert, Anreize zur Leistung geschaffen. Das Land wurde in Provinzen, Distrikte und Gemeinden eingeteilt, denen der Staat eine gewisse, nicht zu weit gehende, nur von Grundsteuerpflichtigen getragene Selbstverwaltung einräumte. Überkommene Privilegien von Kommunen und Korporationen wurden abgeschafft, Zünfte aufgehoben, Relikte des Feudalismus beseitigt. Das war hier leichter als anderswo, denn in der Lombardei dominierte nicht ein ländlicher Adel, sondern das städtische Patriziat.

Aus Eigennutz förderte der Staat des aufgeklärten Absolutismus den Gemeinnutz, ebnete den Weg zu einer gleichen Gesellschaft und einem freien Staatsbürgertum, sorgte schon jetzt für deren wirtschaftliche Voraussetzungen. Die Landwirtschaft wurde gehoben, die Industrie vorangebracht, der Handel begünstigt. Maria Theresia setzte die Zölle auf Waren aus der Lombardei nach den anderen Ländern ihres Herrschaftsbereiches auf die Hälfte herab.

Etatismus und Merkantilismus in der modernisierten Form der zweiten Hälfte des 18. Jahrhunderts blieben Antriebskräfte der Reformen, die über Staatsverwaltung, Finanzverfassung und Wirtschaftsförderung hinausgriffen. Das Justizwesen wurde verbessert, die Folter abgeschafft. Das Erziehungswesen wurde nach der Auflösung des Jesuitenordens neu organisiert.

Vor den Pforten der Kirche wurde nicht haltgemacht. In Mailand errichtete Kaunitz 1768 die Giunta Economale mit der Aufgabe, das Spannungsverhältnis zwischen Staat und Kirche im Sinne eines aufgeklärten Staatskirchentums in einer für die gesamte Monarchie vorbildlichen Weise zu lösen. »Alle Bürger des Staats sind Untherthanen des Staats. Die Clerisey ist ein Theil der Bürger des Staats«, hieß es in der Instruktion des Staatskanzlers für die Giunta. »Die Clerisey kann also nicht unabhängig seyn, und wenn sie sich als unabhängig zu betrachten und zu betragen unternehmete, würde sie sich eines ungezweifelten Staatsverbrechens schuldig machen.« Die Richtung war gewiesen: Das Sacerdotium sollte auf Lehre, Sakramente und Gottesdienst beschränkt, das Regnum wie den Staat so auch die Kirche beherrschen. Ein Weg war beschritten, der zur Einschränkung der geistlichen Gerichtsbarkeit, der Aufhebung des Asylrechtes der Kirche, der Ersetzung von kirchlichen durch staatliche Schulen und zur Schließung von Klöstern führte; noch unter Maria Theresia wurden in der Lombardei 80 Klöster aufgelöst, ihr Vermögen beschlagnahmt und für Aufgaben verwendet, die der Staat der Kirche abgenommen hatte.

Die Entwicklung zum Staatskirchentum trieben Kaunitz und vor allem ihr Sohn Joseph voran und schossen über das Ziel hinaus, das sich Maria Theresia gesetzt hatte: dem Staat zu geben, was er benötigte, jedoch der Kirche mehr zu belassen, als ihr weniger fromme, radikalere Reformer zugestehen wollten.

Aus ganzem Herzen begrüßte die Liebhaberin der italienischen Kultur das Aufblühen der Künste und Wissenschaften in ihrer italienischen Provinz. Dennoch beließ sie es bei dem einzigen Besuch in Mailand auf der Rückreise von Florenz im Jahre 1739. Der Empfang war nicht so ausgefallen, wie sie sich ihn vorgestellt hatte. Bei strömendem Regen waren die zum Spalier bestellten Milizionäre nach Hause gelaufen. An der Aufführung von »La Germania trionfante in Arminio« fand sie Gefallen. Sie konnte als theatralischer Hinweis gedeutet werden, daß sie in der Lombardei nicht nur mit Repression, sondern auch mit Reformen zu triumphieren gedachte, daß ihr am Florieren der Kunst gelegen war.

Mailand, das die Österreicher 1714 mit 114 000 Einwohnern übernahmen, zählte 1796, als sie den Franzosen vorübergehend weichen mußten, 131 000 Einwohner. Mehr als die Bevölkerung war die wirtschaftliche und noch mehr die kulturelle Bedeutung gewachsen.

In der Brera, einem ehemaligen Jesuitenkonvikt, wurde 1776 die Accademia di Belle Arti und eine Bibliothek eröffnet, die Maria Theresia um die ihr zugeeigneten 24 000 Bände der Sammlung Pertusati bereicherte. Am Platz der Kirche Maria Regina della Scala ließ sie von Giuseppe Piermarini das Teatro alla Scala bauen,

das am 3. August 1778 mit »Europa riconosciuta«, einem musikalischen Drama von Antonio Salieri, eröffnet wurde. Im Teatro Cannobiana ging am 21. August 1779 zum erstenmal der Vorhang auf, für Salieris »Fiera di Firenze« und Goldonis »Talismano«.
Im neuerrichteten Palast gegenüber der Südseite des Mailänder Doms, dem früheren Palazzo di Corte der Visconti und späteren Palazzo Reale, und in der Villa Reale in Monza, zu deren Baukosten Maria Theresia 100 000 Gulden beisteuerte, residierten ihre Statthalter. Die Regierung der Lombardei war den von ihr bevollmächtigten und von ihrer Staatskanzlei geleiteten Ministern übertragen. Die fürstlich dotierten Statthalter hatten die Herrscherin mit dem Glanz der eigenen Hofhaltung zu repräsentieren. Die Auswahl ihrer Vertreter bewies die Bedeutung, die sie der österreichischen Lombardei beimaß.
Seit 1754 war Herzog Franz III. von Modena ihr Statthalter in Mailand. Maria Theresias dynastisches Kalkül hatte ihn auf diesen Posten gebracht: Das Haus Este sollte an das Haus Habsburg gebunden werden. Seine Enkelin Maria Beatrix wurde als Dreijährige mit dem sechsjährigen Erzherzog Leopold verlobt. Nachdem dieser zum Großherzog von Toskana bestimmt worden war, hatte der nächstjüngere Sohn Ferdinand für ihn einzuspringen. An ihn trat Franz III. von Modena die Statthalterschaft in der Lombardei ab, als Ferdinand 1771 mit siebzehn die um vier Jahre ältere Erbtochter der Este in Mailand ehelichte.
Der Nachfolger wie der Vorgänger erfüllten die Aufgabe, die ihnen Maria Theresia zugedacht hatte: Sie mischten sich wenig in die Regierungsgeschäfte ein und widmeten sich ihren Repräsentationspflichten mit einer Hochgeborenen anstehenden, mit Nonchalance gepaarten Distinktion, welche die Kreise der österreichischen Beamten nicht störte und die lombardischen Untertanen nicht unbeeindruckt ließ, welche die Vorteile der habsburgischen Herrschaft genossen und deren Nachteile zunächst übersahen.
Die Mailänder seien, so Pietro Verri, unter Maria Theresia so glücklich gewesen, »wie es unter einer absoluten Regierung nur überhaupt möglich ist«. Weniger zufrieden, fügte der italienische Mitgestalter der theresianischen Reformen hinzu, seien sie unter Joseph II. geworden, der zwar aufgeklärter, aber despotischer als die

Mutter war, die Zuneigung der Lombarden zu Habsburg unter einer Lawine überzogener zentralistischer Reformen verschüttete.

»Österreichs Ziel einer bürokratischen Zentralisierung verletzte die scheinbare Autonomie, die Maria Theresia gewährt hatte«, bilanzierte der italienische Historiker Adolfo Omodeo, und die von ihr geförderte Entwicklung der Kultur »mußte die Lombarden unvermeidlich von der Fremdherrschaft entfernen.«

So kam es, daß das Musterland der habsburgischen Reformpolitik ein Pionierlager der italienischen Nationalbewegung wurde. Die Problematik von Reformen im allgemeinen offenbarte sich im besonderen in der Lombardei. Der Stein, der ins Rollen gebracht worden war, konnte nicht an einem den österreichischen Reformern beliebigen Punkt angehalten werden. Er rollte über das gesteckte Ziel hinaus, und schließlich endete die »Revolution von oben« in einer »Revolution von unten«.

Schon von Joseph II. waren die Reformen weiter getrieben worden, als es Maria Theresia recht sein konnte. Sie hatte versucht, mit alten dynastischen und neuen etatistischen Mitteln die Progression auf die Mühlen ihres Hauses zu leiten. Doch es stellte sich heraus, daß das, was gut für die Italiener, nicht gut für Habsburg war.

Die Witwe

Maria Theresia als Witwe, um 1769/70. Pastell von Joseph Ducreux

Wende des Lebens

AUF DIE GÖTTIN DER LIEBE, nicht auf den Gott des Krieges setzte Maria Theresia im Jahre 1760, noch während des Ringens mit Preußen. Sie befolgte den Wahlspruch: »Mögen andere Kriege führen, du, glückliches Österreich, heirate. / Denn was den anderen Mars, dir mehrt die Herrschaft der Venus.«
Der wichtigste Stein auf dem Brett ihrer Heiratspolitik, die der habsburgischen Hauspolitik und der österreichischen Machtpolitik zu dienen hatte, war ihr ältester Sohn, der Thronfolger Joseph. König Karl IV. in Neapel regte eine Doppelhochzeit an: Joseph sollte seine älteste Tochter und eine Tochter Maria Theresias seinen ältesten Sohn heiraten.
Der Habsburgerin war an einer Verbindung mit den spanischen Bourbonen, die in Italien eine starke Position einnahmen, schon deshalb gelegen, damit »wir wenigstens auf einer Seite in vollkommene Sicherheit gesetzt werden möchten«. Dazu kam, daß Karl IV., der Herrscher Neapels und Siziliens, in absehbarer Zeit als Nachfolger seines kinderlosen Halbbruders Ferdinand VI. als Karl III. den spanischen Königsthron besteigen würde, weshalb »Unsere Aufmerksamkeit für denselben zu verdoppeln ist«.
Spanien war unter den Bourbonen zwar nicht mehr das, was es unter den Habsburgern gewesen war, aber immer noch eine ansehnliche Macht. Österreich war mit ihr nicht nur durch historische Erinnerungen, sondern auch durch aktuelle Interessen verbunden: Die spanischen Bourbonen unterstützten die französischen Bourbonen im Konflikt mit England und Preußen.
Die bourbonische Führungsmacht und Österreichs wichtigster Alliierter war allerdings Frankreich. Daher stand Maria Theresia nicht an, das bereits angebahnte Ehebündnis mit Neapel zugunsten eines solchen mit Versailles umzukehren, als König Ludwig XV. den ebenso innigen wie dringenden Wunsch äußerte, den österreichischen

Thronfolger Joseph mit seiner Enkelin Isabella von Parma zu vermählen.

Diese Verbindung stiftete Verwirrung bei den spanischen Bourbonen, drohte die Beziehungen zwischen Neapel wie Madrid und Wien zu beschädigen. Aber Maria Theresia verfügte nicht nur über geschickte Diplomaten, sondern auch über genügend Kinder, um alles wieder ins Lot zu bringen. Karls III. Tochter Maria Ludovica, die Ex-Braut Josephs, bekam ihren Sohn Leopold, wurde Großherzogin von Toskana und schließlich – als Gemahlin des Bruders und Nachfolgers Josephs II. – doch noch römisch-deutsche Kaiserin. Karls III. Sohn König Ferdinand IV. von Neapel ehelichte Maria Theresias Tochter Maria Karolina. Schwiegervater wie Schwiegermutter waren zufrieden, und die Schwiegerkinder mußten zufrieden sein.

Maria Theresia hätte für ihren Ältesten kaum eine bessere Partie finden können. Isabella, Prinzessin von Bourbon-Parma und Infantin von Spanien, war sozusagen eine Bourbonin in Potenz: das Kind eines spanischen Bourbonen, des Herzogs Philipp von Parma, des Bruders Karls III., und einer französischen Bourbonin, Elisabeth, der Lieblingstochter Ludwigs XV.

Politisch, gegenüber Frankreich wie Spanien, war die Alliance von Vorteil, sicherte Österreichs Stellung in Italien und bestätigte die Koalition gegen Preußen und England. Auch menschlich schien die richtige Wahl getroffen worden zu sein. Es gebe nur ein Urteil über Isabella, bemerkte Maria Theresia: »Der liebenswürdigste Charakter, dazu ein reizendes Äußeres und viel Sanftmut.« Die Braut Isabella bereite ihr jedenfalls weniger Sorgen als der Bräutigam Joseph: »Ich kann mit ihm zufrieden sein, er hat einen guten Charakter, ist aber wenig zuvorkommend...«

Die Schwiegertochter war mit dem spanischen Hofzeremoniell aufgewachsen, so daß angenommen werden konnte, sie werde sich der Herrschaft des Gemahls und der Oberherrschaft der Schwiegermutter fügen. Etwas ungewohnt für das Erzhaus war das Bildungsniveau der neunzehnjährigen Braut: Isabella spielte nicht nur gut auf ihrer Meistergeige aus Cremona, was man in Wien gerne vernahm; sie war auch in der Politik bewandert und in Philosophie beschlagen, was für ungewöhnlich, wenn nicht gar für ungehörig befunden wurde. Sie war nicht – wie Maria Theresia – zur Regentin bestimmt, sondern zur Gattin eines Regenten, der alles am besten zu wissen und zu machen können meinte.

Die Hochzeit am 6. Oktober 1760 wurde mit einem Aufwand gefeiert, mit dem die Mutter des Bräutigams die dynastische Bedeutung betonen und vielleicht auch – im vierten Jahr des Siebenjährigen Krieges – Freund wie Feind zeigen wollte, daß ihre Finanzen noch nicht erschöpft waren. Zumindest die Wiener waren beeindruckt.

»Es kann mit keiner Feder genugsam ausgedrücket werden, mit was Pracht und Herrlichkeit dieser feyerliche, und höchst vergnügte Tag begangen worden«, vermerkte das »Wienerische Diarium« und verwies auf das »unzählbare Volk«, das »mit inbrünstigem Vergnügen« und »mit immerwährendem Jubelausruf« mitgefeiert und mitgenossen habe.

Treffender als mit der Feder wurde das Ereignis mit dem Pinsel geschildert. In der Werkstatt des Hofmalers Martin van Meytens entstanden fünf Zeremonienbilder der Höhepunkte der Hochzeit: Einzug der Braut in Wien mit 94 sechsspännigen Wagen. Trauung des Paares in der Augustiner-Hofkirche. Hoftafel in der großen Anticamera der Hofburg. Souper im Redoutensaal. Serenade im Redoutensaal. Auf diesem Bild erblickt man Maria Theresia und Franz I., eingerahmt von Joseph und Isabella sowie zwölf weiteren Kindern des Herrscherpaares.

Maria Theresia gab diese Gemälde in Auftrag, als wollte sie festhalten, was sie dahinschwinden sah: barocke Festlichkeit und habsburgisches Familienglück. Doch das »Verweile doch, du bist so schön« war in den Wind gesprochen.

Mit Joseph II. kündigten sich Spätaufklärung und Frühklassizismus an, die nicht mehr zu ihrer Welt gehörten. Isabella, die von der Schwiegermutter wie eine leibliche Tochter, beinahe wie eine Schwester aufgenommen und von ihrem Gatten mit einer Liebenswürdigkeit behandelt wurde, die man ihm kaum zugetraut hätte, starb bereits am 27. November 1763. Sie erlag einen Monat vor ihrem 22. Geburtstag den Blattern, den in den Jahren zuvor zwei Kinder Maria Theresias zum Opfer gefallen waren: 1761 Karl Joseph und 1762 Johanna Gabriele.

Isabella hinterließ einen tieftrauernden Witwer und eine Waise,

Maria Theresia, die 1770 mit sieben starb. Ihre zweite Tochter, Christine, verschied am Tage ihrer Frühgeburt, wenige Tage vor ihrer Mutter.

»Ich kann Dir verraten, daß mir eine geheime Stimme den Tod angekündigt hat, und dieser Schicksalsruf erfüllt meine Seele mit einer Sanftmut und Weihe, die ich nicht begreifen und noch weniger auszudrücken vermag«, hatte Isabella an ihre gleichaltrige Freundin und Schwägerin Maria Christine geschrieben.

Dieser Tochter der Monarchin hatte sie, gewissermaßen als ihr Vermächtnis, Urteile über ihre Schwiegermutter anvertraut. »Die Kaiserin hat ein großes, zärtliches, empfindungsreiches, mitleidvolles Herz«, bemerkte Isabella, »sie liebt wahrhaft diejenigen, denen sie ihre Neigung zuwendet, und sie würde sich für sie und selbst für deren Freunde aufopfern.« Maria Theresia habe viel in ihrem Leben durchgemacht, und das habe sie die Welt kennen gelehrt. »Daher gewinnen aber auch ihre Ratschläge so ungemein an Wert. Nur wäre zu wünschen, daß sie von ihren Erfahrungen und ihren Begabungen auch für sich selbst besseren Gebrauch machen würde.« Doch sie hielte diese für schwach und mißtraue ihrer Einsicht. »Daraus kommen die Fehler, die sie selbst begeht, darin wurzelt die Unentschiedenheit, in der sie sich häufig befindet.«

Aus ihren Erkenntnissen leitete Isabella Verhaltensweisen gegenüber Maria Theresia ab, die sie Maria Christine als Ratschläge hinterließ: »Die erste Sorge, die Du anfangs haben wirst, liegt in jener Art von Enthusiasmus, den die Kaiserin für alles empfindet, das ihr zu gefallen beginnt.« Dies könne »der Beginn einer ganz unbegrenzten Zärtlichkeit und eines Zutrauens sein, das entweder immerfort dauern oder auch bald wieder erlöschen kann, je nachdem wie Du Dich selbst verhalten wirst«.

Maria Theresia, so Isabella, »ist ungemein lebhaft, und die Entschlüsse, die sie im ersten Augenblick faßt, sind oft von ihrer Heftigkeit eingegeben. In solchen Fällen muß man sich bemühen, sie zum Reden zu bringen, das erleichtert sie, danach aber soll man trachten, jede Entscheidung hinauszuschieben. Man muß den Fall, der sie gerade erbittert, zunächst so bedenklich als nur möglich finden, dann aber muß man sie beruhigen und eine Änderung ihrer ersten Entschlüsse herbeizuführen suchen. Sie wird bald darauf eingehen, und darin besteht das zuverlässigste Mittel, ihre Hochachtung zu erwerben – denn Gradheit und Güte sind ja der Grundzug ihres Charakters.«

Isabella von Parma, die sich nicht nur als Philosophin, sondern auch als Psychologin erwies, wußte ihre Schwiegermutter richtig einzuschätzen und entsprechend zu behandeln. Maria Christine schien die Empfehlungen ihrer Freundin befolgt zu haben, denn sie wurde Mutters Lieblingstochter, die nicht als Objekt habsburgischer Heiratspolitik dienen mußte, den Mann ihres Herzens, Herzog Albert von Sachsen-Teschen, ehelichen durfte.

Keine weitere Schwiegertochter vermochte bei Maria Theresia den Platz der ersten einzunehmen. Der Tod Isabellas, bekannte sie, »beraubt mich aller Befriedigung und allen Trostes, den mir die Familie gab; dieser Verlust ist besonders für mein Herz der empfindlichste Schlag«. Sie habe mit ihr »meine Freundin, meine Vertraute und alles« verloren.

Vom Schmerz ließ sie sich nicht davon abhalten, auf eine baldige Wiederverheiratung ihres Thronerben zu drängen. Dabei setzte sie sich über den Widerstand des Sohnes hinweg, der seine verstorbene Frau für unersetzlich hielt. Wenn schon, erklärte Joseph, dann wolle er sich mit Isabellas jüngerer Schwester, Maria Louise von Parma, vermählen. Die Mutter meinte, er versuche damit nur Zeit zu gewinnen; »es handelt sich da mehr um ihr Alter von 12 Jahren als um Liebe«.

Zeit sei nicht zu verlieren, mahnte sie und übernahm für ihn die Brautschau. Die Gemahlin des römisch-deutschen Kaisers Franz I. gelangte zu der Ansicht, daß für den 1764 zum Römischen König gekrönten Sohn Joseph eine deutsche Prinzessin das Passende wäre. Sie entschied sich für Maria Josepha von Bayern, Tochter des Wittelsbachers Karl VII., der den Habsburgern das Kaisertum und der Österreicherin Land abzunehmen versucht hatte. Von einem Ehebund versprach sie sich eine Versöhnung zwischen den Dynastien und eine Verstärkung ihrer Stellung im Reich.

Maria Theresia ahnte, daß das, was gut für die Politik, schlecht für das Paar sein würde. Maria Josepha war fünfundzwanzig, zwei Jahre älter als Joseph, und weder von anziehendem Äußeren noch von einnehmendem Wesen. Sie habe »eine kleine und dicke Gestalt ohne jugendlichen Reiz, Bläschen und rote Flecken im Gesicht, häßliche Zähne«, bemerkte Joseph, und Oberstkämmerer Khevenhüller ergänzte, sie sei im »Negligé leider nicht schöner als gekleideter«. Gegen ihr Gefühl habe sie mithelfen müssen, »meinen armen Sohn zu einem Entschluß zu bringen«, seufzte Maria Theresia. »Ich bin zum Unglück geboren und reiße die, für die ich am meisten Teilnahme habe, mit hinein.«

Die Hochzeit war, wenn schon nicht als familiäre Freudenfeier, so doch als Haupt- und Staatsaktion aufzuziehen. Der Vermählung am 23. Januar 1765 folgte ein Fest nach dem anderen. So wurde die Festa teatrale »Il Parnasso confuso« (Text von Metastasio, Musik von Gluck) in Schönbrunn von Mitgliedern der Monarchenfamilie und der Hofgesellschaft aufgeführt. Auf der Bühne fanden Schäfer und Schäferin schließlich zusammen. In der Wirklichkeit lebten Joseph und Maria Josepha nebeneinander her. Nichts spricht dafür, daß die Ehe vollzogen wurde.

Die Schwiegermutter nahm sich der von ihrem Sohn mißachteten Schwiegertochter an. Sie pflegte die von den Blattern befallene Maria Josepha, an deren Krankenbett sich Joseph nicht blicken ließ. Nicht einmal am Begräbnis seiner am 28. Mai 1767 verstorbenen Gemahlin nahm er teil. Maria Theresia hätte ihre Barmherzigkeit fast mit dem Tod bezahlt: Sie steckte sich an und wäre beinahe selbst den Blattern, »dem Erbfeind der kaiserlichen Familie«, zum Opfer gefallen.

Sie empfing die Sterbesakramente. Joseph wich nicht vom Bett der Mutter. Kinder von Hofdienern beteten für ihre Genesung, erhielten dafür eine jährliche Rente von 30 Gulden bis an das Lebensende der Monarchin im Jahre 1780. Im Jahre 1767 konnte das Schlimmste verhindert werden. Der »Göttlichen Vorsehung« wurde auf einer Gedenkmedaille und in einem Hochamt in Sankt Stephan gedankt. Unerhört blieben die Bitten um einen Erbprinzen Josephs II. Er blieb Witwer, entzog sich allen Wünschen nach einer Wiederverheiratung und Fortpflanzung der Dynastie.

Die Mutter hatte dies vorausgesehen, ihre Hoffnungen auf ihren Sohn Leopold gesetzt und sich für ihn nach einer Frau umgesehen, die nicht nur politische, sondern auch familiäre Bereicherung versprach.

Maria Ludovica, die Infantin von Spanien aus dem Hause Bourbon, war 1741 in Neapel als Tochter Karls IV., des Herrschers Neapels und Siziliens, geboren worden. Ihre Mutter Maria Amalia war eine Tochter des Kurfürsten Friedrich August II. von Sachsen.
Aspekte der Italienpolitik wie der Reichspolitik waren berücksichtigt. Leopold war zum Großherzog von Toskana bestimmt und als Nachfolger des ohne leiblichen Erben gebliebenen Josephs II. in Österreich und im römisch-deutschen Reich ausersehen.
Diesmal war Venus, die Göttin der Liebe, mit von der Partie. Die Braut – mit blondem Haar, hellem Teint und lebhaftem Temperament – gefiel dem Bräutigam und erfüllte die Erwartungen der Schwiegermutter. Sie gebar – wie sie selbst – sechzehn Kinder, darunter den nachmaligen Kaiser Franz.
Vorsorglich hatte sie dem in den Stand der Ehe tretenden Sohn Leopold Verhaltensregeln mitgegeben: »Deine Gemahlin hat Dir vor dem Altar geschworen, gehorsam und unterwürfig zu sein«; aber er solle nicht den Herrn herauskehren, sondern ihr »ein zärtlicher Gatte und wahrer Freund sein«.
Der Brautvater, nunmehr König von Spanien, hatte gewünscht, daß die Hochzeit nicht in Wien stattfinde. Der Vater des Bräutigams, Kaiser Franz I., dachte an Mailand oder Graz. Maria Theresia setzte Innsbruck durch: »Ich möcht dem Land Tirol und vor allem der Stadt Innspruck eine Gnade erweisen.«
Für den Empfang des Brautpaares wurde ein Triumphbogen errichtet. Die Mutter des Bräutigams, welche die Porta di San Gallo vor Augen hatte, durch die sie 1739 mit ihrem Franz Stephan in Florenz eingezogen war, wünschte sich einen Bau »ganz nach dem römischen Stil«. Weniger eine Triumphpforte als einen Trauerbogen meinte Obersthofmeister Khevenhüller zu erblicken: Auch in der Festbeleuchtung sei er »ungemein lugubre«, also schauerlich, gewesen, hätte mehr einem »castro doloris«, einem Trauergerüst, gleichgesehen.
Die Ehe des achtzehnjährigen Erzherzogs Leopold und der zwanzigjährigen Infantin Maria Ludovica, die so viel Segen für das Erzhaus bringen sollte, schien nicht unter einem guten Stern zu beginnen. Bei der Trauung am 5. August 1765 in der Pfarrkirche Sankt Jakob fühlte sich der Bräutigam sterbenselend. Ein Durchfall machte ihm

zu schaffen, hatte ihn derart geschwächt, daß er die Zeremonie kaum durchstand. Beim Souper brachte er keinen Bissen hinunter, und da er sich, wie Khevenhüller berichtete, »noch immer schwächlich befande, so darffte man es nicht wagen, ihn zur Braut zu lassen, sondern er muste wegen seiner schlechten Gesundheit noch ferners ville Zeit hindurch lit à part – getrennte Schlafzimmer – machen«. Die Mutter, welche die Hoffnung nicht aufgab, ihn doch noch »als starken und robusten Fürsten zu sehen«, erteilte ihm Ratschläge. Wenn er früher »die Schwächezustände, die Du fühltest, eingestanden hättest, wärst Du nie in diesen Zustand verfallen, der die Hochzeit in Tränen verwandelt hat und dessen Spuren Du lange tragen wirst«, tadelte sie, ermahnte ihn, fürderhin besser auf seine Gesundheit zu achten, sich rechtzeitig behandeln zu lassen, und gab ihm zwei von van Swieten empfohlene Leibärzte nach Florenz mit. In Innsbruck mußte das unvermeidliche Festprogramm absolviert werden. Es war nicht so üppig bestückt, wie wenn die Hochzeit in Wien stattgefunden hätte, aber immer noch umfassend und anstrengend genug.

Der Vater des Bräutigams, der ungern in die Tiroler Landeshauptstadt gekommen war, fand schon den Gang zwischen der Burg und dem Theater reichlich unbequem. Es ging, wegen des Niveauunterschieds, treppauf, treppab, wie überall im Land Tirol, in dem man stets nach oben und wieder nach unten steigen müsse, stöhnte Kaiser Franz.

Am Abend des 18. August 1765 war er, in Begleitung seines Sohnes Joseph, auf dem Weg vom Theater, in dem ein Goldoni-Stück gegeben worden war, in seine Gemächer in der Burg. Vor einem Lakaienzimmer sank er plötzlich zu Boden. Man legte ihn auf das Lakaienbett, in dem Kaiser Franz I. kurz darauf an den Folgen eines Herzinfarkts verschied.

»Kaiser Franciscus mein gemahl hat gelebt 56 jahr, 8 monat, 10 täge, ist den 18 augusti 1765 gestorben halbe 10 Uhr Abends. also gelebt monate 680, wochen 2958, täge 20 778, stunden 496 992. mein glickhlicher ehestand war 29 jahr, 6 monat, 6 täge«, währte »jahr 29, monat 335, wochen 1540, täge 10 781, stunden 258 744«.

Die achtundvierzigjährige Witwe zählte die Zeit ihres Glückes ganz genau, davon ausgehend, daß es für immer dahingegangen war. Sie habe alles verloren, trauerte sie, »einen zärtlichen Gemahl, einen vollkommenen Freund, der allein mein Halt war und dem ich alles verdankte«. Der Ehestand war für sie die Stütze und Freude ihres Daseins gewesen, der Witwenstand, klagte sie, sei »eine buß, eine zubereitung zum Tod«. Der 18. August 1765 markierte den Wendepunkt ihres Lebens.

DIE NACHRICHT vom plötzlichen Tod ihres Mannes, die ihr am späten Abend des 18. August 1765 ihr Sohn Joseph überbrachte, war für sie der härteste Schlag, der sie treffen konnte. »Sie war ganz vernichtet«, erzählte eine Kammerfrau, sie habe die ganze Nacht geschluchzt. Der Arzt wußte sich keinen anderen Rat, als die Witwe, der das Lebensglück entströmt war, auch noch zur Ader zu lassen. Am Morgen, mit dem für sie der erste Trauertag einer fünfzehnjährigen Witwenschaft begann, ließ sie sich das lange Haar abschneiden, verteilte ihre Kleider unter die Kammerfrauen und den Schmuck unter ihre Töchter. Sie legte die schwarze Witwentracht mit der unter dem Kinn zusammengebundenen Witwenhaube an, die sie bis zu ihrem Tode trug. Dies war für sie mehr als die Vorschrift des spanischen Hofzeremonielles, nämlich ein Zeichen ihres nicht endenden Schmerzes über den Verlust des über alles geliebten Gatten und ihres am höchsten geschätzten Ratgebers.
»Was mir übrigbleibt und was ich mit Ungeduld erwarte, ist meine Aufbahrung, denn in meinem Sterbekleid werde ich mit dem einzigen Gegenstand meiner Liebe, den mein Herz in dieser Welt gekannt hat und der Zweck und Ziel aller meiner Handlungen und meiner ganzen Liebe war, vereint werden«, klagte sie der Gräfin Sophie Amalie Enzenberg, der Gemahlin des Präsidenten des Tiroler Guberniums. »Ich denke mehr denn je an mein liebes Innsbruck; es kommt mir vor, als könnte ich nur dort meine Ruhe finden, wo ich sie verloren habe.«
»Als größtes Geschenk, das ich Ihnen zu geben vermag«, schickte sie der Freundin Enzenberg das Meßgewand, das sie aus einem »werthen Schlafrock, den der seligste Kayser niemals unterlassen in meiner glickseligsten ehe« zu tragen, fertigen ließ; es sollte zum erstenmal am 12. Februar 1766, an ihrem Hochzeitstag, am Altar der Innsbrucker Hofburgkapelle Verwendung finden.

Der zur Hochzeit Leopolds errichtete Triumphbogen wurde, wenigstens zur Hälfte, in einen Trauerbogen umgestaltet: Auf der Nordseite wurden an den Tod ihres Mannes erinnernde Reliefs angebracht. Sein Sterbezimmer wurde in eine Kapelle umgewandelt. Neben der Burg ließ die Witwe als »ewige Gedächtnisfeier« das »adelige Fräulein Stift« errichten. Zunächst mochte sie daran gedacht haben, hier ihre Tage zu beschließen. Sie ließ es dabei bewenden, den Stiftsdamen eine immerwährende Fürbitte für Franz I. aufzuerlegen. Nach dem Tode Maria Theresias wurde ihre unverheiratete Tochter Maria Elisabeth Äbtissin des Theresianischen Damenstifts.

An einem Neubau der Innsbrucker Hofburg war der Witwe besonders gelegen. Vor allem wollte sie den Riesensaal nicht mehr sehen, in dem der Kaiser nach dem Hofzeremoniell aufgebahrt gewesen war: im schwarzen Mantelkleid mit Allongeperücke und Hut, das Sterbekreuz und einen Rosenkranz in seinen Händen, umgeben von Insignien seiner dahingegangenen Macht – den Kronen des Reiches, Lothringens und der Toskana sowie dem österreichischen Erzherzoghut.

Im neuen Saal malte Franz Anton Maulpertsch das große Deckenfresko, eine Allegorie auf die Verbindung zwischen den Dynastien Habsburg und Lothringen. Dieses Bild galt Maria Theresia immerdar als Gedenken an Franz Stephan, zunehmend auch als Hinweis auf den durch ihre Vermählung erreichten Fortbestand des Erzhauses.

Im ersten Schmerz hätte es die Witwe vorgezogen, in Innsbruck zu bleiben, »wo ich meine glücklichen Tage abgeschlossen habe«. In Wien, wo sie die meiste Zeit mit ihrem Gatten verbracht hatte, erinnerte sie zu vieles an die glückliche Zeit, fühlte sie sich noch mehr einsam und verlassen.

In Wien wurden das Herz Franz I. in der Loretokapelle, das Eingeweide bei Sankt Stephan und die Überreste in der Kapuzinergruft bestattet. Das traditionelle Begräbniszeremoniell bedrückte die Witwe, vermehrte ihr Leid. Sie begab sich nicht zu den Exequien in der Augustinerkirche, verharrte in der Hofkapelle im Gebet.

Am ersten Hochzeitstag nach dem Tode ihres Mannes, der 1766 auf den Aschermittwoch fiel, ließ sie sich Asche auf das Haupt streuen und schloß sich dann in ihrem Kabinett ein. Umgeben von Porträts des Verstorbenen, »habe ich mich mit meinem vergangenen Glück befaßt, nicht ohne bittere Reue, daß ich es nicht genügend ausnützte, als ich es noch hatte, und der Zeitraum von dreißig Jahren, der heute vorüber ist, erscheint mir nur wie zehn, und die fünf Monate seit unserm gemeinsamen Unglück kommen mir wie zwanzig Jahre vor«.

In der Wiener Hofburg bezog sie ihr Witwenappartement im Leopoldinischen Trakt. Ihr Zimmer sei »mit grauem Tuch tapeziert und nur durch zwei Kerzen erleuchtet«, aber »das dunkelste ist mir gerade recht«, schrieb sie der Freundin Enzenberg, und ihrem Vertrauten Silva-Tarouca: »Ich kenne mich selbst nicht mehr. Ich lebe dahin wie ein Tier, habe kein Gefühl und keine Vernunft, ich vergesse alles.«

Die schönen Tage von Schönbrunn waren nun für sie zu Ende. Den Pavillon im Tiergarten, einen Lieblingsaufenthalt des Kaiserpaares, ließ sie als Gedenkstätte einrichten, eine von Balthasar Moll geschaffene Büste Franz I. aufstellen. In Laxenburg, wo er so gerne geweilt hatte, ging sie im Garten »wie auf Dornen«. Wehmütig schritt sie »durch eine Allee, wo ich einsten jemanden umarmt hatte, der unser ganzes Glück war«, schrieb sie ihrer Tochter Maria Christine.

Die Erzherzogin war eine der Waisen, die – wie die Witwe klagte – »ihr guter Vater vergötterte« und »ihnen niemals etwas zu versagen« wußte. Er hatte für sie vorgesorgt, nicht nur eine »Instruktion für meine Kinder« und den Traktat »Der Eremit in der Welt«, sondern auch ein riesiges Privatvermögen von fast 18 Millionen Gulden hinterlassen.

12 Millionen Gulden in bar wurden zur Tilgung von Staatsschulden verwendet; Franz Stephans zwölf böhmische Kameralherrschaften fielen an die Hofkammer. Den Rest erhielt die Witwe zur Versorgung von elf Kindern. Mit fast 6 Millionen Gulden und unter Hinzugabe von zwei Maria Theresia persönlich gehörenden Gütern wurde der privat verwaltete und zu versteuernde »Familienversorgungsfonds« gegründet, zum »Zweck der besseren Versorgung und standsmäßigen Unterhalt unserer Kinder und Abstammung«, damit sie »künftig dem Staat nicht weiter zur Last fallen«. Der Grundstock

zu dem vom Staatsvermögen getrennten Hausvermögen der Habsburg-Lothringer war gelegt; der Fonds bestand bis zum Ende der Monarchie, wurde von der Republik Österreich beschlagnahmt.
Solange sie lebte, kümmerte sich Maria Theresia um die Bewahrung und Vermehrung des Familienbesitzes. Die grundlegende Vereinbarung war am 16. Oktober 1765 zwischen ihr und Joseph II. geschlossen worden. Ihr ältester Sohn, der am 3. April 1764 zum römischdeutschen König gekrönt worden war, wurde am 18. August 1765 nach dem Ableben Franz I. automatisch römisch-deutscher Kaiser. Am 17. September 1765 ernannte ihn die Mutter zum Mitregenten in den habsburgischen Ländern.
Wenn Maria Theresia in der Wiener Hofburg die »Kaiserliche Vorstellungsuhr«, ein Geschenk zu ihrem zehnjährigen Regierungsjubiläum, eingehend betrachtete, standen ihr gravierende Unterschiede zwischen damals und heute vor Augen. Herrlichkeit des Kaisertums und Macht des Kaiserpaares waren versinnbildlicht. Auf einer Art Schaubühne unter dem Zifferblatt huldigten – im Spiel des Automatenwerkes, mit barockem Glanz und Pomp – die deutsche, die böhmische und die ungarische Nation der von rechts auftretenden Maria Theresia, der Gemahlin des Kaisers und Regentin in Österreich, Böhmen und Ungarn, sowie dem von links kommenden Franz I., dem von den Kurfürsten erwählten römisch-deutschen Kaiser und dem von seiner Gemahlin bestellten Mitregenten in den habsburgischen Erbländern.
Nun war dieses Spiel zu Ende, und die Uhr ging anders. Die Bühne hatte Joseph II. betreten, der wenig Sinn für die Glorie des römischdeutschen Kaisertums hatte. Ein Augenzeuge der Frankfurter Königskrönung, Johann Wolfgang Goethe, bemerkte den Unterschied zwischen Vater und Sohn: Franz I. bewegte sich in seinem Hausornat »ganz bequem, und sein treuherzig würdiges Gesicht gab zugleich den Kaiser und den Vater zu erkennen. Der junge König hingegen schleppte sich in den ungeheuren Gewandstücken mit den Kleinodien Karls des Großen, wie in einer Verkleidung, einher, so daß er selbst, von Zeit zu Zeit seinen Vater ansehen, sich des Lächelns nicht enthalten konnte.«
Der dreiundzwanzigjährige Römische König hatte bereits in einer Denkschrift seine Zurückhaltung gegenüber feudalen Privilegien

wie seine Abneigung gegen monarchische Zeremonien offenbart. Joseph II. schien der »politisch-religiösen Feierlichkeit« keinen »unendlichen Reiz« wie Goethe abzugewinnen, der erklärte: »Wir sehen die irdische Majestät vor Augen, umgeben von allen Symbolen ihrer Macht; aber indem sie sich vor der himmlischen beugt, bringt sie uns die Gemeinschaft beider vor die Sinne.«

Der Hauptdarsteller der Königskrönung von 1764 schien das Schauspiel eher abstoßend zu finden, ähnlich wie der Aufklärer Karl Heinrich von Lang 1790 die Kaiserkrönung Leopolds II.: »Die herabwürdigenden Zeremonien, nach welchen der Kaiser alle Augenblicke vom Stuhl herab und hinauf, hinauf und herab sich ankleiden und auskleiden, einschmieren und wieder abwischen lassen, sich vor den Bischofsmützen mit Händen und Füßen ausgestreckt auf die Erde werfen und liegenbleiben mußte, waren in der Hauptsache ganz dieselben, womit der gemeinste Mönch in jedem Bettelkloster eingekleidet wird.«

Zum Kaiser des Heiligen Römischen Reiches Deutscher Nation mußte sich der Römische König Joseph nicht mehr krönen lassen, konnte sich die seinem aufgeklärten Bewußtsein widerstrebende, aus dem »dunklen Mittelalter« herrührende »politisch-religiöse Feierlichkeit« ersparen. Mit dem Sacrum imperium hatte er nichts im Sinn, wohl aber mit der Macht, die es immer noch seiner habsburgischen Hausmacht zu verleihen vermöchte.

Joseph II. nahm sich Preußen zum Muster, blickte auf Friedrich II. und nahm Wilhelm I. vorweg. Am gegenwärtigen Hohenzollern imponierte ihm dessen Freisinn, Soldatentum, Reformismus und Machiavellismus. Ähnlich wie der künftige Hohenzoller, der Reichspolitik als großpreußische Politik betreiben sollte, beabsichtigte der Sohn Franz I. und Maria Theresias Reichswasser auf großösterreichische Mühlen zu leiten.

Der junge Joseph begann dem Alten Fritz nachzueifern. Geistig konnte er ihn nicht erreichen, seine schriftstellerische Begabung blieb weit hinter jener seines Vorbildes zurück; an aufklärerischer Gesinnung suchte er es ihm gleichzutun. Als er, wie bei Erzherzögen der Brauch, ein Handwerk erlernen sollte, wählte er das Druckerhandwerk. Es war ein Symbol: Joseph II. wurde und blieb ein Popularaufklärer, der weniger eigene Gedanken und schon gar kein eigenes System, doch diejenigen anderer Rationalisten vervielfältigt unter die Leute zu bringen, in den Staat einzubringen bestrebt war. Dabei schien er zu übersehen, daß das, was die Staatsräson der Hohenzollern erforderte, nicht unbedingt der Hausräson der Habsburger entsprach – weder ihrer Eigenschaft als Träger des römisch-deutschen Kaisertums noch ihrer Aufgabe, die Hausländer, die ein Reich im Reich darstellten, gebührend zusammenzuhalten.

Friedrich II., ein Soldatenkönig auch er, der ein Soldatenreich kommandierte, stand es an, die Uniform als Hof- und Staatskleid zu tragen. Dem römisch-deutschen Kaiser, Mitregenten und vorbestimmten Alleinregenten der Erbländer, ziemte es weniger, in Uniform zu erscheinen. Dies wäre nicht unangebracht gewesen, wenn er damit nur demonstriert hätte, daß Österreich, das seine Kriege gegen Preußen nicht gewonnen hatte, mehr Soldatisches nicht schaden könnte. Aber er wollte damit auch zeigen, daß er mit dem spanischen Mantelkleid eine nicht mehr genehme Tradition abgelegt und mit der Uniform eine einheitliche Bekleidung des modernen Zeitgeistes angelegt habe.

Diese Mode konnte der Mutter nicht gefallen, die zwar die spanische Hoftracht und das spanische Hofzeremoniell nicht für den Dernier cri hielt und modische Accessoires durchaus schätzte, aber bei der Meinung blieb, daß eine barocke Form dem Reich wie Österreich angemessener als die Uniformität der Aufklärung sei.

Das dem Herkommen widersprechende Auftreten ihres Sohnes mißfiel ihr nicht so sehr wie ihrem Obersthofmeister, der schon in der kleinsten Abweichung vom Protokoll einen groben Verstoß gegen das Hausgesetz erblickte, zu jammern begann, daß der »junge Herr alles, so einem Cérémonial gleichet, für eine Gêne [einen Zwang] ansiht«.

Ohne Zwang konnte auch der aufgeklärte Absolutist Joseph II. sein Regierungsprogramm nicht durchführen, das er schon kurz nach seiner Ernennung zum Mitregenten in einer Denkschrift darlegte: Der Staat müsse große Macht und hohes Ansehen gewinnen, nicht um sich selbst zu bestätigen, sondern um sich für das Gemeinwohl zu betätigen. Bereits bei seiner Königskrönung hatte er erklärt: »Mein Bestes will ich tun, auf daß das Volk in seiner Freude, mich dereinst zum Oberhaupte zu haben, niemals getäuscht werde.«

Diese Botschaft hörte Maria Theresia wohl, die ähnliche Maximen nicht nur im Munde führte, sondern auch in Taten umzusetzen suchte. Allein ihr fehlte der Glaube, daß der Sohn im Sinne der Mutter denken und handeln würde. Unbedingt in der Theorie und unerfahren in der Praxis könnte er über die von ihr gesetzten, begrenzten Ziele hinausschießen. Ungeduldig und ungestüm, wie er nun einmal war, läge für ihn die Versuchung nahe, noch zu ihren Lebzeiten nach der Alleinherrschaft zu greifen.

Mißhelligkeiten sah sie auf sich zukommen, auch wenn der Sohn versprach, sich der Mutter unterzuordnen. »Sehen Sie in ihm nur einen Untertanen, der sich gewiß für den geringsten Ihrer Wünsche opfern würde, für den sie Gesetze sind«, hatte er ihr kurz vor seiner Krönung zum Römischen König versichert; »denn ich bedarf Ihrer Führung, und das bißchen Gute, das vielleicht in mir ist, kommt nur von Ihrer Sorgfalt, und die Ehre gebührt Ihnen.«

Ähnliches bekam Maria Theresia nach dem Tode Franz I. von Joseph II. zu hören. Aber sie wußte, daß sie nun einen Mitregenten bekommen hatte, der im Gegensatz zu ihrem Gemahl, der sie lediglich bei ihren Geschäften beriet und sich keineswegs in diese einmischte, tatsächlich mitregieren wollte.

Im ersten Witwenschmerz neigte sie dazu, die Regierung niederzulegen, ihrem Sohn die Regentschaft zu übertragen. Die Trauer währte lang, die Resignation war nur von kurzer Dauer. Sie dachte nicht daran, die Zügel aus der Hand zu geben, und sie schon gar nicht einem Nachfolger zu überlassen, der den Staatswagen auf Abwege fahren könnte. Die Mitregentschaft wollte und mußte sie ihm einräumen, ohne sich indessen – wie sie betonte – »der ihr zustehenden Beherrschung der für alle Zeit untrennbaren österreichischen Staaten etwas zu vergeben«.

Die Taler zeigten nach wie vor den Doppeladler auf der einen und auf der anderen Seite das Brustbild Maria Theresias, nun mit dem Witwenschleier. In gängiger Münze war eingeprägt, daß im Reiche des Doppeladlers keine Doppelherrschaft angebrochen war, auch künftig nur die Eine herrschte und regierte: »Maria Theresia von Gottes Gnaden Römische Kayserin, Wittib; Königin zu Hungarn, Böheim, Dalmatien, Croatien, Slavonien, Erzherzogin zu Oesterreich et cetera et cetera«.

Mutter und Sohn

VIERELANG VOM BOCK wollte Maria Theresia nach wie vor ihr Reich fahren. Doch ihr Lebensmut war nach dem Tod ihres Mannes geschwächt, ihre Kräfte ließen nach. »Das Unglück hat Einfluß auf meine ganzen Organe, Gedächtnis, Gesicht, Gehör, Unterscheidungsvermögen«, vermindere ihre Entschlußkraft und dämpfe ihre Entscheidungsfreude.

Wohin sollte die Reise gehen? Ihr Ziel war die Erhaltung und Vermehrung ihres Reiches, weniger an äußerer Ausdehnung als an innerer Festigung. »Die von mir dermalen festgestellte Maßregulen und getroffene Einrichtung« bleibe »der einzige Mittelweg«, auf dem die Monarchie »in aufrechten Stande zu erhalten und auf meine Nachkommenschaft fortzupflanzen« sei. Aber neben ihr auf dem Kutschbock hatte ihr Sohn und Nachfolger Platz genommen, der den Mittelweg zu verlassen gedachte, am liebsten der Mutter die Zügel aus der Hand genommen hätte, um jetzt schon in nebulösen Fernen anvisierten Zielen entgegenzufahren.

Sie liebte ihren Joseph wie jedes ihrer Kinder, kümmerte sich um ihren Ältesten noch mehr als um die anderen und litt darunter, daß ihr Nachfolger sich nicht nach ihren Vorstellungen entwickelte und ihren Erwartungen immer weniger entsprach.

Die Mutter sorgte sich um den Sohn und die Monarchin um den Thronerben. Der Sohn, der seiner Mutter zugetan war und es auch blieb, distanzierte sich als Mitregent zunehmend von der Regentin, fühlte sich als Kaiser über die Königin erhaben und als radikaler Aufklärer der gemäßigt Aufgeklärten überlegen. Was sie geistig und politisch, in der Lebensauffassung und im Lebensstil trennte, begann das persönliche Verhältnis zwischen Mutter und Sohn zu beeinträchtigen, führte zu wachsender Entfremdung.

»Nur um den Schein zu wahren, dinieren wir noch zusammen«, gestand Maria Theresia im Jahre 1771 einer Vertrauten. »Die Stimmung wird jeden Tag härter, und es fehlt nicht an Schikanen.« Am Heiligen Abend des Jahres 1775 schrieb sie an den Sohn: »Es ist fürwahr ein großes Unglück, mit dem besten Willen verstehen wir uns nicht.« Er könne glauben, »daß mein Herz mehr als bewegt ist, sehe ich doch, wie wenig Du in Übereinstimmung mit mir bist und wie Du auf Deine alten Vorurteile zurückkommst«. Sie könne niemals Grundsätzen beipflichten, »die hinsichtlich der Religion wie der Sitten zu wenig streng sind«.

Ihr größter Kummer war, daß Joseph ihr in jenem Bereich, der ihr als der wichtigste galt, nicht zu folgen vermochte: »Nichts ist so nützlich und heilsam wie die Religion. Willst du darauf warten, daß jeder sich eine nach eigener Phantasie bildet? Was soll wohl aus uns werden ohne festen Kult, ohne Unterwerfung unter die Kirche? Ruhe und Zufriedenheit werden nicht daraus entstehen.«

Die »Hauptgrundlage unserer Religion ist die Nächstenliebe«, bekannte die Mutter und beklagte es, daß der Sohn dieses Gebot zwar als aufgeklärter Menschenfreund im Prinzip betonte, aber kaum in der Praxis befolgte. Er sei eine »Kokette des Geistes«, wende Angelesenes und Aufgeschnapptes, diese oder jene Redensart »bei erster Gelegenheit an, ohne viel zu überlegen, ob sie auch paßt; ungefähr so, wie die Elisabeth [Josephs Schwester] es mit ihrer Schönheit macht, wenn sie nur dem Schweizer wie dem Fürsten gefällt, ist sie ohne weitere Ansprüche zufrieden.«

So gewinne man keine Freunde, wie man sie im persönlichen Leben, und keine Helfer, wie man sie in den Staatsgeschäften nötig habe. »Wie sehr fürchte ich, daß Du nie Freunde finden wirst, und wer soll Joseph zugetan sein, worauf Du doch so viel Wert legst – weder vom Kaiser noch vom Mitregenten gehen ja diese bissigen, spöttischen und bösen Züge aus, sondern vom Herzen Josephs –, und das ist es, was mich beunruhigt und was auch das Unglück Deines Lebens sein und unser aller und der Monarchie Unglück nach sich ziehen wird.«

In der Tat fand Joseph in seinem ganzen Leben keinen einzigen wahren Freund. Auch sein Verhältnis zu den Frauen blieb durch seine Bezogenheit auf das Ich und eine Unfähigkeit zum Du gestört. Seiner ersten Frau Isabella schien er, auch weil sie seinem Verstande schmeichelte, von Herzen zugetan gewesen zu sein. Grenzen ihrer Zweisamkeit deutete das innige Verhältnis Isabellas zu ihrer Schwägerin Maria Christine an, in dem mehr als nur eine Seelenfreundschaft vermutet wurde. Zu Maria Josepha, seiner zweiten Frau, trat Joseph in keinerlei Beziehung. Maria Theresia hätte vielleicht Verständnis aufgebracht, wenn er mit der Mutter gehadert hätte, daß sie den Sohn zu einer politischen Heirat gezwungen hatte. Abscheulich fand sie es, daß er seinen Ärger an der Gemahlin ausließ, die ohnehin durch ein abstoßendes Aussehen und ein unvorteilhaftes Auftreten genug geschlagen war.

Übel nahm es Maria Theresia, daß Joseph II. nach dem baldigen Hinscheiden auch seiner zweiten Gemahlin sich nicht wiederverheiratete, keinerlei Anstalten traf, für die Fortsetzung der Dynastie durch Erzeugung von Nachkommenschaft zu sorgen. Verborgen blieb ihr nicht, daß er kurze Abenteuer mit käuflichen Frauen suchte, wobei er sich den Tripper holte.

Zu sehr zeige er »allzu freie Ansichten über Aufführungen und Sittlichkeit«, tadelte die Mutter. Ihre von Haus aus strengen Moralbegriffe waren mit wachsendem Alter und zunehmender Witwenschaft noch strenger geworden. Das Spartanertum, dessen sich Joseph befleißigte, hätte Maria Theresia, deren Athen, das üppige Barock, hinter ihr lag, gefallen können, wenn sie es nicht für eine Pose gehalten hätte, die er eingenommen hatte, um sich und anderen zu imponieren.

»Solange Du nicht dem Laster verfällst und Gottes heiligem Gesetz Treue und Glauben bewahrst, darf ich noch hoffen, daß Du der Retter Deines Volkes sein wirst«, schrieb sie ihm 1771, von der Sorge geplagt, ob er sich jenem nicht schon zu sehr ausgeliefert und sich von diesem schon zu weit entfernt habe. »Du bist so befähigt dazu, Prinzipien aufzustellen, mein lieber Sohn, bemühe Dich für das öffentliche Wohl und unsere Ruhe«, ermahnte sie ihn, wobei es ihr nicht an Liebe, jedoch an Glauben mangelte, daß seine Prinzipien die richtigen seien, wie an der Hoffnung, daß er sie, auch wenn sie die richtigen sein sollten, in die Tat umzusetzen vermöchte.

Joseph verstieg sich lieber in Wolkenkuckucksheimen, als am Schreibtisch sitzen zu bleiben und unumgängliche Geschäfte zu erledigen. Maria Theresia war so ehrlich, sich und ihm einzugestehen, daß sie zu diesem Verhalten einiges beigetragen habe. Sie ließ ihren Mitregenten wenig zu Worte und kaum zu Taten kommen, hätte am liebsten weiterhin alles allein bestimmt und erledigt.

»Bei meiner Erfahrung kann ich Dir vielleicht durch Ratschläge nützlich sein, aber ich möchte Dich nicht hindern, das auszuführen, was Du nach reiflicher Prüfung dienlich finden wirst.« Aber er holte sich bei ihr immer weniger Rat, den er als Befehl empfand, und sie, verstimmt darüber, daß er auf ihre Empfehlungen keinen Wert zu legen schien, machte ihm die Umsetzung eigener Vorstellungen schwer.

Sie brauchte sich nicht zu wundern, daß er so oft wie möglich den Wiener Staub von den Füßen schüttelte, der Enge der Hofburg, den Zwängen der Geschäfte und den Vorhaltungen der Herrscherin zu entrinnen suchte.

Gerne weilte er unter den Soldaten im Lager und im Felde, wohin ihm die Mutter nicht folgen konnte. Im Militärwesen ließ sie ihm einigermaßen freie Hand, weil dieses nicht unbedingt das Metier einer Monarchin war, ihr jedoch als das Fach galt, in dem ein Monarch »in der Welt glänzen« und sich der Monarchie nützlich machen könnte.

Weniger schätzte die Regentin, die Wien kaum verließ und dabei blieb, daß das Regierungsgeschäft nicht ambulant zu betreiben sei, die Reiselust ihres Sohnes. Sie meinte, daß diese weder politisch noch menschlich etwas bringe. Sie hielt es mit Horaz, der fragte: »Mag, wer dem Vaterland entfloh, sich selber entfliehen?« und die Antwort gab: Man könne zwar den Himmelstrich, nicht aber seine Seelenstimmung wechseln.

Joseph, fand Maria Theresia, reise nur herum, um Pflichten zu Hause zu entgehen, und unter dem Vorwand, Erfahrungen sammeln zu müssen, seine Vorurteile bestätigt zu sehen. »Dein Platz ist hier, nicht in den Carpathischen Gebürgen«, ermahnte sie ihn 1773, ohne ihn von der geplanten Reise nach Polen und Siebenbürgen abhalten zu können. »Es ist nicht möglich, daß Du trotz Deines Scharfsinns und Eifers bei diesen Reisen von zwei oder drei Monaten alles beobachten und die richtigen Schlüsse daraus ziehen kannst.« Er solle ihr lieber helfen, die Provinzen, die er bereits durchreist habe, und auch diejenigen, die zu besuchen er vorhabe, »besser in Ordnung zu bringen«.

Sie kritisierte Reisen, die sie weder gut für Joseph noch nützlich für Österreich hielt. Sie sorgte sich um seine Gesundheit, die nicht die beste war, und sie befürchtete, daß er, der nicht fest im Sattel saß, von widersprüchlichen und verwirrenden Eindrücken hingerissen werden könnte.

Selbst wenn sie ihn mit bestimmten Aufträgen entsandte, war sie mit Verlauf und Ergebnis der Reisen nicht zufrieden. Denn er benützte sie, um sich als Menschenfreund hinzustellen, den Untertanen vorzustellen, daß der Sohn das Volk besser kennenlernen wolle und mehr beglücken könne als die Mutter, die in Wien auf ihrem hohen Throne blieb.

In Mähren, wohin sie ihn nach Ausbruch einer Hungersnot geschickt hatte, um einen Überblick als Voraussetzung für Hilfsmaßnahmen zu erhalten, ergriff er im Dorf Slavikovice den Pflug des Bauern Trnka und zog auf dessen Acker zwei Furchen. An Ort und Stelle wurde dem Volksfreund ein Denkmal errichtet, und der Maler Maulpertsch widmete dem Ereignis ein Bild: »Seine Majestät der Kaiser, als er geackert, ein Sinnbild der Fruchtbarkeit«.

Wenn er inkognito reiste, erregte er weniger die Eifersucht der Hauptregentin als die Besorgnis der Mutter, ihr Sohn könnte über Einzeleindrücken den Gesamtüberblick verlieren, und die Befürchtung der konservativen Monarchin, der progressive Thronfolger würde noch mehr auf Abwege der Aufklärung geraten.

Seine Romreise im Jahre 1769 war keine Pilgerfahrt. Maria Theresia wollte durch diese Mission anläßlich des Konklaves, aus dem Kardinal Ganganelli als Klemens XIV. hervorging, die Partnerschaft von Staat und Kirche unterstreichen; Joseph kehrte mit größerer Abneigung gegen das Papsttum und stärkerem Willen, das Staatskirchentum zu befestigen, nach Wien zurück.

Seine Parisreise im Jahre 1777 galt Mutter wie Sohn als ein Familienbesuch bei dem mit ihrer Tochter und seiner Schwester verheirateten König Ludwig XVI. und als eine Staatsvisite beim wichtigsten Bundesgenossen Österreichs. Für Joseph war sie auch und nicht zuletzt eine Wallfahrt in das Gelobte Land der Aufklärung. Er holte sich Anregungen für Verbesserungen im Sinne des Wohlfahrtsstaates, beispielsweise für die Gründung eines Taubstummen-Instituts und des Allgemeinen Krankenhauses, und bekam weitere Antriebe zur Weltveränderung nach den Modellen französischer Philosophen. Er fuhr durch Ferney, das Refugium Voltaires, nahm jedoch Abstand von einem Besuch beim Generalisten des Rationalismus, weil er damit die Aufregung der Mutter über seinen Abstecher in das Kanaan der Aufklärung verstärkt hätte.

Sicherlich hatte ihr Gesandter in Paris, Mercy d'Argenteau, ihrer Anweisung gemäß auf Joseph eingewirkt: Sie rechne darauf, daß der Plan, Voltaire zu besuchen, fallengelassen werde. Es sei leider nur allzu wahr, daß man auch in Wien diesen und andere Aufklärer als große Männer und überlegene Genies bewundere, allein sie hoffe, daß es dem Diplomaten gelingen werde, ihrem Sohn »alles Niedrige, Verächtliche und Inkonsequente in deren Charakter und Lebenswandel begreiflich zu machen«.

Den Heimkehrer aus Frankreich warnte sie noch eindringlicher als sonst vor dem Zeitgeist, den sie für einen Ungeist hielt. Er zersetze jenes große und mächtige Königreich; »der Mangel an Religion dieser Beamtenschaft, die nur ihre eigenen Interessen und Leidenschaften verfolgt, zerstört alles«. Man könne nicht »ohne herrschende Religion« bestehen. »Die Toleranz, der Indifferentismus sind gerade die richtigen Mittel, um alles zu untergraben, daß nichts Bestand hat; und dabei werden wir die Hereingefallenen sein.« Wenn jeder glauben und nicht glauben dürfe, was er wolle, wird jeder meinen, machen zu können, was ihm einfiele und gefiele. »Was für ein Zügel paßt für diese Art Menschen? Keiner, weder Galgen noch Rad...«

Der Mutter mißfiel besonders, daß der Sohn gewissermaßen im Herrgottswinkel das Bild des heiligen Joseph, des Patrons der österreichischen Länder, durch ein Konterfei Friedrichs II. von Preußen ersetzt hatte. Maria Theresia war entsetzt und ungehalten, daß Joseph II. nicht nur das Bildnis des Erzfeindes Österreichs verehrte und dem Abgott der Philosophen nacheiferte, sondern ihm auch leibhaftig zu begegnen begehrte.

Zweimal – 1769 in Neisse und 1770 in Mährisch Neustadt – trafen sie sich: Friedrich II., der in Joseph II. einen jungen Mann erkannte, der immer den zweiten vor dem ersten Schritt tue, und der Habsburger, der dem Zauber der preußischen Montur verfiel und darüber zu vergessen schien, daß die Blauröcke dreimal Krieg gegen Österreich begonnen und als Beute Schlesien genommen hatten. Der Sohn schätzte den Hohenzollern als Herrscher, der – freilich nur im Glauben – jeden nach seiner Façon selig werden ließ und einen Musterstaat des aufgeklärten Absolutismus geschaffen hatte, achtete an ihm jene Eigenschaften und Errungenschaften, die der Mutter suspekt waren.

»Du wirst die Aufschneiderei des Königs sehen, die mich empört hat«, warnte sie ihn. Man könne »diesem Unmenschen nicht trauen«; »diesem Ungeheuer ist alles zuzutrauen«. Maria Theresia blieb bei ihrem Ceterum censeo: Da sie »diesen bösartigen Feind« aus langer Erfahrung kenne, wisse sie, daß er »keine Schmeichelreden und Avancen« scheue, um zum Ziel zu gelangen, »uns zu unterdrükken und zugrunde zu richten«. Denn auch er wisse, »daß wir beide, er und ich, nicht zusammen leben können«.

In der Politik sei Friedrich II. das Feindbild und im Menschlichen kein Vorbild, suchte sie Joseph II. einzuprägen. Man halte ihn für einen Salomon, »wenn man ihn aber genau und von Anbeginn verfolgt, ist er ganz klein und ein rechter Charlatan«. Auch den Menschenfreund spiele er nur; in Wirklichkeit sei er ein Menschenfeind, der jedem mißtraue und dem alle mißtrauten. »Hat dieser Held, der so viel von sich reden gemacht hat, dieser Eroberer, einen einzigen Freund?« fragte sie ihren Sohn, der sich der Hoffnung hingab, durch Nachahmung seines Helden ein Philosoph zu werden, und dabei Gefahr lief, wie dieser ein Misanthrop zu werden.

Was für ein Leben sei das noch, »wenn die Menschlichkeit daraus verbannt ist?« Wie könne »einer als Herrscher bestehen, wenn er die Menschen nicht liebt?« Der »Philosophenkönig«, wie ihn Aufklärer nannten, war für die gemäßigte Reformerin Maria Theresia kein Beispiel und dürfe auch für den radikaleren Reformer Joseph keines sein.

Keine Philosophie und schon gar nicht die der rationalistischen Aufklärung könne der Staatsweisheit Alpha und Omega sein, meinte die Monarchin, die sich in ihrer Staatspraxis nicht von Staatstheorien leiten ließ, wohl aber sich an die Gebote Gottes und Einsichten ihres unverbildeten Menschenverstandes zu halten bemühte.

Bei zeitgenössischen Philosophen vermißte sie eine Übereinstimmung von Lehre und Leben. »Wenn ich sähe, daß diese sogenannten Gelehrten, diese Philosophen in ihren Unternehmungen glücklicher und zufriedener in ihrem Privatleben wären, könnte ich mich der Voreingenommenheit und des Eigensinns zeihen, weil ich mich nicht bekehren will.« Aber ihre tägliche Erfahrung überzeuge sie vom Gegenteil: »Niemand ist schwächer, mutloser als diese starken Geister, niemand kriechender und verzweifelter beim geringsten

Mißgeschick. Sie sind schlechte Väter, Söhne, Ehemänner, Minister, Generäle, Bürger.«

Mit solchen Leuten, denen ein »Gottesstaat der Philosophen« vorschwebe, sei kein Staat hinieden zu machen, erklärte Maria Theresia. Ihr Leitbild blieb eine »Civitas Dei« der auf Gott Ausgerichteten, durch Befolgung seiner Gebote nach dem Heil Strebenden – und nicht die »Civitas terena aut diaboli« der Sich-selbst-Suchenden, Sich-selbst-Verwirklichenden, nur an Sich-selbst-Glaubenden. Wer zu diesen gehöre, würde, wenn er sich aus Eigensinn behaupten wolle, »nur das Unglück seines Lebens und das der anderen, die sich ihm angeschlossen haben, verursachen«.

Geschichte war und blieb für sie Heilsgeschichte, doch auf dem Weg zum Ziel, das für sie im Jenseits lag, war sie bereit, kam sie nicht umhin, Forderungen des Zeitgeistes zu berücksichtigen. Das unterschied sie von ihrem Sohn, der wie viele seiner Zeitgenossen an die Möglichkeit der Schaffung eines Paradieses auf Erden glaubte, Etappen dorthin mit Reformen in systematischer Anwendung aufgeklärter Prinzipien erlangen wollte, während die Mutter pragmatisch durch Modernisierung – und das hieß Rationalisierung – ihres Staates eine zeitgemäße Station auf ihrem Heilsweg zu erreichen suchte.

Einem Kreuzweg begann ihr die Auseinandersetzung mit Joseph zu gleichen. »Dein Eigensinn und Deine Vorurteile werden das Unglück Deines Lebens sein, sie sind gegenwärtig das meine.« Was sie als »Qual meines Lebens« bezeichnete, war nicht nur ein üblicher Generationenkonflikt, ein gewohnter Zusammenstoß zwischen Throninhaber und Thronfolger, sondern auch und vor allem das Aufeinanderprallen zweier Weltanschauungen: des Menschenbildes und der Staatsauffassung Maria Theresias, die in ihrer Glaubenswelt eingebettet blieben, und der Ideologie der Aufklärung, die ihren Anhänger Joseph zu einem radikalen Reformismus drängte. Der Streit zwischen Theresianismus und Josephinismus war ein Widerstreit, der persönlich schwer zu überbrücken und sachlich kaum aufzuheben war.

Dennoch versuchte es die Mutter immer wieder, redete auf den Sohn ein, schrieb ihm Briefe, zog alle Register, argumentierte in Moll und Dur, wollte ihren Filius nicht verletzen, konnte ihren

Nachfolger nicht beschädigen, durfte ihre Auseinandersetzung nicht zu einer öffentlichen Angelegenheit machen – und mußte immer wieder feststellen: »Ich bin so unglücklich, den Kaiser meistens nicht von meinen Absichten überzeugen zu können. Er hat sehr oft andere: das bringt viel Nachteil für die Geschäfte mit sich und macht mir das Leben unerträglich.«

Mitunter sah die Witwe schwarz in schwarz, kam sich vor, »als wenn ich bei meinem Sohn in Pension wäre«, hielt sich reif für den Austrag, das Altenteil. »Ich bin bereit, Dir alles zu überlassen, ohne mir das geringste vorzubehalten«, schrieb sie ihm 1773, fügte jedoch hinzu, schon bereuend, daß sie sich so weit hinreißen ließ, »wenn Du mir nicht so oft versichert hättest, daß Du es nicht ertragen kannst, auch nur daran zu denken«, und schränkte weiter ein: »Zwei Dinge halten mich davon ab: Dein Widerspruch und der Zustand unserer Geschäfte, den ich so schlecht finde, daß ich Dich in diesem Augenblick nicht allein belasten möchte.«

Die Zügel der Alleinherrschaft wollte Maria Theresia jetzt und später nicht in die Hände ihres Mitregenten legen. Aber sie versuchte unentwegt, ihn auf ihre Bahn zu lenken, wobei ihr fast jedes Mittel recht war: Tadel und Lob, Memento und Lamento, Ansporn und Rücktrittsdrohung.

»Ich lasse alle Leute alles sagen, wenn man mich nur tun läßt«, meinte der Sohn. Eine Zeitlang schien er auf die Mutter zu hören, aber je länger er nur wenig zu tun bekam, desto mehr ließ er ihre Vorhaltungen bei dem einen Ohr hinein und bei dem anderen Ohr hinausgehen. Wenn ihn Schwarzgalligkeit überkam, dachte er daran, den Bettel der Mitregentschaft hinzuwerfen. Was ihn davon abhielt, war nicht nur das mit der Position verbundene Prestige, das er brauchte und genoß, sondern auch die Hoffnung, daß die Zeit für ihn arbeite, wie die Erwartung, die Mutter zum einen oder anderen Schritt zu bewegen, der sie von ihrem Standpunkt entfernte und seiner Intention entgegenkam.

Dies gelang ihm dann auch, weniger durch eigenes Eingreifen als durch Faktoren, die in der Persönlichkeit der Mutter, in Erfordernissen wie Umständen der Zeit und nicht zuletzt in der Konsequenz der von Maria Theresia eingeleiteten und fortgeführten Reformen lagen.

Sie möchte, eröffnete ihm 1773 die Sechsundfünfzigjährige, »daß Du mich bei der ungeheuren Arbeitslast, die mich drückt, unterstützt, denn ich muß eingestehen, daß meine Fähigkeiten wie Gesicht, Gehör, Beweglichkeit erschreckend nachlassen«. Der Tod ihres Mannes im Jahre 1765 habe sie bis ins Mark getroffen, ihre Gesundheit angeschlagen, hatte sie bereits 1769 der Freundin Edling geklagt; ihr Körper sei »sehr fett«, ihr Gesicht rot, die Beine seien sehr geschwollen, mit dem Atmen gehe es schwer, und »die Augen sind schier gar hinweg«.

Nach ihrer schweren Krankheit im Jahre 1767 hätten, wie sie ihrem Sohn Maximilian Franz 1774 gestand, »Alter, Sorgen und Geschäfte die Fähigkeiten meiner Seele und meines Körpers aufgebraucht«. Die Reste an Kraft, die ihr verblieben, hätte sie am liebsten nur noch der Sorge für ihr Seelenheil gewidmet, um »in Ruhe und Stille meine alten schweren Tage zu endigen«.

Sie wünsche ein seliges Ende herbei, der Hof, Wien, die ganze Zeit werde immer trauriger, hatte sie Ende der sechziger Jahre festgestellt, und gegen Mitte der siebziger Jahre des fortschreitenden 18. Jahrhunderts hinzugefügt: »Der Ton, der gegenwärtig hier herrscht, ist der schlechteste für die Religion, den Anstand, sowie für das Wohlsein der Familien.«

Der Geist der Aufklärung war auch in Österreich am – wie sie fürchtete zerstörerischen – Werk. Nicht allein ihr Sohn, auch der eine und andere ihrer Helfer war von ihm erfaßt. Der wichtigste, Staatskanzler Kaunitz, strebte vom Rationalismus gekennzeichneten Staatszielen entgegen, wobei er zwar immer einen Schritt hinter ihrem Sohn, ihr aber stets um einen Schritt voraus war und sie, ob sie es nun wollte oder nicht, mit sich zog.

Sie mußte mit ihm gehen. »Mir selbst allein überlassen bin ich unschlüssig, da ich meine Unzulänglichkeit kenne. Ich habe nichts als einen wahrhaft guten Willen, der jedoch leicht irrezuführen ist und den das Alter und mein schwerer Kummer täglich schlapper machen. Ich brauche Euren Rat, ich rechne darauf«, schrieb sie Kaunitz 1771, und zwei Jahre später, als der Staatskanzler wegen einer Auseinandersetzung mit ihrem Mitregenten mit seinem Rücktritt drohte, hielt sie ihn an den Rockschößen fest: Sie erwarte von seiner Anhänglichkeit, »daß Sie mich in meiner peinlichen Lage nicht im Stich lassen werden; sehen wir zu, ob es nicht doch noch ein Mittel gibt, den Staat zu retten, damit die 33 Jahre mühevoller, treuer Dienste, die wir beide zusammen geleistet haben, nicht verloren sind...«

Obschon sie im letzten Abschnitt ihres Regentenlebens immer mehr die Gelenkte und immer weniger die Lenkende war, hielt sie am Anspruch, die Zügel zu führen, unentwegt fest. Erstaunlich oft gelang es ihr noch, sie straff anzuziehen. Wenn dies, wegen innerer Schwierigkeiten und äußerer Widrigkeiten, nicht möglich war, gab sie nach, lockerte die Zügel, um sich und anderen zu beweisen, daß sie diese immer noch in Händen hielt, auch wenn die Fahrt über die Markierungen hinausging, die sie sich gesetzt hatte.

So trat die Reform in ihre dritte Phase ein. In der ersten, nach dem Österreichischen Erbfolgekrieg, war sie von ihr in erster Linie auf den Gebieten der Staatsadministration begonnen, und in der zweiten, nach dem Siebenjährigen Krieg, fortgeführt worden. In der dritten Phase griff die Reform in weitere Bereiche ein, ging Maria Theresia oft zu weit und Joseph II. nicht weit genug, geriet in eine Zone zwischen Theresianismus und Josephinismus.

EINE ÜBEREINKUNFT zwischen der gemäßigteren Reformerin Maria Theresia und dem entschiedeneren Reformer Joseph II. war am ehesten in Fragen der Staatsverfassung zu erzielen. Im Prinzip stimmten sie darin überein, daß der zu modernisierende und rationalisierende Monarchenstaat weiterhin absolutistisch regiert werden müßte, auch wenn sie sich in der Begründung, Methodik und Zielsetzung unterschieden.

Der Sohn ging von der Philosophie der Aufklärung aus, mobilisierte Bürokratie und Zentralismus zur Erreichung des von der Theorie markierten Staatszieles: einer durch Wohlfahrt von einzelnen potenzierten Macht des Ganzen, des Staats und seines Monarchen. Die Mutter blieb auf theokratischem Fundament und auf dem Boden der Staatspraxis, übertrieb nicht den Bürokratismus und überzog nicht den Zentralismus, versuchte vieles, wenn auch nicht alles für ihre Länder und Völker zu tun, um den von Gott gegebenen Herrschaftsauftrag zu erfüllen und die Macht der Herrschaftsbeauftragten zu stärken.

Auch wenn sie nicht, was Aufklärern lieber gewesen wäre, den Staat in den Dienst des neuen Geistes stellte, sondern diesen, soweit tunlich und nützlich, für Staatsaufgaben heranzog, sahen so manche – wie Gottfried van Swieten, seit 1777 Präfekt der Hofbibliothek – im Reiche Maria Theresias einen neuen Morgen anbrechen, »wo die Wahrheit aus denen finsteren Wolken, worin sie verhüllet war, mit einem neuen Glanze hervortritt und alle ihre Rechte erhält«.

Sprecher der Aufklärung, deren Dienste die Monarchin in Anspruch nahm und sie honorierte und protegierte, wußten ihre Reform und ihr Werk zu rühmen: »Das Bild eines Fürsten, der das Herz hat, das Blendwerk einer eingebildeten Größe gegen die wahre Wohlfahrt seines Volkes fahren zu lassen; der demselben die Freyheit nicht entzieht, sondern durch Gesetze leitet... Das Bild eines Fürsten, der sich auf das heiligste verpflichtet hält, seine einzelnen Absichten dem allgemeinen Nutzen unter zu ordnen, ...das Bild eines solchen Fürsten muß auch dem Auge des eifrigsten Republikaners göttlich erscheinen«, schrieb Joseph von Sonnenfels und meinte damit nicht Joseph II., sondern Maria Theresia; denn »dieses sind die Züge einer Fürstin! unter deren gütigen, gerechten, weisen Zepter wir an der stolzen Unabhängigkeit der Republiken nichts zu bedauern finden – ich habe zu wenig gesagt – deren Untertanen zu sein! wir dieser Unabhängigkeit selbst vorziehen«.

Der Großvater dieses Lobredners Maria Theresias und des Theresianismus war Rabbiner in Berlin gewesen. Der Vater, Lipmann Berlin, zog nach Österreich, ließ sich taufen, nannte sich Alois Wiener und – nachdem er als Magister der orientalischen Sprachen und gelegentlicher Übersetzer bei Hofe den erblichen Adel erhalten hatte – Edler von Sonnenfels.

Sein Sohn Joseph ging bei den Piaristen in die Schule, wurde Korporal im Regiment Hoch- und Deutschmeister und begann Jurisprudenz zu studieren. Kaum dreißig, erhielt er 1763 an der Wiener Universität den neu errichteten Lehrstuhl für Polizei- und Kameralwissenschaften. Der Professor verfaßte das dreibändige Werk »Grundsätze der Polizei-, Handlungs- und Finanzwissenschaft«, das 1765 bis 1776 erschien und bis in die Mitte des 19. Jahrhunderts in Österreich als Universitätslehrbuch benützt wurde, der Ausbildung von Staatsbeamten diente. Es war ein Standardwerk des aufgeklärten Absolutismus, wie ihn Maria Theresia begründete, Joseph II. steigerte, Franz I. weiterführte und Franz Joseph I. in der Ära des Neo-Absolutismus erneuerte.

Sonnenfels' Grundthese lautete: Die Macht sei nicht Selbstzweck und Endzweck des Staates, jedoch ein notwendiges Mittel, um die Wohlfahrt zu erlangen und zu verankern. In diesem Sinne betätigte sich der Staatswissenschaftler auch als Staatspraktiker; von Maria Theresia zum Rat ernannt, wirkte er in verschiedenen Reformgremien mit.

Seine 1775 erschienene Schrift »Über die Abschaffung der Tortur« war eine Initialzündung für die Aufhebung der Folter. Dabei erwies sich Maria Theresia zögerlicher als Joseph II. Zunächst hatte sie dem Professor verboten, in seinen Vorlesungen das Problem der Tortur wie der Todesstrafe zu berühren. Über seine Gegenvorstellung, die er als Rat abgab, holte sie Gutachten der Landesregierungen ein. Als jene – ohne sein Wissen und seinen Willen, wie Sonnenfels behauptete – als Schrift im Buchhandel erschien, mußte er sich wegen Bruchs des Amtsgeheimnisses verantworten. Nach einigem Hin und Her genehmigte die Monarchin am 2. Januar 1776 die Abschaffung der Tortur in den österreichischen Erbländern.

Staatseinheit war ohne Rechtseinheit nicht denkbar, eine Vereinheitlichung der Staatsverfassung bedingte eine Vereinheitlichung der Rechtsordnung. In den Ländern der Habsburger Monarchie hatten sich nicht nur verschiedene Verwaltungsformen, sondern auch unterschiedliche Rechtsstrukturen entwickelt. Maria Theresia, die damit begonnen hatte, die Administration zu zentralisieren, ging daran, das Justizwesen zu unifizieren, ein für alle Teile des Reiches gültiges Recht und eine »gleichförmige rechtliche Verfahrensart« zu schaffen.

Zunächst galt es, die geltenden Rechtsvorschriften zu sammeln und aufzuzeichnen. Mit der Kodifizierung wurde beim Strafrecht und Strafprozeß begonnen. Dazu berief Maria Theresia 1752 eine Kommission. Im Jahr darauf bestellte sie eine weitere zur Ausarbeitung eines Zivilkodex und einer Allgemeinen Gerichtsordnung.

Ergebnisse ließen auf sich warten und blieben hinter den Erwartungen jener zurück, die sich eine Reform nach Vorstellungen der Aufklärung und nach Maßstäben des Naturrechtes erhofft hatten.

Die Monarchin, die 1768 die Constitutio Criminalis Theresiana sanktioniert hatte, zog sie nach Kritik von Kaunitz wieder zurück, setzte sie jedoch 1769 endgültig in Kraft, nachdem der Staatskanzler seine Einwände rückgängig gemacht hatte.

Die deutsche Bezeichnung für die ihren Namen tragende Constitutio Criminalis, »Peinliche Halsgerichtsordnung«, traf das Wesen dieses mittelalterlichen Vorstellungen von Strafrecht und Strafprozeß verhafteten Gesetzbuches. Unter den zu ahndenden Delikten waren noch Zauberei und Hexerei aufgeführt. Bei den Todesstrafen wurde zwischen harten und gelinden unterschieden. Unter harten verstand man Lebendigverbrennen, Lebendigpfahlen, Vierteilen und das Radbrechen, unter gelinden das Enthaupten oder Henken. Zur Erlangung von Geständnissen war auch die Folter noch vorgesehen, die erst sieben Jahre später abgeschafft wurde.

Die Constitutio Criminalis Theresiana war kein Fortschritt im Sinne des Zeitgeistes, wohl aber zum Zwecke der Staatsräson. Sie galt – außer in Ungarn – in allen Ländern der Monarchie, schuf zum erstenmal Rechtseinheit in einem Rechtsbereich, im Straf- und Strafprozeßrecht.

Auf dem Gebiet des Zivilrechts kam die Vereinheitlichung nicht voran, ließ eine Erneuerung noch lange auf sich warten. Zwar entstand 1769 der Codex Theresianus, aber diese Sammlung von Quellen und Materialien war eher ein Lehrbuch als ein Rechtsbuch und erlangte keine Gesetzeskraft. Für einen »Code civil«, ein bürgerliches Gesetzbuch, war es noch zu früh, erst recht in Österreich, wo der Adel besonders stark und das Bürgertum besonders schwach war.

Den seine Vorrechte betonenden und genießenden Adel kritisierte der Publizist Joseph von Sonnenfels 1765 in seiner Halbmonatsschrift »Der Vertraute«, die nach acht Nummern von der Zensur verboten wurde. Mit seiner »bey Joh. Thomas Edlen von Trattnern, kaiserl. königl. Hofbuchdruckern und Buchhändlern« zu Wien 1765 bis 1767 verlegten Wochenschrift »Der Mann ohne Vorurteil« versuchte Sonnenfels die schlafenden Bürger zu wecken und die Regierenden zu ermuntern, die Untertanen zum Nutzen aller in die neue Zeit zu führen: »Ein aufgeklärtes Volk gehorchet, weil es will; ein durch Vorurteile geblendetes, weil es muß.«

Doch die Zahl der aufgeweckten Bürger nahm nur langsam zu, und die Reformen der Regierung erreichten zwar Etappenziele, aber nicht das Hauptziel. »Wie zaudernd, wie matt«, klagte ein aufgeklärter Anonymus, »bricht die Morgenröte der Wahrheit die widerstrebenden Schatten der gotischen Nacht, welche noch immer den Horizont Österreichs umhüllet.«

Dies lag nicht nur daran, daß Philosophen und Potentaten die Frage nach der Wahrheit nicht übereinstimmend beantworteten, sondern auch an den Gegebenheiten in österreichischen Landen. Das Tempo war gemächlicher, die Tradition hemmender als anderswo, eine Industrialisierung lief später an und verlief langsamer, das Bürgertum begann sich verspätet zu formieren und erst in ferner Zukunft zu emanzipieren.

Fortschritte wurden von oben initiiert, dosiert und kontrolliert. Auch wenn sie Progressiven nicht ausreichten, so waren sie doch beträchtlich und beachtlich, erzielten Wünschbares und Erreichbares. Maria Theresia fungierte dabei nicht nur als Schirmherrin, sondern auch als Schrittmacherin. Die Konservative legte indessen Wert darauf, daß die Bahn der Tradition nicht verlassen, und die Herrscherin, daß der Boden, auf den die Monarchie gegründet war, nicht preisgegeben wurde. Die Regentin blieb sich bewußt, daß Politik, auch und gerade Reformpolitik, die Kunst des Möglichen war, und die Reformerin war darauf bedacht, daß positive Errungenschaften der Modernisierung vermehrt und negative Auswirkungen verringert wurden.

Mit dem von ihr geförderten Manufakturwesen hatte die Massenproduktion mit ihren günstigen ökonomischen Ergebnissen und fragwürdigen sozialen Folgen eingesetzt. Maria Theresia wußte die mit gesteigertem Sozialprodukt steigenden Einkünfte der Staatskasse zu schätzen. Die sozialen Defizite gaben ihr zu denken und veranlaßten sie, hier und dort für Abhilfe zu sorgen.

Mit privater Wohltätigkeit allein, die sie sich weiterhin angelegen sein ließ, war es nicht mehr getan. Sozialpolitische Maßnahmen waren ins Auge zu fassen. Sie blieben zunächst noch begrenzt und bescheiden. So wurde 1770 ein Patent über verschiedene Rechte von Handwerksgesellen erlassen. In der dem Ärar gehörenden Wollzeugfabrik Linz wünschte sich Maria Theresia eine Fabrikkapelle und billigte die von ihrem Direktor geschaffenen Sozialeinrichtungen: ab 1773 Versorgung durch Werkärzte und mit Arzneimitteln, ab 1779 Einführung einer Altersversorgung.

Private Bedürfnisse und öffentliche Erfordernisse deckten sich in Maria Theresias Gesundheitspolitik, namentlich bei der Bekämpfung der Blattern, die Angehörige des Erzhauses wie dessen Untertanen gleicherweise dahinrafften. Die Schutzimpfung mit Kuhpocken war noch nicht bekannt; sie wurde erst am Ende des 18. Jahrhunderts vom englischen Arzt Edward Jenner eingeführt. Noch wurde die umstrittene Impfung mit Menschenpocken angewandt.

Darauf setzte Maria Theresia ihre Hoffnung. So bestimmte sie den dreijährigen Sohn eines Hofgärtners – gegen 100 Gulden Rente für den Spender und ebensoviel für dessen Eltern – zum »Blatternträger«, zum Lieferanten des Impfstoffes für ihre Söhne Ferdinand und Maximilian Franz sowie Josephs II. Tochter Maria Theresia. Sie ließ jedoch auch Kinder anderer Leute auf ihre Kosten mit Menschenpocken impfen. Als Isolierstation sollte ein Impfhaus am Rennweg errichtet werden, das für achtzig Kinder, »arme und bemittelte, unadelige und adelige ohne unterschied« gedacht war.

Angesichts der zunehmenden sozialen Problematik und angespornt von philanthropischen Programmen ging Joseph II. nach Antritt seiner Alleinherrschaft weiter als die Mutter, schuf das Armeninstitut und baute der Sozialhilfe und Krankenpflege dienende Einrichtungen aus. Bei manchen wirtschaftlichen und gesellschaftlichen Erneuerungen hinkte der Mitregent Maria Theresia hinterher.

Die Mutter begann sich – unter dem Einfluß ihrer Berater Graf Philipp von Cobenzl und Graf Karl von Zinzendorf – von der Schutzzollpolitik zu lösen und einer Freihandelspolitik zu öffnen, während der Sohn als Absolutist auch ein Merkantilist blieb, der auf dem Protektionismus beharrte. Gegen seinen Widerstand setzte Maria Theresia die neue Zollordnung von 1775 durch, die den freien Handel förderte und, wie sie überzeugt war, Commercium und Industrie belebte.

Die Nachwelt hat Joseph II. die Aureole eines »Bauernbefreiers« verliehen, Maria Theresia lediglich das Prädikat einer »Bauernschützerin« zugestanden. Doch die Reformen des Sohnes auch im Agrarbereich wären ohne die vorhergehenden der Mutter nicht möglich gewesen. Zu ihren Lebzeiten neigte Joseph sogar dazu, das eine oder andere ihrer Vorhaben für zu weitgehend, jedenfalls für übereilt zu halten.

Bauern in Böhmen gedachten nicht länger zu warten, wollten die Lasten der Erbuntertänigkeit schon jetzt abschütteln, erhoben sich im Jahre 1775, brandschatzten Schlösser, plünderten Kirchen, traten den Regierungstruppen bewaffnet gegenüber.

In Wien wurde befürchtet, die Rebellion könnte sich zu einer Revolution ausweiten, zumindest einen Bürgerkrieg auslösen. Maria Theresia verwies auf die Ursachen: einerseits das Verhalten des Feudaladels; »denn der Bauer wird durch die Gewalttaten der Herren zum Äußersten getrieben« – anderseits der »Geist des Aufruhrs«, eine »Folge unseres aufgeklärten Jahrhunderts«, woran ihr Sohn, dieser Protagonist der Aufklärung, nicht unschuldig sei. Joseph II., »der die Popularität zu weit treibt, hat zu viel gesagt, ohne bei den verschiedenen Reisen, die er gemacht hat, diesen Leuten förmliche Versprechungen für ihre Religionsfreiheit und für ihre Befreiung von ihren Grundherren zu geben«, konstatierte Maria Theresia. »Alles das hat eine Verwirrung in unseren ganzen Provinzen seit 1770 hervorgerufen, deren Folgen das nun sind.« Nicht allein der böhmische, auch der mährische, steirische und österreichische Bauer zeige sich widerspenstig; selbst vor den Toren von Schönbrunn »nehmen sie sich die größten Unverschämtheiten heraus; die Folgen sind sowohl für sie selbst als auch für viele andere Unschuldige zu fürchten«.

Um solche Konsequenzen zu vermeiden, hielt sie es nicht für ausreichend, Aufständische als Herausgeforderte und Irregeleitete zu amnestieren und die Roboten, die Fronleistungen, zu mildern, wie es noch 1775 geschah. Man könne niemals ins reine kommen, wenn der Untertan »weiter in der Unterjochung gehalten bleibt«. Nicht nur Auswüchse des Übels gelte es zu beschneiden, sondern dieses mit Stumpf und Stiel zu beseitigen. »Ich glaube, daß, wenn der Kaiser – ich will nicht sagen mich unterstützt – aber doch wenigstens neutral bleiben wollte, es mir gelingen könnte, die ›Leibeigenschaft‹ und die Frondienste aufzuheben; dann würde alles in Ordnung kommen.«

Bei dem ihr von Franz Anton von Blanc, dem zuständigen Referenten der Hofkanzlei, empfohlenen Vorhaben, die Bauern durch Abschaffung der Erbuntertänigkeit zu befreien, stieß sie, wie zu erwarten war, auf den Widerstand des Adels, aber auch, was weniger die Mutter als dessen aufklärerische Anhänger überraschte, auf das Widerstreben Josephs II., der den Bauern, vor allem in Böhmen, Hoffnungen gemacht hatte und nun vor deren Erfüllung zurückscheute.

Die Mutter, schrieb er im Januar 1777 seinem Bruder Leopold, möchte »die Leibeigenschaft abschaffen, die Kontrakte und die Dienstleistungen, welche die Bauern ihren Grundherren seit Jahrhunderten für ihre Felder entrichten, willkürlich regeln, das ganze System des Grundbesitzes ändern, den Untertanen alle Schuldigkeiten und Leistungen erleichtern ohne auf die Grundherren die geringste Rücksicht zu nehmen, was letztere daher mindestens um die Hälfte ihrer Einkünfte bringen würde.«

Vor der durch den Mitregenten gestärkten Opposition des Grundadels und der adeligen Minister wich die Regentin zurück, entließ Blanc, der dazu neigte, »alles über die Knie zu brechen«, und schwenkte wieder in die Reihen von Monarchismus und Feudalismus ein, nicht ohne ihrem Sohn Ferdinand im Februar 1777 zu klagen: »Unsere böhmischen Angelegenheiten machen mir großen Kummer, um so mehr, als der Kaiser und ich über die Mittel nicht einig sind. Die Bedrückung dieser armen Leute und die Tyrannei sind bekannt und festgestellt; man müßte also gerechtere Prinzipien festsetzen. Ich war im Begriff, sie auszuführen, als plötzlich diese Grundherren, wozu nebenbei bemerkt alle Minister gehören, bei dem Kaiser Zweifel zu erwecken verstanden und mit einem Schlag die ganze Arbeit von zwei Jahren zunichte machten.«

Sie strich nicht alle Segel, brachte den Fortschritt wenigstens auf ihren Domänen voran. Auf Empfehlung des Hofrates Franz Anton von Raab begann sie auf eigenen Gütern in Böhmen, Mähren und in der Steiermark die Erbuntertänigkeit aufzuheben, Domänenland an Bauern gegen Zinsleistung in Erbleihe abzugeben.

Der Feudaladel, der hinter sich den Mitregenten wußte, folgte diesem Beispiel nicht. Sie hatte es weniger aus Nächstenliebe als aus Staatsvernunft gegeben: »Menschen ohne alle Hoffnung haben nichts zu verlieren und sind zu fürchten. Ich wollte zu gleicher

Zeit, indem ich Gehorsam verlangte, ihnen Erleichterung gewähren.«

IN DER BILDUNGSPOLITIK suchte sie zu erreichen, was ihr in der Gesellschaftspolitik verwehrt blieb: Untertanen, deren wirtschaftliche und soziale Entwicklung gehemmt war, eine persönliche Entfaltung durch eine bessere Erziehung zu ermöglichen. In diesem Sektor war kaum mit Einsprüchen Josephs zu rechnen, der sich an die von Sonnenfels ausgegebene Parole hielt: »Die aufgeklärtesten Menschen werden zugleich immer auch die besten Untertanen sein.«

»Das Schulwesen«, erklärte Maria Theresia, »ist und bleibt allzeit ein politicum«, also kein ecclesiasticum; es gehöre in einer modernen Monarchie in die Zuständigkeit des Staates und nicht mehr, wie früher, in jene der Kirche. Bei der Verstaatlichung und Säkularisierung des Bildungswesens deckten sich das Erfordernis des Etatismus, das Volk, um es für den Staat heranzuziehen, durch ihn und für ihn zu erziehen, und die Forderung der Aufklärung, die Menschen aus Bindungen an die Kirche zu lösen und sie aus mittelalterlicher Nacht zur Sonne der Freiheit und Gleichheit zu führen.

Indessen konnte im katholischen Österreich auf die Mithilfe der Kirche in der Schule nicht verzichtet werden, und die erzkatholische Herrscherin wollte das ihrem persönlichen Glauben wie ihrem öffentlichen Anliegen entsprechende Erziehungsziel nicht aufgeben: Heranbildung wahrer, aber auch – in Maßen – aufgeklärter, zum Dienst für den monarchischen Staat fähiger und bereiter Christenmenschen.

So formulierte es in ihrem Sinne Graf Johann Anton Pergen in dem ihr 1771 vorgelegten Studienplan. Weniger einverstanden war sie mit den praktischen Vorschlägen, die er aus dieser prinzipiellen Forderung ableitete: Leitung wie Aufsicht des Schulwesens müßten vollständig in die Kompetenz des Staates übergehen, das Unterrichtswesen den bisher dominierenden Ordensgeistlichen entzogen und in die Hände von weltlichen, zumindest weltgeistlichen Lehrern gelegt werden.

Maria Theresia verlangte »gewisse Modifikationen«, doch Pergen, ein entschiedener Aufklärer und rechthaberischer Bürokrat, sah sich dazu außerstande. Die Monarchin ließ seinen Studienplan ad acta legen und sah sich nach anderen Helfern um, davon überzeugt, »daß die Erziehung der Jugend beyderley Geschlechts, als die wichtigste Grundlage der wahren Glückseligkeit der Nationen, ein genaueres Einsehen« erfordere.

Nicht zum erstenmal bei Reformvorhaben hörte sie dabei auf das, was dazu in protestantischen Staaten im allgemeinen und in Preußen im besonderen gesagt wurde. Was sie dabei vernahm und wie sie es aufnahm, war dem in Frankfurt und Leipzig erscheinenden »Patriotischen Archiv« des kurzfristig in österreichischem Staatsdienst gestandenen und von Joseph II. in den Reichsfreiherrnstand erhobenen Schwaben Friedrich Karl von Moser zu entnehmen: »Die gute und gütige Kayserin-Königin fragte mich einmal: ›Sag er mir, warum ist die Erziehung bey euch Protestanten besser als bey uns?‹ ›Man macht‹, war meine Antwort, ›bey uns mehr Fenster in die Mauern.‹ ›Ich verstehe ihn nicht‹, erwiderte die Monarchin, ›was er damit sagen will.‹ ›Wir gewöhnen‹, replicirte ich, ›unsere Jugend zum eigenen Denken, anstatt bey der gewöhnlichen Catholischen Erziehung nur das Gedächtnis beschäftigt wird.‹ Mit Lebhaftigkeit fiele die Monarchin dagegen ein: ›Das geht auf die Freygeisterei hinaus‹ und brache kurz ab.«

Zu viele Fenster wollte sie nicht in die Mauern brechen, nicht zu viel Licht hereinlassen. Sie blieb bei ihrer Einsicht, daß zwar »durch wohlgetroffene Erziehungs- und Lehranstalten die Finsternis der Unwissenheit aufgekläret und jedem der seinem Stande angemessene Unterricht verschaffet« werden müsse, aber durch eine weltliche Pädagogik keinesfalls das kirchliche Fundament, auf welches das Haus gebaut war, erschüttert werden dürfe.

Ein Ausgleich war anzustreben: zwischen protestantischen Vorgaben wie preußischen Errungenschaften und österreichischen Gegebenheiten wie katholischen Grundbedingungen. Zur Ausführung fand Maria Theresia eine Idealbesetzung: Johann Ignaz von Felbiger, den Abt der regulierten Augustiner-Chorherren zu Sagan in Schlesien. In Glogau geboren, hatte der vom österreichischen zum preußischen Staatsangehörigen gewordene Geistliche in Berlin das evangelisch-pietistische Realschulwesen studiert und nach diesem Muster ein Schulreglement für katholische Staatsangehörige geschaffen, das Friedrich II. in seiner Provinz Schlesien einführte.

Diesen Schulmann, der aufklärerischen Fortschritt und kirchlichen Ausgangspunkt wie religiöse Zielsetzung in Einklang zu bringen wußte, berief Maria Theresia mit Genehmigung des Preußenkönigs als Schulreformer nach Österreich, betraute ihn mit der Organisation des Volksschulwesens. Diese Aufgabe hielt sie für vordringlich; denn »von einer guten Erziehung und Leitung in den ersten Jahren« hänge »die ganze künftige Lebensart aller Menschen« wie die »Denkungsart ganzer Völkerschaften« ab.

Am 6. Dezember 1774 setzte die Monarchin die von Felbiger ausgearbeitete »Allgemeine Schulordnung für die deutschen Normal-, Haupt- und Trivialschulen in sämmtlichen kayserlich-königlichen Erblanden« in Kraft. Noch keine allgemeine Schulpflicht, aber eine allgemeine Unterrichtspflicht für Kinder zwischen sechs und zwölf Jahren wurde eingeführt.

In den Trivialschulen auf dem Lande – 500 wurden 1780 gezählt – sollten »die Religion und deren Geschichte nebst der Sittenlehre«, Lesen, Schreiben und Rechnen sowie »die für das Landvolk gehörige Anleitung zur Rechtschaffenheit und zur Wirthschaft« gelehrt werden. In Städten wurden Hauptschulen eingerichtet, auf deren Lehrplan auch Deutsch, Geometrie, Geschichte, Geographie, Haushaltungskunde und Landwirtschaftslehre standen. Die Normalschulen in den Hauptorten der Provinzen unterrichteten darüber hinaus in Naturkunde, Mechanik und Latein; in ihnen wurden auch »die Lehrer für andere deutsche Schulen gebildet«.

Maria Theresia sorgte für Lehrmittel, gründete 1772 den »Verlag der deutschen Schulanstalt«, der 1780 über hundert Titel im Programm hatte. Das Grundbuch blieb das 1775 von Felbiger herausgegebene »Methodenbuch« mit der Hauptanweisung, »daß nicht bloß das Gedächtniß gesehen, noch die Jugend mit dem Auswendiglernen über die Nothwendigkeit geplagt, sondern der Verstand derselben aufgekläret« werde. Schulbücher wurden nicht nur in deutsch, sondern auch in anderen Sprachen der Monarchie gedruckt: tschechisch, polnisch, ruthenisch, slowenisch, serbisch, kroatisch, ungarisch, rumänisch, italienisch und hebräisch. Der Verlag hatte ein Viertel der jährlich aufgelegten Bücher an Schüler aus unbemittelten Familien kostenlos abzugeben.

Der Reform des höheren Schulwesens diente der »Entwurf zur

Errichtung von Gymnasien in den k.k. Erblanden« von 1775. Pflichtfächer wurden Latein, Geometrie, Physik, Naturgeschichte, Rhetorik und Poetik. In diesem Sektor machte sich vor allem der mit einer Kammerfrau Maria Theresias verheiratete Hofrat Franz Sales von Greiner verdient. »Nun sind die Einleitungen alle für die Gymnasien getroffen«, meldete er der Monarchin. »Ich hoffe zu Gott, es wird alles gutgehen und in diesem dunklen Kreise der Verwirrung wieder heller werden.«

Greiner spielte auf ein Ereignis an, das die Katholikin Maria Theresia aus der Fassung brachte, doch einer der Reformerin erwünschten, mit einer Verweltlichung einhergehenden Verstaatlichung des Unterrichts eine Gasse bahnte: die 1773 erfolgte Aufhebung des Jesuitenordens.

Im Habsburgerreich hatten die Jesuiten das Bildungswesen maßgeblich bestimmt. Die in der Gegenreformation formierte Avantgarde des Papsttums erschien in der Ära der Aufklärung und des Absolutismus als veraltete Waffengattung der römisch-katholischen Kirche, die den geistigen Fortschritt behinderte und die staatliche Macht beeinträchtigte.

Selbst Maria Theresia, die von Jesuiten erzogen worden war, hatte sich von ihnen zu lösen begonnen. Sie öffnete sich der jansenistischen, einer verinnerlichten Frömmigkeit und beschränkte den öffentlichen Einfluß der Societas Jesu in ihrem Theresianum wie an der Wiener Universität, die ihr Vertrauter Gerard van Swieten erneuerte.

Indessen ging sie nicht so weit, in den antijesuitischen Chor einzustimmen, in dem ihr Mitregent Joseph und ihr Staatskanzler Kaunitz eifrig mitsangen. Schon gar nicht war sie bereit, die Bemühungen der bourbonischen Höfe auf eine Aufhebung des Ordens durch den Papst zu befördern. Sie achte die Jesuiten, denn diese hätten in ihrem Lande viel Gutes getan, erklärte sie 1770; deshalb täte es ihr leid, sie zu verlieren, doch »wenn der römische Hof es für gut finden sollte, den Orden aufzuheben«, würde »sie dem kein Hindernis in den Weg legen«.

Sie war dann »tief traurig und verzweifelt«, als Klemens XIV. am 21. Juli 1773 die Gesellschaft Jesu aufhob, dem Druck der Bourbonen wie seinem Unbehagen nachgebend, daß sie sich päpstlicher als der

Papst gebärdet hatte. Wenn er sich jedoch der Hoffnung hingegeben haben sollte, er könnte von den materiellen Gütern des Ordens profitieren, so wurde er enttäuscht. Das Mitgefühl mit den Jesuiten hielt Maria Theresia nicht davon ab, als Monarchin ihr Vermögen einzuziehen. Sie überwies es dem Studienfonds zur Finanzierung von Aufgaben, die dem Staat durch das Jesuitenverbot zufielen und die er im Bildungswesen nicht ungern der Kirche abnahm.

Auf geistliche Lehrer konnte nicht verzichtet werden. Nach dem Ausfall der Jesuiten mußte man noch mehr als bisher den Lehrorden der Piaristen heranziehen und auch auf Ex-Jesuiten zurückgreifen. Was ihr Kaunitz geraten hatte, war Maria Theresia höchst willkommen: »daß man diejenigen aus dem Orden, welche hierzu Lust und vorzügliche Fähigkeiten haben, als Weltpriester bey den Lehrämtern noch fortan belasse«.

Umstritten blieb, ob die Säkularisierung der Universität den Wissenschaften genützt habe. Joseph II. war dieser, sein Bruder Leopold gegenteiliger Meinung: »Die Universität Wien, die angefangen hatte, einen guten Ruf zu bekommen, ist wieder ganz zurückgefallen aus Mangel an Ordnung und Leitung und an tüchtigen Kräften.« Zu den wenigen Professoren, denen er Namen und Ansehen zugestand, zählte er den Astronomen Maximilian Hell, einen Ex-Jesuiten. Eine Hauptursache für das »Dahinsiechen« der Wiener Universität sah der Großherzog von Toskana darin, »daß man nur an die Einrichtung des Theologiestudiums gedacht hat«.

Nachdem die Machtstellung der Societas Jesu in der Universitas litterarum beseitigt war, kamen auch fortschrittliche Glaubenslehrer zum Zug. Ein Reformator des theologischen Studiums wurde Stephan Rautenstrauch, Abt des Benediktinerklosters Braunau in Böhmen, der 1774 neue Statuten für die theologische Fakultät der Wiener Universität vorlegte: Ziel der Ausbildung müsse es sein, würdige Diener des Evangeliums und zugleich würdige Diener des Staates heranzuziehen.

Ein Kirchenrecht, das dieser Doppelfunktion der Priesterschaft entsprach, lehrte der aus Vorderösterreich stammende, an der Wiener Universität wirkende Professor Paul Joseph von Riegger. Sein vierbändiges Hauptwerk schuf wissenschaftliche Grundlagen für die Staatskirchenpolitik. Maria Theresia schien sich nicht daran zu stören, daß der zum Referenten für geistliche Angelegenheiten bestellte Hofrat Mitglied der Freimaurerloge »Die Freigebigen« war und sich in seinem Hause progressive Literaten trafen. Sie sorgte dafür, daß Riegger die erforderlichen Mittel und »die nöthige Zeit zur Vollendung der angefangenen, für den Staat so nutzlichen Arbeiten« bekam.

Die Monarchin, die 1774 auf einer Gedenkmedaille mit Minerva, der Göttin der Kunstfertigen, wozu die Römer auch die Lehrer zählten, in Verbindung gebracht wurde, legte Wert auf einen Dreiklang von aufgeklärtem Katholizismus, christlichem Humanismus und österreichischem Etatismus, neigte jedoch mit fortschreitender Neuerung und zunehmendem Alter dazu, die kirchliche Komponente zu betonen.

Zwischen Reformwillen und Glaubensskrupeln schwankend, gaben letztere immer mehr den Ausschlag. Halb sank sie hin, halb wurde sie von Kardinal Graf Christoph Migazzi, Fürsterzbischof von Wien, hingezogen, der eine Hinwendung zum Staatskirchentum wie eine Überspitzung des Reformkatholizismus zu vermeiden suchte. Er verhinderte ein von der Monarchin beabsichtigtes Toleranzpatent für Mähren, verwahrte sich gegen die von Rautenstrauch eingeleiteten Reformen des Theologiestudiums, verlangte und erreichte eine Revision der Rieggerschen Kirchenrechtslehre.

Die alte, bereits überwunden geglaubte Auffassung, daß die Wissenschaft im allgemeinen und die Philosophie im besonderen der Theologie als Magd zu dienen habe, schien wieder die Oberhand zu gewinnen.

Eine Akademie der Wissenschaften »ligt mir nicht so an herzen«, habe noch »gutte weill«, bemerkte Maria Theresia zu dem 1774 vorgelegten Plan der Studienhofkommission, der deren Errichtung mit zwei Klassen, einer physikalisch-mathematischen und einer philosophisch-historischen, vorsah. Der Grund ihres Zögerns lag wohl darin, daß der Plan nicht ihrer Vorstellung von »wirklichem geistlichem und weltlichem Nutzen« entsprach, eher ihre Besorgnis weckte, eine solche Institution könnte zur »Triebfeder des Verderbens« werden.

Die Monarchin, die sich von einer im römisch-katholischen Rahmen bleibenden Kirchenpolitik staatlichen Nutzen wie religiösen Segen versprochen hatte, begann zu befürchten, daß sie, wenn man sie weiterhin verfolge und zu weit vorantreibe, nicht nur der Kirche, sondern auch dem Staate schaden würde.

Wenn die Religion falle, kämen ärgere Zeiten als die des Faustrechtes, erklärte Maria Theresia und meinte damit, man fiele dann nicht nur in das von Aufklärern verdammte finstere Mittelalter, sondern darüber hinaus in die noch finsterere Vorzeit zurück. Ohne Religion, bemerkte sie, gebe es weder persönliches noch staatliches Glück, und ohne Gottesdienst, ohne öffentliche Gottesverehrung im kirchlichen Kult, gebe es keine Religion und damit auch kein Wohlergehen des einzelnen wie des Gemeinwesens.

Wenn man »die Religion in seinem Herzen verschließen will, ohne den äußeren Gottesdienst auszuüben«, gefalle man zwar manchem Aufklärer, tue aber sich selber und den anderen keinen Gefallen. Sie jedenfalls, so die Witwe, scheue sich nicht, wie ihr verstorbener Gemahl zu bekennen: »Ich habe den Köhlerglauben und bin stolz darauf«, wolle sich wie er durch Spitzfindigkeiten nicht irre machen lassen, »denn ich finde meinen einzigen Trost in meinem Glauben und darin, daß ich mich ihm blindlings unterwerfe«.

Das hieß nicht, daß sie sich Verbesserungen in dem für sie zentralen Bereich verschließen wollte: »Das Volk ist zum Teil tief im Aberglauben befangen, den man tatsächlich nicht auf einmal ausrotten kann; man muß vielmehr versuchen, die Geister nach und nach durch die Anstellung eifriger Geistlicher und guter Schulmeister zur Wahrheit zurückzuführen.« Die Regentin war gefordert, die »besonders in dieser verderbten Zeit, wo unsere heilige Religion so wenig ausgeübt und geliebt wird«, für entsprechende Reformen zu sorgen habe. Diese dürften jedoch nicht dazu führen, daß man kleinere durch größere Mißstände ersetze, auf eine Bahn gerate, die zur Ersetzung des Kirchenglaubens durch einen Staatskult führe.

Indessen hatte die Reformerin auch auf kirchlichem Gebiet einen Weg eingeschlagen, der in diese Richtung wies und in der Konsequenz der unternommenen Schritte weitere nach sich zog.

Im Jahre 1754 war von ihr der Prior des Wiener Schottenklosters gemaßregelt worden, der gegen Eingriffe des Staates in Rechte der Kirche gepredigt hatte. Von 1769 an durfte das von ihr zunächst verbotene, vom Trierer Weihbischof Hontheim unter dem Pseudonym Febronius veröffentlichte Buch »De statu Ecclesiae«, das eine Bibel der antipäpstlichen Bewegung wurde, an Gelehrte »und sonst bescheidene Kaufer« abgegeben werden. 1774 erging ein Hofdekret: Die in den Breven Gregors VII. enthaltene Lektion, der Papst habe die Macht, Monarchen abzusetzen, sei mit weißem Papier zu überkleben und dürfe künftig nicht mehr gedruckt werden.

Im Jahre 1779 faßte die Monarchin ihre Auffassung über die »wichtige und notwendige Grenzscheidung der geistlichen und weltlichen Gewalt« in der Instruktion für den neuen Botschafter beim Heiligen Stuhl zusammen:

»Die Grenzen der Kirchengewalt sind durch ihren geheiligten Gegenstand bestimmt; dieser ist, gleichwie ihr Endzweck, pur geistlich und besteht in der Verkündigung christlicher Glaubens- und Sittenlehre, Ausspendung der Sakramente, Anordnung des Gottesdienstes und der inneren Kirchendisziplin. Alle übrige Gewalt, die außer diesen geistlichen Gegenständen von der Kirche, derselben Vorstehern und insonderheit ihrem Oberhaupt, dem Papst, besessen und ausgeübt wird, kommt nicht von der ursprünglichen göttlichen Einsetzung, sondern entweder von der freiwilligen Verleihung oder frommen Nachgiebigkeit der Landesherren und kann also von diesen, sofern es das gemeine Wohl des Staates erfordert, nach dem Maße der veränderten Zeit- und anderen Umständen wieder eingeschränkt, modifiziert oder wieder eingezogen werden.«

Zu viel wollte Maria Theresia ihrer Kirche freilich nicht wegnehmen. Sie legte Wert auf die Feststellung, daß sie dem Papst, seinem Ansehen und seiner rechtmäßigen Gewalt in Kirchensachen »nicht allein nichts entzogen, sondern glaube vielmehr desfalls anderen das Beispiel ehrerbietiger Achtung gegen den Heiligen apostolischen Stuhl gegeben zu haben«.

Damit habe sie der Kirche mehr gedient als dem Staat, meinte Kaunitz, der sich 1774 gezwungen sah, wegen seiner durch rheumatische Schmerzen bedingten Abwesenheit bei den Gründonnerstag-Zeremonien in der Hofkapelle der Monarchin eine Entschuldigung einzureichen und einen Beichtzettel vorzulegen, der bescheinigte, daß der Staatskanzler bei Frater Nicolaus in der Minoritenkirche die Osterbeichte abgelegt und das Sakrament der Buße empfangen habe.

Mitregent Joseph II. bedauerte die Kirchentreue Maria Theresias und behielt sich vor, als Alleinregent, der er nach den Gesetzen der Natur bald sein würde, dem Papst zu nehmen, was dem Kaiser ursprünglich gehörte und einem modernen Souverän zustünde. Die alternde Mutter, die sein feuriges Temperament und seinen aufklärerischen Eifer kannte, befürchtete zunehmend, daß er, wenn sie nicht mehr da wäre, nach mehr greifen würde, als er packen könnte, und damit nicht nur der Kirche, sondern auch dem Staate schadete. Von dieser Sorge bedrückt, mag Maria Theresia an der Gnade der Erstgeburt und dem monarchischen Gesetz gezweifelt haben, daß der älteste Sohn zum Thronfolger bestimmt sei. Denn im Großherzogtum Toskana sah sie ihren zweitältesten Sohn Leopold gebotene Reformen vernünftig durchführen, ein »Muster aller Herrscher« am Werk.

LEOPOLD war wie Joseph von der Mutter zum Christenmenschen und Staatsregenten erzogen worden. Mehr Erfolge als beim Älteren verbuchte sie beim Jüngeren. Sie kenne keinen Herrscher, bilanzierte sie, »der besser wäre, in geordneteren Verhältnissen lebte und eines solideren Glückes sich erfreute«.

Sie schrieb dies nicht zuletzt den Regeln zu, die sie 1761 für die Erziehung ihres Sohnes Leopold – eigentlich Peter Leopold, der den ersten Taufnamen seiner Patin, der Zarin Elisabeth, verdankte – aufgestellt hatte. Der Erzherzog sollte zur Pflichterfüllung gegen Gott und das Erzhaus angehalten, auf Herz, Geist, Sitten und Betragen des Zöglings sollte eingewirkt und seine Denkweise ausgebildet werden.

Leopolds Denkart, der wißbegierig sei und »selbst die abstraktesten Dinge ergründen« wolle, entwickelte sich teils zur Genugtuung, teils zum Unbehagen der Mutter in Richtung des Rationalismus. Solange er auf der Bahn blieb, auf die ihn sein Lehrer Martini, ein katholischer Aufklärer, gebracht hatte, ließ sie es hingehen, daß er aber Montesquieu las, der den Absolutismus kritisierte und für eine konstitutionelle Monarchie mit Gewaltenteilung plädierte, gefiel ihr keineswegs.

Er solle »schädliche Bücher« meiden, die mit dem Kirchenglauben den Monarchenstaat untergrüben, schärfte sie dem blutjungen

Großherzog ein, dem 1765 mit achtzehn als väterliches Erbe die Toskana zugefallen war. »Du wirst es mir mitteilen, wenn Du irgendwelche Änderungen vornehmen willst.« Sie werde ihn zwar niemals in seiner Eigenschaft als Souverän stören, »aber in Deinem Alter bedarfst Du des Rates und einer Person, die die Welt kennt«. Der Souverän in Florenz hielt die Ratschläge seiner Mutter für immer weniger angebracht, da er immer mehr erkannte, daß die österreichische Welt nicht zu dem Heil gelangte, das dem Reformer Pietro Leopoldo vorschwebte und das er, fernab von Wien, in seinem italienischen Bereich Schritt für Schritt zu erlangen suchte.

Ursachen der Mißstände, die er in Österreich ausmachte, erblickte er nicht nur in den Widrigkeiten eines komplexen und komplizierten Reiches, sondern auch in der wachsenden Mißstimmung zwischen Maria Theresia, die weiterhin alles allein bestimmen, und Joseph II., dem Mitregenten, dem sie eine Mitbestimmung vorzuenthalten suchte.

Sie wolle »ihm befehlen und ihn leiten und sein ganzes Verhalten kennen und alles das, was er machen möchte«, bemerkte Leopold. »Besonders beklagt sie sich und ist maßlos empfindlich wegen der Art, wie er sich ihr gegenüber benimmt und daß er öffentlich alles, was sie liebt, herabsetzen und schmähen möchte; daß er alles, was sie macht oder gemacht hat, kritisiert und darüber ständig und in allem klagt.« Wenn Maria Theresia und Joseph II. zusammen seien, gebe es ununterbrochen Streit, »und immer widersprechen sie einander«.

An diesem unguten Verhältnis sei auch die Mutter, vor allem jedoch der Bruder schuld. »Er verachtet alles, was nicht seine Idee ist und liebt und will keine anderen Leute als jene ohne Talent, die wie bloße Maschinen sind und nichts anderes als gehorchen und die ihm die Ehre alles dessen lassen, was getan wird.«

Joseph liebe niemanden, erklärte Leopold, schon gar nicht ihn, seinen Bruder. Sie waren zu verschieden, was schon ihre Erzieher wahrnahmen: Joseph sei ungestüm, Leopold gemäßigt, der Ältere wolle alles auf einmal erreichen, der Jüngere nehme Stufe auf Stufe. Die Brüder gingen ihre eigenen Wege, die sich ohnehin trennten, und wenn sie wieder zusammentrafen, wie 1769 beim Besuch Josephs II. in Florenz, erging sich der Gast lieber allein in den Boboli-Gärten.

Ihre Auseinandersetzung nach dem Tode des Vaters hallte nach.

Joseph vergaß es nicht, daß er auf den Knien und die Hand auf der Bibel auf das Großherzogtum Toskana feierlichen Verzicht leisten mußte. Leopold verwand es nicht, daß er der Forderung seines Bruders nachgeben mußte, die toskanische Reservekasse der österreichischen Staatskasse auszuliefern, die in Florenz hinterlegten zwei Millionen Gulden herauszurücken, die der Großherzog für Reformvorhaben im eigenen Land verwenden wollte.

Die Mutter bemühte sich, den Bruderzwist im Hause Habsburg zu schlichten. Dabei schien sie mehr Leopold als Joseph recht zu geben, den sie ermahnte, nicht »den Ruin eines Schwächeren« herbeizuführen. Leopold suchte sie über den Verlust des Geldes mit dem Hinweis hinwegzutrösten, daß er sich in so vielem glücklicher als sein Bruder schätzen könne. Er sei als Zweitältester nicht nur mit einem »beachtlichen Staat« versorgt worden, sondern er habe auch »eine in jeder Hinsicht liebenswerte Frau«.

Maria Ludovica, die spanische Königstochter, erwies sich als ein wahrer Schatz für das Heim Leopolds wie für das Haus Habsburg-Lothringen. Sie schenkte jenem sechzehn Kinder und sicherte diesem den Weiterbestand in verschiedenen Zweigen: Franz setzte als Erstgeborener Leopolds, der nach dem Tode des kinderlosen Josephs II. von Florenz nach Wien wechselte, die Hauptlinie im Reich und in Österreich fort. Ferdinand, der Zweitälteste, begründete die Linie Österreich-Toskana. Erzherzog Karl ging als Sieger über Napoleon I. bei Aspern in die Geschichte ein. Joseph wurde Palatin in Ungarn, Rainer Vizekönig des Lombardo-Venetianischen Königreiches. Erzherzog Johann wurde als Reichsverweser von 1848 von den Patrioten gefeiert, als Reformer der Steiermark von Progressiven gelobt und als Gemahl der Postmeisterstochter Anna Plochl von Konservativen getadelt.

Joseph II. machte sich über den »trefflichen Bevölkerer Leopold« lustig, war aber doch froh, daß die Zukunft der Dynastie ohne sein eigenes Zutun gesichert wurde. »Fahre fort, lieber Bruder, gesunde Kinder in die Welt zu setzen«, schrieb er nach Florenz, »Du kannst mich Dir nicht inniger verpflichten, sie werden immer die meinigen bei jeder Gelegenheit sein, dem Staat ist gedient, und ich bin der Verpflichtung enthoben, eine Frau zu haben, was ein Zustand ist, den ich verabscheue.«

Weil Joseph die Kinder Leopolds wie seine eigenen anzusehen geneigt war, meinte er auch verpflichtet zu sein, deren Erziehung in die Hand zu nehmen, in erster Linie die des Ältesten, der ihm auf dem Throne folgen würde. Dies gab Anlaß zu weiteren Auseinandersetzungen zwischen den Brüdern. Leopold mußte wieder nachgeben, ließ den Sechzehnjährigen, den späteren Kaiser Franz, als »Kaiserlehrling« nach Wien ziehen.
Zum zwölften Geburtstag hatte ihm die Großmutter geschrieben: der 12. Februar sei der glücklichste Tag ihres Lebens, »der Tag meiner Heirat und der Tag Deiner Geburt, der Geburt des ersten Enkels, den der liebe Gott mir schenkte und der so schön all unsere Hoffnungen durch die Eigenschaften seines Herzens und seine Begabung erfüllt«.
Die wachsende Kinderschar Leopolds befriedigte die Monarchin und beglückte die Großmutter. Darauf bezog sich vor allem ihr Lob, der Großherzog von Toskana sei das Muster eines Herrschers. Aber auch seine Regententätigkeit verfolgte sie mit Anteilnahme und nicht ohne Zustimmung. Im kleinen Bereich der Toskana gelangen ihm Reformen, die auch sie anstrebte, aber in ihrem großen Reich nicht so einfach durchzusetzen waren. Die Ziele, die er sich steckte, gingen zwar auf manchem Gebiet über die von ihr angestrebten hinaus. Aber Leopold schritt umsichtiger und folgerichtiger als Joseph voran, und weitergehende Reformen, die jenseits des ihr Willkommenen lagen, mußte sie nicht mehr erleben.
Im Jahre 1765 trat Leopold seine Regierung in einem heruntergewirtschafteten Lande an. Die Schuldenlast, die der letzte Medici und auch sein Vater angehäuft hatten, war niederdrückend. Es herrschte Hungersnot, deren Hauptursache im Feudalsystem lag.
Die Großgrundbesitzer, auf deren zwei Drittel des Bodens umfassenden Ländereien mit bäuerlichen Fronleistungen der Großteil der Nahrungsmittel erzeugt wurde, horteten Getreide, um die Preise in die Höhe zu treiben. Leopold ließ die Getreidespeicher öffnen, gab den Getreidehandel frei, ging daran, den Feudalismus zu beschneiden und die Bauern zu befreien, mit dem Ergebnis, daß die Toskana ein blühendes Agrarland wurde.
»Der Weizen gedeiht hier recht schön, und er scheint hier alle seiner Natur gemäßen Bestimmungen zu finden«, bemerkte Goethe 1786

auf der Durchreise. »Es ist hier alles zugleich tüchtig und reinlich, Gebrauch und Nutzen mit Anmut sind beabsichtigt, überall läßt sich eine belebende Sorgfalt bemerken.«

Zunächst noch vom Bevollmächtigten Maria Theresias in Florenz, Graf Franz Xaver Rosenberg-Orsini, angeleitet und überwacht, nahm der Großherzog bald das Zepter in die Hand. In seinen Reformvorhaben wurde er von Italienern beraten und bestärkt: Pompeo Neri, der sich bereits in Mailand bewährt hatte, Francesco Gianni, den Leopold seinen rechten Arm nannte, und Scipione Ricci, dem Generalvikar in Florenz und späteren Bischof von Pistoia und Prato, der als Jansenist und Febronianer ein entschiedener kirchlicher Erneuerer war.

Zug um Zug kamen die Reformen voran: nach dem Agrarsektor, auf dem An- und Verkauf von Grundstücken freigegeben wurde, in Wirtschaft und Handel durch Einführung der Gewerbefreiheit, Errichtung von Manufakturen, Beseitigung von Zollschranken, Aufhebung der Ein- und Ausfuhrverbote, Ausbau von Straßen und Kanälen.

Der Vereinheitlichung des Staatswesens dienten eine Zentralisierung der Administration, die Sanierung der Finanzen, eine Gemeindeordnung, durch die Steuerzahler zur Gemeindeverwaltung herangezogen wurden, und eine Zivil- und Strafgesetzgebung, die Folter und Todesstrafe verbot und Gleichheit vor dem Gesetz herstellte. Der Volksgesundheit nützte der Ausbau der Bäder von Montecatini. Die Volksbildung hoben Volksschulen, die – wie Krankenhäuser und andere Wohlfahrtsinstitutionen – ihre Einrichtung der Aufhebung von Klöstern verdankten.

Damit waren die Reformen an einem Punkt angelangt, der Maria Theresia weniger angenehm berührte, auch wenn sie dem Leitmotiv Leopolds zustimmte: »Ich wollte die Klöster wieder auf ihren ursprünglichen Zweck zurückführen, Religiosität und Tugend in der Welt zu verbreiten. Deshalb wandelte ich sie in Schulen um.« Die Mutter wollte die Entwicklung zum Staatskirchentum nicht zu weit getrieben sehen. Den Anblick des in der Toskana erreichten Höhepunktes ersparte ihr der Tod: die von Leopold unterstützten, die Kirchenreform zu einer Kirchenrevolution zuspitzenden Maßnahmen des Bischofs Ricci, die 1786 in der Forderung der Synode von

Pistoia nach einer am gallikanischen Beispiel orientierten toskanischen Staatskirche gipfelten.

So weit kam es dann doch nicht. Maria Theresia lebte nicht mehr so lange, um darüber Genugtuung zu empfinden. Andererseits konnte sie nicht durch die spätere Absicht Leopolds schockiert werden, seinem Lande eine Verfassung zu geben, die von der absoluten zu einer konstitutionellen Monarchie hinführen sollte.

»Der Gedanke, den Souverän der Nation über Zustand und Verwaltung ihrer Finanzen Rechenschaft ablegen zu lassen, dünkt mich rühmenswert, gerecht und nützlich, denn die Finanzen gehören wie alles übrige dem Volke, und der Souverän ist nur der Verwalter, somit zur Rechenschaft verpflichtet«, erklärte Pietro Leopoldo 1789, fügte 1790 hinzu: »Ich glaube, daß jedes Land ein Grundgesetz oder einen Vertrag zwischen Volk und Souverän haben soll, welches die Macht des letzteren beschränkt; daß, wenn der Souverän dieses Gesetz nicht hält, ... man ihm zu gehorchen nicht mehr verpflichtet ist. Ich glaube, daß die ausübende Gewalt dem Souverän, die gesetzgebende aber dem Volke und seinen Repräsentanten zusteht... Denn der einzige Zweck der Gesellschaften und Regierungen ist das Glück der Individuen.«

Die amerikanische Unabhängigkeitserklärung fand ein Echo in dieser Verlautbarung des Großherzogs von Toskana, in jenem Jahr, als die Französische Revolution damit begonnen hatte, einen Volksstaat zu errichten, freilich von unten und nicht von oben her, wie es sich der Habsburg-Lothringer vorstellte.

Pietro Leopoldo, der aufgeklärte Absolutist, näherte sich dem Konstitutionalismus, ließ den monarchischen Reformismus Maria Theresias hinter sich und ging weiter als Joseph II., der einiges für das Volk tat, aber nichts durch das Volk tun lassen wollte.

Die Unzulänglichkeiten der monarchischen Reform der Mutter und die Übertreibungen der obrigkeitlichen Revolution des Bruders wurden Leopold bewußt, als er vom Spätsommer 1778 bis zum Frühjahr 1779 in Wien weilte. Joseph II. erhoffte sich von ihm Unterstützung in den Auseinandersetzungen mit Maria Theresia, und diese, das zielsichere, aber behutsame Vorgehen des Zweitältesten in der Toskana vor Augen, mochte sich von ihm ein Abbremsen des vorwärtsdrängenden Ältesten versprochen haben.

Beider Erwartungen wurden nicht erfüllt. Joseph mußte erkennen, daß der Bruder seine Rücksichtslosigkeit nicht billigte, und Maria Theresia einsehen, daß der Sohn ihre zunehmende Unbeweglichkeit nicht guthieß.

Vielleicht hatte sie dies geahnt, sich lange nicht entschließen können, Leopold nach Wien zu beordern. Als er angekommen war und bereitstand, seine für die österreichische Entwicklung nützlichen toskanischen Erfahrungen einzubringen, mußte er in der Antichambre warten. Zunächst zog ihn die Regentin nicht heran, »aber auf einmal sagte sie am 6. Oktober, sie wolle meine Dienste in Anspruch nehmen für die Finanzangelegenheiten und deren System, die Angelegenheiten der Bank und der Staatsschuld, des Handels und der Zölle, der ungarischen Angelegenheiten und für jene der Böhmisch-Österreichischen Hofkanzlei und jene der Zivilrechtsreform und das neue Gesetzbuch« – »ohne mir jedoch zu sagen, wie und in welcher Weise« und »was ich dann in der Folge machen oder fragen sollte«.

Wenn er schon da war, sollte er auch beschäftigt werden, aber mitbestimmen oder gar mitregieren lassen wollte sie ihn nicht. Joseph II. hätte nicht eifersüchtig werden müssen. Als er nach längerer Abwesenheit nach Wien zurückkam und Leopold beim Frühstück mit der Mutter antraf, begrüßte er ihn mit den Worten: »Nun bin ich da, nun kann der Bruder gehen, denn er ist ja nur gekommen, meine Stelle zu vertreten.«

Der Großherzog blieb noch eine Weile, lange genug, um seine Abneigung gegen den Bruder zu vertiefen und seine Kritik an österreichischen Zuständen zu verschärfen. Er kehrte heim in dem Bewußtsein, daß er schon vieles besser gemacht hatte, und in der Absicht, noch mehr zu verbessern, seine Toskana zu einem sich positiv vom Mutterland abhebenden Musterland zu machen.

Maria Theresia verblieb mit vermehrtem Mißtrauen gegen den Mitregenten Joseph, eingeschränktem Vertrauen in den Reformer Pietro Leopoldo und uneingeschränktem Zutrauen zum Vater seiner Familie und Fortpflanzer der Dynastie. Diesem galt nach wie vor das 1771 ausgesprochene Lob, kein Herrscher lebe in geordneteren Verhältnissen und erfreue sich eines solideren Glückes als er.

Wenn sie von ihren »lieben Kolonien in Italien, meine Schätze, mein

Trost, meine Stütze« sprach, meinte sie ihre in Florenz, Mailand, Neapel und Parma lebenden Kinder und Kindeskinder, nicht ihre Besitzung, die Lombardei, und ihre Einflußgebiete, das Großherzogtum Toskana, das Königreich Neapel-Sizilien und das Herzogtum Parma.

Die Apenninenhalbinsel blieb für Maria Theresia mehr als ein geographischer Begriff und ein politisches Betätigungsfeld. Italien wurde für sie das Gelobte Land des Familienglücks, das sie im Grunde, wenn sie es auch nicht zugeben durfte, mehr schätzte als den Staatserfolg.

Zwischen Moral und Macht

DIE MUTTER ÖSTERREICHS, wie sie gerühmt wurde, war zur Schwiegermutter und Großmutter Europas geworden.

Von den sechzehn Kindern ihres Sohnes Leopold, des Großherzogs von Toskana, und ihrer Schwiegertochter Maria Ludovica setzten nicht nur Söhne, sondern auch Töchter mit der Verzweigung die Ausdehnung des Hauses Habsburg-Lothringen fort: Marie Therese wurde Königin von Sachsen, Klementine Königin von Neapel und Sizilien.

Maria Theresias Sohn Ferdinand, Statthalter in Mailand, und ihre Schwiegertochter Maria Beatrix von Este, die Erbin des Herzogtums Modena, begründeten das Haus Habsburg-Lothringen-Este. Deren Sohn Franz wurde Herzog von Modena, Tochter Marie Therese Königin von Sardinien, Tochter Marie Leopoldine Kurfürstin von der Pfalz und Bayern, Tochter Maria Ludovica als dritte Gemahlin ihres Cousins Franz I. Kaiserin von Österreich.

Den Aufstieg der Enkel und Enkelinnen erlebte Maria Theresia nicht mehr, aber ihre Geburt, die sie herbeigesehnt hatte, und ihre ersten Schritte, die sie unaufhörlich mit Ratschlägen an Söhne und Schwiegertöchter begleitete. An die sechshundert Briefe schrieb sie an Ferdinand, über vierhundert an Maria Beatrix. Familienangelegenheiten wie Staatsaffären kamen darin zur Sprache.

»Ich beginne mit dem, was mir im Augenblick am meisten am

Herzen liegt, das ist die Impfung Eurer Tochter, die ich schon seit langem wünsche«, schrieb sie am 26. August 1778 an den Sohn, und das an den Statthalter Ferdinand: »Nach unseren domestica komme ich auf unsere wichtigen Geschäfte«; denn »in den entfernten Provinzen muß man die Regierung stets auf dem laufenden halten und sie nach unserem politischen System leiten«.

Ferdinand sei »ein sehr schwacher Mann, von wenig Verstand und geringem Talent, aber der von sich eine sehr hohe Meinung hat, ein Wirr- und Querkopf«, kritisierte sein Bruder Leopold, der auch von anderen Familienmitgliedern keine gute Meinung hatte. Im Falle Ferdinands schien sie seine Mutter geteilt zu haben, worauf die an ihn gerichteten Vorhaltungen und Ermahnungen schließen ließen.

»Deine Trägheit, Deine Faulheit in den laufenden Geschäften, die gleichwohl unsere Tage und unseren Lebensweg ausfüllen, die Eigenliebe, die Du in hohem Grade besitzt, machen Dich eingebildet«, schrieb sie ihm 1771, im Jahre des Antritts seiner Statthalterschaft, und kündigte ihm weitere Briefe dieser Art an. Einer nach dem anderen ging von Wien nach Mailand. Es sei Zeitverschwendung, sich mit den Leuten vom Theater und ihren Intrigen zu beschäftigen, schrieb sie 1772, und 1773: »Was lest Ihr eben? Die Schmöker allein tun es nicht.« Ein Jahr später mahnte sie, wenn ihre Briefe keinen Eindruck machten, müßte ein von ihr bestellter Aufpasser an Ort und Stelle »Euch aus Gleichgültigkeit und schlechten Angewohnheiten, aus Euren Schwächen und Nachlässigkeiten oder wie Ihr es nennen wollt, aufrütteln und zurechtweisen«.

So ging es weiter und so fort. Ferdinand gebe seinem Hof ein schlechtes Beispiel, da er nicht täglich die Messe höre, klagte 1777 die Mutter. Das komme daher, »daß Du keine Ordnung einhältst, und ohne Ordnung geht alles schlecht«. Dies führe zu negativen Folgen für seine Person wie für das Erzhaus, das er in der Lombardei repräsentiere. Man sage, daß ihr Vertreter zu Fuß, nur von einem jungen Kammerherrn begleitet, durch Mailand laufe, hielt sie ihm 1779 vor. »Was für ein Auftreten für meinen Statthalter!« Er solle den Ton angeben und führe sich so auf! »Bei der Bevölkerung gewinnst Du nichts dadurch, denn die beurteilt uns nach unseren Handlungen. Wenn die Achtung verloren ist, wird sich die Zuneigung nicht mehr lange erhalten.«

Brief auf Brief ging auch an Maria Beatrix, nicht nur, weil sich die Schwiegertochter ihrer wachsenden Zuneigung erfreute, sondern auch und nicht zuletzt, weil sie sich von ihr einen günstigen Einfluß auf ihren Sohn Ferdinand erhoffte.
»Beatrix liebt und liest stets gute Bücher. Nimm sie Dir zum Vorbild«, empfahl sie dem jungen Ehemann, und der um vier Jahre älteren Ehefrau: »Ferdinand hat allen Grund, sich Eurer zu bedienen, um zu glänzen... Meine Liebe, wie glücklich dürfen wir sein, Euch zu den unsrigen zu zählen.« Sie war beglückt, daß ihr die Schwiegertochter zwischen 1773 und 1779 drei Enkelinnen und einen Enkel schenkte, und befriedigt, daß sie ihren Sohn am Bändel hatte. Ferdinand sei ein Pantoffelheld, bemerkte sein Bruder Leopold, seine Frau beherrsche ihn völlig, doch nicht zu seinem Vorteil. Maria Beatrix trage Einbildung zur Schau, führe ärgerliche Reden, sei »sehr stolz und wenig beliebt«.
Das Augenmaß, das Leopold bei seinen Reformen in der Toskana bewies, ging ihm bei Beurteilungen von Familienmitgliedern mitunter ab. Dabei mag Eifersucht mitgespielt haben, gegen die Schwägerin Maria Beatrix, welche von der Schwiegermutter ins Herz geschlossen worden war, wie gegen seine Schwester Maria Christine, die es verstanden hatte, das Schoßkind ihrer Mutter zu werden.
Maria Christine, die talentiert sei, wisse Maria Theresia bei ihren Schwächen zu nehmen, erklärte Leopold. »Immer bedauert sie sie, gibt ihr recht, ist immer bei ihr zu allen Stunden und zu allen Zeiten, immer schreibt sie ihr, und auf diese Weise hat sie sie völlig gewonnen und macht mit ihr, was sie will.«
So bekam Mimi einen Mann ihrer Wahl, Albert von Sachsen-Teschen, nicht ohne vor den Gefahren einer Neigungsehe gewarnt zu werden: »Ich sollte Dich besonders aufmerksam machen, daß Du in der zärtlichen Liebe für Deinen Mann nicht in ein Übermaß gerätst, das ihm zur Last fallen könnte.« Die Mutter schmerzte es, daß diese Ehe kinderlos blieb, und die Monarchin bedauerte es, daß sie ihre begabteste Tochter nicht für ihre europäische Heiratspolitik einspannen, nur in ihrem eigenen Bereich einsetzen konnte. Tochter und Schwiegersohn gingen 1766 als Statthalterpaar für Ungarn nach Preßburg, in Reichweite von Wien und in Rufweite der Mutter.
Ein solches Glück wurde Maria Karolina, die sie anstatt der verstor-

benen Schwester Maria Josepha 1768 als Sechzehnjährige nach Neapel verheiratete, nicht zuteil. Sie würde lieber in Hernals, einem Vorort von Wien, als im vielbesungenen Napoli leben, seufzte die Tochter, der auch ihr Gemahl, Ferdinand IV., dessen Vater als Karl III. den Königsthron in Neapel mit dem in Madrid vertauscht hatte, nicht sonderlich gefiel: »Der König ist sehr häßlich von Angesicht, aber man gewöhnt sich daran.«
Weniger mochte sie sich mit den lümmelhaften Manieren ihres um ein Jahr älteren Gatten abgefunden haben. In der Hochzeitsnacht habe er sich, wie Maria Karolina ihrer Schwägerin Maria Beatrix anvertraute, sehr grob und sehr unanständig benommen. Am Morgen ging er auf die Jagd, die er über alles liebte, und als er nach seiner jungen Frau gefragt wurde, soll er geantwortet haben: »Sie schläft wie eine Tote und schwitzt wie ein Wildschwein.«
»Ich gebe offen zu, daß ich lieber sterben würde, als alles das, was ich durchgemacht habe, noch einmal erleben zu müssen«, schrieb Maria Karolina nach Hause. »Aller Anfang ist schwer«, tröstete sie die Mutter. »Du mußt Dich den Neigungen Deines Gemahls anpassen, und wenn da etwas nicht so ganz in Ordnung sein sollte, mußt Du versuchen, ihn davon abzubringen...«
Sie müsse sich »absolut dem Geschmack der Nation anpassen«, müsse also »eine richtige Neapolitanerin werden«, dürfe »gewisse Sitten und Gewohnheiten nicht lächerlich machen«, schrieb die Mutter. Bald schien sich Maria Karolina zumindest auf das landesübliche Temperament eingestellt zu haben, denn Ferdinand klagte einmal: Sie sei fast zu einer Furie geworden, habe ihn »wie ein Hund« überfallen, »biß mich sogar in die Hand«.
Als Königin dürfe sie sich nur so weit in die Geschäfte einmischen, mahnte die Mutter, »als der König es wünscht und als Du glaubst, ihm nützlicher sein zu können als jemand anderer«. Die Königin befand bald, daß sie dem Königreich dienlicher sein könnte als der im Auftrag des Schwiegervaters, Karls III. von Spanien, regierende Minister Tanucci, und sorgte für dessen Entlassung. Schließlich nahm Maria Karolina dem schwachen Ferdinand das Heft aus der Hand und herrschte im Verein mit dem Minister John Acton über Neapel-Sizilien.
Maria Theresia hätte mit ihrer Tochter zufrieden sein können,

wenn ihr nicht der wesentliche Unterschied zwischen ihr und Maria Karolina bewußt geblieben wäre: Sie selber war, als Monarchin von Gottes Gnaden, zur Herrschaft über die habsburgischen Länder berufen; die Königin von Neapel-Sizilien hingegen war als Gemahlin eines Berufenen dazu bestimmt, ihm in jeder Beziehung zu dienen, und nicht befugt, ihm das Zepter zu entwinden.

Mit ihrer Aktivität als Frau und Mutter war Maria Theresia nicht unzufrieden. Maria Karolina gebar achtzehn Kinder, acht noch zu Lebzeiten der Mutter. »Maria Theresias allerdurchlauchtigste Nachkommenschaft«, wie eine Stammtafel von 1837 betitelt war, bekam weiteren Zuwachs. Francesco, verheiratet mit Klementine, einer Tochter Pietro Leopoldos von Toskana, wurde als Franz I. König beider Sizilien, wie das ererbte Königreich seit 1816 offiziell hieß. Maria Theresia wurde die zweite Gemahlin des späteren Kaisers Franz I. von Österreich und Ludovica die erste Gemahlin des Großherzogs Ferdinand III. von Toskana. Maria Christina heiratete König Karl Felix von Sardinien und Maria Amalia den Herzog Ludwig Philipp I. von Orléans, den späteren Bürgerkönig Louis-Philippe. Maria Antonia ehelichte den Prinzen Ferdinand von Asturien, den späteren König Ferdinand VII. von Spanien.

Die sechs Kinder von Maria Theresias Tochter Maria Amalia, die mit dem Herzog Ferdinand II. von Parma vermählt war, trugen wenig zu ihrem Stammbaum bei. Es war kein Ruhmesblatt, daß es Sohn Ludwig von Napoleons Gnaden zum König des aus dem Großherzogtum Toskana gebildeten Etrurien brachte. Den Glanz des Familienschildes der Habsburg-Lothringer sah Maria Theresia durch die Entwicklung der Verbindung mit Parma getrübt. Maria Amalia war die einzige Tochter, die sich dem Wechselbad von mütterlicher Fürsorge und politischer Bevormundung entzog, sich die ständige Einmischung in ihre Angelegenheiten verbat.

Die Kinder seien geboren, zu gehorchen, woran sie beizeiten gewöhnt werden sollten, hieß es in einer Erziehungsanweisung der Mutter. Maria Amalia setzte zwar schon als kleines Mädchen einen Dickkopf auf, aber die Dreiundzwanzigjährige ließ sich widerspruchslos mit dem um fünf Jahre jüngeren Ferdinand verheiraten, wie es der Mutter durch die Staatsräson geboten erschien.

Maria Theresia nannte sich weiterhin Herzogin zu Parma, zu

Piacenza und Guastalla, die Herzogtümer jedoch, die Habsburg nach dem Polnischen Thronfolgekrieg gewonnen hatte, waren ein Jahrzehnt später, im Österreichischen Erbfolgekrieg, an eine italienische Nebenlinie der spanischen Bourbonen gefallen. Maria Theresia glaubte durch eine Heirat ein Mittel zu bekommen, ihren theoretischen Titeln zumindest indirekt zu praktischer Bedeutung zu verhelfen.

Ferdinand, zum Herrschen geboren, war zum Regieren weder willens noch fähig. Er laufe zu oft zu den Mönchen, bemerkte die Schwiegermutter, und konferiere zu wenig mit seinen Ministern. Es wäre ihr nicht unwillkommen gewesen, wenn ihre Tochter an den Geschäften mitgewirkt hätte, aber wie sie es dann tat, widersprach nicht nur ihrer Auffassung von der Rollenverteilung der Geschlechter, sondern auch und vor allem der österreichischen Staatsräson. »Hochmütig und eigensinnig«, wie die Mutter erkannte, nahm sie das Heft in einer Weise in die Hand, die Untertanen für unangebracht und Parmas bourbonische Protektoren in Madrid und Versailles für unstatthaft hielten. In Wien sah man mit dem Ansehen des Erzhauses die Allianz mit Frankreich und Spanien beeinträchtigt. Maria Theresia schickte Brandbriefe und Botschafter, um der Tochter die »Irrungen«, die ganz Europa »zur Fabel und zum Gelächter« dienten, vorzuhalten, »sie zur Pflicht zurückzuführen« und ihr vorzustellen, »daß wir ihretwegen unsere mit den bourbonischen Höfen nicht auf die bloße Neigung getroffenen engsten, sondern unserem Staatsinteresse so sehr angemessenen Verbindungen keineswegs in die Schanze schlagen werden«. Schließlich sei Maria Amalia zu versichern, instruierte sie den Sondergesandten Graf Rosenberg-Orsini, »daß ich ihre Aufführung nicht allein öffentlich mißbilligen, sondern auch, geschehe was immer wolle, mich ihrer in keiner Gelegenheit annehmen und zur Erhaltung meiner Ehre und Ruhe sie ihrem Schicksal und elenden Ratgebern auf ewig überlassen werde«.

Weder Drohungen noch Zureden fruchteten. Maria Amalia blieb starrköpfig, zeigte sich immer widerspenstiger, wollte nicht hören und mußte fühlen. Die Mutter brach die Beziehungen zur Tochter ab, die sich ihr nicht fügen wollte, und wies auch die Geschwister an, die Verbindungen mit dem ungeratenen Habsburgersproß abzubrechen. Dennoch, versicherte sie einem Vertrauten, bleibe Maria Amalia ihr Kind; sie möchte nicht, »daß man sie zum Äußersten triebe, aber verhindern, daß man sie mir zurückschickt«.

Der Vertraute war Graf Florimund Mercy d'Argenteau, ihr Gesandter in Paris und Aufpasser ihrer Tochter in Versailles, die ihr mehr Kummer bereitete als jene in Parma, weil sie menschlich noch problematischer und politisch weit wichtiger war: Marie-Antoinette, die Gemahlin König Ludwigs XVI. von Frankreich.

Als Maria Theresia 1755 wiederum schwanger war, ging sie mit einem Grafen Dietrichstein eine Wette ein: Sie setzte darauf, daß es eine Tochter, und er, daß es ein Sohn sein würde. Die Monarchin behielt recht, der Verlierer beglich seine Wettschuld mit einer Statuette aus Porzellan: Kniend überreichte er der Gewinnerin ein Blatt mit einem Gedicht: »Wahrhaftig, ich habe verloren, / die erhabene Tochter hat mich zum Zahlen verurteilt, / aber wenn es wahr ist, daß sie Dir gleicht, / dann hat die ganze Welt gewonnen.« Marie-Antoinette glich ihr in keiner Beziehung, machte ihr von allen Töchtern die meisten Sorgen. Das am 2. November 1755 in Wien geborene, auf den Namen Maria Antonia getaufte fünfzehnte Kind war von Anfang an, wie die Mutter bemerkte, ein »Windkopf«.

Schon mit elf war sie »für den Dauphin in Frankreich destinieret«. Dazu erzogen wurde sie nicht. Wie üblich, wurde auf den Religionsunterricht besonderer Wert gelegt; ansonsten wurde ihr nicht viel beigebracht: Lesen, das sie nicht sonderlich schätzte, Rechnen, das sie nie richtig konnte, Klavierspielen, das über Klimpern kaum hinausging, und selbstredend Französisch, das sie mühsam genug erlernte, ohne mit der Sprache viel von dem Geist, der sich mit ihr ausdrückte, aufzunehmen. Am liebsten tanzte sie und spielte heitere Theaterrollen, nicht ahnend, daß ihr eine traurige Hauptrolle im Drama der Französischen Revolution bevorstand.

Abbé Vermond, der sie in Wien für Versailles präparierte, verhehlte nicht, daß die Auserwählte ziemlich träge und zugleich flatterhaft sei, er Mühe habe, ihr die wichtigsten Daten der bourbonischen Hofgeschichte und des französischen Adelskalenders beizubringen. Maria Theresia, die eine eheliche Alliance mit dem künftigen Ludwig XVI. für ein Unterpfand ihrer mit Ludwig XV. eingegangenen politischen Allianz hielt, schaltete sich in die Vorunterweisung ein. Anfang 1770 ließ sie das Bett der vierzehnjährigen Braut in ihr eigenes Schlafzimmer stellen. Vor dem Einschlafen mag die Mutter die Tochter eher in religiösen Pflichten unterwiesen als über eheliche Obliegenheiten aufgeklärt haben.

Den mündlichen Unterricht ergänzte sie durch ein »Règlement«, das sie Marie-Antoinette bei der Abreise nach Frankreich in die Hand drückte und ans Herz legte, mit der Auflage, es alle Monate zu lesen. »Wenn Du am Morgen aufwachst, stehe gleich auf, bete auf den Knien Deine Morgengebete, und lese etwas aus einem geistlichen Buch«, schärfte sie ihr ein. In einem Land, unter dessen Büchern sich »viele im Hinblick auf Religion und gute Sitten verderbliche befinden«, dürfe sie nur die von ihrem Beichtvater empfohlenen sich zu Gemüte führen. »Sei nicht neugierig«, und »schäme Dich nicht, jedermann um Rat zu fragen, und tu nichts nach eigenem Ermessen.«

Privates wurde mit Politischem verknüpft, denn die Mutter beabsichtigte nicht nur aus der Ferne das persönliche Leben der Tochter zu lenken, sondern über sie auch auf die politischen Beziehungen zwischen Österreich und Frankreich in ihrem Sinne und zu ihrem Nutzen einzuwirken. Zu diesem Behuf wurde eine Geheimkorrespondenz – per Kurier – verabredet.

Am 21. April 1770 brach die vierzehneinhalbjährige Braut nach Frankreich auf, versehen mit dem »Règlement« wie einer Mitgift von 200 000 Gulden und begleitet vom Segen der Mutter. In Compiègne erwartete sie der sechzehnjährige Bräutigam, der linkisch auf sie zuging und verlegen grüßte. Bei der Hochzeit am 16. Mai 1770 in Versailles wirkte der Dauphin, der Kronprinz, »schüchterner als seine kleine Frau«, bemerkte eine Augenzeugin. »Während des Gottesdienstes zitterte er am ganzen Körper und errötete bis unter die Haarwurzeln, als er ihr den Ring ansteckte.«

Die blutjunge Frau, ständig von Mercy d'Argenteau beaufsichtigt und beraten, berichtete regelmäßig nach Wien. Die Mutter hörte so manches über den Verlauf langweiliger Alltage und kurzweiliger Festtage. Aber das, was sie am meisten zu wissen begehrte, erfuhr sie nicht: daß die Tochter schwanger sei und damit ihre erste Pflicht als Fürstengattin erfüllte, für Nachwuchs im Hause Bourbon und für einen neuen Zweig am Stammbaum der Habsburg-Lothringer zu sorgen.

Die Voraussetzung dafür, der Vollzug der Ehe, ließ lange auf sich warten. Immer wieder mußte die Tochter der Mutter melden, daß »es weiter nichts zwischen uns gibt«, die »Generalin« – wie sie unter sich die Menstruation bezeichneten – eingetroffen sei, nicht ohne ihre Hoffnung auszudrücken, »daß alles gutgehen wird, wenn diese schreckliche Hemmung beseitigt sein wird«.

Die Hemmung lag weniger in der Schüchternheit und Ungeschicklichkeit des Gatten, wie Tochter und Mutter zunächst meinten, als in einer Phimose, einer Verengung der Vorhaut, wie die Ärzte bald feststellten. Aber erst 1777, sieben Jahre nach der Vermählung, ließ sich der Gatte operieren. Am 30. August 1777 meldete Marie-Antoinette den Vollzug der Ehe. Ihr erstes Kind, Marie-Thérèse-Charlotte, wurde am 19. Dezember 1778 geboren.

Vier Jahre vorher war Marie-Antoinette nach dem Tode Ludwigs XV. als Gemahlin Ludwigs XVI. Königin von Frankreich geworden. »Wir brauchen unbedingt einen Dauphin!« wurde das Ceterum censeo der Briefe Maria Theresias. Doch die Geburt des Kronprinzen am 25. März 1785 erlebte sie nicht mehr, auch nicht, daß trotz ihrer unaufhörlichen Ratschläge, Zurechtweisungen und Warnungen die »Autrichienne« zunehmend an Ansehen bei Hofe und in der Gunst des Volkes verlor.

Sie hatte Marie-Antoinette zwar empfohlen, sich in Frankreich wie eine Französin zu benehmen, hatte damit aber nicht gemeint, daß sie französischen Unsitten nacheifern sollte. Der Mutter in Wien kam Schlimmes zu Ohren; sie klammerte sich an die Hoffnung, durch Mahnrufe das Schlimmste abwenden zu können.

Man sage, ihre Frisur messe von den Haarwurzeln an sechsunddreißig Zoll in die Höhe, schrieb sie der Tochter. »Eine junge hübsche Frau, die so viel Anmut hat, braucht alle diese Torheiten nicht.« Man höre, »daß Sie Armbänder um 250 000 Livre gekauft, zu diesem Zweck Ihre Einkünfte derangiert und Schulden gemacht haben«. In den Zeitungen sei »jetzt nur noch von Pferderennen, Hasardspielen und durchwachten Nächten die Rede«. Nicht zuletzt: »Diese Ausflüge mit dem Grafen von Artois haben mir um so mehr Kummer gemacht, als ich die Konsequenzen voraussehe.«

Auf die Dauer »wird diese Jagd nach dem Vergnügen Ihrer Gesundheit und Ihrem Ruf schaden«. Wenn sie sich treiben lasse, sehe sie großes Unglück für sie voraus. »Eines Tages werden Sie das erkennen, aber dann wird es zu spät sein. Ich wünsche nicht, dieses Unglück zu überleben.« Sie erlebte es nicht. Maria Theresia starb 1780, neun Jahre vor Ausbruch der Französischen Revolution, zwölf Jahre vor dem Ende der bourbonischen Monarchie und dreizehn Jahre vor der Hinrichtung des Ex-Königs und der Ex-Königin.
Nicht nur um die Monarchin, die ihre Tochter war, und nicht allein um die französische, sondern um die Monarchie als solche hatte sich Maria Theresia in ihren letzten Lebensjahren gesorgt. Sie befürchtete, daß durch die Aufführung Marie-Antoinettes mit dem Prestige der französischen Bourbonen auch die »allernatürlichste, die dienlichste und teuerste« Allianz zwischen Österreich und Frankreich und damit auch ihre Partnerschaft mit den spanischen Bourbonen und ihre Position in Italien gefährdet würden.
Der Blick auf eine 1771, anläßlich der Hochzeit ihres Sohnes Ferdinand mit Maria Beatrix von Este erstellte Landkarte vermochte sie aufzurichten, ohne ihre Besorgnis zu beseitigen. In den Ländern ihrer Kinder, Schwiegerkinder und Enkel steckten Markierungen, und es waren viele, die von ihrer mit Heiratspolitik betriebenen Reichspolitik zeugten. Im Geiste sah sie jedoch Markierungen schwanken und, wenn sie schwarzsah, sogar fallen.

EIN SCHULTERSCHLUSS mit Frankreich war seit der von Kaunitz betriebenen und von Maria Theresia gebilligten »Umkehrung der Bündnisse«, dem Umschwenken von England zu Frankreich, das Hauptanliegen der österreichischen Außenpolitik. Indessen hatten sich für sie Sinn und Zweck der Allianz verändert: Sie sollte weniger der Rückgewinnung Schlesiens, die immer unerreichbarer erschien, als der Aufrechterhaltung des Gleichgewichtes der Mächte und damit der Bewahrung des Friedens dienen.
»Solange wir innig verbündet bleiben werden, wird das Glück Europas befestigt sein«, betonte Maria Theresia. »Frankreich kann nie ganz ruhig sein ohne uns und wir nicht ohne Frankreich.«
Die Habsburgerin sah sich weiterhin von Preußen bedroht und Frankreich nach wie vor mit England im Konflikt. Doch die Allianz

zwischen Wien und Paris, das »System«, wie es Maria Theresia bezeichnete, und dem sie mit dem Herzen und aus Interesse, wie sie erklärte, ergeben war, hatte Risse bekommen. In Frankreich wurde der alte Argwohn gegen Österreich durch die von Joseph II. betriebene Hausmachtpolitik wieder geweckt. In Österreich wuchs die Besorgnis, in die Welthändel zwischen Frankreich und England hineingezogen zu werden, die schließlich im amerikanischen Unabhängigkeitskrieg zu einem neuen Waffengang zwischen den Erzrivalen führten.

Österreich bot Vermittlung an, um einer Parteinahme für Frankreich in einem Konflikt, der ihm nicht ins Konzept paßte, zu entgehen und den wichtigsten Partner für Angelegenheiten, die in seinem eigenen Interesse lagen, in Reserve zu halten. Maria Theresia war grundsätzlich am Frieden gelegen, da er, wie sie ihrer Tochter, der Königin von Frankreich, schrieb, »das einzige Glück in dieser Welt auch für die Herrscher ist, die gottesfürchtig sind und ihre Völker lieben«.

Der Gedanke, daß der König von Frankreich mit seinem Engagement für die republikanischen Amerikaner zwar zunächst dem englischen Konkurrenten, aber schließlich der monarchischen Sache schadete, schien ihr nicht gekommen zu sein. Die Amerikanische Revolution, die der Französischen Revolution präludierte, habe eine größere Umwälzung gebracht, »als früher je eine in der Welt gewesen war, es war eine völlige Umkehrung des Prinzipes«, erklärte später der preußische Historiker Ranke dem König von Bayern. »Früher war es der König von Gottes Gnaden, um den sich alles gruppierte, jetzt tauchte die Idee auf, daß die Gewalt von unten aufsteigen müsse.«

Allerorts greife »der Geist des Aufruhrs« um sich, hatte Maria Theresia 1775 an Marie-Antoinette geschrieben. Immer mehr Menschen verlangten nach am Baume der Aufklärung hängenden Früchten, die sie verlockten und die sie verderben würden. Sie dachte dabei weniger an Österreich, in dem sie noch als Warnerin und Aufpasserin da war, als an Frankreich, wo der neue Geist die meisten Anhänger hatte und das Ancien régime am meisten Anstoß erregte. Ihre Tochter, die auf der Hofbühne als Primadonna posierte, doch im Zuschauerraum immer mehr Mißfallen erweckte, war daran nicht unschuldig. Mitschuldig war ihr Schwiegersohn Ludwig XVI., der durch die Unterstützung der Amerikaner Ebbe in seine Kasse brachte, Schleusen für die revolutionäre Flut öffnete, wodurch die Widerstandsfähigkeit der bourbonischen Monarchie wie die Standfestigkeit und Verläßlichkeit des wichtigsten Bündnispartners Österreichs unterspült wurden.

Dabei hätte sie ihn in den siebziger Jahren wieder voll und ganz gebraucht, diesmal nicht – wie in den fünfziger Jahren – zur Führung eines Krieges, sondern zur Erhaltung des Friedens. Maria Theresia sah sich veranlaßt, gegenüber Friedrich II. von Preußen, »unserem bösen Nachbar noch mehr Vorsicht anwenden« zu müssen, »weil sein gewöhnlicher Haß gegen uns noch zugenommen hat«. Er lasse nichts unversucht, um Frankreich ihrem Österreich abspenstig zu machen, was ihm mit Rußland, ihrem langjährigen Verbündeten, bereits gelungen war.

In Sankt Petersburg regierte nicht mehr Elisabeth, mit der sich Maria Theresia arrangiert, doch zugleich von ihr distanziert hatte. »Meiner allerliebsten Frauen Schwöster allergethreyeste Freindin aber mit meinem Willen niemals Nachbarin Maria Theresia«, hatte sie 1756 einen Brief an die Zarin unterschrieben, die sie als Kriegsalliierte gegen Preußen mobilisierte, nicht ohne zu befürchten, daß ihr das auf Westexpansion angelegte Rußland zu nahe rücken, als Rivale in Osteuropa und auf dem Balkan auftreten könnte.

Nach dem Tode Elisabeths war Zar Peter auf propreußischen und antiösterreichischen Kurs gegangen. Katharina, seine Gemahlin, hatte sich zwar ihres Gemahls entledigt, aber als Zarin mehr oder weniger seine Außenpolitik übernommen. Von Rußland seien nun weder »Hilfe oder andere Annehmlichkeiten zu erwarten«, bemerkte Maria Theresia 1763. Katharina II., diese femme fatale, »ist falsch, könnte nicht falscher sein, ist eine ebenso gute Preußin wie Peter III., aber gefährlicher«.

Um diese Gefahr, wenn schon nicht zu bannen, so doch zu begrenzen, wandte sich Maria Theresia wohl oder übel der Türkei zu. Sie war der Erbfeind Österreichs gewesen und derjenige Rußlands geblieben. Den alten türkischen Gegner als Freund gegen den neuen russischen Gegner zu gewinnen, erschien ihr zwar nicht als der Staatsweisheit letzter Schluß. Es blieb ihr aber keine andere Wahl, nachdem der von Joseph II., dem Bewunderer Friedrichs des Großen, geförderte Versuch des Staatskanzlers Kaunitz, Preußen für ein gemeinsames Aufhalten der russischen Expansion zu gewinnen, mißlungen war.

Polen war der Grund, auf dem sich Rußland und Preußen, die sich bereits angenähert hatten, in den sechziger und Anfang der siebziger Jahre noch näher kamen. Beide trieb die Begierde, das zwischen ihnen liegende Polen unter sich aufzuteilen, während Maria Theresia bis auf weiteres auf ihrem 1763 eingenommenen Standpunkt verharrte: Wir wünschen »die Erhaltung der Ruhe und der Verfassung des Königreiches Polen, indem wir ihm die Freiheit lassen, mit Ruhe seine Könige zu wählen«.

Eine solche Wahl stand an, nachdem König August III. von Polen, der Kurfürst Friedrich August II. von Sachsen, 1763 gestorben war. Die Österreicherin war willens, an der Fortsetzung der sächsisch-polnischen Personalunion mitzuwirken, sah sich jedoch wegen außenpolitischer Widrigkeiten dazu nicht in der Lage. Rußland war gestärkt aus dem Siebenjährigen Krieg hervorgegangen und mehr denn je auf Ausbreitung bedacht. Preußen hielt es für besser, sich mit Rußland ins Benehmen zu setzen, als ihm die polnischen Angelegenheiten allein zu überlassen. England, ansonsten an der Aufrechterhaltung der Balance of power auf dem Kontinent interessiert, hatte sich der Neuen Welt zugewandt und Frankreichs Blick dorthin gelenkt.

»Was die polnischen Angelegenheiten betrifft«, schrieb Maria Theresia der Kurfürstin Maria Antonia von Sachsen, »werden Sie, fürchte ich, nicht zufrieden mit uns sein.« Aber was sollte Österreich tun? Rußland und Preußen seien sich einig; sie schlossen einen Vertrag zur »Wahrung ihrer Interessen in Polen«. Die Türkei verhalte sich abwartend, und Frankreich erkläre sich nicht. »Wir erkennen die ganze Gefahr und die Mißhelligkeiten für die Zukunft, sind aber allein nicht imstande, diesem ganzen Komplott vorzubeugen.«

Rußland, von Preußen gedeckt, schuf in Polen vollendete Tatsachen. Katharina II. setzte 1764 mit Waffengewalt die Wahl ihres Günstlings Stanislaus Poniatowski zum König durch. Der russenfreundliche Adel vereinigte sich 1767 in der Konföderation von

Radom, der nationalgesinnte Adel, der sein Polen noch nicht verloren gab, 1768 in der Konföderation von Bar. Ein Bürgerkrieg brach aus, in den die Russen an der Seite der Russophilen und die Türken für die Sache der Patrioten eingriffen. Der Hauptschauplatz der Auseinandersetzung der beiden Mächte lag auf dem Balkan, den Rußland ebenso wie Polen als seine Domäne betrachtete.

Österreich, das dazwischen lag, mußte sich die Russen, die sich stärker als die Türken erwiesen und von zwei Seiten habsburgischen Ländern näher rückten, vom Leibe halten. Wien kam deshalb nicht ungern der Aufforderung des Königs Stanislaus nach, zur Unterbindung von antimonarchischen Unruhen die Zips, die zu Ungarn gehört hatte, aber an Polen verpfändet worden war, 1769 zu besetzen.

Im Gegensatz zu Joseph II. habe sie »eine sehr geringe Meinung von unseren Ansprüchen« in Polen, bemerkte Maria Theresia im Jahr darauf. Aber gebot es nicht die österreichische Staatsräson, das polnische Feld nicht allein Rußland zu überlassen? Aus preußischer Staatsräson war Friedrich II. daran interessiert, Rußland sich nicht auf den Pelz rücken zu lassen und das Fell Polens mit diesem und eventuell auch mit Österreich zu teilen. Katharina II. lockte: Sie sehe es nicht ein, warum nicht alle Welt zugriffe; jedermann müsse etwas haben.

Der Preußenkönig mußte nicht überredet werden, einigte sich mit der Zarin über eine Teilung Polens, gelangte – wie es der preußische Historiker Ranke formulierte – an den »Wendepunkt zweier historischer Perioden«. Im Zweifelsfall war bereits in der alten die Macht dem Recht vorgegangen, in der neuen ersparte es sich der Machiavellist, Gewaltanwendung juristisch zu bemänteln; nur noch »das Recht des Stärkeren« begann zu zählen.

Am 17. Februar 1772 schlossen Rußland und Preußen einen Teilungsvertrag, in dem die Möglichkeit eines Krieges mit einem sich widersetzenden Österreich bedacht war. »Am leichtesten wäre es wohl, einzugehen auf die uns angebotene Teilung Polens«, erklärte Maria Theresia. »Aber mit welchem Rechte kann man einen Unschuldigen berauben, den verteidigen und unterstützen zu wollen wir uns immer gerühmt haben?« Der Hinweis, Österreich dürfe »nicht allein bleiben zwischen den zwei anderen Mächten – Preußen und Rußland –, ohne irgendwelchen Vorteil zu ziehen, scheint mir nicht zu genügen, ja nicht einmal ein ehrenhafter Vorwand zu sein, um sich zwei ungerechten Usurpatoren in der Absicht zuzugesellen, ohne irgendeinen Rechtsanspruch einen Dritten noch mehr zu verderben«.

Diese Denkschrift vom Februar 1772 war an Joseph II. und Kaunitz gerichtet, die für die »Partage« plädierten, Österreich als Dritten im Bunde der Teilungsmächte sehen wollten, um an der Beute zu partizipieren und einen Konflikt mit Rußland und Preußen zu vermeiden. »Aller Partage ist unbillig in seinem Grund und für uns schädlich«, erwiderte sie ihnen am 17. Februar 1772, am Tage des russisch-preußischen Vertragsabschlusses.

Der Einwand der Prinzipienpolitikerin hielt den Einsprüchen ihres Sohnes und Kanzlers wie der Einsicht der Realpolitikerin nicht lange stand. »Da wir es mit einer viel stärkeren Partei zu tun hatten, die schon längst untereinander einig war«, hätte Wien das Anerbieten aus Sankt Petersburg und Berlin, sich an der Aufteilung Polens zu beteiligen, nicht abschlagen können, gestand sie am 2. Juli 1772. Einen Monat später, am 5. August, unterzeichnete Österreich zusammen mit Rußland und Preußen den »Partagetraktat«.

»Die unglückliche Teilung Polens« habe sie zehn Jahre ihres Lebens gekostet, klagte Maria Theresia. »Durch wie lange Zeit habe ich mich dagegen gewehrt! Nur die Schlag auf Schlag sich folgenden Unglücksfälle der Türken, die Aussichtslosigkeit, von Frankreich oder England Beistand zu erhalten, die Wahrscheinlichkeit, allein einen Krieg gegen Rußland und Preußen führen zu müssen, Elend, Hungersnot und verderbliche Krankheiten in meinen Ländern zwangen mich, auf diese unseligen Vorschläge einzugehen, die einen Schatten werfen auf meine ganze Regierung. Gott wolle, daß ich dafür nicht noch in der anderen Welt zur Verantwortung gezogen werde.«

»Sie weinte, doch sie nahm«, bemerkte Friedrich II. Der Preuße bekam 35 000, die Russin 110 000 und die Österreicherin 70 000 Quadratkilometer, ein weiteres Königreich, Galizien und Lodomerien mit der Hauptstadt Lemberg. Als Landbrücke zwischen dem österreichischen Polen und Siebenbürgen gewann sie 1775 die unter türkischer Oberhoheit stehende Bukowina. Dies war der Preis für

den 1774 vermittelten Frieden von Kütschük Kainardsche zwischen Sankt Petersburg und Konstantinopel.
Als Trostpreis erschien er Maria Theresia. Katharina hatte bei der polnischen Teilung den Bärenanteil erhalten und bekam nach dem siegreich geführten und erfolgreich beendeten russisch-türkischen Krieg Asow und einen Teil der Krim sowie freie Hand in den Donaufürstentümern Moldau und Walachei. Rußland, nun endgültig eine formidable Großmacht, war ein gefährlicher Nachbar Österreichs geworden, wurde sein Rivale im Osten, wo es sich mit dem Gewinn aus der polnischen Teilung nicht zufriedengab, und auf dem Balkan, wo es die Türken Schritt um Schritt zurückdrängte und den Österreichern in die Quere kam.
Mit der »Vergrößerung dieser beiden Puissancen«, Rußlands und Preußens, durch die polnische Teilung habe das Unheil seinen Lauf genommen, klagte die Österreicherin. Dem alten Gegner in Potsdam war ein beträchtlicher, der neuen Gegnerin in Sankt Petersburg ein gewaltiger Vorteil verschafft worden. Um mithalten zu können, strich sie einen bedeutenden Landgewinn ein, und um sich persönlich für erlittene Unbill einigermaßen zu entschädigen, ließ sie sich aus den Einkünften Galiziens jährlich 100 000 Gulden zu ihrer Verfügung auszahlen.
Ihr Gewissen war nicht beschwichtigt. Es quälte sie, daß im Widerstreit zwischen Moral und Macht wieder einmal die letztere gewonnen hatte, gewinnen mußte, wenn sie ihre Pflichten gegenüber ihrem Land und ihren Leuten erfüllen wollte. »Ein Fürst besitzt keine andere Berechtigung als jeder Privatmann«, hatte sie zu Beginn ihrer Herrschaft erklärt und damit gemeint, daß die Zehn Gebote nicht nur für das Privatleben, sondern auch für das Staatsleben gültig seien.
Inzwischen war ihr schmerzhaft bewußt geworden, daß Moral und Macht nicht immer und immer weniger zur Deckung zu bringen waren, in einer Zeit, in der Machiavellisten im Kommen waren und Antimachiavellisten den kürzeren zogen. Man müßte, seufzte sie, wie ein Preuße handeln und gleichzeitig den Anschein der Ehrlichkeit bewahren. Handeln mußte sie so, heucheln wollte sie nicht. Ehrlichkeit in der Politik war selbst ihr nicht immer möglich, doch weil sie darauf so großen Wert legte, litt sie zunehmend unter den

faulen Kompromissen, welche die Moralistin mit der Regentin zu schließen hatte.
Maria Theresia ahnte, was aus der »Verletzung von allem, was bisher heilig und gerecht war, hervorgehen wird«. Sie sei zu »fernerer Tragung der Regierungslast« nicht mehr in der Lage, befinde sich »in einem traurigen Zustand, und es ist eine Grausamkeit, mir eine lange Fortsetzung dessen zu wünschen«, klagte die Mittfünfzigerin, durch die Belastung der polnischen Problematik niedergedrückt. Doch sie überstand ein halbes Jahrzehnt später, im bayerischen Erbfolgekonflikt, noch einen weiteren Streit zwischen ihrer moralischen und ihrer politischen Seele.

KAISER des Heiligen Römischen Reiches Deutscher Nation war seit 1765 Joseph II., doch dies war ein ehrwürdiger Titel ohne entsprechende Mittel. Denn in dieser Föderation von Fürsten pochte auch der Kleinste auf seine Eigenständigkeit, und der große Hohenzoller war der Großmachtrivale der Habsburger geworden.
Friedrich dem Großen und nicht seinem Vater Franz I. eiferte Joseph II. nach, nicht allein dem aufgeklärten Absolutisten, sondern auch dem erfolgreichen Machtpolitiker. In Österreich war dem Mitregenten der Mutter, die sich die wichtigsten Entscheidungen vorbehielt, vorerst der Weg versperrt. Auslauf suchte er im Reich, um seinen persönlichen Machtansprüchen zu genügen und um die habsburgische Hausmacht, die ihm bald zufallen würde, zu stärken.
Im Heiligen Römischen Reich Deutscher Nation stieß er auf eine Verfassung, die Versuchen eines Mitgliedes und selbst des Vorsitzenden, nach eigenem Gutdünken zu verfahren, Schranken setzte. Josephs Vorhaben, durch eine Reform des Reichshofrates und des Reichskammergerichtes mit den Reichsinstitutionen die Kaisergewalt zu kräftigen, war zum Scheitern verurteilt.
Maria Theresia wunderte dies nicht. Auch der Gemahlin des vormaligen und Mutter des nunmehrigen Kaisers war an einer Stärkung der habsburgischen Stellung im Reich gelegen. Aber sie wußte aus Erfahrung, daß dies nur durch innere, die europäische Großmachtposition Österreichs untermauernde Reformen und nicht durch eine der Sisyphusarbeit gleichende Veränderung der Reichs-

verfassung und schon gar nicht durch eine territoriale Ausbreitung im Reichsgebiet möglich war.

Das zum Reich gehörende Territorium Österreichs war durch den Raub Schlesiens verringert worden. Die Hoffnung, es zurückzubekommen, mußte sie aufgeben, und mit dem Gedanken, den Verlust durch Annexionen im Reich auszugleichen, mochte sie sich nicht befreunden. Sie bevorzugte traditionelle Mittel zur Festigung der imperialen Position: die Pflege des Verhältnisses zu den geistlichen Reichsständen, die auf Gedeih und Verderb mit dem katholischen Kaisertum verbunden waren.

In der »Germania sacra« brachte sie ihren jüngsten Sohn unter, den 1756 geborenen Maximilian Franz. Eine weltliche Herrschaft war nicht verfügbar, auf dem zunächst für ihn vorgesehenen Statthalterposten in Ungarn saß der Gemahl ihrer Lieblingstochter Maria Christine, und er war nicht gesund genug, um als Militär zu reüssieren. So blieb der geistliche Stand, den die Mutter für einen achtbaren und dem Heil der Dynastie förderlichen hielt.

Zwei ihrer Töchter wurden Äbtissinnen: Maria Anna in Prag und Klagenfurt, Maria Elisabeth in Innsbruck, eher aus Gründen der Unterbringung als der Berufung. Die erste war verwachsen und kränklich, die zweite von den Blattern gezeichnet und wegen ihres Blähhalses von den Tirolern »die kropfete Liesl« genannt. Auch für Maximilian Franz mußte »eine angenehme Versorgung und eine sehr angemessene Stellung« gefunden werden. Dabei galt es das Notwendige mit dem Nützlichen zu verbinden, in einer Position, die der Kirche Ehre machte und dem Erzhaus Vorteile brachte.

Im geistlichen Reichsfürstenstand schien sich das eine mit dem anderen zu decken. Seit Otto dem Großen hatten die Kaiser des Sacrum imperium eine Stütze in der Reichskirche gefunden. Wenn auch im Heiligen Römischen Reich Deutscher Nation die ersten beiden Adjektive seit der Reformation an Bedeutung verloren hatten, so war die »Germania sacra«, vor allem im Westen Deutschlands, noch immer reichsunmittelbares Gebiet.

Erzherzog Maximilian Franz wurde 1780 Hoch- und Deutschmeister, Oberhaupt des Deutschen Ordens, der in Ostpreußen 1526 säkularisiert worden war, doch im Reich noch über 2200 Quadratkilometer zerstreuten Territorialbesitz gebot. Mehr Einfluß versprach sich Maria Theresia von der Wahl ihres Sohnes zum Koadjutor des geistlichen Kurfürsten von Köln und des Fürstbischofs von Münster. Dagegen opponierte Friedrich II., der die geistlichen Fürsten ohnehin für Kreaturen des Wiener Hofes hielt und erst recht nicht in ihren Reihen einen Habsburger sehen wollte. Die Österreicherin hatte wieder einmal Grund zur Klage über den »bösen Nachbarn«, aber auch zur Genugtuung, daß trotz des Widerstandes des Preußen ihr Sohn 1780 zum Koadjutor in Kurköln und Münster gewählt wurde. Die Sorge blieb, daß Friedrich II. danach trachten werde, »es bei anderen Gelegenheiten nicht zu vergessen und die falschesten und gefährlichsten Verdächtigungen auszustreuen«.

An territorialen Vergrößerungen, wie ihr unterstellt wurde, lag ihr nicht, wohl aber an moralischen Eroberungen. Sie erlebte es nicht mehr, daß Maximilian Franz – seit 1784 Kurfürst und geistlicher Landesherr in Köln und Münster und seit 1785 konsekrierter Erzbischof – sich als Reformer auszeichnete, der sich mehr Leopold von Toskana als Joseph II. zum Vorbild nahm, ohne als Kirchenfürst deren Kirchenpolitik zu übernehmen. Er ordnete die Finanzen, reorganisierte das Justizwesen und gründete die erste Bonner Universität.

Indessen hatte es Maria Theresia erleben müssen, daß ihr ältester Sohn, der Kaiser, sich nicht damit begnügte, ein Mehrer des Reiches an ideellen Gütern und friedlichen Gaben zu sein, sondern danach strebte, durch Vergrößerung seiner Hausmacht eine Übermacht im Reiche zu gewinnen.

Bereits gegen die Annexion Galiziens und Lodomeriens hatte Maria Theresia Bedenken erhoben, sie jedoch angesichts der Drohung fallenlassen, daß sich Rußland und Preußen allein auf Kosten Polens und zu Lasten Österreichs vergrößern würden. Immerhin lag Polen außerhalb des römisch-deutschen Reiches, für das die Habsburger seit Jahrhunderten Verantwortung getragen und dessen Verfassung gewährleistet hatten. Um so größer waren ihre Bedenken, als sich Joseph II. mit herkömmlichen Einflußnahmen im Reich nicht begnügte, vielmehr durch eine Einverleibung von Reichsgebieten die kaiserliche Titularmacht zur Führungsmacht erheben wollte.

Deutsche Patrioten, welche die Schwäche der Fürstenföderation beklagten und sich von mehr Eintracht mehr Stärke versprachen, hatten seit dem Siebenjährigen Krieg die Rolle der Einigungsmacht Preußen zugeschrieben. Enttäuscht vom großen Friedrich, der primär an die »nation prussienne« dachte, setzten etliche auf Joseph II. Dazu zählte der in Ostpreußen geborene und in Weimar wirkende Geschichtsphilosoph und Literaturwissenschaftler Johann Gottfried Herder, der an den Habsburger appellierte:

»O Kaiser! du von neunundneunzig Fürsten
Und Städten wie des Meeres Sand
Das Oberhaupt, gib uns, wonach wir dürsten,
Ein deutsches Vaterland...«

Joseph II. dachte an ein größeres Österreich, das im Reich bestimmen, in Deutschland dominieren sollte. Dies rief Reichspatrioten auf den Plan, denen die Grenzen einer von ihnen gewünschten Reichsreform bewußt blieben. Wenn in einem Bund »der führende Bundesgenosse sehr viel mächtiger ist«, würden »die kleinen Bundesgenossen allmählich wie Untertanen behandelt werden«, schrieb der Staatsrechtslehrer Samuel von Pufendorf im Jahre 1667. Eine Renovatio des Imperiums, das dem Partikularismus anheimzufallen drohte, könne nur nach den ihm zugrundeliegenden Gesetzen des Föderalismus erfolgen, und das hieße auch, »daß man nicht so sehr danach trachte, fremden Besitz hinzu zu erwerben, als den eigenen zu erhalten«.
Friedrich II. hatte sich an dieses vom brandenburgischen Hofhistoriographen Pufendorf formulierte Reichsgesetz nicht gehalten. Joseph II. ging in seiner Bewunderung für Friedrich den Großen nicht so weit, daß er sich, wie der Hohenzoller, rücksichtslos und gewaltsam ein Territorium, das einem anderen Reichsfürsten gehörte, anzueignen gedachte. Der Habsburger versuchte gewissermaßen auf dem Rechtswege eine der österreichischen Staatsräson wie der habsburgischen Reichsräson entsprechende Vergrößerung seines Landes und Verstärkung seiner Macht durchzusetzen.
Dazu kam ihm der bayerische Erbfolgefall wie gerufen. Am 30. September 1777 erlosch mit dem Tode des kinderlosen Kurfürsten Maximilian III. Joseph die bayerische Linie Wittelsbach. Erbe war der einem anderen Zweig der Dynastie entsprossene Kurfürst von

der Pfalz, Karl Theodor, dem nun mit dem Kurfürstentum Bayern eine zweite Kurwürde zufiel. Der doppelte Elector verspürte wenig Lust, seinen gesegneten rheinischen Landen das rauhe Altbayern anzufügen und aus Mannheim, wo er das großartige Schloß vollendet und ein deutsches Nationaltheater errichtet hatte, in das noch provinziell anmutende München umzuziehen.

Am liebsten hätte Karl Theodor das geerbte Bayern gegen die österreichischen Niederlande eingetauscht, ein rheinisches Reich gegründet. Joseph II. wäre dies nicht unwillkommen gewesen, denn im Unterschied zum weit entfernten heutigen Belgien, das von Wien aus schwer im Griff zu halten war, hätte eine Eingliederung bayerischer Territorien Österreichs Staatsgebiet abgerundet und seine Position in Deutschland verstärkt.

Die Lösung, auf die man sich zunächst verständigte, beließ Joseph II. die Niederlande und gestand ihm Teile Bayerns zu, auf die er Erbansprüche erhob oder die er als erledigte Lehen einzuziehen gedachte. Eine entsprechende Konvention wurde am 3. Januar 1778 in Wien unterzeichnet. Der Kaiser sagte als Gegenleistung dem Kurfürsten zu, seinen Plan, ein erbliches Reichsfürstentum für seine natürlichen Söhne zu errichten, zu unterstützen. Nach der Ratifizierung der Konvention wurden die zugestandenen Gebiete in Niederbayern und der Oberpfalz durch österreichische Truppen besetzt.

In Bayern, das 1740, nach dem Ableben Karls VI., Erbansprüche auf Österreich und Böhmen gestellt hatte, erhob sich patriotischer Widerspruch. In Preußen, das beim Regierungsantritt Maria Theresias das österreichische Schlesien – ohne vorhergegangenen Vertrag – okkupiert hatte, erinnerte sich Friedrich II. an Pufendorf. Der Hohenzoller pochte auf das Reichsgrundgesetz, das ihn ansonsten nicht scherte, berief sich auf den von ihm veranlaßten Protest des Erben des nicht mit legitimen Kindern gesegneten Kurfürsten Karl Theodor, Herzog Karl von Pfalz-Zweibrücken, beim Reichstag, stellte sich in Deutschland als Wächter der Reichsverfassung und in Europa als Hüter des vom Habsburger in Frage gestellten Gleichgewichtes in Positur.

Maria Theresia hatte die Zuspitzung der bayerischen Erbfolgefrage mit zunehmender Besorgnis verfolgt. Von Hause aus wäre ihr eine Kompensation für Schlesien in einem angrenzenden Gebiet mit einer stammverwandten Bevölkerung nicht unwillkommen gewesen. Aber sie scheute vor Komplikationen oder gar einem Konflikt zurück: aus Gründen der Moral und des Rechts wie auch der österreichischen Staatsräson, die sie anders als ihr Sohn und ihr Staatskanzler zu interpretieren begann.

Drei Tage nach dem Tode des Kurfürsten von Bayern bedeutete sie Joseph II.: Selbst wenn die auf das 15. Jahrhundert zurückgehenden Erbansprüche begründeter wären, müßte man zögern, wegen eines kleinen Vorteils einen großen Brand zu entfachen.

Wenn Österreich auf einer Einforderung bestehe, würde ein daraus entstehender Streit dem Erzhaus mehr schaden als nützen. Die Finanzen würden erneut strapaziert, die Untertanen belastet, das Heer vermehrt werden, und mit dem Volksglück stünde der Staatenfriede auf dem Spiel. Könnte sich der Preußenkönig in einem weiteren Krieg nicht wiederum als der Stärkere erweisen? Würde Habsburg durch ein, wenn auch nicht gegen den Buchstaben, so doch gegen den Geist der Reichsverfassung verstoßendes Vorgehen seine Reichsposition nicht eher schwächen als stärken? Liefe Österreich durch eine Infragestellung des europäischen Friedens nicht Gefahr, einen Gegner wie Rußland, aber auch einen Freund wie Frankreich gegen sich aufzubringen?

Maria Theresia stellte berechtigte Fragen, ohne auf eine eindeutige Beantwortung zu drängen. Mehr noch: Sie genehmigte die Konvention vom 3. Januar 1778, halb hingezogen von einem nach Ruhm und Größe greifenden Joseph II., halb hingesunken von der Verlockung einer Machtvermehrung, welche die Monarchin nicht von vornerein ausschließen wollte.

Die Skrupel wurde sie nicht los, und die Erkenntnis wuchs, daß Österreich in diesem Spiel die schlechteren Karten hatte. Die Hoffnung blieb, daß die Streitfrage schiedlich und friedlich gelöst werden könnte. Wien schlug einen Kompromiß vor: Österreich würde von der ihm Annexionen in Niederbayern und der Oberpfalz erlaubenden Konvention mit Kurfürst Karl Theodor zurücktreten, wenn Preußen seine Erbansprüche auf die Markgrafschaften Ansbach und Bayreuth aufgebe. Der Hohenzoller, der sich seiner stärkeren Position bewußt war, lehnte ab und ließ Truppen gegen das im Reich wie in Europa isolierte Österreich aufmarschieren.

Diesmal trat Sachsen an die Seite Preußens und Frankreich nicht an die Seite Österreichs. Maria Theresia beklagte die Undankbarkeit des Hofes in Dresden, für den sie so viel getan hatte, auf den sie sich verlassen zu können glaubte. Die Monarchin, die auf Frankreich gesetzt hatte und immer noch baute, beschwor – über ihren Gesandten in Paris und ihre Tochter in Versailles – den König von Frankreich, seinen Bündnispartner in der Auseinandersetzung mit dem König von Preußen – der, zum Unglück Deutschlands und Europas, »nur nach eigenem Ermessen, ohne Grundsätze, aber mit Gewalt handelt« –, nicht im Stich zu lassen.

Sie hielt dies für um so vordringlicher und tat dies um so eindringlicher, als sie sich nicht verhehlte, daß Josephs ehrgeizige Politik nicht nur bei ihr, sondern auch bei ihrem Hauptalliierten auf beträchtliche Bedenken stieß, die Friedrich II. auszunützen suchte. »Sie wissen, wie ungern ich mich in die bayerischen Angelegenheiten einlasse, die meiner Denkweise so vollkommen entgegen sind«, instruierte sie ihren Gesandten Mercy d'Argenteau in Paris und empfahl ihm, seinen ganzen Eifer und all seine Geschicklichkeit anzuwenden, »um das Bündnis mit Frankreich zu erhalten, das durch die hinterlistigen Insinuationen des Königs von Preußen sowie durch unser eigenes Vorgehen in den bayerischen Angelegenheiten schon erschüttert ist. Der Umsturz dieses Bündnisses würde das Maß des Unglücks meiner ganzen Laufbahn voll machen.«

Eine Entschärfung des Konfliktes und Vermeidung eines Krieges lägen im Interesse der beiden Dynastien, ihrer Staaten und ganz Europas, sei nicht zuletzt ihr persönliches Anliegen, schrieb sie Marie-Antoinette. »Stelle Dir meinen besonderen Kummer vor«, wenn Joseph und Maximilian Franz, die Söhne, und Albert, der Schwiegersohn, in den Krieg ziehen müßten. »Schon der Gedanke daran bringt mich fast um; ich kann ihn aber nicht verscheuchen, und wenn ich dabei nicht sterbe, wären meine Tage schlimmer als der Tod.«

Das persönliche Lamento war, wie so oft, ein Mittel zum politischen Zweck. Dies galt auch für ihre Vorstellungen beim Urheber der Kalamität, Joseph II., mit denen sie ihn von seinem bayerischen Vorhaben abzubringen suchte.

»Die Unannehmlichkeiten und Gefahren, die von dem Augenblick an, wo wir den Marsch nach Bayern angetreten haben, vorauszusehen waren, treffen nur zu genau ein«, schrieb sie ihm am 14. März 1778. »Es handelt sich um nichts Geringeres als um den Verlust unseres Hauses und Reiches und sogar um einen gänzlichen Umsturz in Europa. Kein Opfer ist zu groß, um dieses Unheil noch rechtzeitig zu verhüten. Ich werde mich gern zu allem hergeben, selbst zur Herabwürdigung meines Namens. Möge man mich doch für unzurechnungsfähig, schwach oder feige halten, nichts soll mich hindern, Europa dieser gefährlichen Lage zu entreißen.«

Sie jammerte um so mehr, als sie es bereute, die Annexionskonvention gebilligt zu haben, und erkannte, daß Österreich allein auf weiter Flur dem militärisch überlegenen Preußen gegenüberstand. Wenn der Sohn ihre Warnungen überhöre und der Krieg ausbreche, könne er mit der Mutter nicht mehr rechnen. »Ich werde mich nach Tirol zurückziehen, dort meine Tage in der größten Zurückgezogenheit beschließen.«

Sie habe übertrieben, fanden Joseph und Kaunitz. Selbst wenn sie ihre Befürchtungen geteilt hätten, wäre es kaum mehr möglich gewesen, den von ihnen in Bewegung gesetzten Felsen aufzuhalten, durch den Maria Theresia, die ihnen nicht rechtzeitig in den Arm gefallen war, schon ihre Monarchie beschädigt, wenn nicht gar zerschmettert sah. Das Gesetz des Handelns lag nun bei Friedrich II., der seine Entschlossenheit bekundete, »ein für allemal den österreichischen Ehrgeiz zurückzudrängen«.

Im April 1778 begab sich Joseph nach Böhmen zur Armee, die den in Sachsen und Schlesien aufmarschierten Preußen gegenüberstand. »Ich gestehe, ich würde einen erträglichen Frieden einem sogar ruhmvollen Krieg vorziehen«, gestand Maria Theresia ihrem Sohn Ferdinand und bekniete ihren Sohn Joseph, er sollte nichts unversucht lassen, um einen Waffengang zu vermeiden. Denn: »Was für ein abscheuliches Geschäft ist doch der Krieg; er ist gegen die Menschlichkeit und gegen das Glück!« Deshalb solle er sein »eigenes Interesse der öffentlichen Ruhe zuliebe« opfern, niemals ihre aus Erfahrung gewonnene Erkenntnis vergessen: »Besser ein mittelmäßiger Friede, als ein glorreicher Krieg.«

Den Kampf begann, nicht zum erstenmal, Friedrich II. Auch wenn sie dies kommen sah, hatte sie doch Angst davor, jeden Augenblick

von der Hiobsbotschaft überrascht zu werden.«Jede Tür, die der Wind zuschlägt, jeder Wagen, der ein bißchen schneller fährt«, lasse sie zittern, gestand sie am 2. Juli 1778. Nachdem sie die Nachricht erhalten hatte, daß der Preußenkönig am 5. Juli 1778 in Böhmen eingefallen war, wie die drei Schlesischen Kriege so auch den Bayerischen Erbfolgekrieg eröffnet hatte, wehklagte sie: »Nun haben wir also den Krieg, den ich schon seit Januar befürchtete, und was für einen Krieg! – einen, bei dem nichts zu gewinnen und alles zu verlieren ist... Ich muß gestehen, mein ganzer Mut ist verbraucht; in Gott allein setze ich noch meine Hoffnung.«
Die Preußen marschierten, sie schossen jedoch nicht so schnell, wie sie gedacht hatte. Sie kamen nur langsam voran, scheuten vor Angriffen auf die Stellungen der Österreicher zurück, verfügten nicht über jene Wunderwaffen, »mörderische Geschütze«, die – wie Maria Theresia befürchtet hatte – geeignet seien, »das menschliche Geschlecht und seine Werke aus weiten Entfernungen zu zerstören«.
Da die Heere beider Seiten keine Entscheidung auf dem Schlachtfeld suchten, sondern die einen den anderen die spärlich vorhandenen Nahrungsmittel auf den Feldern wegzunehmen suchten, wurde der Bayerische Erbfolgekrieg von Österreichern »Zwetschkenrummel« und von Preußen »Kartoffelkrieg« genannt.
Maria Theresia wäre mit dieser verharmlosenden Bezeichnung nicht einverstanden gewesen. Sie beklagte die sich zwar in Grenzen haltenden, aber ihr noch viel zu hoch erscheinenden Verluste der Truppen, die mehr durch Krankheiten als durch Kampfhandlungen verursacht wurden, und bedauerte die Ausplünderung der böhmischen Zivilisten, ihrer Untertanen, durch die Barbarei der feindlichen »Unmenschen« wie der eigenen Soldateska. »Man erzählt hier«, schrieb sie ihrem Oberbefehlshaber Joseph II., »daß die Kroaten solche Ausschweifungen begehen, daß Du deren vier auf einmal aufhängen lassen mußtest.«
Kaum hatte der Krieg begonnen, suchte sie ihn zu beenden. Bereits am 12. Juli 1778 entsandte die Monarchin – ohne vorherige Abstimmung mit ihrem Mitregenten, aber mit Zustimmung ihres Staatskanzlers – den Diplomaten Franz von Thugut als Friedensunterhändler zum Preußenkönig. »Meine Wünsche gehen dahin, die bis

zu dieser Stunde durch Seine Majestät den Kaiser geführte Verhandlung, die zu meinem größten Bedauern abgebrochen worden ist, wieder anzuknüpfen und zum Ende zu führen«, hieß es in dem Brief, den sie Thugut samt einem Vorschlag mitgab: Österreich sei bereit, zwar nicht auf die ganze, doch auf einen Teil der bayerischen Neuerwerbung zu verzichten. In einer Nachschrift versicherte »Euerer Majestät gute Schwester und Cousine« dem »Herrn Bruder und Vetter«, daß sie erst im nachhinein ihren Sohn, den Kaiser, von ihrer Demarche unterrichten werde, »ohne in Einzelheiten zu gehen, um dadurch vielleicht übereilte Schritte zu verhindern«.

Der Hohenzoller hatte Fortune mit den Habsburgern, die getrennt marschierten und vereint zu schlagen waren. Maria Theresia, die weder zum Militär noch zum Diplomaten Joseph II. Zutrauen hatte, wandte sich wegen Schadensbegrenzung um den Preis eines Gesichtsverlustes an den gemeinsamen Gegner.

»Das ist die entehrendste Demarche, die man ersinnen könnte«, tobte der Sohn, nachdem der Mutter nichts anderes übriggeblieben war, als ihn davon zu verständigen. »Ich hätte mich sogar selbst dem König zu Füßen geworfen, wenn ich dadurch hätte Frieden erlangen können«, gestand Maria Theresia und bestand darauf: »Ich muß die Dinge so erledigen, daß sie zum Ziel führen und nicht schaden.« Ergo: »Man muß den Kopf beugen und jedenfalls die Trümmer retten und die Untertanen, die uns geblieben sind, glücklicher machen.«

Wenn er damit beginne, »Ruhe, Frieden und Glück denen zurückzugeben, die es wohl verdienen«, werde er sich »mehr Ruhm erwerben als durch alle Titel eines Eroberers«, redete sie Joseph zu, nahm sich vor, ihn »in Ehren aus der Affäre zu ziehen«, und versprach ihm, alle Folgen ihres Friedensschrittes auf sich zu nehmen. Denn: »Ich werde, selbst erniedrigt, mit Freuden in die Grube fahren, wenn ich nur Dich und den Rest unserer Länder errette, wenn ich auf Dein Herz zählen kann, daß Du mich beklagst und nicht hassen wirst.«

Der Kaiser fühlte sich unter Kuratel gestellt. Joseph II. konnte es nicht verwinden, daß Maria Theresia hinter seinem Rücken mit dem König von Preußen in Verbindung getreten war und schließlich die Führung der Friedensverhandlungen übernahm. Je mehr ihn die Entwicklung zur Einsicht zwang, daß die Monarchin nicht nur zum

Nutzen Österreichs, sondern auch zu seinem eigenen Besten gehandelt hatte, um so eigensinniger beharrte er auf seinen Einwänden. Die Mutter war darüber so erbost, daß sie am 1. August 1778 in einem Zusatz zu ihrem Testament sich das Erscheinen ihrer Familie bei ihrem Begräbnis verbat.

Sie sei »untröstlich und kummervoll an Seele und Leib«, klagte die Einundsechzigjährige einer Vertrauten. »Ich kann nichts mehr sagen als: Dein Wille geschehe!« Sie meinte damit ihren Herrgott, aber sie dachte auch an den Hohenzoller, ohne dessen Einlenken kein Entkommen aus der von den Habsburgern – direkt von ihrem Sohn, indirekt von ihr selber – betretenen Sackgasse möglich schien.

Friedrich II. nahm sich Zeit, ließ sie gegen Mauern angehen, und er hätte dem noch länger zugesehen, wenn ihn nicht widrige Umstände zum Nachgeben veranlaßt hätten: Der Einbruch des Winters zwang ihn zum Rückzug aus Böhmen, in dem weder Zwetschken noch Kartoffeln aufzutreiben waren, und die diplomatische Einmischung der um das europäische Gleichgewicht besorgten Großmächte Rußland und Frankreich ließ es ihm ratsam erscheinen, nicht aufs Ganze zu gehen.

Durch deren Vermittlung kam endlich am 13. Mai 1779 – an ihrem 62. Geburtstag – der Frieden von Teschen zustande. Der Hauptpreis ging an Friedrich II.: Österreich mußte sich aus dem Großteil der besetzten bayerischen Gebiete zurückziehen und Preußen die Erbfolge der Hohenzollern in den Markgrafschaften Ansbach und Bayreuth zugestehen. Als Trostpreis bekam Österreich das bayerische Innviertel mit Braunau, 2000 Quadratkilometer mit 60 000 Einwohnern.

»Es ist ein winziger Gegenstand, wenn man daran denkt, was vielleicht hätte gelingen können«, haderte Joseph mit der Mutter. Diese hielt den Friedensvertrag nicht für »das gloriöseste« Werk ihrer Außenpolitik, dennoch für »das penibelste und nützlichste« für die Monarchie und für sich selbst.

Am Pfingstsonntag, dem 23. Mai 1779, ließ sie in der Wiener Stephanskirche den Dankgottesdienst feiern. Danach schrieb sie Kaunitz, der von einem josephinischen Saulus zu einem theresianischen Paulus geworden war, den Friedenstraktat zu ihrer Zufrie-

denheit ausgearbeitet hatte: Mit dem Tedeum habe sie ihre Karriere geendigt; »das übrige wird nicht mehr in villen bestehen«.
Die Wiederherstellung des Friedens war die letzte politische Tat im Leben der Monarchin. Nun ging sie daran, die ihr verbleibende Zeit zur Vorbereitung auf den Tod zu nützen, der für sie den Übergang in das ewige Leben bedeutete.

DIE ZEIT sei das einzige wirklich kostbare Gut, »denn sie ist unwiederbringlich«, erkannte Maria Theresia, die ihre Jahre so rasch dahingehen sah, wie ihr die Perlen des Rosenkranzes durch die Finger glitten.
Wenn die Sechzigerin in den Spiegel schaute, merkte sie, wie schnell sie alterte. Im Gesicht, das durch Blatternarben und die Schrammen eines Wagenunfalles gezeichnet war, vertieften sich die Sorgenfalten. Ohne Glas konnte sie Personen, selbst wenige Schritte vor ihr, nicht mehr unterscheiden. Ihre Korpulenz – »obwohl ich fast kein Fleisch und keine Suppe mehr esse, nur noch Obst und Gemüse« – machte sie immer unbeweglicher. Die Beine, obwohl durch Gamaschen gestützt, versagten zunehmend den Dienst.
Maria Theresia fürchtete, an Wassersucht so wie ihre Mutter Elisabeth Christine leiden zu müssen, bei der das von den Beinen rinnende Wasser mit Decken aufgefangen wurde. Ihr Blutdruck war zu hoch. Sie hatte es auf der Lunge. Ärzte diagnostizierten pulmonäre Kongestionen und ein Emphysem, krankhafte Ansammlung von Luft im Gewebe.
Mit einer letzten Kraftanstrengung hatte sie den von Joseph II. im bayerischen Erbfolgekonflikt verfahrenen Karren wieder auf die von österreichischer Staatsräson vorgezeichnete Bahn gebracht. Erschöpft hielt sie inne, blickte auf ihre Lebensleistung zurück, die sich sehen lassen konnte, auch wenn sie selber und erst recht andere nicht ganz zufrieden waren.
Sie hatte das ihr von halb Europa streitig gemachte Erbe im großen und ganzen bewahrt, ihr Schlesien freilich nicht zurückgewonnen, doch die polnischen Gebiete, die sie nicht haben wollte, und das Innviertel, das ihr nicht unwillkommen war, dazubekommen. Eineinhalb Jahrzehnte ihrer vierzigjährigen Regierungszeit hatte sie Kriege führen müssen: den Österreichischen Erbfolgekrieg, der ihr

aufgezwungen worden war, den Siebenjährigen Krieg, den sie ins Auge gefaßt, aber nicht vom Zaun gebrochen hatte, und den von ihrem Mitregenten provozierten Bayerischen Erbfolgekrieg.
Ihr Staatsschiff hatte sie durch die kriegerischen Stürme und vorbei an außenpolitischen Klippen gesteuert. Sie hatte dabei viele Männer und beträchtliche Mittel verloren, war aber nicht von ihrem Kurs abgewichen. In ganz Europa, selbst in Preußen, genoß sie persönliches Ansehen und ihre Monarchie das Prestige einer Großmacht. Im Kielwasser sah sie die Schiffe ihrer Söhne schwimmen, das römisch-deutsche Josephs, das toskanische Leopolds, das modenesische Ferdinands und das kurkölnische von Maximilian Franz, und sie hoffte, daß auch jene, auf denen sie ihre Töchter als Gemahlinnen der Monarchen wußte, dieselbe Richtung einhielten, Frankreich, Neapel und Parma.
Sieben ihrer Kinder saßen auf sieben Thronen, die indessen nach dem Beben der Amerikanischen Revolution und im Vorbeben der Französischen Revolution zu wanken begannen. Maria Theresia wußte das, was in Amerika vorgefallen war und in Frankreich sich anbahnte, nicht genau einzuschätzen. Aber sie fühlte, daß Gefahr im Verzug war. »Einer nach dem anderen werden wir gestürzt werden, wenn wir nicht durch unsere Festigkeit dem totalen Umsturz vorbeugen«, schrieb sie 1778 an Marie-Antoinette, die ein prominentes Opfer der großen Umwälzung werden sollte.
Noch galt in Europa mit dem monarchischen Prinzip die Praxis des Gleichgewichts der Mächte, im römisch-deutschen Reich die Idee des Universalismus und in Österreich die Realität der Übernationalität. Doch jene wurde angezweifelt, und diese begann abzubröckeln. Während die ungarische Adelsnation eher nach rückwärts blickte, begann sich in Italien, in den Niederlanden und in Böhmen der neue Nationalismus anzukündigen. Er pochte nicht nur auf historische, kulturelle und ethnische Eigenständigkeit, sondern verlangte zunehmend gesellschaftliche und politische Emanzipation.
Früher oder später mußte der sich reckende und streckende Nationalismus an den Grundpfeilern der habsburgischen Monarchie zu rütteln beginnen: am feudalen und monarchischen System wie an der Theorie einer Übernationalität, die in der Praxis von einer Nation, der deutschen, dominiert wurde. Denn die Monarchin

fühlte sich als Deutsche und beließ – auch wenn Beamtenschaft und Offizierskorps multinational zusammengesetzt waren – dem deutschen Element einen Vorrang.

Die wichtigsten Helfer ihrer Staatsreform, von Haugwitz bis Kaunitz, waren deutsche Österreicher gewesen. Ein von der Dynastie und der Bürokratie geschaffener und beherrschter Staat war entstanden, in dem ein Zentralismus den Partikularismus niederhielt, aber auch eine dem Wesen des Vielvölkerreiches entsprechende Föderalisierung und eine zunehmend geforderte Liberalisierung und angestrebte Demokratisierung aufhielt.

Die Modernisierung fand ihre Grenzen an dem zu Beginn der Reformen gefaßten Vorsatz Maria Theresias, »in einer so wichtigen die Wohlfahrt der Monarchie betreffenden Angelegenheit nicht zu übereilen, vielmehr alles in seiner behörigen Maß und Ordnung zu traktieren«, wie an ihrer mit dem Alter zunehmenden Neigung, im Zweifelsfall das Konservative mehr als das Progressive zu betonen.

Einem Anschluß an die Moderne standen auch Gegebenheiten in ihren Ländern und Völkern entgegen, die nicht von heute auf morgen aus der habsburgischen Welt zu schaffen waren, selbst wenn dies energischer und konsequenter versucht worden wäre. Die Agrarwirtschaft blieb ausschlaggebend, die Industrialisierung kam – trotz vieler Bemühungen – nur langsam voran, die Bauern blieben – trotz mancher Verbesserungen – am Boden, die Adeligen im Sattel und die Bürger im Hintertreffen.

Da Bauern die Masse und Bürger eine nicht unbedeutende Minderheit ausmachten, konnte die Landesmutter kaum damit rechnen, in ihrem ganzen Reich die Vielgeliebte zu werden, die sie bei Hofe, in Kreisen des Adels und der Geistlichkeit sowie in ihrer Haupt- und Residenzstadt Wien geworden war.

Popularität war ihr zwar erwünscht, aber nicht das Wichtigste. Von Anbeginn ihrer Regierung litt sie unter dem »vielen Undank«, den ihr Untertanen aller Schichten für die »zu ihrer allgemeinen Wohlfahrt Tag und Nacht mir gegebenen Bemühung« entgegenbrachten. Doch sie ließ sich »durch das nur allzu wohl mir bekannt geweste Geschrei nicht irre noch abwendig machen, dasjenige auszuführen, so mit Gottes Beistand unternommen hatte«, nachdem sie »von dessen Billig- und Unentbehrlichkeit überzeuget« gewesen war.

Man sei nur glücklich »in dem Maße, wie man seine Pflicht tut, wie man seinen Beruf ausfüllt und Herr seiner Leidenschaften und selbst seiner Neigung ist«, stellte sie gegen Ende ihrer Regierung fest. Sie hatte es erfahren und erlitten: ihr Beruf, das Regieren, »ist ein furchtbar verantwortliches Amt, und für einen Augenblick der Befriedigung hat man hundert sorgenvolle«.
Bis zuletzt, auch wenn die Momente einer Genugtuung immer seltener wurden, gedachte sie ihre Pflicht zu tun. »Ich genüge nicht mehr für die Arbeit«, hatte sie 1770 bemerkt und 1778 betont: »Mit meiner Tatkraft ist es vorbei.« Sie brauche jetzt zum Arbeiten die doppelte Zeit, als sie früher zur Erledigung ihres Pensums nötig gehabt hatte, seufzte sie. »Mein Stil und meine Buchstaben sind nicht von den Besten, denn meine Arme und Augen lassen mitunter alles schief und krumm werden.« Da konnte es schon vorkommen, daß sie Tintenkleckse machte und einmal Kaffee über eine Akte des Hofkriegsrates verschüttete. »Ich schäme mich«, bemerkte sie am Rande, »eine Kanne Kaffee darübergeworfen zu haben.«
Arbeiten und Beten war und blieb das Lebensgebot Maria Theresias. Je älter sie wurde, desto bewußter wurde ihr, daß sie beides tun müsse, um sich um das irdische Reich verdient zu machen und sich das himmlische Reich zu verdienen.
Sie zittere bei dem Gedanken »an die schreckliche Rechenschaft, die ich dereinst werde ablegen müssen«, gestand sie, erforschte ihr Gewissen und zeigte Reue: »In religions, geistlich, justizsachen, Kinderzucht, standsobligationen weiß ich mich nicht besonders schuldig. ich klag mich aber an aller unwissenden fremden vergessenen sünden und all meiner gebrechen, erkenne mich vor Gott schuldig aller in mein leben begangenen krieg aus hoffart, neid, zorn, trägheit, weichlichkeit, wider den Nächsten in Reden, in wenig charitat.«
Das schrieb sie auf einen Zettel und legte ihn in ihr Gebetbuch. In ihrem Gesangbuch standen deutsche Kirchenlieder wie »Der Heiland ist erstanden«, die den Glauben an den Erlöser und die Hoffnung auf Erlösung zum Ausdruck brachten.
Sie dachte an den Tod, und sie erwartete ihn. Allerseelen sei ein großer Tag der Andacht, »für mich noch mehr wie für die anderen, da ich so alt bin«, schrieb sie 1778. Sie habe den Gatten, die

Schwester, einige Kinder und viele Freunde verloren und gestehe, »es ist schwer, sich nach jeder Richtung hin so vereinsamt zu sehen«. Am meisten vermißte sie ihren Mann. Oft besuchte sie den Vorausgegangenen in der Kapuzinergruft, in die sie, da sie das Treppensteigen kaum mehr vermochte, in einem Tragsessel hinabgelassen wurde. Als sie – am 2. November 1780 – wieder hinaufgezogen werden sollte, versagte der Mechanismus. »Ach«, sagte sie, »die Gruft will mich gar nicht wieder herausgeben.«

Es sei kein Glück, lange zu leben, denn man habe keine Freude mehr, merkte sie und genoß als eine letzte den Park von Schönbrunn. Sie blickte auf einen geordneten Kosmos, eine heile Welt. Sie liebte es, in den blauen Himmel zu gucken, auf die Krone am Schloßfirst zu schauen, die im Herbstlicht noch einmal aufleuchtete. Sie wurde gewahr, daß die Sonne, die in dieser Zeit des Jahres und ihres Lebens tiefer stand, längere Schatten warf. Sie sah, wie der Herbstwind sattfarbene und halbverdorrte Blätter forttrieb, und mitunter mochte ihr das Schloß wie ein goldenes Blatt erschienen sein, das demnächst vom Wind der Geschichte verweht sein würde.

Am 8. November 1780 wurde in Schönbrunn zu einer Fasanenjagd geblasen. Die Dreiundsechzigjährige wollte unbedingt dabeisein, dem Waidvergnügen zuschauen und den Teilnehmern die Artemis-Statue zeigen, die eben im Park aufgestellt worden war. Im offenen Wagen wurde sie von einem Regenschauer überrascht. Sie verkühlte sich, nahm es jedoch nicht weiter ernst, wollte jedenfalls ihre Angehörigen nicht erschrecken. »Ich richte mich ganz nach der Mode, denn ich habe mir eine Erkältung zugezogen, wie sie meine Töchter und alle Leute jetzt haben«, schrieb sie am 20. November 1780 ihrer Schwiegertochter Maria Beatrix. »Glauben Sie nur nicht, daß ich krank bin. Ich behalte meine gewohnte Lebensweise bei, bin nur unpäßlich, nicht Patientin.«

Sie war auf den Tod erkrankt. Nun mußte sie sich selber nach den ihren Kindern erteilten Ratschlägen richten und sich in Gottes unerforschlichen Ratschluß fügen. »Krankheiten muß man mit ergebungsvollem Geist und mit der Geduld, die man seinem Schöpfer schuldig ist, hinnehmen«, hatte sie Maximilian Franz empfohlen und Leopold darauf hingewiesen: »Gegen den Tod ist kein Kraut

gewachsen, und wenn unsere Stunde gekommen ist, wird niemand uns retten.«
Am 28. November 1780 um zwei Uhr früh wurde ihr die Letzte Ölung, das Sakrament ihrer Kirche für Kranke in Todesgefahr, gespendet. Als Wegzehrung hatte sie die heilige Kommunion empfangen. Eine Medizin, die ihr der Leibarzt reichen wollte, nahm sie nicht: Dies würde sie nur aufhalten.
Maria Theresia verschied am 29. November 1780, gegen neun Uhr abends, in ihrem Schlafzimmer im Leopoldinischen Trakt der Wiener Hofburg, gehüllt in einen Morgenrock ihres Gemahls, der ihr Sterbemantel geworden war.
»Bey eröffnung ihres Cörpers«, berichtete ihre Tochter Maria Anna, fand man »erhärtungen auf der Lungen, so daß die rechte Lungen gar nicht mehr würkte, und auf beeden Lungen sich einige außwuchß befanden, so hart wie Steine waren«.
Testamentarisch hatte sie sich die Teilnahme der Familie bei ihrer Bestattung verboten. Joseph II., nun Alleinherrscher in Österreich, befolgte nicht diesen letzten Willen der Mutter, sowenig wie ihr Vermächtnis: »Alles Gute kommt unwidersprechlich von Gott als dem Ursprung aller Gnaden und segnet selber sehr selten oder doch in die Länge nicht die Ratschläge derjenigen, die weniger Religion und Gottesforcht haben.«
Die Totenliturgie, hatte sie gewünscht, sollte in 32 Städten gefeiert werden. In Wien wurde in der gotischen Stephanskirche ein klassizistisches Castrum doloris errichtet. Das Trauergerüst krönte eine Frauengestalt »von Heldengröße«, die Maria Theresias Wahlspruch »Justitia et Clementia – Gerechtigkeit und Milde« versinnbildlichte. Zu ihren Füßen trauerten weibliche Figuren, welche die verwaisten Länder verkörperten. In Mailand pries die Inschrift auf dem Katafalk die »Tochter, Gattin und Mutter von Kaisern« wegen der Stärke ihres Herzens und ihres Geistes. In Prag beklagte Oberrabbiner Ezechiel Landau »den betrübtesten Todesfall weiland Ihrer Kais. Kö. Apost. Majestät Marien Theresiens«.
In Potsdam verneigte sich Friedrich der Große vor der toten Gegnerin: »Sie hat ihrem Thron und ihrem Geschlecht Ehre gemacht.« Deutsche Dichter würdigten ihre Leistung und webten an der Legende. »Schlaf sanft, du Größte deines Stammes, / Weil du die

Menschlichste warst!« rief ihr Friedrich Gottlieb Klopstock nach. Matthias Claudius wußte zu rühmen:

»Sie machte Frieden! Das ist mein Gedicht.
War ihres Volkes Lust und ihres Volkes Segen
Und ging getrost und voller Zuversicht
Dem Tod als ihrem Freund entgegen.
Ein Welt-Eroberer kann das nicht.
Sie machte Frieden! Das ist mein Gedicht.«

Ihren Frieden fand Maria Theresia, die sich im Zeichen des Doppeladlers der Zukunft zuwandte und der Vergangenheit verhaftet blieb, in der Wiener Kapuzinergruft. Auf dem Doppelsarkophag liegt sie an der Seite ihres Gemahls wie auf einem barocken Paradebett und erwartet das Lever zum Jüngsten Gericht.

Zeittafel

1717	13. Mai: Geburt Maria Theresias in Wien als Tochter Kaiser Karls VI. und Elisabeth Christines von Braunschweig-Wolfenbüttel.
1736	Vermählung Maria Theresias mit Franz Stephan von Lothringen.
1740	Tod Karls VI. Maria Theresia tritt die Nachfolge des Vaters in den habsburgischen Ländern an.
1740–48	Österreichischer Erbfolgekrieg: Preußen (1. Schlesischer Krieg 1740–42, 2. Schlesischer Krieg 1744-45), Bayern, Sachsen, Frankreich und Spanien gegen die Erbin Maria Theresia, die mit England verbündet ist.
1741	Krönung zur Königin von Ungarn. Gründung des »Theaters nächst der Burg« in Wien.
1743	Krönung zur Königin von Böhmen. Beginn der Umgestaltung des Schlosses Schönbrunn.
1745	Franz Stephan wird als Franz I. römisch-deutscher Kaiser.
1746	Gründung des Theresianums in Wien.
1748	Friede von Aachen: Verlust Schlesiens bestätigt.
1749	Beginn der theresianischen Reformen: Verwaltung (Haugwitz), Militär (Daun), Bildung (Van Swieten).
1751	Prägung des Maria-Theresien-Talers.
1753	Kaunitz wird Staatskanzler, Leiter der Außenpolitik.
1756	»Umkehrung der Allianzen«: Österreich verbündet sich mit Frankreich, Preußen mit England.
1756–63	Siebenjähriger Krieg (3. Schlesischer Krieg).
1760	Beginn der Kaunitzschen Staatsreform.
1762	Der sechsjährige Mozart spielt vor Maria Theresia.
1763	Frieden von Hubertusburg: Schlesien bleibt preußisch. Frieden von Paris: Das französische Kanada wird englisch.
1764	Der älteste Sohn Joseph (geboren 1741) wird zum Römischen König gewählt und gekrönt.
1765	Tod Kaiser Franz I. Joseph II. wird römisch-deutscher Kaiser und Mitregent seiner Mutter Maria Theresia in den habsburgischen Ländern. Ihr Sohn Leopold wird Großherzog von Toskana.
1769	Rechtsreform: Codex Theresianus und Constitutio Criminalis Theresiana.
1770	Maria Theresias Tochter Marie-Antoinette heiratet den künftigen König Ludwig XVI. von Frankreich.
1772	Erste Polnische Teilung: Österreich bekommt Galizien und Lodomerien.

1773	Aufhebung des Jesuitenordens.
1774	Allgemeine Schulordnung (Felbiger).
1775	Robotpatent: Milderung der bäuerlichen Frondienste. Erwerbung der Bukowina.
1776	Abschaffung der Folter (Sonnenfels).
1778	Bayerischer Erbfolgekrieg (Preußen gegen Österreich), ausgelöst durch Ansprüche Josephs II. auf bayerische Gebiete. Eröffnung der Mailänder Scala.
1779	Friede von Teschen (durch Intervention Maria Theresias): Innviertel an Österreich.
1780	29. November: Tod Maria Theresias in Wien. 4. Dezember: Beisetzung in der Kapuzinergruft.

Auswahlbibliographie

Diese auf dem gegenwärtigen Forschungsstand basierende Biographie ist für einen weiten Leserkreis geschrieben. Sie enthält keinen wissenschaftlichen Apparat und nur Angaben über ausgewählte, den interessierten Leser weiterführende Quellen und Literatur.

Gedruckte Quellen

Grundlegend sind immer noch die Werke von Alfred von Arneth: Geschichte Maria Theresias. 10 Bde., Wien 1863–1879 (Neudruck Osnabrück 1971), in erster Linie wegen der Dokumentation, und seine Quelleneditionen: Maria Theresia und Marie-Antoinette. Ihr Briefwechsel. Leipzig 2/1866 (Neudruck Osnabrück 1978). – Maria Theresia und Joseph II. Ihre Correspondenz sammt Briefen Josephs an seinen Bruder Leopold. 3 Bde., Wien 1867–1868. – Briefe der Kaiserin Maria Theresia an ihre Kinder und Freunde. 4 Bde., Wien 1881 (Neudruck Osnabrück 1978).
Eine Auslese bietet Friedrich Walter in: Maria Theresia. Briefe und Aktenstücke in Auswahl. Darmstadt 2/1982. – Nützlich sind auch: Die Mutter und die Kaiserin. Briefe der Maria Theresia an ihre Kinder und Vertrauten. Hrsg. von Carl Rothe. Wien 1968. – Maria Theresia. Geheimer Briefwechsel mit Marie-Antoinette. Hrsg. von Paul Christoph. Wien 1980. (Enthält auch von Arneth ausgelassene intime Stellen). – Kaiserin Maria Theresia und Kurfürstin Maria Antonia von Sachsen. Briefwechsel 1747–1772. Hrsg. von Waldemar Lippert. Leipzig 1908. – Kaiserin Maria Theresias politisches Testament. Hrsg. von Josef Kallbrunner. München 1952.
Friedrich der Große und Maria Theresia in Augenzeugenberichten. Hrsg. von Hans Jessen. Düsseldorf 1965. – Friedrich der Große und Maria Theresia. Diplomatische Berichte von Otto Christoph Graf von Podewils. Hrsg. von Carl Hinrichs. Berlin 1937.

Monographien und Biographien

Ein Standardwerk: Maria Theresia und ihre Zeit. Hrsg. von Walter Koschatzky (mit zahlreichen Aufsätzen über Politik, Wirtschaft und Gesellschaft, Kunst und Literatur sowie allgemeine Kulturgeschichte. Umfassende Bibliographie). Salzburg/Wien 1979. – Ein Dokumentarwerk: Mraz,

Gerda und Gottfried Mraz: Maria Theresia. Ihr Leben und ihre Zeit in Bildern und Dokumenten. München 1979. – Eine Übersicht en gros und en detail: Maria Theresia und ihre Zeit. Katalog zur Ausstellung in Schloß Schönbrunn 1980. Wien 1980.
Zur Einführung gut geeignet: Wandruszka, Adam: Maria Theresia. Die große Kaiserin. Göttingen 1980 (Persönlichkeit und Geschichte, Bd. 110). – Berglar, Peter: Maria Theresia in Selbstzeugnissen und Bilddokumenten. Hamburg 1980 (Rowohlts Monographien). – Corti, Egon Caesar: Maria Theresia. Ein Lebensbild in Anekdoten. Graz 1980.
Eine wichtige Biographie, die eigentlich, wie der Titel der französischen Originalausgabe besagt, eine Monographie ist (»L'Europe de Marie-Thérèse. Du baroque aux lumières«): Tapié, Victor-Lucien: Maria Theresia. Die Kaiserin und ihr Reich. Graz 1980. Weitere Biographien von Peter Reinhold (Frankfurt 1977), Heinz Rieder (Lausanne 1971), Edward Crankshaw (München 1970), Anna Tizia Leitich (Wien 1970), Henry Vallotton (Hamburg 1968), Heinrich Kretschmayr (Leipzig 2/1939), Karl Tschuppik (Amsterdam 1934), Eugen Guglia (München 1917).

Dynastie und Hof

Die Habsburger. Eine europäische Familiengeschichte. Hrsg. von Brigitte Vacha, verfaßt von Walter Pohl und Karl Vocelka. Graz 1992. – Wandruszka, Adam: Die Habsburger. Wien 1978. – Reifenscheid, Richard: Die Habsburger in Lebensbildern. Graz 1982. – Die Habsburger. Ein biographisches Lexikon. Hrsg. von Brigitte Hamann. Wien 2/1988.
Khevenhüller-Metsch, Johann Joseph: Aus der Zeit Maria Theresias. Tagebuch des Obersthofmeisters 1742–1776. Hrsg. von Rudolf Khevenhüller-Metsch und Hanns Schlitter. 7 Bde., Wien 1907–1925. – Pichler, Caroline: Denkwürdigkeiten aus meinem Leben. Bd. 1 1769–1788. Wien 1844. – Vehse, Eduard: Maria Theresia und ihr Hof. München 1924. – Żolger, Ivan: Der Hofstaat des Hauses Österreich. Wien 1917. – Kruedener, Jürgen: Die Rolle des Hofes im Absolutismus. Stuttgart 1973. – Elias, Norbert: Die höfische Gesellschaft. Untersuchungen zur Soziologie des Königtums und der höfischen Aristokratie. Neuwied 1969.
Rill, Bernd: Karl VI. Habsburg als barocke Großmacht. Graz 1992. – Matsche, Franz: Die Kunst im Dienste der Staatsidee Kaiser Karls VI., 2 Bde., Berlin 1981.
Schmid, Alois: Franz I. Stephan von Habsburg-Lothringen. Regensburg 1991. – Schreiber, Georg: Franz I. Stephan. Graz 1986. – Hennings, Fred: Und sitzet zur linken Hand. Franz Stephan von Lothringen. Wien 1961. – Mikoletzky, Hanns Leo: Kaiser Franz I. Stephan und der Ursprung des habsburg-lothringischen Familienvermögens. Wien 1961.
Pangels, Charlotte: Die Kinder Maria Theresias. Leben und Schicksal in kaiserlichem Glanz. München 1980.

Österreich zur Zeit Kaiser Josephs II. Katalog zur Ausstellung in Stift Melk 1980. Wien 1980. – Gutkas, Karl: Kaiser Joseph II., Wien 1989. – Magenschab, Hans: Josef II., Graz 4/1989. – Fejtö, François: Joseph II., Stuttgart 1956. Wandruszka, Adam: Leopold II., Erzherzog von Österreich, Großherzog von Toskana, König von Ungarn und Böhmen, Römischer Kaiser. 2 Bde., Wien 1963–1965. – Corti, Egon Caesar: Ich, eine Tochter Maria Theresias. Ein Lebensbild der Königin Maria Karoline von Neapel. München 1950. – Cronin, Vincent: Ludwig XVI. und Marie-Antoinette. Düsseldorf 1975. – Christoph, Paul: Maria Antoinette. Wien 1959. – Castelot, André: Marie-Antoinette. Wien 1955. – Zweig, Stefan: Maria Antoinette. Wien 1948. – Braubach, Max: Max Franz von Österreich. Letzter Kurfürst von Köln und Fürstbischof von Münster. Münster 1925 (Neuausgabe Wien 1961).

Regierungszeit

Persönlichkeiten:
Walter, Friedrich: Männer um Maria Theresia. Wien 1951. – Ders.: Die Paladine der Kaiserin. Wien 1959. – Küntzel, Georg: Fürst Kaunitz-Rietberg als Staatsmann. Leipzig 1923. – Klingenstein, Grete: Der Aufstieg des Hauses Kaunitz. Göttingen 1975. – Gerard van Swieten und seine Zeit. Internationales Symposium. Hrsg. von Erna Lesky und Adam Wandruszka. Wien 1973. – Silva-Tarouca, Egbert: Der Mentor der Kaiserin. Zürich 1960. – Thadden, Franz Lorenz: Feldmarschall Daun. Wien 1967. – Kotasek, Edith: Feldmarschall Graf Lacy. Horn 1956. – Osterloh, Karl-Heinz: Joseph von Sonnenfels und die österreichische Reformbewegung im Zeitalter des aufgeklärten Absolutismus. Lübeck/Hamburg 1970. – Krömer, Ulrich: Johann Ignaz von Felbiger. Freiburg 1966. – Menzel, Beda: Abt Franz Stephan Rautenstrauch. Königstein/Ts. 1969. – Seifert, Eckhart: Paul Joseph Riegger. Ein Beitrag zur theoretischen Grundlegung des josephinischen Staatskirchenrechts. Berlin 1973.

Außenpolitik und Kriege:
Braubach, Max: Versailles und Wien von Ludwig XIV. bis Kaunitz. Die Vorstadien der diplomatischen Revolution im 18. Jahrhundert. Bonn 1952. – Rohden, Peter Richard: Die klassische Diplomatie von Kaunitz bis Metternich. Stuttgart 1972. – Turba, Gustav: Die Pragmatische Sanktion. Wien 1913. – Beer, Adolf: Die erste Teilung Polens. 3 Bde., Wien 1874. – Historische Dokumentation zur Eingliederung des Innviertels 1779. Ausstellungskatalog. Linz 1979. – Schieder, Theodor: Friedrich der Große. Frankfurt 1983. – Kunisch, Johannes: Das Mirakel des Hauses Brandenburg. Studien zum Verhältnis von Kabinettspolitik und Kriegführung im Zeitalter des Siebenjährigen Krieges. München 1978. – Duffy, Christopher: The Army of Maria Theresia. Vancouver/London 1977. – Maria Theresia. Beiträge zur Geschich-

te des Heerwesens ihrer Zeit. Graz 1967. – Zimmermann, Jürg: Militärverwaltung und Heeresaufbringung in Österreich bis 1806. In: Deutsche Militärgeschichte 1648–1939. Bd. 1., München 1983. – Wessely, Kurt: Die österreichische Militärgrenze. Kitzingen 1954. – Allmayer-Beck, Joh. Christoph und Erich Lessing: Das Heer unter dem Doppeladler. Habsburgs Armee 1718–1848. München 1981.

Innenpolitik, Wirtschaft und Gesellschaft:

Die Österreichische Zentralverwaltung. II. Abteilung. 1. Band. 1. Halbband: Die Geschichte der Österreichischen Zentralverwaltung in der Zeit Maria Theresias, von Friedrich Walter. Wien 1938. 2. Band: Die Zeit des Directoriums in Publicis et Cameralibus. Aktenstücke. Bearbeitet von Joseph Kallbrunner und Melitta Winkler. Wien 1925. – 3. Band: Vom Sturz des Directoriums in Publicis et Cameralibus (1760/61) bis zum Ausgang der Regierung Maria Theresias. Aktenstücke. Bearbeitet von Friedrich Walter. Wien 1934. – Walter, Friedrich: Die theresianische Staatsreform von 1749. Wien 1958. – Otruba, Gustav: Die Wirtschaftspolitik Maria Theresias. Wien 1963. – Srbik, Heinrich: Der staatliche Exporthandel Österreichs von Leopold I. bis Maria Theresia. Wien 1907 (Neudruck Frankfurt 1969). – Peez, Carl und Josef Raudnitz: Geschichte des Maria-Theresien-Talers. Wien 1898. – Link, Edith Murr: The Emancipation of the Austrian Peasant 1740–1798. New York 1949. – Wilhelm, Franz K. und Josef Kallbrunner: Geschichte der österreichischen Ansiedlungspolitik in Südosteuropa. Wien 1936. – Wandruszka, Adam: Österreich am Ende der Regierungszeit Maria Theresias. Wien 1974.

Geistes- und Kulturgeschichte:

Österreich im Europa der Aufklärung. Kontinuität und Zäsur in Europa zur Zeit Maria Theresias und Josephs II., Bd. 2, Wien 1985. – Lampen, Angela: Maria Theresia und die Aufklärung. Diss. Innsbruck 1945. – Winter, Eduard: Barock, Absolutismus und Aufklärung in der Donaumonarchie. Wien 1971. – Ders.: Der Josephinismus. Die Geschichte des österreichischen Reformkatholizismus 1740–1848. Berlin 1962. – Maaß, Ferdinand: Der Frühjosephinismus. Wien 1969. – Kann, Robert A.: Kanzel und Katheder. Studien zur österreichischen Geistesgeschichte vom Spätbarock zur Frühromantik. Wien 1962. – Klingenstein, Grete: Staatsverwaltung und kirchliche Autorität im 18. Jahrhundert. Das Problem der Zensur in der theresianischen Reform. Wien 1970. – Coreth, Anna: Pietas Austriaca. Ursprung und Entwicklung barocker Frömmigkeit in Österreich. Wien 2/1982. – Hersche, Peter: Der Spätjansenismus in Österreich. Wien 1976. – Mecenseffy, Grete: Geschichte des Protestantismus in Österreich. Graz 1956. – Mrazek, Wilhelm: Das Zeitalter Maria Theresias. Kunst aus Österreich. Vöslau 1973. – Hajós, Géza: Schönbrunn. Wien 1976. – Zykan, Josef: Laxenburg. Wien 1969. – Hawlik van de Water, Magdalena: Die Kapuzinergruft. Wien 1987.

Allgemeines zur Geschichte Österreichs

Uhlirz, Karl und Mathilde: Handbuch der Geschichte Österreichs und seiner Nachbarländer Böhmen und Ungarn. 4 Bde., Graz 1927–1944. – Hantsch, Hugo: Die Geschichte Österreichs. 2 Bde., Graz 1959–1962. – Zöllner, Erich: Geschichte Österreichs. Wien 8/1990. – Mayer, Franz Martin: Geschichte Österreichs. 2 Bde., Wien 1900–1901. – Kann, Robert A.: Geschichte des Habsburgerreiches 1526–1918. Wien/Graz 1977 (Neuausgabe 1990). – Mikoletzky, Hanns Leo: Österreich – das große 18. Jahrhundert. Wien 1967. – Walter, Friedrich: Österreichische Verfassungs- und Verwaltungsgeschichte. Hrsg. von Adam Wandruszka. Wien 1972. – Tremel, Ferdinand: Wirtschafts- und Sozialgeschichte Österreichs. Wien 1969. – Bruckmüller, Ernst: Sozialgeschichte Österreichs. Wien 1985. – Tomek, Ernst: Kirchengeschichte Österreichs. 3 Bde., Innsbruck 1937–1959. – Csendes, Peter: Geschichte Wiens. Wien 1990.

Tapié, Victor-Lucien: Die Völker unter dem Doppeladler. Graz 1975. – Deutschland und Österreich. Hrsg. von Robert A. Kann und Friedrich E. Prinz. Wien 1980. – Mayer, Franz Martin, Raimund Kaindl und Hans Pirchegger: Geschichte und Kulturleben Deutschösterreichs. 3 Bde., Wien 5/1960–1974. – Handbuch der Geschichte der böhmischen Länder. Hrsg. von Karl Bosl. 4 Bde., Stuttgart 1967–1970. – Miskolczy, Julius: Ungarn in der Habsburger-Monarchie. Wien 1959. – Ungarn und Österreich unter Maria Theresia und Joseph II. Hrsg. von Anna Maria Drabek, Georg Plaschka und Adam Wandruszka. Wien 1980.

Procacci, Giuliano: Geschichte Italiens und der Italiener. München 1983. – Furlani, Silvio und Adam Wandruszka: Österreich und Italien. Wien 1973. – Wandruszka, Adam: Österreich und Italien im 18. Jahrhundert. Wien 1963. – Valsecchi, Franco: L'Assolutismo illuminato in Austria e in Lombardia. 2 Bde., Bologna 1931–1934. – Pesendorfer, Hans: Die Habsburger in der Toskana. Wien 1988. – Benedikt, Heinrich: Kaiseradler über dem Apennin. Die Österreicher in Italien 1700–1866. Wien 1964. – Ders.: Als Belgien österreichisch war. Wien 1965.

Personenregister

Acton, John (neapolitan. Minister) 324
Albert, Herzog von Sachsen-Teschen, Statthalter in Ungarn und den Niederlanden (Schwiegersohn Maria Theresias) 145, 251, 277, 323
Anna Viktoria von Sachsen-Hildburghausen (Nichte Eugens von Savoyen) 191
Anton Ulrich, Herzog von Braunschweig-Wolfenbüttel (Großvater Maria Theresias) 19 f.
Auersperg, Wilhelmine Fürstin (Geliebte Franz I.) 196 f., 199
August II., der Starke, König von Polen (als Friedrich August I. Kurfürst von Sachsen) 28
August III., König von Polen (als Friedrich August II. Kurfürst von Sachsen) 28, 37, 83, 333

Barkóczy von Szala, Franz Graf von, Fürstprimas von Ungarn 258
Bartenstein, Johann Christoph von (österr. Staatssekretär) 47, 57, 106, 206, 222
Batthyány, Ludwig Ernst Graf, Palatin von Ungarn 256, 258
Beccaria, Cesare (ital. Jurist) 266
Belle-Isle, Charles-Louis-Auguste Fouquet, Herzog von (frz. Marschall) 73
Bellotto, Bernardo s. Canaletto
Berchtold, Maria Antonia Gräfin (Kammerfräulein Marie Theresias) 199 f.
Bergl, Johann Wenzel (österr. Maler) 170
Bernardi, Francesco (ital. Sänger) 35

Bernis, François-Joachim de Pierre (franz. Außenminister) 224
Bertoli, Antonio Daniele (Zeichenlehrer Maria Theresias) 23
Beyer, Wilhelm (österr. Bildhauer) 168
Bismarck, Otto Fürst von (dt. Reichskanzler) 51
Blanc, Franz Anton von (österr. Hofkanzleibeamter) 304 f.
Boerhaave, Herman (niederl. Mediziner) 149
Bonno, Giuseppe (österr. Hofkomponist) 176

Caldara, Antonio (ital. Komponist) 17, 23, 31
Calzabigi, Raniero da (Opernlibrettist) 176
Canaletto, eigentl. Bernardo Bellotto (ital. Maler) 170, 241
Carli, Gian Rinaldo (ital. Aufklärer) 266
Carriera, Rosalba (ital. Malerin, Kunstlehrerin Maria Theresias) 23
Casanova, Giovanni Giacomo (ital. Schriftsteller) 148
Charlotte Carolina (Tochter Maria Theresias) 201
Chotek, Rudolf Graf von (Hofkammerpräsident, böhmischer und österreichischer Kanzler) 127
Christine (Tochter Josephs II.) 276
Claudius, Matthias (dt. Dichter) 354
Clemens, Prinz von Lothringen (Bruder Franz Stephans) 25
Clemens August, Erzbischof von Köln 81

Cobenzl, Philipp Graf von (österr. Staatsvizekanzler) 303
Cobenzl, Karl Graf von (österr. Minister) 261 f.
Collenbach, Heinrich Gabriel von (österr. Hofrat) 247
Corneille, Pierre (frz. Dichter) 178
Coxe, William (engl. Historiker) 19
Cristiani, Beltrame Conte (lombard. Minister) 265

Daun, Leopold Joseph Graf (österr. Feldmarschall, Präsident des Hofkriegsrates) 119 f., 122, 232, 234 f., 237–241, 243, 253
David, Karl (böhm. Aufständischer) 75
Denis, Michael Cosmas (österr. Jesuit und Dichter) 181
Dier, Karl (österr. Kammerzahlmeister) 184
Dietrichstein, Johann Baptist Karl, Graf 327
Duchesne, Albert (belg. Historiker) 263

Edling, Rosalie Gräfin (Jugendfreundin Maria Theresias) 201
Elisabeth, russ. Zarin 90, 228, 244, 332
Elisabeth (Tochter Ludwigs XV.) 274
Elisabeth Christine, Kaiserin (Mutter Maria Theresias) 12, 19–21, 348
Enzenberg, Sophie Amalie Gräfin (Freundin Maria Theresias) 281
Esterházy, Franz Graf (ungar. Hofkanzler) 258
Eugen, Prinz von Savoyen (österr. Feldherr) 13, 15, 27, 32–34, 48

Febronius, Justinus s. Hontheim
Felbiger, Johann Ignaz von, Abt von Sagan (österr. Schulreformer) 307 f.
Ferdinand I., König beider Sizilien (als Ferdinand IV. König von Neapel) 274, 324
Ferdinand II., röm.-dt. Kaiser 61
Ferdinand II., Herzog von Parma (Schwiegersohn Maria Theresias) 325 f.
Ferdinand III., Großherzog von Toskana (Sohn Leopolds II.) 316, 325
Ferdinand VI., König von Spanien 273
Ferdinand VII., König von Spanien 325

Ferdinand, Erzherzog, Statthalter in Mailand (Sohn Maria Theresias) 127, 153, 175, 177, 207, 269, 303, 321–323, 330
Finck, Friedrich August von (preuß. General) 241
Firmian, Karl Joseph Graf (österr. bevollm. Minister in Mailand) 265 f.
Firmian, Leopold Anton Graf, Erzbischof von Salzburg 265
Fischer von Erlach, Johann Bernhard (österr. Baumeister) 14, 161–163
Fleury, André Hercule de, Kardinal (frz. Staatsmann) 60
Foscarini, Marco (venezian. Gesandter) 29, 50
Franz I. röm.-dt. Kaiser (als Franz Stephan Herzog von Lothringen und Großherzog von Toskana) 24–31, 34–36, 39, 46, 55, 57, 63, 65, 68, 70, 73, 78, 80, 82–86, 127–129, 145–147, 163, 165 f., 179, 184, 189 f., 193–199, 201, 218 f., 224, 251, 279–284, 317
Franz I., König beider Sizilien 325
Franz II. röm.-dt. Kaiser (als Franz I. Kaiser von Österreich) 116, 178, 300, 316 f., 321, 325
Franz III. von Este, Herzog von Modena (Statthalter in Mailand) 269
Franz IV., Herzog von Modena 321
Franz Joseph I., Kaiser von Österreich 250, 300
Franz Stephan s. Franz I., Kaiser
Friedrich I., König in Preußen 52
Friedrich II., der Große, König in Preußen, seit 1773 König von Preußen 27, 37, 51, 53 f., 56 f., 59, 68, 71 f., 77–80, 82 f., 92, 104, 139, 221 f., 225–232, 234–251, 285, 293 f., 332–335, 339–347, 353
Friedrich III., röm.-dt. Kaiser 14
Friedrich Wilhelm, Kurfürst von Brandenburg 52
Friedrich Wilhelm I., König in Preußen 52 f., 98
Fuchs, Charlotte Gräfin (Erzieherin Maria Theresias) 24
Fürst und Kupferberg, Karl Joseph Max von (preuß. Gesandter) 202

Fux, Johann Joseph (österr. Komponist) 16 f.

Ganganelli, Giovanni Vincenzo Antonio s. Klemens XIV.

Gassmann, Florian Leopold (österr. Komponist) 175

Gebler, Tobias Philipp von (österr. Hofvizekanzler) 180

Geoffroy-Bodin, Louise (frz. Tänzerin) 175

Georg II., König von Großbritannien (als Georg II. August Kurfürst von Hannover) 76, 89, 226 f.

Gianni, Francesco (Berater Leopolds II. in der Toskana) 318

Gleim, Johann Wilhelm Ludwig (dt. Dichter) 251

Gluck, Christoph Willibald von (Komponist) 176, 192, 278

Goldoni, Carlo (ital. Dichter) 269

Goethe, Johann Wolfgang von (dt. Dichter) 85, 249 f., 284 f., 317

Gotter, Gustav Adolf Graf von (preuß. Diplomat) 57

Gottsched, Johann Christoph (dt. Gelehrter und Schriftsteller) 178 f.

Gottsched, Luise (dt. Schriftstellerin) 179

Gregor VII., Papst 313

Greiner, Franz Sales von (österr. Hofrat) 200, 309

Guglielmi, Gregorio (ital. Maler) 164

Hadik von Futak, Andreas Graf (österr. Feldmarschall) 235

Haen, Anton de (niederl. Mediziner) 150

Hafner, Philipp (österr. Schriftsteller) 179

Händel, Georg Friedrich (Komponist) 76

Harrach, Friedrich August Graf (böhm. Kanzler) 110–112

Harrach, Johann Philipp Graf (österr. Feldmarschall und Präsident des Hofkriegsrats) 56

Hasse, Johann Adolf (dt. Komponist) 77

Hatzfeld, Karl Friedrich Anton Graf von (österr. Wirtschaftsreformer) 127

Haugwitz, Friedrich Wilhelm Graf von (österr. Verwaltungsreformer) 106–114, 118, 122, 254

Haunold, Augustin (österr. Hoftischler) 166

Haydn, Joseph (Komponist) 177

Hell, Maximilian (österr. Astronom) 310

Herder, Johann Gottfried von (dt. Schriftsteller und Philosoph) 340

Hertzberg, Ewald Friedrich Graf von (preuß. Minister) 247

Hildebrandt, Johann Lukas von (österr. Architekt) 15

Hilverding van Wewen, Franz Anton Christoph (österr. Hoftanzmeister) 175

Hohenberg, Johann Ferdinand Hetzendorf von (österr. Architekt) 168 f.

Hontheim, Johann Nikolaus von, Trierer Weihbischof (Pseudonym Justinus Febronius) 312 f.

Hörnigk, Philipp Wilhelm (dt. Wirtschaftstheoretiker) 126

Isabella von Parma s. Maria Isabella von Parma

Jacquin, Nikolaus Joseph (österr. Botaniker und Chemiker) 150

Jadot, Jean-Nicolas (österr. Architekt) 163, 166, 174

Johann, Erzherzog (dt. Reichsverweser, Sohn Leopolds II.) 316

Johanna Gabriele (Tochter Maria Theresias) 201, 203 f., 275

Joseph I., röm.-dt. Kaiser 161

Joseph II., röm.-dt. Kaiser 59 f., 153, 176, 195, 202 f., 205 f., 249, 263, 268–270, 273–275, 277 f., 280 f., 284–300, 303–307, 314–317, 319 f., 331, 333–335, 337, 339–347, 353

Joseph, Erzherzog, Palatin von Ungarn (Sohn Leopolds II.) 316

Joseph Friedrich, Prinz von Sachsen-Hildburghausen (österr. Feldmarschall) 191, 193, 236

Justi, Johann Heinrich Gottlob von (dt. Wirtschaftstheoretiker) 153 f.,

Karl III., König von Spanien (als Karl IV. König von Neapel) 273f., 279
Karl V., röm.-dt. Kaiser 18
Karl V. Leopold, Herzog von Lothringen (österr. Feldmarschall, Großvater Franz Stephans) 24
Karl VI., röm.-dt. Kaiser 12–14, 16–21, 23, 25–28, 30–34, 36, 38–40, 45, 48, 63, 162
Karl VII., röm.-dt. Kaiser (als Karl Albrecht Kurfürst von Bayern) 37f., 67–70, 75f., 81
Karl, Prinz von Lothringen (österr. Feldmarschall und Statthalter der österr. Niederlande, Bruder Franz Stephans) 33, 35, 47f., 50, 70–72, 77–79, 89, 121, 129, 232, 235–237, 260f.
Karl, Erzherzog (österr. Feldmarschall, Sohn Leopolds II.) 316
Karl II., Herzog von Pfalz-Zweibrücken 341
Karl Albrecht, Kurfürst von Bayern s. Karl VII., Kaiser
Karl Felix, König von Sardinien 325
Karl Joseph, Erzherzog (Sohn Maria Theresias) 79, 201, 244, 275
Karl Theodor, Kurfürst von der Pfalz und von Bayern 341
Katharina II., russ. Zarin 244, 332–334, 336
Kaunitz, Dominik Andreas Graf von (österr. Reichsvizehofkanzler) 213
Kaunitz, Maximilian Ulrich Graf von (Landeshauptmann von Mähren) 213
Kaunitz-Rietberg, Wenzel Anton Fürst von (österr. Staatskanzler) 211–214, 217–224, 227f., 247, 254–257, 259, 261, 264–268, 297, 301, 309f., 313, 333, 335, 344f., 347
Keith, Robert (brit. Gesandter in Wien) 227
Khevenhüller, Johann Joseph Fürst (österr. Obersthofmeister) 100, 106, 114, 149, 174, 182, 185, 193–196, 227, 239, 258, 278–280
Khevenhüller, Ludwig Andreas Graf (österr. Feldmarschall) 66, 69–71
Kinsky, Franz Joseph Graf (österr. Feldzeugmeister) 200, 241

Kinsky, Philipp Joseph Graf (böhm. Kanzler) 58
Klemens XIV., Papst 292, 309
Klementine, Königin von Neapel (Tochter Leopolds II.) 321
Klinggräf, Joachim Wilhelm von (preuß. Gesandter in Wien) 227
Klopstock, Friedrich Gottlieb (dt. Dichter) 180, 354
Koch, Ignaz (österr. Kabinettssekretär) 106
Kollár, Franz Adam (österr. Hofbibliothekar) 258
Küchelbecker, Johann Basilius (Schriftsteller) 16, 162

Lacy, Franz Moritz Graf (österr. Feldmarschall) 232, 237, 253f.
Landau, Ezechiel (Oberrabbiner von Prag) 353
Lang, Karl Heinrich von (dt. Aufklärer) 285
Laudon, Gideon Ernst von (österr. Feldmarschall) 232, 238–240, 253
Leibniz, Gottfried Wilhelm (dt. Philosoph) 14
Le Nôtre, André (frz. Gartenarchitekt) 166
Leopold I., röm.-dt. Kaiser 59, 86, 140, 161
Leopold II., röm.-dt. Kaiser (als Peter Leopold Großherzog von Toskana) 153, 178, 207, 269, 278f., 285, 310, 314–320, 322f.
Leopold Johann (Sohn Karls VI.) 12
Leopold Joseph, Herzog von Lothringen (Vater Franz Stephans) 24f.
Lerchenfeld, Maria Walburga Gräfin (Erzieherin der Töchter Maria Theresias) 203
Lessing, Gotthold Ephraim (dt. Dichter) 180
Liechtenstein, Joseph Wenzel Fürst (österr. Feldmarschall) 15, 88, 122, 164
Liotard, Jean-Etienne (frz. Maler) 171f.
Loen, Johann Michael von (dt. Schriftsteller) 17, 19
Louis-Philippe, König der Franzosen 325

Ludovica, Großherzogin von Toskana (Enkelin Maria Theresias) 325
Ludwig XIV., König von Frankreich 14, 98, 139
Ludwig XV., König von Frankreich 28, 38, 221, 225–227, 273 f.
Ludwig XVI., König von Frankreich 327–329, 332
Ludwig XVIII., König von Frankreich 225
Ludwig, Prinz von Parma, König von Etrurien (Enkel Maria Theresias) 325

Maria Amalia, Herzogin von Parma (Tochter Maria Theresias) 325–327
Maria Amalia, Königin der Franzosen (Enkelin Maria Theresias) 325
Maria Amalia, Königin von Neapel (Tochter Augusts III. von Polen) 279
Maria Anna, Erzherzogin (Schwester Maria Theresias) 23, 77, 214
Maria Anna, Erzherzogin, Äbtissin in Prag (Tochter Maria Theresias) 31, 338, 353
Maria Antonia, Erzherzogin (Tochter Maria Theresias) s. Marie Antoinette
Maria Antonia, Königin von Spanien (Enkelin Maria Theresias) 325
Maria Beatrix von Este, Herzogin von Modena d'Este, von Massa und Carrara (Schwiegertochter Maria Theresias) 269, 321, 323, 330
Maria Christina, Königin von Sardinien (Enkelin Maria Theresias) 325
Maria Christine, Erzherzogin (Tochter Maria Theresias) 165, 202, 276 f., 289, 323
Maria Elisabeth, Erzherzogin (Tochter Maria Theresias, geb. 1737) 31, 36
Maria Elisabeth, Erzherzogin, Äbtissin in Innsbruck (Tochter Maria Theresias, geb. 1743) 165, 282, 289, 338
Maria Isabella, Prinzessin von Parma (erste Gemahlin Josephs II.) 197, 201 f., 274–277, 289
Maria Josepha, Erzherzogin (Tochter Maria Theresias) 201, 203–205

Maria Josepha, Prinzessin von Bayern, Kaiserin (zweite Gemahlin Josephs II.) 176, 277 f., 289
Maria Karolina, Erzherzogin (Tochter Maria Theresias, geb. 1740) 36, 201
Maria Karolina, Königin von Neapel (Tochter Maria Theresias, geb. 1752) 274, 323–325
Maria Ludovica, Infantin von Spanien (Gemahlin Leopolds II.) 274, 279, 316
Maria Ludovica, Kaiserin von Österreich (dritte Gemahlin Franz' II. [I.]) 321
Maria Theresia, Erzherzogin (Tochter Josephs II.) 276, 303
Maria Theresia, Kaiserin (zweite Gemahlin Franz' II. [I.]) 325
Marie-Antoinette, Königin von Frankreich (eigentl. Maria Antonia, Tochter Maria Theresias) 175, 202, 225, 327–331, 343
Marie Leopoldine, Kurfürstin von der Pfalz und von Bayern (Enkelin Maria Theresias) 321
Marie Louise, Prinzessin von Parma (Schwägerin Josephs II.) 277
Marie Therese, Königin von Sachsen (Tochter Leopolds II.) 321
Marie Therese, Königin von Sardinien (Enkelin Maria Theresias) 321
Marie-Thérèse-Charlotte, Herzogin von Angoulême (Tochter Ludwigs XVI.) 329
Maron, Anton (österr. Maler) 172
Martini, Karl Anton von (österr. Jurist) 152 f., 156, 314
Maulpertsch, Franz Anton (österr. Maler) 282, 292
Maximilian III. Joseph, Kurfürst von Bayern (Sohn Karls VII.) 82
Maximilian Franz, Kurfürst und Erzbischof von Köln (Sohn Maria Theresias) 127, 153, 175, 207, 303, 338 f.
Mercy d'Argenteau, Florimund Graf (österr. Diplomat) 293, 327 f., 343
Metastasio, Pietro (österr. Hofdichter) 17, 23, 31, 77, 175 f., 181, 192, 278
Metternich, Klemens Lothar Wenzel Fürst von (österr. Staatskanzler) 223

Meytens, Martin van (österr. Hofmaler) 171, 275
Migazzi, Christoph Graf, Kardinal und Fürsterzbischof von Wien 311
Molière (frz. Dichter) 178
Moll, Balthasar Ferdinand (österr. Bildhauer) 283
Montesquieu, Charles de Secondat, Baron de (frz. Staatsphilosoph) 15, 62, 65, 314
Moritz Graf von Sachsen (französischer Marschall) 89
Moser, Friedrich Karl von (dt. Publizist) 307
Mozart, Leopold (Komponist) 177
Mozart, Wolfgang Amadeus (Komponist) 177
Müller, Ignaz (Beichtvater Maria Theresias) 22, 155 f.
Muratori, Lodovico Antonio (ital. Theologe) 22

Napoleon I., Kaiser der Franzosen 115
Neipperg, Wilhelm Reinhard Graf (österr. Feldzeugmeister) 58 f.
Neri, Pompeo (ital. Nationalökonom) 266, 318
Nestroy, Johann Nepomuk (österr. Schriftsteller) 17
Nicolai, Friedrich (dt. Schriftsteller und Verleger) 180

Omodeo, Adolfo (ital. Historiker) 270

Pacassi, Nikolaus (österr. Architekt) 133, 163, 174, 178
Parini, Giuseppe (ital. Dichter) 266
Passionei, Domenico (päpstl. Nuntius) 31
Pergen, Johann Anton Graf (österr. Minister) 306
Peter III., russ. Zar 244, 332
Philipp II., König von Spanien 18
Philipp, Herzog von Parma und Piacenza 226, 274
Piermarini, Giuseppe (ital. Architekt) 268
Podewils, Otto Christoph Graf von (preuß. Gesandter in Wien) 84, 92, 104, 116, 146, 163, 185, 187, 202 f.

Pompadour, Jeanne Antoinette Poisson, Marquise de (Mätresse Ludwigs XV.) 221 f., 224
Pufendorf, Samuel von (dt. Staatsrechtler) 229, 340

Raab, Franz Anton von (österr. Hofrat) 305
Racine, Jean (frz. Dichter) 178
Rainer, Vizekönig des Lombardo-Venetian. Königreiches (Sohn Leopolds II.) 316
Ranke, Leopold von (dt. Historiker) 331, 334
Rautenstrauch, Franz Stephan, Abt von Braunau (österr. Theologe und Berater Maria Theresias) 22, 310 f.
Reutter, Johann Georg (österr. Hofkapellmeister) 192
Ricci, Schwestern (ital. Tänzerinnen) 175
Ricci, Scipione, Bischof von Pistoia und Prato (Berater Peter Leopolds von Toskana) 318
Riegger, Paul Joseph (österr. Kirchenrechtler) 310 f.
Rietberg, Maria Ernestine Gräfin (Mutter des Fürsten Kaunitz-Rietberg) 213
Robinson Sir Thomas Baron Grantham (brit. Gesandter) 29
Rosenberg-Orsini, Franz Xaver Graf (österr. Diplomat und Minister) 318, 326
Roslin, Alexander (schwed. Maler) 172
Rottmayr, Johann Michael (österr. Maler) 170
Rouillé, Antoine-Louis (frz. Außenminister) 226
Rudolf I. von Habsburg, deutscher König 12

Salieri, Antonio (Komponist) 269
Scheyb, Franz Christoph von (österr. Dichter) 181
Schubart, Christian Friedrich Daniel (dt. Dichter und Musiker) 249
Schwanau, Johann Friedrich von (Erzieher des Fürsten Kaunitz-Rietberg) 213

Schwerin, Kurt Christoph Graf von (preuß. Generalfeldmarschall) 59
Seydlitz, Friedrich Wilhelm von (preuß. Kavalleriegeneral) 236
Silva-Tarouca, Emanuel Graf da (Berater Maria Theresias) 48, 106, 145 f.
Sinzendorf, Philipp Ludwig Graf (österr. Hofkanzler) 47, 57
Sonnenfels, Joseph von (österr. Nationalökonom und Jurist) 299–301
Spannagel, Gottfried Philipp (österr. Hofbibliothekar, Lehrer Maria Theresias) 22, 154
Sperges, Joseph von (Leiter der ital. Abt. der österr. Staatskanzlei) 265
Stanislaus I. Leszczynski, König von Polen 28
Stanislaus II. Poniatowski, König von Polen 333 f.
Starhemberg, Georg Adam Fürst (österr. Gesandter in Frankreich) 222, 224, 226
Starhemberg, Gundacker Thomas Graf (österr. Hofkammerpräsident) 33, 47
Starhemberg, Marie Ernestine Gräfin (Gemahlin des Fürsten Kaunitz-Rietberg) 213
Steckhoven, Adrian van (niederl. Gartenarchitekt) 166
Stock, Simon Ambros (österr. Theologe) 22
Strasser, Joseph von (österr. Goldschmied) 188 f.
Stuart, Charles Edward (brit. Thronprätendent) 89
Swieten, Gerard van (niederl. Leibarzt Maria Theresias, Reformator der Universität Wien) 145, 149–151, 156, 280, 309
Swieten, Gottfried van (österr. Hofbibliothekar) 299

Tanucci, Bernardo Marchese (neapolitan. Minister) 324
Theresa von Avila 11
Thugut, Franz de Paula Johann von (österr. Diplomat) 345 f.
Trattner, Johann Thomas von (österr. Verleger) 301
Traun, Otto Ferdinand Graf von (österr. Feldmarschall) 88
Trautson von Falkenstein, Johann Joseph Graf, Erzbischof von Wien 155 f.
Trautson, Marie Karoline Fürstin 180
Trauttmansdorff, Renate Gräfin (Kammerfrau Maria Theresias) 200
Trenck, Franz von der (Pandurenoberst) 64 f., 146
Troger, Paul (österr. Maler) 14, 170

Ulfeld, Corfiz Anton Graf (österr. Hof- und Staatskanzler) 83, 222 f.

Valsecchi, Franco (ital. Historiker) 264
Verdi, Giuseppe (ital. Komponist) 79
Vermond, Matthieu-Jacques de, Abbé (frz. Lehrer Marie-Antoinettes) 327
Verri, Alessandro (ital. Aufklärer) 266
Verri, Pietro (ital Aufklärer) 266, 269
Voltaire (frz. Philosoph) 65, 106, 220, 266, 292 f.

Wagenseil, Georg Christoph (österr. Komponist, Musiklehrer Maria Theresias) 23
Wandruszka, Adam (österr. Historiker) 264
Weidmann, Paul (österr. Dichter) 181
Wieland, Christoph Martin (dt. Dichter) 249
Wiener, Alois (österr. Gelehrter) 299
Wilhelm I., König von Preußen und Deutscher Kaiser 51, 285
Wortley-Montagu, Mary Lady (brit. Schriftstellerin) 17, 19
Wraxall, Sir, Nathanael William (brit. Schriftsteller) 105, 144, 148, 197

Zach, Andreas (österr. Architekt) 174
Zeno, Alessandro (venezian. Gesandter) 46
Zeno, Apostolo (österr. Hofdichter) 16, 23
Zinzendorf, Karl Graf von (österr. Wirtschaftsreformer) 303

Die deutsch-habsburgisch

Ferdinand I., † 1564, König v. Böhmen-Ungarn seit 152
G. Anna

- Maximilian II., † 1576
  deutscher Kaiser
  G. Maria,
  Tochter Kaiser Karls V.
- Anna
  G. Herzog Albrecht V.
  v. Bayern
- Ferdinand v. Tirol, † 1595
  1. G. Philippine Welser,
  2. G. Anna Katharina
  v. Mantua
  - Andreas v. Burgau
  - Karl v. Burgau
  - Anna, G. Kaiser Matthias

- Anna
  G. König Philipp II.
  v. Spanien
- Rudolf II.
  deutscher Kaiser,
  † 1612
- Ernst, † 1595
- Elisabeth G. König Karl IX. v. Frankreich
- Matthias, deutscher Kaiser, † 1619
  G. Anna v. Tirol
- Maximilian † 1618

- Johann Karl, † 1619
- Ferdinand III., † 1657, deutscher Kaiser
  1. G. Maria Anna v. Spanien
  2. G. Maria Leopoldine v. Tirol
- Maria Anna
  G. Kurf. Maximilia v. Bayern

- Ferdinand IV., † 1654
  König v. Böhmen-Ungarn
  deutscher König seit 1655
- Maria Anna
  G. König Philipp IV. v. Spanien
- Leopold I., † 1705, deutscher Kaiser
  1. G. Marg. Theresia v. Spanien,
  2. G. Claudia Felicitas v. Tirol,
  3. G. Eleonore Magdl. v. Pfalz-Neubur

- Maria Antonia
  G. Maxim. Emanuel v. Bayern
- Joseph I., † 1711, deutscher Kaiser
  G. Wilhelmine v. Braunschweig
- Maria Elisabeth
  Statthalt. der Niederlande

- Maria Josepha
  G. Kurfürst August v. Sachsen und König v. Polen
- Leopold Joseph, † 1701
- Maria Amalie
  G. Kurfürst Karl Albrecht v. Bayern
  (Kaiser Karl VII.)

inie bis auf Maria Theresia.

eutscher König seit 1531, deutscher Kaiser seit 1558
öhmen-Ungarn

Katharina 1. G. Herzog Franz v. Mantua 2. G. König Siegmund Aug. v. Polen	Karl v. Steiermark, † 1590 G. Maria v. Bayern	10 Töchter

Ferdinand II., † 1637 1. G. Maria Anna v. Bayern, 2. G. Eleonore v. Mantua	Maximilian Ernst † 1616	Leopold, † 1633 (Bischof v. Passau) G. Claudia v. Toskana	Karl, † 1624 Bischof v. Breslau und Brixen

lbrecht VII., † 1621   Wenzel, † 1578

Ferdinand Karl, Graf v. Tirol, † 1662	Isabella Klara	Siegmund Franz, † 1665	Maria Leopoldine G. Kaiser Ferdinand III.

Cecilia Renata G. König Wladislaus v. Polen   Leopold Wilhelm Bischof v. Passau † 1662

Claudia Felicitas G. Kaiser Leopold I.

Karl Joseph, † 1664 Bischof v. Passau und Olmütz	Eleonora 1. G. König Michael v. Polen, 2. G. Herzog Leopold v. Lothringen

Maria Anna G. König Johann V. v. Portugal	Karl VI., † 1740, deutscher Kaiser G. Elisabeth Christine v. Braunschweig

Leopold, † 1716	Maria Theresia	Maria Anna G. Karl v. Lothringen	Maria Amalie

Haus Habsbur[g]

Maria Theresia, † 1780, G. Franz I. Stephan

Joseph II., † 1790, deutscher Kaiser 1. G. Maria Isabella v. Parma, 2. G. Maria Josepha v. Bayern	Maria Christine G. Herzog Albert v. Sachsen	Maria Amalia G. Herzog Ferdinand v. Parma	Leopold II., † 179[2] deutscher Kaiser, G. Maria Ludovic[a] v. Spanien (16 Kinder)
Maria Theresia Maria Christine			

| Maria Theresia G. König Anton v. Sachsen | Franz II., † 1835 | Ferdinand, † 1824 1. G. Ludov. v. Sizilien 2. G. Maria Anna v. Sachsen Linie Toskana | Karl, † 1847, Herzog v. Teschen, Heerführer G. Henriette v. Nassau-Weilburg, † 1829 | Leopold, † 17[..] |

Albrecht, † 1893, Herz. v. Teschen, G. Hildegarde v. Bayern	Karl Ferd., † 1874 G. El. v. Modena, † 1903	Mar. Karol. G. Erzh. Rainer	Elisabeth, † 1903 1. G. Ferd. v. Modena, † 1849, 2. G. Erzh. Karl Ferd., † 1874	Joseph, * 18[..] G. Klotild[e] v. Sachs.-Koburg
Maria Theresia, G. Herzog Philipp v. Württemberg	Friedrich Hz. v. Teschen, G. Isabella v. Croy	Maria Christ., G. Alfons XII v. Spanien	Karl Stephan, G. Erzh. Maria Theresia	Eugen, Hoch- und Deutschmeister	Mar. Do[..] G. Philipp[v.] Orleans
	8 Töchter u. 1 Sohn		3 Söhne u. 3 Töchter		

Franz II. † 1835, römisch-deutscher Kaiser bis 1806, als Kaiser von Österreich seit 1804 Franz I.

| Ludovika 1790—91 | Maria Luise 1791—1847 2. G. Napoleons I. | Ferdinand I., † 1875, regierte bis 18[48] G. Maria Anna v. Sardinien, † 188[..] |

Franz Joseph I., 1830—1916
G. Elisabeth
Prinzessin in Bayern
(1837—98)

| Sophie, 1855—1857 | Gisela, 1856—1952 G. Leopold v. Bayern | Rudolf, 1858—1889 G. Stephanie v. Belgien | Marie Valerie, 1868—1926 G. Franz Salvator v. Toskana |

...othringen.

...othringen, † 1765, deutscher Kaiser (16 Kinder)

| Maria Karolina
G. König Ferdinand
v. Neapel-Sizilien | Ferdinand, † 1806
G. Maria Beatrix
v. Modena
*Stifter der Linie
Modena d'Este* | Maria Antoniette
G. König
Ludwig XVI.
von Frankreich | Maximilian Franz,
† 1801
Hoch- u. Deutsch-
meister,
Kurfürst v. Köln,
Bischof v. Münster |

| Joseph,
Palatin v. Ungarn
3. G. Marie
v. Württemberg | Johann, † 1859
deutscher
Reichsverweser
G. Anna Plochl
Grf. v. Meran | Rainer, † 1853,
Vizekönig v.
Lombardo-
Venetien
G. Elisabeth v.
Savoyen | Ludwig,
† 1864 | Rudolf
† 1831
Erzbischof
von Olmütz |

| Mar.
Henriette,
† 1902
G. Leopold II.
v. Belgien | Maria,
† 1844 | Adelaide,
† 1855
G. Viktor
Eman. II.
v. Italien | Leo-
pold | Ernst | Sieg-
mund | Rainer
G. Maria
Karoline
v. Öster-
reich | Heinrich
† 1891
G. Leopold
Hofmann
(v. Waldeck)
† 1891 |

| Margarete
G. Alb. v.
Thurn und
Taxis | Jos. Aug.,
G. Aug.
v. Bayern
   |
3 Söhne u. 1 Tochter |

G. Elisabeth v. Württemberg, † 1790, 2. G. Maria Theresia v. Silzilien, † 1807, 3. G. Maria Ludovika v. Modena, † 1816, 4. G. Karoline v. Bayern, † 1873 (13 Kinder, 12 aus der 2. Ehe)

| Leopoldine, † 1826
G. Kaiser Pedro v. Brasilien,
† 1834 | Karonie, † 1832
G. König Friedr. Aug. v. Sachsen | Franz Karl, † 1878
G. Sophie v. Bayern,
† 1872 |

| Ferdinand Maximilian
Kaiser v. Mexiko, 1832–67
G. Maria Charlotte v. Belgien,
(1840–1927) | Karl Ludwig, 1833–96
1. G. Margareta v. Sachsen, † 1858,
2. G. Maria Annunciata v. Sizilien, † 1871,
3. G. Maria Theresa v. Portugal, † 1944 | Ludwig Viktor,
1842–1919 |

| Franz Ferdinand,
1863–1914
G. Sophie Fürstin
v. Hohenberg,
geb. Gräfin Chotek, | Otto, 1865–1906
G. Maria Josepha
v. Sachsen,
   | | Ferdinand,
1868–1913 | Margarete Sophie,
1870–1902
G. Herzog Albrecht
v. Württemberg | Maria
Annunciata,
1876–1961 |

Karl I., 1887–1922,   Maximilian Eugen
G. Zita von Bourbon-Parma   1895–1952

Entstanden aus den Ruinen des Kaiserreichs, neu geschaffen aus den Trümmern des Zweiten Weltkrieges:

ÖSTERREICH

Hugo Portischs großartige Dokumentation spannt einen weiten Bogen vom Zusammenbruch des Kaiserreichs über die Anfänge der Ersten Republik und den ›Anschluß‹ 1938 bis zur Geburt der Zweiten Republik.

Hugo Portisch
Österreich I
*Die Erste Republik
(1916 bis 1938)*
Zwei Bände im Schuber
19/300

Hugo Portisch / Sepp Riff
Österreich II
*Die Geschichte Österreichs
vom Zweiten Weltkrieg
bis zum Staatsvertrag*
Vier Bände im Schuber
19/305

Erstmals im Taschenbuch.
Mit sämtlichen Abbildungen und Fotos.

**Wilhelm Heyne Verlag
München**

ÖSTERREICH
Land im Herzen Europas

Hellmut Andics
Die Frauen der Habsburger
19/277

Rolf Bauer
Österreich
Ein Jahrtausend Geschichte im Herzen Europas
19/324

Gordon Brook-Shepherd
Zita
Die letzte Kaiserin
19/332

Conte Corti
Elisabeth von Österreich
Tragik einer Unpolitischen
12/40

Sigrid-Maria Größing
Amor im Hause Habsburg
Eine Chronique scandaleuse
19/329

Hugo Portisch
Österreich I
Die Erste Republik (1916 bis 1938)
Zwei Bände im Schuber
19/300

Hugo Portisch / Sepp Riff
Österreich II
Die Geschichte Österreichs vom Zweiten Weltkrieg bis zum Staatsvertrag
Vier Bände im Schuber
19/305

STICHWORT: Habsburg
19/4022

STICHWORT: Österreich
19/4012

Wilhelm Heyne Verlag
München

Frauenleben

19/350

Außerdem erschienen:

Martha Zamora
Frida Kahlo
Aufschrei der Seele
19/347

Dietrich Gronau
Benoîte Groult
Aufbruch in die Freiheit
19/349

Zoé Oldenbourg
Katharina die Große
Die Deutsche auf dem Zarenthron
19/353

Ruth Rahmeyer
Ottilie von Goethe
Das Leben einer ungewöhnlichen Frau
19/359

Wilhelm Heyne Verlag
München